2014 年度中西部高校提高综合实力：
宁夏大学教师教育人才培养改革计划经费资助项目

马晓凤 著

# 西北民族地区农村教师 对新课程改革适应性研究

—— 以宁夏、甘肃、青海为例

中国社会科学出版社

**图书在版编目（CIP）数据**

西北民族地区农村教师对新课程改革适应性研究：以宁夏、甘肃、青海为例／马晓风著．—北京：中国社会科学出版社，2015.12
ISBN 978-7-5161-7572-9

Ⅰ.①西… Ⅱ.①马… Ⅲ.①农村学校—中小学—教师—教学能力—研究—西北地区 Ⅳ.①G635.1

中国版本图书馆 CIP 数据核字（2016）第 022481 号

| | | |
|---|---|---|
| 出 版 人 | 赵剑英 |
| 责任编辑 | 冯春凤 |
| 责任校对 | 张爱华 |
| 责任印制 | 张雪娇 |

| | | |
|---|---|---|
| 出　　版 | 中国社会科学出版社 |
| 社　　址 | 北京鼓楼西大街甲 158 号 |
| 邮　　编 | 100720 |
| 网　　址 | http：//www.csspw.cn |
| 发 行 部 | 010-84083685 |
| 门 市 部 | 010-84029450 |
| 经　　销 | 新华书店及其他书店 |

| | | |
|---|---|---|
| 印　　刷 | 北京君升印刷有限公司 |
| 装　　订 | 廊坊市广阳区广增装订厂 |
| 版　　次 | 2015 年 12 月第 1 版 |
| 印　　次 | 2015 年 12 月第 1 次印刷 |

| | | |
|---|---|---|
| 开　　本 | 710×1000　1/16 |
| 印　　张 | 22 |
| 插　　页 | 2 |
| 字　　数 | 357 千字 |
| 定　　价 | 78.00 元 |

凡购买中国社会科学出版社图书，如有质量问题请与本社营销中心联系调换
电话:010-84083683
**版权所有　侵权必究**

# 目　录

# 序 言

　　课程改革是学校教育改革的主体与重心，深化课程改革是任何一所学校获得可持续发展力的关键。只有通过深入的课程改革，才能"赋权"于教师，使其成为具有专业能力者，进而真正地提升学校教育质量，然而，对于我们中国的教师来说，长期的一统天下的课程体制使教师在教学过程中仅仅作为课程的消费者而存在，之于课程建设几乎无法发挥出应有的作用，所谓专业发展也就无从谈起。建立三级课程管理体制是我国基础教育课程政策的重大调整，其目的是通过理顺各个课程相关者的关系，特别是调整学校和教师之间的课程关系，赋予学校和教师以一定的专业权利和责任，优化课程结构、充分开发和利用课程资源，使学校得到更好的发展，把"教"的权力还给教师。这体现了课程管理民主化的趋势，同时为实现"教有特色、学有特长"的发展理念提供了条件和保证。随着三级课程管理体制的建立，学校和教师在课程建设中的地位和作用将逐步凸现，这将对我国基础教育质量的提升和发展模式的转型产生重要影响。

　　变化是教育永远的特征，更是课程的内在特性，任何课程都必然要随着时代的变革而变化，在这个意义上，要求教师能够具有与课程一样的变化能力，能够适应课程变化的趋势，这就是教师对课程改革的适应能力。课程是一种文化形态，它同时也受到其他文化的影响，而文化的变革是一件长期复杂的工程，非一日之功可为。因此，具有不断适应变革的能力是未来教师专业化发展的必然要求，提升教师对课程改革的适应性具有重要意义。

　　它是更好地彰显每一所学校作为文化主体的价值的需要。以往，在科层制下，学校工作的目标通常由地方教育行政部门以工作计划或管理指标的方式做出统一规定，学校工作的任务是设法实现这些预定的指标。这种以目标达成为策略的学校管理方式假定学校工作的目标是预设且不可变的，当在实现这个目标的过程中遇到困难或阻力时，所能够做的就是在有限的范围内改进与转变有关因素及其运作方式，而被指标化的目标本身是不做调整的。然而，这种机械固守预设目标的目标达成策略低估了学校工作的复杂性，也湮灭了教师工作的能动性。"任何一所学校都是具体的、独特的、不可替代的，它所具有的复杂性是其它学校的经验不能说明的，是理论所不能充分验证、诠释的。"① 每一所学校各方面情形客观存在的差异决定了在课程实施的过程中，必须深刻准确地把握学校和教师的具体情况，了解其独特性，通过机制创新使学校能够依据条件的变化及时灵活地调整自身的办学目标，如是才能有效地推进学校的发展。正如有关学者所指出的那样，"假如教师认为课程是一件产生于既定的逻辑前提、指向于既定的逻辑结论发展的既定商品，而教学就是将它付诸实施的行为的话，那么，作为以真理为归宿的教学的生机便遭到阻滞。在这个过程中，教学本身沦为某种形式的程序操纵，教师的存在无需与学生的存在、与作为某种开放的、可解释的、能够引向可能的未来的东西的课程之间进行真正的机遇。"② 为了改变这种状况，学校发展的概念被提了出来。在其看来，影响学校发展的因素不仅多种多样而且其运作方式具有非线性，学校处于不间断的变化之中，由此决定它的发展目标始终需要不断做出调整。"教育环境的迅速改变，学校迫切需要在各个重要方面持续发展，如学校目标、教职员、组织结构、学校过程以及管理、教学及学习各个重要方面持续发展，始终适应转变中的环境。"③ 在这种动态的视野下，提升教师对课程改革的适应成为与学校发展有重要影响的因素，只有通过提升教师对课程改革的适应性，各学校才能灵活地统合它们各自所拥有的资源和条件、形成有特色的运作方式、创建尊重教师自主发展的机制和文化。

它是教师实现专业发展的需要。课程是一个有较大争论的概念，其中的一个关键问题是：课程的形态是什么样的？但无论如何理解课程，在实

---

① 郑金洲:《走向"校本"》,《教育理论与实践》2000 年第 6 期。

② 〔加〕大卫·杰弗里·史密斯:《全球化与后现代教育学》,郭洋生译,教育科学出版社 2000 年版，第 25 页。

③ 郑燕祥:《学校效能与校本管理:一种发展的机制》,陈国萍译,上海教育出版社 2002 年，第 XI 页。

施的层面上，三级课程最后都必须落实到教师的教学才能实现。在这个意义上，它们三者的关系不能是简单地相加，而应是通过有效的课程实施形成的有机整体。其中的关键是学校和教师在课程实施中应当是具有"搅拌"功能的创造性实施者，能够创造性地把国家课程、地方课程、学校课程有机地融为一体，而不仅仅是对教材的"忠实执行"。在这个意义上，教师就不仅仅是课程的实施者，也是积极地进行课程开发和教学的实施者。换言之，在三级课程体制和《课程标准》的框架下，学校和教师应当能够以促进学生发展为目标开发和利用课程资源，依照课程建设的要求，对课程进行再次开发，这将有助于学校和教师形成有自身特有的教育哲学思想，创造性地开发和实施课程，使理想的课程成为实现的课程。

它是拓宽教师课程实施的空间的需要。深化课程改革的目的旨在使各所学校根据自己具体的条件和可能形成自己独特的办学理念，提升教学质量。正如有关学者指出的："三级课程管理的实质在于：从宏观上优化课程结构，充分调动各级、各方面的积极性，充分开发利用课程资源，充分发挥课程的育人功能。"[①] 以往，教育行政部门视学校为自己的下属单位，在学校发展中仅仅扮演行政管理的角色，缺乏专业化引领课程与教学工作的能力，不能予学校发展以有效的专业支持和帮助。伴随着三级课程体系的建立，要求教帅能够适应课程改革的变化，在课程实施中发挥最大的创造性，这是他获得专业自主权的基本途径。

提高教师对变化的适应性和在适应的过程中实现三级课程的有效结合是课程改革的重要内容。今天，学校发展的环境与过去有很大的区别，面临着诸多的无以预计的发展可能以及困难与问题。要实现这些发展可能和解决这些困难与问题，如果不及时对发展目标和各种相关因素及其运作方式做出调整而简单沿用传统改进策略是难以奏效的，学校难以实现有效发展。一般认为，课程实施有两种方法：一是"精确的或程序化的方法"，二是"相互适应的或适应的方法"。前者强调："实施所选改革的目标，要忠实地符合革新研究者或倡议者的意图。"后者则认为："实施的确切性质不能和（或）不应当是预先确定的，而应当让不同使用者团体决定

---

① 成尚荣：《为学校服务：地方对学校课程管理的本质》，《课程·教材·教法》，2003.
23（1）：1。

在他们的具体情况下什么是最好的和最恰当的做法。"① 显然，前一种方法带有预设性质，期待课程实施能够依照某种既定方案进行，而后一种方法则更强调过程的灵活性和适应性，更符合课程在本质上是展开式和"实践"（施瓦布语）的建构主义观点。正如伯曼、富兰等人所揭示的那样，影响课程实施的因素是多方面的②，客观存在的差异决定了课程实施不能划一化、模式化，在各种不可预知和变化着的因素的影响下，它应是以缩小"理想的课程"与"实施的课程"之间差距为目的的创造过程。由于这个过程的复杂性，学校和教师应为此采取"相互适应的或适应的方法"的策略，即在课程实施的过程中，要通过制定"有关实施具体课程改革所采取的计划和行动方针"③，为教师创造性地落实国家课程计划的要求创造各方面的条件，创建新型课程文化。为此，在教师专业发展的层面，需要提升教师的课程领导能力。领导就是能够率领、引导课程及其相关人员朝一定的方向发展。课程领导就是使学校及其课程发生建设性转变的学习，其目的在于"促进人员运用知识的一种机制，并使人员能够在特定情境中采取有效的行动。"④ 有学者认为："领导行为偏重于决策、指挥、创新，较多地考虑管理中的人文、价值和发动动力因素；管理行为则侧重于安排、执行、中和协调，较多地考虑管理中的技术因素。"⑤ 这在提升教师对课程改革的适应性中主要表现在为了把国家的课程要求落于实处，其中的首要因素是有先进的理念引领课程实施。从组织文化观点来看，提升教师对课程改革的适应性的意义在于充分发挥其在课程建设中的主体作用，在以下专业领域发挥出自身等功能：能够通过共同合作和学习、共同建构意义，形成与课程建设有关的知识；能够通过一定的途径，借助持续的交谈和审议，交流有关课程建设的感想、价值观，并在共同的平台上寻求反思工作和赋予工作意义；能够在实施的过程中，通过交流和

---

① 《简明国际教育百科全书·课程》，教育科学出版社1991年，第158页。

② 同上。

③ 同上。

④ 李子建：《课程领导与教师专业发展：知识管理的观点》，《课程领导与课程评价的理论与实施——第五届两岸三地课程理论研讨会论文集》，西北师范大学2003年，第89页。

⑤ 靳玉乐等：《校本课程发展背景下的课程领导：理念与策略》，《课程领导与课程评价的理论与实施——第五届两岸三地课程理论研讨会论文集》，西北师范大学2003年，第238页。

对话，重新审视各方在课程中的利益和责任，以达到某种平衡，实现共同的目标。而要做到以上这些方面，创建有助于合作交流的课程管理制度和课程文化。创建合作的课程文化需要有一定的制度予以规范和保障，宽松的课程管理制度是为了保证与课程有关的各个主体在课程实施过程中的有效互动而建构起来的规范与保障，也是课程得以创造性实施、课程资源的教育价值得以充分开发和利用所必须的条件。地方要通过建立与素质教育基本理念相一致的课程管理制度，特别是通过创建校本教研制度，发挥教师的专业自主和创造性。

课程改革是我国基础教育领域一场影响深远的变革，其最重要的影响力表现在它为教师的专业发展提供了广阔的可能。为了能够更好地把握可能生活，迫切需要提升教师对改革的适应能力，针对这样一个具有实践意义的重要课题开展研究极具时代价值和意义。西北民族地区农村中小学教师与城市、发达地区的农村中小学教师整体素质有差距，对新课程改革适应的状况究竟如何，有必要全面深入研究。《西北民族地区农村教师对新课程改革适应性研究——以甘肃、青海、宁夏为例》正是在这样的背景下所做的一项具有重要时代意义的研究。该研究既包括对改革不适应的研究，也包括对改革适应的研究；既包括对改革的观念、理念、制度、体制、内容、方式和文化等适应的研究，也包括对它们适应程度、进程、过程的研究。本专著通过对农村中小学教师的观念、理念、制度、内容、方式和文化等内容的适应以及教师对其适应的程度、进程、过程的研究，力图揭示民族地区农村中小学教师从强制适应到自觉适应对课程改革不同内容适应的程度、进程和过程。该专著从新课程改革对教师适应的要求与内容出发，提出教师适应新课程改革是一个过程的思想，并从甘肃、青海、宁夏择取三个样本县，对其新课程实施状况展开调研，在大量的调研数据和访谈的基础上，从西北民族地区农村中小学教师对新课程改革适应的现状、西北民族地区农村中小学教师对新课程改革适应的成绩、西北民族地区农村中小学教师获得发展的动因分析作出论述。在全面总结西北民族地区农村课程改革的成绩和经验的同时，认为西北民族地区农村中小学教师对新课程改革适应还在多方面存在问题，并从农村中小学教师素质能力、教学管理制度、教学评价方式、办学条件有限、课程资源、教师培训、西北民族地区传统文化的惰性等方面分析了其中的原因，同时结合原因分析提出了有针对性和可操作性的提升教师课程改革适应能力的对策与建议，对于教育行政部门制定相关政策具有重要的借鉴价值。

综上，该著作着眼于教育事业发展过程中的热点和难点问题，所研究的问题具有重要的理论价值和实践意义。在研究中，该专著基于文化的视角，综合运用了文献研究、调查、访谈等较为丰富的研究方法，对宁、甘、青为代表的民族地区农村中小学校进行个案考察，在大量实证研究的基础上提出了富有针对性的观点和认识，研究方法科学合理，研究对象的选择有代表性，同时，观点明确，有较好的学术性和创新性。

本书作者在本科、硕士阶段曾就读于我校，我曾为她授过课，在教学过程中也有较多的沟通和交流。作为一名来自民族地区的少数民族女学生，她的勤奋和敏而好学的品质给我留下了深刻印象。在攻读博士学位期间，受教于陕西师范大学郝文武教授，她以《西北民族地区农村教师对新课程改革适应性研究——以甘肃、青海、宁夏为例》为博士学位论文完成了博士阶段的学习，并获得博士学位，本专著正是在她的博士论文基础上修改充实完成的学术著作。在做博士论文的过程中，她在广泛阅读和积累前人已有研究的基础上，深入到西北民族地区的学校，和教师、学生和家长促膝谈心，悉心了解他们的感受和需求，用心把握他们在课程与教学改革中的所思所想，并在这个过程中不断超越自我，形成自己对课程改革和教师专业发展理解与认识。正是通过不懈的求索，使得她不断在学术的道路上逐渐走向成熟，也逐渐成为研究民族地区基础教育的专家。当然，作为一位年轻的学者，她还需要有更多的时间和精力深度介入到西北民族地区中小学，也还需要有更加丰富的实践的历练与文化积淀，这样她才能获得更为丰富和有影响力的学术成果。衷心希望她能在学术研究的路上，走得更远。

刘旭东

2016 年 2 月 10 日

# 第一章 绪 论

## 一 研究缘起

新一轮基础教育课程改革的重点在农村，难点也在农村。2001 年伊始，新课程改革势不可挡地推进到中国广袤农村的每一所学校，并对农村教师提出了越来越高的要求，人们对于改革的要求日益迫切之时，亦是人们对教师的批判与期待泛滥之时。因为课程改革不仅要改变千百万教师的教育观念，而且要改变教师们每天都在进行着的，习以为常的教学方式、教学行为，最终要让课程价值在学与教的层面上得到最大程度的展现，处于农村新课程改革改革生境中的教师与学生的适应状态、行为变化究竟怎样？他们面临怎样的发展问题？这些都需要直面并深入研究，从 2001 年至 2012 年，新课程实施效果只有在实践中检验，而农村教师对与课程改革适应的问题或缺陷也须在实践中发现，新经验也只有在实践教学中积累，围绕农村教师对新课程改革适应问题，从来也没有像时下这么紧迫、这么普及、这么隐含着一种无形的压力。

### （一）社会变革的时代性期待教师适应新课程改革

变革，已经越来越成为我们这个时代的主旋律，就教育所处的外围社会环境来说，20 世纪末以知识经济和信息技术为支柱的政治、经济、文化生活方式，对教育变革提出了显然不同于以往的要求，变革构成了现当代教育发展的常态形式，对于承担越来越繁重与神圣使命的现当代教育而言，变革是必须的，更是必要的，但变革又是艰难的，它涉及新价值的内化、新知识的理解、新行为的建立，而"如果人类条件的变更有一条基本的原则，那就是你不能强迫人们改变，不能强迫他们思考不同的问题和迫使他们开发新的技能，"① 在变革中，往往伴随着抵触与抗拒，教师新技能、新行为、新信念与新认识的形成需要一定时间，这是一个漫长的过程，探寻这个过程中教师发生的变化是一项很有意义的活动，它能够帮助我们更好地了解课程改革的精神内涵，更好地发现教师专业发展的内在逻辑。

经济社会的改革是这样，新课程改革也是这样，人们都需要适应变革，而改革并非一劳永逸、一步到位，适应也不可能一劳永逸、一步到位。在这个过程中，人们对已经形成的观念、理念、制度、体制和文化也存在进一步适应的问题。改革的适应内容上包括理念的适应、制度的适应、文化的适应和行为方式的适应，形式上包括自觉适应和强制适应。一般而言，制度适应、方式适应和强制适应相对时间较短，观念适应、文化适应和自觉适应则需要较长时间。新课程"改革绝非是一场一蹴而就的革命，因为教育实践是一种文化，而文化变革越是精雕细琢，才能越得到确实的成果。"② 课程改革和适应首先更多的是观念和文化改革与适应，因此它需要更长时间，新课程改革实施已十二年，但十二年对一项重大改革来说，只是初级阶段。如果说新课改同中国经济社会改革一样需要四十年甚至更长时间，那么，十二年还主要处于适应阶段，很有必要对教师的适应性进行全面深入研究。

### （二）适应教育变革是教师专业发展的必然诉求

课程必然要随着时代的变革而变化，教师适应是一项没有终点的活动。在频繁而剧烈的变革时代，教师会遇到各种各样的严峻挑战，以适应课程不断变革的特点。它不仅影响到教师在实施变革中的个人成功，甚至会对教师的职业生涯规划产生深远影响。具有不断应对和适应变革的能力是教师专业化发展的内在要求。联合国教科文组织强调，教师工作是一种"专业"、"学习的专业"、"终身学习的专业"。未来社会是一个学习化的社会，教师追随时代发展的动力和途径是学习。③ 在快速变迁的社会，教

---

① ［加］迈克尔·富兰：《变革的力量：透视教育改革》，中央教育科学研究所，加拿大多伦多国际学院译，教育科学出版社 2000 年版，第 33 页。

② ［日］佐藤学：《静悄悄的革命》，李季湄译，长春出版社 2003 年版，第 8 页。

③ 傅道春：《教师的成长与发展》，教育科学出版社 2001 年版，第 13 页。

师必须通过持续性、多元化的学习来适应变迁，仅仅依靠职前的师范教育无法也不可能支持教师顺利度过一生。在任何一项改革中，教师都会面临诸多前所未遇亦没有现成的理论或经验可以解决的新问题、新现象，对此，他们只有在新课程实践中不断更新知识、提高能力，才能更好适应变革，才能积极应对不断变化的现实。

由于诸多因素的限制，以往，西北民族地区农村中小学教师与城市、发达地区的农村中小学教师整体素质存在一定的差距，通过近年来的教师培训和其他多方面的实践活动，西北民族地区教师的专业能力得到了提升，中小学教育教学质量得以不断提高。然而，民族地区的广大教师对新课程改革适应的状况究竟如何，有必要全面深入研究。"有调查指出，按照从省会、地市县、镇到乡村的顺序排列，对课程改革'完全适应'教师的百分比呈逐渐下降趋势"[①]。如果没有相应的政策支持，这种差异可能随着课程改革的进一步推进而加剧。据了解一些较发达地区的城市教师对新课改也未必能全都适应，"在西部地区，由于基础教育投资和办学条件地区差别较大，优质教师城乡分布不均衡，师资数量严重不足、质量又不高"[②]，以西北地区现有教育发展水平及各个地区中小学校设施设备等资源条件，进行课程改革，所遇到的困难会比全国其他地方更加艰巨，出现的问题也更多、更尖锐，教师应对变革能力的挑战也越大。

**（三）研究教师对新课改的适应更是判定课程改革成效的重要指标**

"任何改革都可能会遭遇困境，但也必有其成果。"[③] 新课程改革推行至今，积累了丰富经验，但也存在许多问题。新课程改革的成绩需要得到肯定，新课改的经验也必须总结，但新课改的问题也不能回避，需要实事求是地面对。新课程改革的成效有许多方面，包括对传统教师的变革，对学生全面发展的促进，对学生实践能力和创新精神的培育，也包括对教师素质的提升。教师对新课程适应能力的提升是教师素质提升的重要层面。

---

① 教育部"新课程实施与实施过程评价"课题组：《基础教育课程改革的成就、问题与对策》，《中国教育学刊》，2003 年第 12 期。

② 王嘉毅，王利：《西部地区农村基础教育课程改革面临的问题与对策》，《西北师大学报》（社会科学版），2007 年第 2 期。

③ 黄宗显：《教改十年的省思与展望》，《教育研究月刊》，2003 年第 10 期，第 114 页。

可以这样说，教师对改革的适应能力反映的是教师整体的专业能力。新课程改革存在的问题有许多，但教师对新课程适应存在的问题是新课程未来发展必须解决的问题。通过总结教师对新课程改革观念、理念、制度、内容、方式以及文化等的适应，及其适应的程度、进程、过程，适应的规律，目的就是肯定成绩，总结经验，提升教师的适应能力和整体素质，进一步推进新课程改革的全面深入发展。

自 2001 年伊始，新课程改革实施中各种观念上的冲突逐渐显现，实践中的问题也开始暴露，其样貌的复杂性正逐渐清晰地呈现出来。在这种背景下，对新课改的研究需要有深度，要能够"洞见或透识隐藏于深处的棘手问题"，既要寻找"毛病"，又要深挖"病因"。对课程改革的适应研究，既包括对改革不适应的研究，也包括对改革适应的研究，既包括对改革的观念、理念、制度、体制、内容、方式和文化等适应的研究，也包括对它们适应程度、进程、过程的研究。已有研究缺乏对这些内容全面深入的研究，本文进行这样的研究很有现实依据和其必要性。

### （四）新课程改革十年来农村教师生境的探究

新课程改革推进了十四年，教育理论界对于新课改的质疑与反思一直持续不断，有一句话常常被用来说明"真相"即"穿新鞋走老路"，指教师新课程改革中"水土不服"或适应不良，尤其体现在理论视域中的教师抗拒变革：有研究认为"教师的抵制或抗拒被广泛地认为是影响变革进程的一大障碍，大面积推广的课程改革必然加重了教师的工作负担，迫使他们付出更多的精力和时间去回应、去改变，这样就难免会在教师当中产生抵触、甚至对抗情绪"[①]，而人们也总是习惯于站在教育外部对教育"指点江山"，习惯于站在教师的对立面对教育指手画脚，说教育（教师）"应该怎么样，必须怎么样"。于是我们经常看到，新课程的理论话语越是流行，教育实践的丰富性越被遮蔽与掩盖，而这往往与教育实践中绝大多数教师接受、赞成新课程改革并在实践中努力践行改革相互"矛盾"：一项调查表明，85.8% 的老师"很赞成"本次新课程改革，95.7% 的教

---

① 卢乃桂：《抗拒与合作：课程改革情境下的教师改变》，《课程·教材·教法》，2003 年第 1 期。

师都能对教材做适当修改，一节课中留给学生讨论或自主安排时间在 15分钟及以上的占 74%。① 2009 年以来笔者一直有机会参与宁夏地区国家级骨干教师培训工作，与来自农村一线教师"亲密接触"：教师们一直都在尝试、践行对新课程的理解与认识，努力地回应着课程改革的期待，诸如各种教学方法的创新，以至各种教学模式的初步探索与构建，正是把新课程改革的理念和要求落到实处，且都经历了从好奇、接近、学习、理解、实践，到出现困惑、继续学习、理解、实践的过程。面对同一课程变革的实际，却有基于现实的两种截然不同的事实或价值判断，现阶段处于调整和完善时期的新课改，现实境遇中的农村教师究竟在新课程改革十多年间改变了什么？适应了哪些？还存有哪些问题？这都是值得深入探究的。

人的复杂性与能动性决定了任何一种外在于变革过程的认识都是无法全面地反映变革本身的，只有直面课改实践。在这个意义上，"穿新鞋走老路"的评说对于身处课改实践中的教师们是有失公允的，教师既作为课程改革过程的重要参与者，又作为具有独立个性与思考能力的主体，在新课程改革实践中究竟是"穿新鞋走新路"、"穿新鞋走偏路"还是"穿新鞋走老路"无不预示着教师适应新课程改革的状态与现实。因此，对于身处改革生境的农村教师们来说，如果要判断他们是否适应新课程改革，需要通过实地探究才能做出评判。

## 二 研究现状及述评

### （一）国外教师课程变革适应问题研究

#### 1. 课程变革的表征研究

在课程变革的适应主体上，一种观点是将学校组织视为适应主体，如研究者 Segal，M（1976）认为适应性就是学校组织在一个特定时段内应对外部变革，采用新的课程、程序与技术的程度。若组织结构保持一定程度的异质性和不确定性，而不是将外部出现的问题硬生生地拉入现有的结

---

① 教育部"新课程实施与实施过程评价"课题组：《新课程实施与教师的感悟》，《教育发展研究》，2005 年第 5 期；马云鹏，唐丽芳：《对新课程改革实验状况的调查与思考》，《中小学管理》，2004 年第 1 期。

构之中，那么组织就更容易适应环境的剧烈变化；若学校组织内部的分层程度越高，则其适应性越低。[①] 另一种观点认为教师作为适应主体，适应性则是指教师改变自身行为的程度，即教师根据学生在兴趣、能力与需要等方面的改变而改变自身行为的能力，这同时也被视为教师能否适应学生的一般指标。[②] McLaughlin 与 Buttolph 也持有类似观点认为，一是既定的课程计划会发生变化，以适应各种具体实践情境的特殊需要；二是既有的课程实践会发生变化，以适应课程变革计划的要求，因此，成功的课程变革是一个相互调适的过程。[③] Buttolph 也认为变革的采用者会根据自身需要对革新做出变动。[④]

教师适应的程度上，有学者采用了阶段划分的方式，认为教师适应的程度不同，将会导致适应过程的不同阶段，同时教师也会出现种种外在表征。一种观点认为，教师适应行为会区分出强力支持者、一般支持者、接受者和激烈抵制者四种适应行为；另一观点认为，在课程改革中，教师是基于自身的特定背景，赋予变革不同的个人意义，并采取彼此相异的行动，而非所有的教师都能以预期的方式应对变革要求，产生对课程改革不同的适应结果。根据教师对课程改革呈现出的适应状态及其行为，可分为适应困难、积极适应和适应顺利三类适应形态[⑤]。以美国学者霍尔"关注为本阶段理论"为典型代表研究认为，教师适应会经历许多不同阶段，他认为，随着课程实施中教师经验的积累，其关注阶段和实施水平都会经历一个由低到高的发展过程，依次为未实施、定向、准备、机械实施、常规化、精制化、整合与更新 7 个阶段。关注阶段理论启示是有效地改进课

① Segal, M. Organization and environment A typology of adaptability and structure [J]. Public Administration Review, 1976, 34 (3): 212—220.

② Hunt, D. E. Teachers' adaptation: "Reading" and "flexing" tostudents [J]. Journal of Teacher Education, 1976, 27 (3): 268—275.

③ McLaughlin, M. W. Implementation as mutual adaptation: Change in classroom organization [J]. Teachers College Record, 1976, 77 (3): 339—351.

④ Buttolph, D. A new look at adaptation [J]. Knowledge: Creation, Diffusion, Utilization, 1992, 13 (4): 460—470.

⑤ Lambdin, D. V., & Preston, R. V. 1992: Caricatures in innovation: Teacher adaptation to an investigate - oriented middle school mathematics [J]. Journal of Teacher Education, 1995, 46 (2): 130—140.

程实施必须更多考虑教师的个人因素。在有关阶段类研究中，还有一种观点所作的归纳更全面、形象地描述这一改变过程，即（1）教师与自己以往熟悉的专业实践模式分手——"忍痛割爱期"，即使它曾经给自己带来了许多成就和辉煌，也要勇于抛弃；（2）教师进入不确定地带应对变革带来的冲击和挑战，但并非所有教师都能超越这个阶段——"冲击适应期"；（3）教师具备了新的专业素质和行为特征，步入了一个崭新的境界——"专业再生期"。①

Geijsel 等学者②指出，"身份学习"是教育变革核心，今天的教育变革最终要求的就是教师专业身份的转变。对此，面对变化着的外部环境，教师需要改变自我、充实自我、完善自我才能与外界变化保持一致，适应外部变革。

2. 课程变革中的适应发生机制研究

富兰的变革层次说认为，课程变革中教师改变的程度至少包括使用新的教学材料和教学手段以及拥有新的教育观念等从低到高的三个层次和类型。迪南·汤普生认为除上述因素外，还要关注教师教学价值、观念和实践的改变，情感和互动的重要性也是关注的重要内容。由此，对教师适应性研究，其关注视角由知行因素转为对教师主体因素和情感因素的关注，如感受、情绪、态度、动机。这方面较为突出的是关于教师认同感、情绪的研究。前者涉及教师对课程变革的态度，后者考虑的是教师在课程实施中的情绪体验。通过概括这些研究发现：不确定和模糊感、无能感、无权感、秩序和意义丧失感、工作沉重感是教师压力的种类；而教师对课程改革进行抗拒的主要原因则来自课程改革中教师所感受到的负面情绪。

3. 教师适应阻抗因素研究

以美国学者哈维为代表的研究者在对课程变革的本质探讨基础上认为，教师不是变革的主人、没有利益回报、增加负担、缺乏行政支持、不安全感、规范的不一致、失控与混乱、分化的知识所导致的排斥心态、变

---

① Bridges, W. & Mitchell, S. Leading transition: A newmodel for change [A]. Hesselbein, F. & Johnston, R. (Ed.), On leading change: Aleader to leader guide [C]. San Francisco: Jossey – Bass. 2002. 33—45.

② Geijsel, F. & Meijers, F. Identity learning: The core process of educational change [J]. Educational Studies, 2005, 31 (4): 419—430.

革的突然性和整体性、非预期的东西带来的抵制等 12 个原因是人们对变革抵制的原因。辛德尔等人认为，课程在实施过程中存在各种不同价值取向，在前人研究的基础上归纳出忠实、相互调适和创生三种课程实施取向。另外一些研究者据此认为，成功的课程改革不是被动执行课程方案的过程，而是要求课程实施者根据自身的需要对革新做出变动，是一个课程方案与学校具体情境之间相互调适的过程。课程史学家库班认为，教师自身的素质和能力对课程变革有影响，美国历史上课程结构运动推进中的失败，恰恰是因为绝大部分教师、学校欠缺课程发展能力而引发的对课程不适应。

### （二）我国有关教师新课程改革适应问题研究

#### 1. 新课程改革教师适应的结构研究

靳玉乐、尹弘飚[1]以社会心理学等理论为基础，界定教师适应性的理论架构由适应主体，特定情境要求的课程变革，教师改变三部分构成。教师行为与心理改变是适应的中心环节，而教师改变的维度主要以教学环境、教学内容与方法、教学过程、教学结果与评价四个维度来考察。有相关研究者以此框架为基础，对于不同学科、地区教师对新课程改革适应进行研究。

刘要悟等[2]以农村初中英语教师为对象，通过教师对新课改的认知和态度，对课程实施的专业准备或适应（主要考察其课程观念和角色适应；课程目标、教学内容和方法技术准备）以及胜任度考察进而判定教师新课改适应情况，指出农村英语教师现已对新课改实施有了一定的准备和初步的适应。

靳玉乐，于泽元[3]认为随着人们对课程改革的研究由结构—功能视角转向文化—个人视角，教师课程改革的适应性应由思想的认同、能力的胜任、情感上的关注、文化上的融合这四个因素构成，此四要素彼此联系，

---

[1] 靳玉乐，尹弘飚：《课程改革中教师的适应性探讨》，《全球教育展望》，2008 年第 9 期。

[2] 刘要悟，陈细波：《农村初中英语教师新课程实施之适应性研究——来自湖南益阳的调查》，《大连教育科学》，2008 年第 3 期。

[3] 胡艳芳：《农村与城市教师对课程改革适应性的比较研究》，硕士学位论文，西南大学，2010 年。

构成了一个综合性的研究框架，此研究框架对教师新课程改革的适应性提供了有利的理论工具。[①] 也有研究认为心理认同、行为实践、能力建构是教师适应的三个维度，即心理认同课程改革，也具备了实践课程改革的能力，还要在实践中有所行动，才是真正落实课程改革的理念和要求，且教师对课程改革的适应性是渐变的，是需要一个过程的。这种稳定的能力特征没有一个明确具体的标准，即教师对课程改革只有适应性的高与低，适应与不适应没有一个固定的界限划分。

（1）有关新课程改革适应的主体研究。朱德全等[②]通过管理者、教师和师范生和学生以及家长这三个主体对数学新课程在西南地区的适应性调查，诊断数学新课程在西南地区适应水平，同时提出相应思考和实践建议。在管理者、教师和师范生对新课程的认知与评价上，通过教师课改革意识；课程标准的认同度；新课程教材可驾驭度；新课程教材教学实效性进行诊断分析，在城市与农村家长这个适应主体上，通过家长对数学新课程的支持度对其进行分析判定，指出无论农村、城市家长都对课改认同度较高，城市家长在数学新课程基本概况了解方面比农村家长高。

在有关学生作为适应主体的研究上，朱德全等[③]通过数学新课程在西南地区适应性调查，通过对农村与城市学生的兴趣与态度、方法与策略、学业成就三个层面诊断，农村与城市学生发展都显示出良好发展趋势，尤其在数学兴趣与态度、方法与策略这两大目标上差异显著。有研究者[④]通过对西部农村中小学生在新课改实施中学习适应性调查发现，学生对学校的学习和生活适应良好，而学生学习的自我效能感处于矛盾状态，学生学业成绩层级差别大是主要问题所在，其中教师的工作态度、家长的学业支持低效和学生的学习策略不高是影响学生学习适应性的主要因素。

总的来说，研究教师、学生适应主体对新课程适应性大多采用了调查

---

① 靳玉乐，于泽元：《文化—个人视角下教师对新课程改革的适应性探讨》，《西南大学学报》（社会科学版），2009 年第 3 期。

② 朱德全，宋乃庆等：《数学新课程在西南地区适应性调查研究》，《西南师范大学学报》（自然科学版），2003 年第 6 期。

③ 同上。

④ 程岭：《西部农村中小学生学习适应、自我效能感与学业成绩研究》，《基础教育研究》，2011 年第 8 期。

适应新课程的"实然"状态——分析、对比新课程改革的要求——找出差距、提出策略的研究思路，研究区别多为新课程适应的维度划分上。到目前为止，对新课程适应性的结构还没有一个统一的定论。

（2）有关教师课程改革适应内容研究。第一，教师观念适应。观念对实践起着指导与统率作用。课程改革，首先触及到的是教育观念的转变。陈慧君①通过对新课程改革纲要的解读，认为支撑新课程改革的教育观念体系有八个方面：目标观、教材观、教学观、学习观、智力观、发展性评价观、学生观、教师观。李敏②认为新课程改革中主要是教师中观观念层的转变和建构，即教师需要重构课程观、学生观、自我观、学习观。③ 也有研究认为，课程改革要求教师必须要树立平等的师生观、和谐的发展观、全新的教材观、新型的教学观、终身发展的学习观。余文森④认为，教师树立先进的教学观念，需要更新知识结构，改革教学方法，改革评价体系。对此有学者⑤谈道，新课程实施对教师的教育观念和教学方式产生重大影响，要求教师改变过于注重传授知识的倾向，要关注学生如何做人、如何发展；培养学生积极主动的学习态度，在学习过程中形成正确的价值观；培养学生创新精神和创造能力，为学生未来发展奠定基础。

课程改革还需要教师形成与之相适应的课程意识，钟启泉提到"课程意识是一种开放的、民主的、科学的意识"⑥，新课程特别强调每一个人都必须拥有课程意识。赵炳辉认为⑦，课程改革不仅需要教师接触与理解其理念与实践上的要求，更需要教师形成课程的主体参与意识、课程的资源整合与创生意识、课程的发展与评价意识、课程的研究与反思意识，在促进教师专业成长的同时实现教师与课程的共同成长。郭元祥⑧认为教

① 陈慧君：《支撑新课程的教育观念体系解读》，《江汉大学学报》（社会科学版），2004 年第 1 期。

② 蔡蓉：《课程改革带给教师观念的变化》，《教育与教学研究》，2009 年第 9 期。

③ 李敏：《新课程与教师观念》，《教师教育研究》，2005 年第 1 期。

④ 余文森：《树立与新课程相适应的教学观念》，《教育研究》，2002 年第 4 期。

⑤ 耿文侠，任新社：《新课程对教师教育观念及教学方式的影响》，《河北师范大学学报》（教育科学版），2008 年第 9 期。

⑥ 钟启泉，崔允漷：《新课程的理念与创新——师范生读本》，高等教育出版社 2004 年版。

⑦ 赵炳辉：《新课改视域下教师课程意识研究》，博士学位论文，东北师范大学，2009 年。

⑧ 郭元祥：《教师的课程意识及其生成》，《教育研究》，2003 年第 6 期，第 33 页。

师切实转变课程观、养成反思性实践能力，同时应该重建学校课程制度；姜勇①认为教师的课程意识可以通过叙事、合作传记、反思等途径进行。覃莹②认为参与课程行动研究是教师课程意识形成的重要途径③，还有学者认为学校是教师课程意识提升的根基，自我反思是教师课程意识提升的内在动力。

李定仁，赵昌木认为④，教师角色既包括社会、他人对教师的行为期待，也包括教师对自己应有行为的认识。钟启泉⑤认为教师应从课程解释者转变为开发者、从"教书匠"转变为反思实践者和研究者；从知识的权威者转变为学习的组织者和引导者。郑金洲认为⑥，随着素质教育的深入推进以及新课程的大力实施，中小学教师的角色正在呈现出一系列新的定位：作为信息整合者，作为文化相对论者，作为创意设计者，作为终身学习者，作为道德楷模者，这些角色定位，存在于教师的观念和行为之中，引领着教师专业发展的新方向。傅道春指出⑦，面对新课程，教师要完成新角色的适应过程，主要应从素质期待、形象期待、义务期待三个方面来强化自身的角色意识，素质期待是对教师个人思想、行为、知识能力等素质的要求。形象期待是指教师个人的外在形象气质等。义务期待指作为教师应该承担的社会责任和义务。对此，有研究者提出⑧课程实施创生取向下教师角色重塑策略：教师观念系统要更新，要确立新的教育价值观、新的课程观和建构主义的知识观；教师能力系统要更新，教师必须具有研究意识和研究能力，教师应具备课程开发的能力；方法系统的更新，教师教学要遵循发展个性的原则，实行个性化教学方法，要教会学生学

①　姜勇：《论教师的课程意识及其唤醒》，《教育理论与实践》，2006 年第 9 期，第 48 页。

②　张影：《新课改背景下中小学教师课程意识现状调查与对策分析》，硕士学位论文，西南大学，2009 年。

③　覃莹：《创生意识：教师课程意识的应然追求》，硕士学位论文，西南大学，2008 年。

④　李定仁，赵昌木：《教师及其成长研究：回顾与前瞻》，《教育理论与实践》，2003 年第 6 期。

⑤　钟启泉，姜美玲：《新课程背景下教学改革的价值取向及路径》，《教育研究》，2004 年第 8 期。

⑥　郑金洲：《教师角色的新定位》，《江苏教育研究》（理论版），2008 年第 3 期。

⑦　傅道春主编：《教师的成长与发展》，科学教育出版社 2002 年版，第 131 页。

⑧　新课程实施过程中培训问题研究课题组：《新课程与教师角色转变》，教育科学出版社 2001 年版，第 64 页。

习，让学生从"学好、学会"的传统学习方式走向"好学、会学"的新型学习方式，[①] 而教师要从根本上提高自己，就应提升自己的专业化水平。其途径有：第一，教学反思；第二，开发自己的实践理论；第三，专业合作；第四，终身学习。

从教师课程实施方式看，教师首先要转变教学方式：旨在引导学生研究性学习的教学方式；合作式的教学方式；主题讨论式的教学方式；目标教学方式；发现学习教学方式。教师课程实施方式，也可以从学生的学习方式来分析，即教师应该注重突出学生主体性和情境目标；注重对学生智力的开发和能力的培养；注重学生学习心理的探讨与学法研究；注重对传统教学方式进行改革。

从课程实施内容看，教师应精选课程内容和"活化"教育内容，使课堂教学更富于生活情境，教师要努力提高教学设计、教学实践和科研能力；适时、适当调整课程进程和结构；有效设计教学活动。[②] 新课程对教师重建教材内容提出了更大的挑战。具体而言，这些挑战包括：①教师必须更新知识结构。教师必须准确把握任教学科中学生终身发展所必需的基础知识和基本技能，还必须与时俱进，通过各种渠道不断学习，扩展自己的知识储备。②教师必须发展课程开发的能力。新教材内容留有很大的余地，已经远远不能满足与现实生活紧密联系的多元化的课程内容，教师不能局限于教材、必须善于进行课程资源的开发，充实教材内容。③教师必须发展整合教材内容的能力。新教材强调从学生的生活经验出发，激发学生的学习兴趣。教师应该联系学生的生活经验，将不同的学科知识综合起来，与现实结合起来，将学科知识情境化。

第二，教师能力的适应。王一军认为，教师课程能力是教师在完成课程设计、实施、评价、管理等课程活动任务时，所需要的素质基础、行为特征和实践智慧。[③] 为此，教师应创设丰富教学情境；指导学生进行研究

---

① 赵艳红，石芳：《课程实施创生取向与教师角色的重塑》，《湘潭师范学院学报》（社会科学版），2007 年第 6 期。

② 葛金国，吴玲等：《课程改革与学校文化重建》，安徽教育出版社 2007 年版，第 264—265 页。

③ 王一军：《三级管理框架内课程能力的实践诉求》，《当代教育科学》，2007 年第 22 期，第 10 页。

性、探究性学习；发起并维持课堂的多向互动；根据生成的资源适时调节教学内容和结构；运用多样化方法和手段来组织教学、实施评价等。① 教师课程能力具体包括以下几方面：①课程及课程资源整合能力；②课程开发能力；③课程实施能力。教师要能够依据新课程标准要求，自主确定教学目标，选择利用校内外学习资源，科学设计教学方案，使之从"教教材"走向"用教材教"，善于与学生互动、交往和交流，创设学生主动参与的教育环境，为学生提供讨论、质疑、探究、合作和交流的机会，指导学生主动和富有个性地学习；④课程研究与反思能力，即教师对其教育环境、教育实践及自身的教育思想、行为进行反思，不断做出判断和讨论。

第三，评价的适应。新课程实施提倡发展性评价，其方式没有固定的模式和标准，需要教师在教学实践中不断地探索和实验，其注重学生自身发展和成长的过程，关注的是学生获得知识、习得技能的过程及体验。② 此外，过程性评价的长期性要求教师责任心更强，心思更细腻，反应更迅速，措施更有效，把握程度更准确。③

第四，制度的适应。校本教研是为解决学校教育教学实际问题而进行的研究，学校要形成对话机制，为教师之间进行信息交流、经验分享、专业会谈和专题讨论提供平台。④ 为此要建立有利于以校为本的教学研究的导向机制、激励机制、保障机制。也有研究者认为对于校本课程的管理，首先要建立健全校本课程管理制度和保障系统，推动校本课程建设从点到面，从自发到自主，形成规范的管理策略，保证校本课程建设的稳步发展。其次，学校管理层要建构立制，形成垂直式或者扁平式管理网络，如学校成立领导小组、教研组和项目组，明确职责范围，保证校本课程管理不流于形式。然后，要营造宽松和谐的课程文化环境，探寻校本课程开发的规律，找出共性问题，提出管理的意见和建议。再次，建立校本课程有

① 柴林喜：《关于在课堂教学中落实新课程理念的思考》，《教育理论与实践》，2005 年第 2 期，第 66 页。

② 靳玉乐：《我国基础教育新课程改革的回顾与反思》，《课程·教材·教法》，2004 年第 10 期。

③ 谢泽源，舒小平，廖太春：《新课程实施下农村教师的适应性问题》，《江西教育科研》，2004 年第 11 期。

④ 余文森：《国家级课程改革实验区教学改革调研报告》，《教育研究》，2003 年第 11 期。

效的培训机制，每学期定期组织教师开展研讨活动，学习交流经验和教训，深入理解校本课程的内涵和本质特征，掌握管理校本课程的基本要求。① 因此，本研究着重进行教学研究制度（校本教研）、教学评价制度（学校学时学制管理、教学组织管理）和校本课程的开发与建设三个层面，探寻教师课程实施中适应状况。

第五，实施环境（条件）的支持。课程改革需要有良好环境与条件支持，教育部新课程实施评估组也认为教师在"新课改"中被提供的环境不够充分，进而影响课程的推进与实施。② 有研究者调查认为，加强各级政府及新课程相配套的政策措施保障、推进改革工作的体制机制健全，才能进一步推进课改的步伐，提高教师课程改革的适应性。③ 课程实施的环境，包括社会、课程改革推行者、当地教育主管部门以及学校为教师提供或创造的，有利于教师顺利实施新课程的政策、制度、物质和社会舆论等方面的资源。主要包括：能够引领教师追求共同目标的学校领导机制、互相信任互相支持的同事关系、对于教师在课堂教学改革方面的尝试给予政策上的有限鼓励等，最后还应为教师的专业发展提供充足的机会。这些是教师落实课改最基本的条件。④

第六，课程资源的开发与利用。课程资源，分为素材性资源和条件性资源两类。属于素材性课程资源的有知识、技能、经验、活动方式、情感态度、价值观、培养目标等。这些素质资源直接作用于课程，成为课程的素材或来源。属于"条件性资源的如直接决定课程实施范围和水平的人力、物力、时间、场地、设备和环境等。这些因素将直接作用于课程，影响着课程，在很大程度上决定着课程的实施范围和水平，它是形成课程的因素来源与必要而直接的实施条件。"⑤

（3）有关教师课程改革适应过程的研究。教师对新课程改革的适应是

① 陶文革：《小学校本课程管理的策略研究》，硕士学位论文，华东师范大学，2009年。
② 教育部"新课程实施与实施过程评价"课题组：《基础教育改革的成就、问题与对策——部分国家级课程改革实验区问卷调查分析》，《中国教育学刊》，2003年第12期。
③ 杨莉娟，项纯，李铁安：《如何提高教师对新课改的适应性》，《中国教育报》，2010年6月11日，第5版。
④ 卢乃桂：《课程改革、水平与教师：中国大陆及香港地区的经验》，丁钢主编：《中国教育研究与评论（第4辑）》，教育科学出版社2003年版，第118—119页。
⑤ 吴刚平：《课程资源的理论构想》，《教育研究》，2001年第9期，第59—63，71页。

一个逐渐变化的过程，有研究指出①适应既是一种程度，也是过程，教师课改初期变化并不明显，而改革 2—3 年其适应能力逐渐增强，但行为转变不大。教师性别、所教科目对教师的适应过程没有显著影响，但其适应过程在教龄、学历等方面存在着显著差异。谢泽源②认为教师适应课程改革经历三个阶段：不适应阶段（1—2 年）—高原期阶段（2—4 年）—自觉阶段（5 年以上），且不同阶段影响因素不同。杨莉娟等③对我国东中西代表性省市内近 2500 名中小学教师的问卷调查及典型性访谈研究表明，教师适应 0—4 年为过渡期，特点不稳定；5—8 年为常规化阶段，稳定发展时期，整体适应状况差别不大。基本适应状况是态度上的热情随时间而逐渐消减，而其他在理念、能力和行为上的表现随时间的延伸适应性逐渐增强。王嘉毅等④通过对西北农村 2003 年与 2011 年两个阶段实证分析的纵向对比指出，无论是八年前还是现在，教师对课程改革实施大多持有积极肯定的态度，认同度较高。但 2003 年与 2011 年新课程改革中的最突出问题仍然是课程改革中缺乏专业引领、评价改革滞后、教师培训不到位、课程资源匮乏、上级部门不够重视这五个因素，这五个因素也是教师最难适应的。同时，也有研究者以不同年龄段教师对新课改适应状况进行分析研究，认为中、青年教师在课改中的表现存在显著不同，中年教师在新课改中面临重重困难，青年教师则适应得较好。中年教师在新课改中陷入适应和发展困境的内部原因在于中年教师自身的素质和年龄特征难以适应新课改；外部原因在于新课改本身的不足加大了中年教师的适应困难，教师管理存在的问题强化了中年教师的懈怠意识。⑤

　　基于已有研究，历经十年课程改革推进，教师课程改革的适应从最初

　　① 郑一丹：《新课程实施中教师适应过程的调查研究》，硕士学位论文，辽宁师范大学，2005 年。

　　② 谢泽源：《从适应走向自觉——赣州市小学教师新课程改革适应性研究与对策》，《基础教育课程》，2007 年第 4 期。

　　③ 杨莉娟，项纯，李铁安：《我国教师适应新一轮课程改革现状的调查研究》，《课程·教材·教法》，2012 年第 2 期。

　　④ 王嘉毅，赵志纯：《西北农村地区新课程适应性的纵向研究——基于 2003 年与 2011 年调查的实证分析》，《课程·教材·教法》，2012 年第 1 期。

　　⑤ 朱志卓，裴亚丁等：《新课改中的中年教师困境——基于 A 小学中、青年教师新课改适应性的比较研究》，《教育研究与实验》，2015 年第 1 期。

自上而下的推进中的强制适应，到今天课程改革深化阶段的真正的适应（自觉适应），这期间教师经历了怎样的适应过程，遭遇了哪些困难与挫折。势必要通过教师适应的程度与适应的过程两个维度考察才能清晰地揭示西北民族地区教师新课程改革的适应现状，进而提出有针对性的措施。

2. 影响教师课程改革适应性因素研究

早在 1977 年，美国课程学者奥利弗（A. Oliver）就指出了课程变革遇到的一些障碍。他认为，人们对于变革一般都是抵制的。因而提出影响课程改革的五大因素，包括（1）惯性；（2）不安全感；（3）能力不足；（4）资金；（5）时间。[1] 美国学者哈维（T. Harvey）对于人们参与变革的障碍以及抵制变革的原因进行了更为系统和全面的分析。即（1）教师不是课程变革的主人；（2）没有利益回报；（3）增加负担；（4）缺乏行政支持；（5）孤独感；（6）不安全感；（7）规范不一致；（8）令人厌倦；（9）失控与混乱；（10）分化的知识导致的排斥的心态；（11）变革的突然性和整体性；（12）非预期的东西带来的抵制。[2]

台湾学者单文经[3]将教师抵制变革的原因归纳为：（1）改革幅度太大；（2）未有明显可期的效益；（3）教学文化与改革的互斥性；（4）配套措施难臻完善。

杨明全[4]从影响教师参与课程改革的文化、制度、技术三个维度分析阻碍课程变革的原因：教师文化封闭性、保守性和实用性是文化层面的制约因素；制度层面的原因是课程政策的变迁，教学及评价制度的改革，支持制度的不完善；技术层面主要在于教师为采取恰当的变革策略以及课程变革的设计者与实施之间缺乏沟通。

---

[1] Oliver A I. Curriculum Improvement：A Guide to Problems，Principles，and Process，Harper & Row Publishers，1977：332—335.

[2] Harvey T. Checklist for Change，1990，转引自 Ornstein A C & Huntkins F P. Curriulum：Foundations，Principles，and Issues，Third Edition，Allyn and Bacon，1998：302。

[3] 单文经：《析论抗拒课程改革的原因及其对策：以国民中小学九年一贯课程为例》，《台湾师范大学教育研究集刊（45）》，2008 年，第 15—34 页。

[4] 杨明全：《革新的课程实践者——教师参与课程变革研究》，上海科技教育出版社 2003 年版，第 187—208 页。

陈时见认为①影响教师适应的主观因素是教师自身的知能结构失调，传统教育教学观念根深蒂固，教师教学方式不适应，教师心理抵触等；教育经费不足，新课程培训与实际需求脱节，评价机制滞后、缺乏家长的支持与理解、教师工作环境较差、学校管理制度是制约的客观因素。有研究认为②课程材料使用、教师知识与信念、学校文化等是制约教师新课程适应性关键因素。王平③从教师归因与研究者归因两个角度出发，探究影响课程改革中文化适应问题的归因分析，认为教师归因主要有：教师缺乏时间和精力研究课程改革；班级规模的影响；培训无助于实际教学的改进和提高；缺乏现实物质资源的支持；缺乏相应的制度作为保障。研究者归因则是：新课程文化所采取的分离或边缘化的适应方式，其深层的原因正在于中美两国教育文化价值观的巨大差异。杨娜提出④，工具理性主义的课程文化观、专业个人主义文化倾向、传统文化与保守的学校制度文化是影响教师适应新课程文化主要原因。⑤ 西部地区课程实施适应性影响因素中，有研究认为除主客观因素外还有社会层面原因和历史文化因素的影响，如民族地区尤其农村教师经济地位偏低、教师流动性大、教师的工作环境与课改要求不匹配、农村学校课程资源开发存在困难、培训机会不均等。

以上分析各有侧重，基本上是主观（内部）和客观（外部）因素两个维度来进行分析。显然这些研究对于我们冷静看待并分析教师新课改适应有积极意义，但是总体而言，基于研究的视角与研究实践情境的

---

① 陈时见主编：《学校教育变革与教师适应性研究》，商务印书馆 2006 年版，第 154 页；余杭：《西南民族地区新课程改革与教师适应的比较研究》，硕士学位论文，西南大学，2006 年；李姣姣：《新疆普通高中教师专业发展与新课程的适应性研究》，硕士学位论文，新疆师范大学，2008 年；黄俊丽：《新课程改革中农村中学教师适应性研究》，《四川教育学院学报》，2007 年第 4 期；赵凌甫：《喀什地区高中教师新课程适应性研究》，硕士学位论文，喀什师范学院，2010 年；曲静敏：《小学教师对新课程适应研究》，硕士学位论文，陕西师范大学，2010 年；向红：《民族地区高中教师新课程适应性研究——以重庆市石柱土家族自治县民族中学为例》，硕士学位论文，广西民族大学，2012 年。

② 李永红，张世勇：《新课程实施与教师适应性研究》，《教学管理》，2012 年第 12 期。

③ 王平：《课程改革中的文化适应问题研究》，博士学位论文，西北师范大学，2006 年。

④ 胡艳芳：《农村与城市教师对课程改革适应性的比较研究》，硕士学位论文，西南大学，2010 年。

⑤ 杨娜：《新课程实施中的教师文化适应研究》，硕士学位论文，西南大学，2009 年。

不同，对于西北民族地区农村中小学教师对新课改的适应，本研究认为，应该着重于以下几方面考虑：学校外部环境与条件的支持与保障上，包括国家制度政策、资金等投入，农村社区文化影响等；学校内部因素是制约教师适应的关键，包括学校管理者，学校文化氛围、教学资源等；教师自身教师知能结构及素养是适应的核心。这些都将对教师适应新课改产生着影响，但不同因素可能在课程改革过程中的不同时期、不同阶段具有不同影响作用，且不同因素对农村十年课程改革所产生的影响也不相同。因此，只有分析影响民族地区教师适应课程改革在不同时期及其程度和进程的因素，才能有针对性地并提出相应的策略，最终建构民族地区课程改革教师适应的长效机制，为今后课改的进一步深化指明方向。

### （三）西北民族地区农村教师新课程改革适应研究

1. 西北民族地区农村教师新课程改革认同研究

李子建和尹弘飚对教师认同感进行了系统研究。李子建教授把国外的有关认同感的研究引入我国的课程实施研究当中，他把认同感区分为态度和行为意向两个层面，含实用性、成本效益、关注事项等五个因素。尹弘飚主要是把李子建教授拟定的量表进行验证，证明了测量工具较好的信度和效度。[①] 此外，赵志纯等[②]从成本与收益评估、课程实用性、学校支持、行为意向 4 个维度研究发现，西北农村教师课程改革认同在性别、学段、入职前后、学科性质等方面都存在不同程度的差异性。

胡小萍等[③]对农村中学校长的新课程改革认同感进行了现状测查，发现校长对新课程的认同度不高，农村学校课程资源缺乏、课程方案趋于城市化、政策配套不到位、社会评价压力大等是主要原因。教师新课程认同感研究，得出了不尽相同的结果，有调查反映"13 个国家级课改实验区

---

① 郑建芸：《广东省中学教师对新课程改革认同感现状调查研究》，硕士学位论文，华南师范大学，2007 年，第 12 页。

② 赵志纯：《西北地区农村中小学教师课程改革认同特点——基于甘青宁三省（区）样本的实证》，《教育学术月刊》，2014 年第 2 期。

③ 胡小萍，冷先福：《实施新课程：亟需增强农村中学校长的认同感》，《江西教育科研》，2004 年第 12 期，第 21—38 页。

90%教师表示适应新课程和新教材，认同度较高。"① 也有研究表明"大部分教师对课改持一般和比较消极的态度"②，就目前研究来看，本研究认为原因在于选取的样本不同所致，前者样本均为国家级实验区，后者是西部地区，不同区域的调查研究得出了不同的研究结论。而以西北农村小学教师为对象的调查显示，西北农村小学教师新课改认同感较低。③

从已有调查来看，城乡教师对新课程的认同感有显著差异，西部农村教师对新课程的认同感较低。

2. 民族地区农村教师新课程改革适应研究

自新课程改革伊始，人们始终关注民族地区课程改革教师适应状况，潘清泉《民族地区小学教师适应新课程情况调查与思考》（2003）；余杭《西南民族地区新课程改革与教师适应的比较研究》（2006）；陈富《新课程在西北地区适应性之调查研究》（2008）；沈文平《西部农村地区教师新课程改革适应性调查研究》（2010）；杜建国《民族地区小学教师新课程改革适应性问题研究——以新疆南疆地区为例》（2010）；向红《民族地区高中教师新课程适应性研究——以重庆市石柱土家族自治县民族中学为例》（2012）；蔡剑波《民族地区高中数学教师新课程适应性研究》（2013）；雷蕾《民族地区农村小学英语课程实施中的适应性研究》（2013）；等等。应该说，这些研究从不同层面探讨了民族地区教师对新课改适应，为今后的研究奠定了基础。

民族地区教师新课改适应上，由于教师教育观、学生观和课程观与新课程倡导教育观念不一致，情感和观念的不适应是其适应主要问题（赵凌宙，2010）。在知识结构方面，教龄越短（5 年内）和教龄越长（20 年以上）的教师知识结构不适应教改的比例增大。④ 教师对教材基本理念的适应性最强，对新教材练习材料、难度、辅助材料三方面适应较差（王

---

① 教育部"新课程实施与实施过程评价"课题组：《基础教育改革的成就、问题与对策》，《中国教育学刊》，2003 年第 12 期，第 35—39 页。

② 苑青松：《浅析西南地区语文教师在新课改中的认同感》，《当代教育论坛》，2008 年第 5 期，第 59—60 页。

③ 王连照：《西北农村小学教师新课程认同情况研究》，硕士学位论文，西北师范大学，2005 年，第 19 页。

④ 潘清泉：《民族地区小学教师适应新课程情况调查与思考》，《柳州师专学报》，2003 年第 6 期。

慧，王嘉毅，2008）；教师教龄与熟练掌握新教材时间有一定的关系，6—10 年教龄教师对教材具有较强适应能力（潘清泉，2003）。

在教师新课程改革适应的程度上，有研究表明，新课程改革所倡导的基本理念在农村教师群体中得到较好渗透①，在新教材、教学方式、评价方式上民族教师对新课改具有一定适应水平，较好地推动了新课程改革的发展，但总体水平不高，主要体现在教师心理、知识结构和能力等方面存在诸多不适应（余杭，2006；向红，2012），同时，民族地区农村教师信息渠道单一，部分教师对新课程了解不够，在具体的操作过程中会遇到客观的限制导致不适应（陈富，2008）。随着课改的推进，存在教师教学压力增加，教学转变困难、新教材把握度低、评价方法传统等问题，开展教学反思、加强校本培训、改革评价制度；完善新教材等是解决的关键（沈文平，2010）。

综上，首先，民族地区农村中小学教师对新课改的"适应不良"问题，突出表现为课程改革实践中教师行动与观念相脱节，知识技能缺失，缺乏自主创新和"学习内容城市化、教学方法趋同化"等问题与现象②，同样，评价方法滞后也是影响教师适应的瓶颈，这些都是当前和今后民族地区农村教师必须面对和解决的。

其次，如前所述教师对课改适应分为表层适应和真确式适应。已有相关研究也对此作了较有价值意义的探讨，然而人们更多关注教师适应的表层方面，如教师对教材、教科书等文本和操作层面的适应，而其中教师对课改信念以及思维转换方面（真正适应）改变最难出现，所需时间也最长。课改已走过十二年历程，教师从表层适应走向真正适应有何特点，不同专业、民族教师对不同内容的适应有何不同及其程度、进程、过程究竟如何，这些问题已有研究中并没有做过全面深入研究。

最后，西北民族地区课程实施既要遵循课程改革的一般规律，又要考虑到少数民族经济和社会文化的地域性、特殊性，因此民族地区教师会面

---

① 沈文平：《西部农村地区教师新课程改革适应性调查研究》，《教育测量与评价》，2010 年第 5 期。

② 杨志恒，闫淳冰：《西部农村中小学全面推进课程改革中存在的问题与对策》，《兰州学刊》，2006 年第 1 期；朱炳：《论西部农村基础教育课程改革存在的问题及对策》，《西北成人教育学报》，2006 年第 3 期。

临着其他地区教师所没有的特殊问题，例如面对不同文化背景、学习风格和差异的学习者，在实践中教师所遇到的问题是多方面的，要求教师必须根据具体对象、情境和内容因人、因地、因时而异，在复杂多变的教育情境中做出有效的教育行动。课程实施十多年来，不同民族教师对不同课程改革内容适应得究竟如何，其适应程度的高低，适应过程的时间长短必然有显著差异，已有研究中对此揭示得并不多。

鉴于以上文献分析，本研究基于西北民族地区农村教师新课程改革适应的具体内容如表1—1所示。

表1—1　　　　　　　　教师新课程改革适应内容

| 适应内容 | 具体指标 | 问卷涵盖 |
| --- | --- | --- |
| 教师观念 | 教师教学观念 | 教材观、教学观、学生观等 |
| | 教师教学方式 | 教师角色观；教师自我效能感 |
| | 教师课程意识 | 主体意识、资源意识、生成意识 |
| | 教师知识与能力 | 教师专业知识和能力 |
| 制度适应 | 教学管理、校本教研制度等 | 学校教学、课程设置、校本教研等 |
| | 教师培训 | 培训内容、模式、考核等的认可度 |
| | 校本课程 | 开发、建设、制度化等 |
| 评价适应 | 对学生的评价 | 过程的评价；结果的评价 |
| | 对教师的评价 | 发展性教师评价 |
| 实施环境（条件）保障 | 学校硬件等资源保障 | 学校多媒体设施、图书资料等 |
| | 教师数量及结构 | 教师数量、质量及学科结构等 |
| | 课程资源开发与利用 | 条件性资源开发 |
| | | 素材性资源开发 |

## （四）文献述评

### 1.2002—2013教师新课程改革适应文献研究的总体特点

通过整理分析国外和国内十年间教师课程改革适应文献可以看出，教师对新课程改革适应的相关研究数量和其研究视角可谓丰富。但也存在诸多问题：

（1）现有对教师新课课程改革适应改适应研究，多从文化视角或基于现状调查以揭示课改以来教师适应的现状与问题，这些研究都非常具有价值意义。由于研究视角以及教师适应维度等划分不一，已有研究缺乏对教师适应性结构的理论建构。课改实施至今，教师适应核心要素有哪些？适应问题有哪些？等都是值得后续研究中探求的。

（2）从目前的研究来看，已有研究对农村新课程改革十年来教师与学生适应的关注力度仍不够，虽然也有研究涉及农村新课程改革，但大多只是作为城乡比较中的一部分，缺乏对西北农村教师新课改适应性的专门研究。

（3）已有研究成果虽多，但结论往往大同小异，而且实证性研究少，同时，重思辨分析、轻实践，以往研究大多停留在宏观层面，而课程改革的核心领域——课堂教学，实证性研究缺乏，造成了理论与实践两张皮现象，研究结果缺乏说服力，操作性不强，对基础教育一线的指导性不强；再者，教师对课程改革适应的维度上，已往的研究只是横断描述教师课程改革中的适应状态，缺乏从适应过程和阶段，即纵向的角度对教师适应进行全面考察，十年间教师在课程改革推进中究竟适应了什么，历经怎样的过程与阶段达到适应且不同阶段有何特征，已有研究十分缺乏。

（4）研究对象和内容区域化、城市化倾向较严重，对西北民族地区农村教师关注较少。已有研究中，研究对象及其样本较单一，样本代表性不强。多数研究集中在城市或某个地区或某学校的个案研究，对课程改革教师适应问题并没有形成对某一主题集中、深入和系统的研究，甚至一些研究处于低水平重复。

2. 已有研究主题零碎分散，缺乏教师对课程改革适应的深层次探讨

已有研究更多关注教师努力在达到对教材、教科书等文本的固态化的一种表层适应，忽略了教师对新课改深层次适应的探讨和追寻。课程要随着学生的发展变化而不断改进，课程改革是一个永无止境的过程；同时，课程是变化的概念，教师就要适应课程的变化性。因而教师对新课程改革

的适应是一个过程。哈耶克曾指出，知识的增长是一个复杂的过程，由于对研究本身的兴趣的缘由，创新是不断探究和尝试的活动，往往并不具有明确的目标，同时目标也往往在发生变动。课程改革是学校内在的永远的具有自我创新性的活动，只要学校有提升办学水平和教学质量的愿望，就始终需要具有生成动态性的知识的支持，这是学校的本性使然，也是课程的内在特质。因而新课程改革的旨趣就是为了提升课程变革的内生动力，教师只有达到对新课程改革的自觉适应才是真正的适应。教师的真正适应才是课程改革的内生动力。本研究重点在于探寻教师对不同课程改革内容的适应有何不同及其程度、进程、过程如何，不同专业、年龄阶段的教师从强制适应到自觉适应、对不同内容的适应有何不同及其程度、进程、过程有何差别和联系，这是本研究进行探究的根本所在，已有研究对此并未深入揭示。

3. 研究方法

尽管已有研究运用问卷、访谈等量化研究方法探查目前课程改革教师适应现状，但随着西北农村地区基础教育发展外部条件的逐步改善，必须对影响西北民族地区基础教育课程改革的内在因素作更加全面、细致的研究，而课程实施的动态性和地域性以及教师文化适应的特点决定了教师课程改革适应研究必须在量化研究的基础上，改变以往有关课程研究多以理论思辨为主的倾向，采用实证研究方法，用大量数据说话，做到理论与实践相结合。运用质化研究，立足西北民族地区多元文化的实施背景，深入探析教师适应课程改革的深层文化制约机制，才能挖掘其背后的真正文化动因，为今后课改的深入推进和教师良好适应提供实践依据。

课程改革具有很强的实践特性，课程改革的很多问题都是在实践中表现的，这决定了人们只能通过对实践的观察、体验才能真正认识问题的实质。本研究正是在以往研究的不足方面力求有所突破和创新，力图走进西北民族地区课程改革的现场，对教师课程实施进行"把脉"、"问诊"，与一线教师共同加强对课程改革的研究，才能逐渐形成有针对性与实效性的教师新课程改革适应的有效策略。

# 三 核心概念与理论基础

## （一）核心概念界定

### 1. 课程改革

课程改革是有计划、有目的地将传统的课程组织改造、设计成为全新的课程组织的实践作业。本研究认为课程改革是旨在对基础教育阶段的课程体系（课程结构、内容、功能、管理、实施以及评价等）做出全面、系统以及彻底转变的重大变革活动。

本研究中所指的课程改革是国家自 2001 年开始进行的新一轮基础教育课程改革，此次课程改革的根本在于改变教育教学观念，充分体现素质教育，扭转应试教育给教育带来的负面影响，培养学生全面发展的课程体系。其中主要是指对义务教育阶段中小学推行的包括改革课程的结构、内容、功能、管理、实施以及评价等多个方面的活动。此次课程改革赋予了基础教育以新思路、新使命、新内容、新方法，涉及基础教育指导思想、培养目标与规格，课程标准与教材，教学方式与手段，评价方式与机制等方面的改革与转变，标志着我国基础教育改革范式的根本转变，是一项重大的、整体的、系统的改革。[①]

### 2. 教师新课程适应

（1）适应。社会学中，"适应"是社会互动形式之一。在困难的社会环境中，通过努力获得生存和发展的条件，实现自我与他人、个人与群体之间平衡的过程，包括自身的改造和改造环境。[②]

心理学中，"适应"是个体根据环境条件的变化改变自身，达到与环境保持平衡的过程，泛指机体对环境的顺应。皮亚杰的认知发展理论认为，适应是主体对环境的作用（同化）与环境对主体的作用（顺应）的均衡。[③]

教育学中，"适应"是指人面对变化多端的社会环境，恰当调整自己

---

① 郝德永：《新课程改革：症结与超越》，《教育研究》，2006 年第 5 期。
② 中国百科大辞典编委会：《中国百科大辞典》，华夏出版社 1990 年版，第 272 页。
③ 转引自顾明远：《教育大辞典》（教育心理学卷），上海教育出版社 1990 年版，第 87 页。

的行为，圆满而出色地处理问题，以求达到一种与之融洽的关系，即个人达到和环境保持和谐关系的过程和结果。[①] 傅道春认为教师适应性是教师对新课程能够准确地理解、诚信地接受、热情地投入，并有效地运行。[②]

由以上观点可归纳出两点：第一，适应是指个体与环境之间相互作用而发生改变的过程。包括个体改变自身去顺应环境，也包括环境是否符合个体两个方面。通常人们都过分强调个体对环境的顺应，而忽略了环境对个体的影响，人们不仅可以改变个体，同样也可以改变环境，使其符合个体的特点。第二，个体与环境的关系体现的是一种状态，适应是个体与环境之间的这种状态达到和谐与平衡。由于机体是在不断运动变化中与环境取得平衡的。所以这种平衡的状态只能是暂时的，不是绝对静止的。某一个水平的平衡恰好是另一个水平平衡运动的开始。如果机体与环境之间失去平衡，就需要改变行为让两者重新达到平衡状态。所以"适应"就是"平衡—不平衡—平衡"的运动变化。适应是一种过程，它随着环境的变化而不时地改变着自己的形态，适应既是一种状态，也是一种过程。

综上，本研究认为，适应是个体为了与环境保持和谐，在主动、积极改变自身内在观念和外在行为的同时，又反作用于环境的一种交互互动的动态过程。适应性是指个体与环境在适应过程中形成的适应能力，是生物体在其生命过程中用来应付环境的机制，而这种机制体现在人类适应行为中就是一种内在动机的变革以及在变革中生存和发展的决策方式，它是一种创新的或创造性的反映，以具有自我纠正、调节矛盾冲突时的方案问题解决为特征。

（2）教师新课程适应。适应是个体为了与环境保持和谐，在主动、积极改变自身内在观念和外在行为的同时，又反作用于环境的一种交互互动的动态过程，"适应"概念关键点在于强调适应是一种状态，更是一种过程，是个体进入新环境，面对新事物时，通过对自身行为进行调整或对环境加以改变以达到心理和生理的平衡的过程，从积极意义上来说，个人的适应过程实际上是其自身不断进步、不断成长的过程。

---

① 中国大百科全书编委会：《中国大百科全书》（教育卷），中国大百科全书出版社2004年版，第330—331页。

② 傅道春：《新课程与教师的角色转变》，首都师范大学出版社2001年版，第8页。

教师新课程适应，作为一个特定的概念，是教师在特殊的文化环境中面对新课程文化，能够打破地域文化、传统文化的束缚而理性直面新课程文化与传统课程文化间的差异，从理念意识、态度、价值观及行为等各方面做出真正的改变与转化，实现对两种文化的有机结合的过程。教师具有较强的适应能力，是新课程改革取得成功的前提和条件。在新课程适应中教师观念、态度以及行为的改变与转化是一个随着时间变化并受多种因素影响而呈现多样化的结果，因此，时间对人的适应的影响非常重要（人们对文化适应存在一个 U 形曲线的模式，居住在美国 6—18 个月的斯堪的纳维亚学生比那些居住在美国低于 6 个月或高于 18 个月的人不适应，根据这一模式，Oberg（1960）提出进行跨文化接触的人存在着情感适应的 4 个阶段：蜜月阶段：强调最初的陶醉、狂热；危机阶段：特征是感觉到不足、挫折和焦虑；恢复阶段：解决新环境中的危机；适应阶段：在新环境中重新适应[①]）。历经时间的长短，人们适应了什么，哪些方面不适应，这都会为研究教师适应课程改革提供一定的时间和空间。

3. 变化

根据《辞海》解释，变化，指人或事物产生新的状况，初渐谓之变，变时新旧两体俱有；变尽旧体而有新体，谓之化。语出《易·乾》："乾道变化，各正性命。"哲学上将一切事物的变化归结为五种基本运动，辩证唯物主义认为：运动是宇宙间一切事物的根本属性，运动是物质形态的存在形式，脱离运动的物质和脱离物质的运动都是不存在的，运动是事物内部和外部对立统一斗争的具体表现，运动决定着世界上一切事物的生存、变化、发展乃至衰亡。

教育是发展变化的，首先，人的生命是发展变化的，"生命不是一个确定性的存在，而是一个变化中的存在，因此生命具有不确定性。人的生命处于不断的变化生成之中，在人的生活、生命世界中，没有什么亘古不变、始终如一的东西，一切都处于无限的生成之中。"[②] 柏格森认为，我们总是处于过渡的变化中，生命存在于变化的每一个瞬间，而且他认为，

---

① Oberg K. Cultural shock：Adjustment to new cultural environments. Practical Anthropology, 1960，7（3）：177—182.

② 刘济良：《生命教育论》，中国社会科学出版社 2004 年版，第 246 页。

生命不仅是变化的，而且只有靠变化生命才得以维持，得以存在："一个不变的自我是不能持续的；同样一种心灵状态在被下一个状态代替之前，若是始终如一，那它也不能持续下来。"① 可见，"人成人的本性是'生成的'，而不是'给定的'，是'多样的'而不是'同一的'，是'异质的'而不是'均质的'，是'开放的'而不是'封闭的'，是'变化的'而不是'僵化的'。"② 因此，教师的任务就是"全身心投入其中，为人的生成——一个稳定而持续不断的工作而服务"。③

　　杜威"教育即生活"、"教育即生长"、"教育是经验的持续不断的改组或改造"的观点都蕴含着丰富的生成教育思想。在杜威看来，"变是绝对的，不是有所保留的、羞答答的，世界的最大特点就是不定性"，这种强调变化、过程的思维方式在他关于教育目的的理论中有充分的体现"。他在《民主主义与教育》中明确表示"教育就是经验的改造或改组"，"教育过程是一个不断改组、不断改造和不断转化的过程"，"重要的是生长的过程，改善和进步的过程，而不是静止的成果和结局"。学校教育中儿童的成长发展过程就是"作为主体的人在共同的社会生活过程中开发、占有和消化人的发展资源，从而生成特定的、完整的、社会的个人的过程"。④ 德国教育哲学家博尔诺夫提出，"以往的各种教育学派有一种共同的认识，认为教育是一个连续性的活动"。究其实质，教育是一个非连续性过程和连续性过程的统一，教育过程由于不断受到"遭遇"，而有了创造的前提，并由此不断变化发展。⑤ 后现代知识观、课程观和教学观主张，知识应被视为不断生成与建构着的"文本"，课程是一种创造性生成的过程，而教学过程则是一个交往、对话、互动的过程，是"一种教学内容与资源不断发展与创造的过程，是师生共同参与的探究活动中意义、精神、经验、观念、能力的动态生成过程。"⑥

---

① ［法］亨利·柏格森：《创造进化论》，华夏出版社 1999 年版，第 11 页。

② 石中英：《重塑教育知识中"人的形象"》，《教育研究》，2002 年第 2 期。

③ ［德］雅斯贝尔斯：《什么是教育》，邹进译，三联书店 1991 年版，第 44 页。

④ 褚洪启：《杜威教育思想引论》，湖南教育出版社 1998 年版，第 161—164 页。

⑤ ［德］O. F. 博尔诺夫：《教育人类学》，李其龙等译，华东师范大学出版社 2001 年版，第 58—60 页。

⑥ 郝德永：《课程与文化：一个后现代的检视》，教育科学出版社 2002 年版，第 256 页。

由此，教师必须适应课程的"变化"性。"变化"对教师意味着稳定性的减少，新要求、新发展、新挑战等未知因素的增多，意味着风险的增加，也意味着教师需要随时具备面对变化的勇气、应对变化的变通力、转化力、创造力以及学习力等。具有适应变化能力的教师能够不断在教学中生成机会并捕捉机会，促进学生发展，他能敏锐感受、准确判断生成和变动过程中可能出现的新情势和新问题，具有根据对象实际和面临的情境做出及时的决策和选择、调节教育行为的魄力，具有适应课程改革能力的教师必然能够在课堂中生成教学目标，而在课堂中生成的教学目标是最适切的目标；同时，他也能够及时调整教学内容，不会因书本所困，而是能够基于学生的发展需要选择内容，诸如教学方法的选择、评价方式的选择等均是如此。缺乏适应能力的教师，只能照本宣科，不会生成机会，也不敢捕捉机会，因而也并不真正具备和适应新课程改革的要求与能力。

### （二）理论基础

#### 1. 文化适应理论

文化适应的研究现已广泛应用到其他学科领域，其主要来自于文化人类学、跨文化心理学研究。20 世纪 30 年代，罗伯特·雷德菲尔德等人起草的《文化适应研究备忘录》提出的关于文化适应的概念界定被认为是划时代的、具有代表性的，即"指两种具有不同文化的群体在直接的连续接触的过程中所导致的两种文化模式的变化"。[①] 心理的文化适应概念则是由心理学家格拉维斯首次提出的，他认为这一概念主要涉及个体在文化适应过程中行为、态度以及心理健康状况的变化等。[②] 语言学家如布朗认为（1980），文化适应是对一种新文化的适应过程。[③] 艾利斯（Ellis，1985）认为[④]，文化适应是对新文化的思想、信念和感情系统及其交际系统的理解过程。

---

① 转引自王平：《课程改革中的文化适应问题研究》，博士学位论文，西北师范大学，2006年。

② 万明钢：《文化视野中的人类行为》，甘肃教育出版社 1996 年版，第 233 页。

③ Brown，H. D. Principles of Language Learning and Teaching. Englewood Cliff，N. J：Prentice Hall，1980a.

④ Ellis，R. Understandingsecond language Acguuition. Oxford university press，1985.

1990 年，著名跨文化心理学家约翰·贝利（John W. Berry）根据对移民和土著少数民族调查研究指出，文化适应概念应包括两个或两个以上文化群体成员因接触而发生文化和心理变化的双重过程，文化适应包括群体和个体两个层面，个体层面的文化适应包括认同、价值观、态度和行为能力的改变。[①] 文化适应是文化接触而互动的结果，因此应根据个体对自己所在群体文化和其他群体文化之喜好取向来对文化适应策略进行区分。他提出了保持传统文化和身份的倾向性以及和其他民族文化群体交流的倾向性两个维度。这两个维度是相对独立的，也就是说，对某种文化的高认同并不意味着对其他文化的认同就低。根据文化适应中个体在这两个维度上的不同表现，贝利区分出了四种不同的文化适应策略即同化，分离，整合和边缘化。[②]

"新课程改革是一场深刻的文化变革，不仅对课程在结构、内容等方方面面进行了改革，而且最为关键的是对人们所持有的一些价值观念进行了根本性的变革。"[③] 新课程文化中的新理念、新要求、新价值观对成长在原有课程文化中的教师提出了新的挑战，要求教师不仅仅是简单的理念上的转变，更是价值观、心态与行为等的全方位的转变：教师不仅是简单地学习新的课程标准、熟悉新的教材、研究新的教法，更是一个在改革实践中不断反思、不断总结、不断进步的复杂过程。课程改革使教师挑战与机遇并存，作为课程改革的实践主力军、新课程研究、开发、实施、评价的主体，教师要冲破固有的文化屏障，打破固有的思维模式，接受新理念、创造新方法、挖掘新精神，在批判与继承原有文化的基础上不断地反思与总结、不断地超越与创新，在新旧文化冲突与融合的过程中实现理论与实践的转化。基于此，教师课程改革的文化适应是教师在特殊的文化环境中面对新课程文化，能够打破地域文化、传统文化的束缚而理性面对新课程文化与传统课程文化间的差异，从理念意识、态度、价值观及行为等

---

① Berry, J. W. Acculturation as varieties of adaptation. In A. Padilla（Ed.）, Acculturation: Theory, models and findings, Boulder: Westview, 1980.

② John. W. Berry. Sociopsycho logical Costs and Benefits of Multiculturalism: A view from Canada. Stockholm University, Sweden 2002, 13: 50.

③ 靳玉乐，张丽：《我国基础教育新课程改革的回顾与反思》，《课程·教材·教法》，2004 年第 10 期。

各方面做出真正的改变与转化，实现对两种文化的有机结合，最终达到新课程文化适应。

2. 基础教育改革过程理论

20 世纪 50 年代后伴随着政府主导的大规模的教育改革，基础教育改革过程理论出现，与一般的改革理论相比较，教育改革过程理论研究相对滞后，但是各种理论之间的分歧集中在改革的指向以及由此而决定的改革的进程等两个方面，心理取向的改革过程理论的重点在于人的心理机制上，其代表人物是美国社会心理学家勒温。

勒温认为，改革要取得成功，必须先改变组织成员的态度，而要做到这一点，就必须了解改变社会组织成员态度的一般过程。因此，勒温将改革过程分为三个阶段：第一，融解阶段，即对既定的环境行为进行融解，予以解冻，打破组织原有的心理格局。这个阶段改革的管理者刺激个人或群体去改变他们原有的态度，并消除支持这些态度的因素，灌输给他们一些新的观念，把妨碍改革的因素减至最少，以鼓励人们去接受新的理念，从实践层面看，主要活动有：引发改革的动机、创造改革的需要、做好改革的舆论宣传动员工作，鼓励人们正视现实，从而接受现实。勒温认为，组织的改革会触及每个成员的行为，而人的行为模式和思维习惯是与人的生活方式、自我概念密切相关的。组织的改变必须从改变人的生活方式、自我概念入手。用日常语表达，就是要大造舆论，更新观念，提高认识，借以使人们认识到改革的必要性和可能性，自觉地参与和适应组织的改革。第二，改革阶段，主要任务在于指明改革方向，实施改革，使得组织成员形成鲜明的态度和行为，促进新的行为模式和思维方式的形成。勒温认为，有三种方法可以促进新模式的形成：一是强制性的方法，即使用命令、规章制度迫使人们按照新的要求去行动，或者用奖励或惩罚的手段来改变人们的态度或行为、观念和行为。二是角色模型的认同，即模仿的方法，通过模范榜样的形象影响，使人们形成新的态度、观念和行为。三是内化作用，提供训练和学习机会，使组织成员在解决各种问题的学习和训练中，形成所需的态度和行为。勒温认为，完成人员观念、态度和行为的改变既是借鉴的结果，又是内化的结果。所谓借鉴就是模仿，由组织系统向自己的成员直接提供态度和行为的新模式，组织成员通过对照自己，在言传身教中模仿新的行为方式。第三，稳定阶段（也称再冻结阶段），主要任务在于如何使最后被接受和融合的所期望的新的态度和行为方式长久地保持下去。这一阶段中组织氛围尤为重要。勒温强调，一种鼓励管理人员形成他们新的态度和奖励他们采用这种新态度的组织氛围是再解冻阶段所必不可少的，否则改革就会前功尽弃。同时这一阶段来自社会的支持也很重要。这一阶段要求利用必要的强化方法，使已经实施的改革稳定化，使新的态度和新的行为得到维持和巩固。

对于我国新课程改革而言，教师对待课程改革的态度和行为转变上，改革最初，教师需要时间来适应改革，逐步转变自己，感受新理念。在改革过程中，教师多抱以否定的态度或者疑虑的姿态看待课程改革，教师形成对待新课程的正确态度可能要经历以下一个发展过程：（1）疑虑阶段，因为对课程改革缺乏了解，疑虑重重，情绪极不稳定，不能全身心投入课改工作，工作上以传统的方式为主；（2）摸索阶段，虽然思想上仍动荡，但开始试探地进行新的教学方式，充满喜爱与厌倦的矛盾，钻研精神与畏难情绪交织在一起。随着时间推移，在了解课程改革的意义基础上逐步摸索出一些新方法；（3）追求阶段，体会到改变带来的乐趣和益处，更加热爱本职工作，迎难而上，知难而进；（4）巩固阶段，对自己所从事的改革工作产生自尊、自爱、自豪的兴趣体验，并能做到大胆创新，自主发展。①

3. 后现代主义课程理论

后现代主义是 20 世纪 60 年代左右产生于西方发达国家的一股泛文化思潮，其主要代表有多尔的以复杂、开放的宇宙观为基础的后现代主义课程观，斯拉特瑞的通俗化后现代主义课程编制理论等，他们共同特征是用后现代思想批判以泰勒为代表的现代课程范式，后现代主义课程具有开放性、多元性、创造性、内在性的特征，在课程结构上，后现代主义课程强调运用解释学或生态学的范式，给学生提供生成与创造的空间，课程目的注重对学生生活的回归，回归个人意义与地方真理，体现出对差异和多元的尊重。②

---

① 林丹：《在互动中制衡——当代中国基础教育教育渐进主义改革研究》，博士学位论文，东北师范大学，2008 年。

② 靳玉乐，于泽元：《后现代主义课程理论》，人民教育出版社 2005 年版，第 86 页。

后现代主义课程观认为，"课程是一种发展过程，而不是特定的知识体系载体，因而课程内容不是固定不变的，是一个动态发展的过程；课程是师生共同参与探究知识的过程；课程发展的过程具有开放性和灵活性；课程目标不再是完全预定的、不可更改的，可以根据实际加以调整；课程和组织不再囿于学科界限，而向跨学科的综合发展；课程从强调累积知识走向发现和创造知识；承认和尊重价值观的多元化，不以权威的观点和观念控制课程。"① 多尔把课程看作一个开放性、转变性的过程，在这个过程中，学生作为"第一性的主体"是通过文本、它们的创造者和我们自己对话，我们开始更深入地、更充分理解问题，而且解释作为个人与文化存在中的自我"。② "学生由自己的前概念出发而生发新意义的过程，这依然是一种创造，其创造的结果对学生自身来讲具有'新'的意义"。③ 当我们把知识看作学生个人主动建构的产物之时，学生就不再是知识的旁观者，而是知识的生成者、创造者，学生自然地内在于课程之中，成为课程的建构者。因此，"后现代主义课程是向学生提供的现实机遇以及学生在现实机遇中生成与创造的过程"。④

后现代主义课程观为教师课程创生提供了一定的理论基础，这种课程不是预先编制好的固定性的计划而是师生自主建构的过程，强调教师和学生主动地参与课程的开发、设计和实施，这就意味着课程的开发、设计和实施就以师生特别是学生的生活经验为基础，师生有权而且肩负着课程的重组和创新的使命。

4. 社会生态学理论（布朗芬布伦纳生态圈理论）

社会学家认为，个人的自主能动性与外在社会的结构性制约，构成了社会发展的永恒张力。对于教师来说，尽管教师具有主观能动性，但其存在于现实生活中，就会受到外在于其自身的各种现实力量的造就和制约，忽视了这些现实制约，结果必定会事与愿违。布朗芬布伦纳认为，生态环境在人的发展中具有特殊的重要性，这一理论模型对我们的重要启示是，

---

① 顾明远等：《国际教育新理念》，海南出版社 2001 年版，第 172 页。

② 小威廉姆·E. 多尔：《后现代课程观》，王红宇译，教育科学出版社 2000 年版，第 194 页。

③ 靳玉乐，于泽元：《后现代主义课程理论》，人民教育出版社 2005 年版，第 88 页。

④ 同上书，第 94 页。

应从外在环境的角度在各层系统的相互联系中来考察教师的发展。真实的生态环境是影响教师发展的主要源泉。只有通过分层次地论证他们所生存的真实环境，才能明确教师究竟是怎样接受外部环境影响的。以往也有关于教师不适应改革外部归因等的研究，但对于原因的分析大都缺乏层次性，而本研究试图借用布朗芬布伦纳的社会生态学理论，也即教师发展的文化场理论，分析造成教师不适应课程改革的外部因素。

教师发展文化理论认为，教师发展都是在特定文化场中进行的，是教师教育观念、知能结构和文化性格逐步合理提升与完善的过程，是一个外在环境与教师内在因素相互作用的结果。文化场是指特定的时空中各文化元素之间相互作用所形成的一个综合场，它是一个有向心力的、动态的、有机的系统。教师发展文化场是文化场的一个组成部分，是由文化各要素所构成的一个意义的网络。该网络由层层递进的文化圈所构成，它依某一地区或者某一种文化为中心，向外扩散，形成整个文化场的不同"次场"。[①] 教师发展文化场的整体性、动态性与跨文化性特征决定了教师发展是一个连续、多维的互动历程，是一个社会文化期待与自我期待的互动过程。教师发展的动力机制则源于文化间的差异及其所导致的观念冲突与文化觉醒。[②] 因而，这对于研究西北民族地区特定文化时空中教师发展的情境性、特殊性的解释更具意义，同时也能把握文化各个要素对教师发展的影响过程、影响内容与机制。

---

① 徐莉：《论教师发展文化场及其构成》，《西南大学学报》（社会科学版），2008 年第 1 期，第 116—121 页。

② 徐莉：《论教师发展的文化机制》，《西北师大学报》（社会科学版），2007 年第 5 期，第 64—71 页。

# 第二章 新课程改革对教师 适应的要求与内容

教育作为一种重要的社会历史性实践活动，始终面临着一系列时代问题，而改革则永远是解决这一问题的根本性途径。随着课程改革理论的日益进步和成熟，使得世界各国的课程改革不再成为一时之兴致。在迎接21世纪曙光到来的时刻，各国纷纷未雨绸缪，竞相启动课程改革，更是深深地将课程改革看成是国际竞争的核心力量。从相关资料可以看出，在20世纪八九十年代，世界各国就开始了世纪交替时刻的课程改革。进入21世纪以来，它们不断调整课程改革的目标、内容、结构以及评价，以期不断适应各方面发展和变革对教育及其课程提出的新要求。[1] 2001年，我国开启了新一轮基础教育课程改革，《基础教育课程改革纲要（试行）》明确指出，新课程改革绝非只是对教材或课程内容的更新与调整，而是意欲同时实现包括课程目标、结构、教学、评价以及管理体制在内的系统变革，而且最为关键的是对人们所持有的一些价值观念进行了根本性的变革。新课程改革有力地推动了基础教育的发展和进步，取得了很大的成绩，也得到了多方面的认同。[2]

教师是推动课程改革的主要力量，任何课程只有通过教师才能更好地为学生所接受和理解，教师是学校教育价值的真正体现者和实践者，比起远离学校的校外专家，教师更了解学校情况、对学校有着深切感受。因此，课改实践中应引导教师从自身实践经验出发，提升出符合新课程改革

---

① 和学新：《关注新变化，迎接新挑战》，《河北师范大学学报》（教育科学版），2014年第3期。

② 刘坚，余文森，徐友礼：《课程改革还需进一步深化》，《中国教育报》，2009年4月3日第6版。

价值追求的理念，并使之进一步系统化、规范化，然后去重新关照自我的实践，才会提升教师的专业使命与应对课程的能力，进而积极投入到新课程改革之中。其次，让教师成为理解改革和专业发展的主体，以往教师并不拥有对课程的理解以及专业发展的权利，只是一味被动接受校外专家建构的"先定的理解"，而且这种先定的理解是以否定教师已有教育教学经验并通过"洗脑式"培训要求教师接受，致使教师对新课程理解出现歪曲甚至否定新课程。因此，要让教师投入到新课程改革中，必须明确教师的主体地位，在教师已有经验与新课程理念、方法相结合基础上，"建立'以教师实践为本'的培训和专业发展体系，改变教师自己是课程受害者图像，认识到改革是解决课程和教学等现实问题的一个重要途径而不是一个外加任务，从而成为一个改革的发起者而不是一个被动的接受者"。[①]

学生是课程改革的又一动力源。对于学生是什么，课程改革是为了什么，人们似乎不难达成共识，学生是人，是成长、发展中的人，是以学习为主要任务的人。课程是用来培养学生、促进学生发展的一种手段，课程改革归根结底是要促进学生的生命成长，提高人才培养质量。

## 一　新课程改革对教师适应的要求

改革没有一劳永逸的，总是随着世事的变化而发展。随着教育所处背景以及教育本身的变化，教育改革亦越来越成为教育界"日常的"组成部分，人们越来越认识到：教育不应该满足于阶段性的、暂时的改革，而应该谋求持久的革新；为持久的教育革新，教育改革应该寻求持久革新的动力，这种持久革新的动力，最终是源自学校内部，源自于人的发展与变化。课程发展和改变过程既可能也应该是教师职业成长的一个机会，它应该提供一个分享及试练知识及观念的机会，真诚的职业教师会主动参与课程改革之过程。[②]

---

① 霍秉坤，于泽元等主编：《课程与教学：研究与实践的旅程》，重庆大学出版社 2008 年版，第 6 页。

② ［美］海克·威廉斯：《教师角色》，康华编译，甘肃文化出版社 2005 年版，第 112 页。

### （一）教师要在"变化"中适应

教育的真谛与要义就在于它是获得属人的生命。[①]  人的生命需要是教育发展的起因，人的生命发展是教育发展的终极追求。因此，关注生命，促使人的生命完整、自由地成长与发展才是真正的教育。

1. 人的生命处在动态、不断地发展变化之中

人的生命不是静止的，而是始终处于不断地生成之中。首先，生命具有生长性，从最低等的植物到最高级的哺乳动物无一不具有生长性。但凡生命都具有新陈代谢的机制，生命系统中的各种条件和因素每时每刻都在相互作用，每时每刻都在自发地调整，从而实现有机体的建造、恢复和增殖。作为人类生命的生长不仅包括躯体的生长，也包括精神的生长。杜威认为，"教育即生长"，意即教育是一个自然的过程，处于不同发展阶段的人都具有自己特殊的主体；教育即生长还意味着教育是一个不断改造、不断开拓、转化的过程，因为生长是一个持续不断的进程。其次，生命具有未完成性。人的精神性、价值性不是与生俱来的，是在后天的学习与实践中不断形成和发展的，并且不是一次就能够完成的，人的一生都处于完成的过程之中，正因为人类生命具有不完善性，为人类个体的发展预留出无限发展的可能性空间，教育恰恰是以人的未完成状态作为起点，以人的完善作为重点，引导学生不断追求。最后，生命具有不确定性。生命不是一个确定的存在，而是一个变化中的存在。生命总是在不断发展变化的，柏格森（Henri Bergson）认为："对于有意识的生命来说，要存在就是要变化，要变化就是要成熟，而要成熟就是要不断地进行自我创造。"[②]  后现代主义哲学家强调一切都在运动变化中，他们极力反对同一性和静止。利奥塔认为，生命具有不可描述性和差异性，他认为差异性是生命生成和发展的动力，是生命不断否定现在，实现超越的驱力。人的生命是在生成和发展中趋向完善的过程。这个过程主要表现在两个方面：一方面，人的生命是一个不断创造的过程。世界是不断变化，向前发展的，人就生活在

---

① 鲁洁：《南京师范大学——一本用生命打开的教育学》，《南京师大学报》（社会科学版），2002 年第 4 期。

② ［法］亨利·柏格森：《创造进化论》，肖幸译，华夏出版社 1999 年版，第 13 页。

这样的现实世界中。人生命的过程就是不断生成、发展更新过程，人生的意义、价值以及自我超越就是在这一过程中逐步实现的。生命要想不断地生成、实现超越，就必须不断地创造。创造是生命发展的推动力，是社会进步的阶梯，每个人内心都有一颗创造的种子。另一方面，人的生命是一个关系性的存在，需要彼此间的互动。马克思认为，人处在与自然、自我、他人和社会的错综复杂的关系之中。而这种关系是动态发展的，存在于关系中的生命也是彼此互动、不断生长的。容身于各种关系中的生命个体也就会不断生成自己的个性、人格、人生观、价值观等，特别是在教学过程中，师生、生生之间的关系变化对个体生命的发展起着非常重要的作用。

总之，生命是一刻不停地发生着变化，人的生命始终处在不断地生成之中。教育的意义就在于要引导学生不断获得新的经验，因此要将学生看成是处于动态的、发展变化中的生命体，这就要求教师要树立生命是不断地生成、发展和创造的意识，给予学生一定的自由，引导学生认识发现自身潜能，并采取有效的措施促进生命潜能的不断释放。同时也为自己的创造性教学创设条件，才能真正把握学生生命成长的丰富性、多样性。

2. 教育是伴随学生的发展变化而不断改进的活动

教育是与人类存在相始终的一种生命活动。生命不是依靠重复而是依靠变化加以维持，卡西尔说："人之为人的特性就在于他本性的丰富性、多样性、微妙性和多面性。"[①] 因此，教育活动不能将学生的生命看成是固定的、静止的、确定的，作为教育者必须懂得，学生作为一个生命体，总是处于动态、不确定之中。教师和学生作为有意识的生命存在，不仅仅满足于现实，而且在不停地寻求着对于已有本我的无限超越，追求自身有限性的不断突破和生命价值的不断升华，完成生命的生长与生成，走向生命的辉煌与灿烂。对教师来说，必须以一种开放的心态，不断用变化的和全面发展的眼光来思考自身与学生。基于此，教师要关注整个教学过程，根据学生不断生成和发展的过程性状态来教学，而不是把学生看成是抽象的存在一味地灌输知识。同时，教师要意识到自己也是处在不断地变化中，要利用教学中的各种生成来达成自身与学

---

① ［德］恩斯特·卡西尔：《人论》，甘阳译，西苑出版社 2003 年版，第 15 页。

生的共同发展。

首先，教育教学活动要贴近学生的现实生活。教育教学作为一种以提升学生的生活质量和生命价值与意义为目的的特殊的生活实践过程，必须联系学生的现实生活，贴近学生的现实生活。杜威认为，儿童的本能生长总是在生活中展开的，或者说生活就是生长的社会性表现。他说："生活即发展；发展，生长，即生活"，又说："没有教育即不能生活，所以我们可以说：教育即生活。"① 因而，一切事物的存在都是人与环境的相互作用的产物，人不能脱离环境，学校教育教学也不能脱离眼前的生活，教学活动不仅是学生的未来生活的准备，更是一种学生的生活过程，是学生经验的不断改造。因此最好的教学活动是从生活中学习，从经验中学习，教学活动是生活的过程。

其次，开放性地组织课堂教学内容。后现代主义课程观认为，教学内容应是一个动态多变、不确定的开放性系统②。教师应根据学生的特点，教学的实际情况和条件来灵活地组织教学内容。课堂总是处于一种流变的状态，正如古希腊哲学家所讲的"一个人不能两次踏进同一条河流"一样，一个教师也不能两次踏进同一个课堂。对教师来说其教学过程不应该也不可能拘泥于课前编写的教案而不加任何变动。教师要尊重学生的发展特点：（1）根据教学需要重新筛选和组合教学内容，利用图书馆或互联网查阅相关资料，增加课堂信息流量；（2）教学内容结合时代特点和学生生活经验，同时考虑学生差异；（3）根据课堂的实际状况，灵活地处理教学内容；（4）充分利用社区资源。

最后，要设计弹性的教学方案。课堂教学尽管具有动态生成的特点，即使教师备课再充分，也难以预设课堂中随时出现的各种情境与问题，教师在教学方案设计中要为学生的主动参与留出时间和空间，为教学过程的动态生成创设条件，在对教学内容与学生状态分析基础上设定弹性目标。

"教师面对的永远是变化的环境、变化的个体，教学活动具有复杂性、即时性和情境性。这使教师很难用固定的模式、一成不变的教育教学

---

① ［美］杜威：《民主主义与教育》，邹恩泽译，商务印书馆 1928 年版，第 58 页。

② ［美］小威廉姆·E. 多尔：《后现代课程观》，王红宇译，教育科学出版社 2000 年版，第 52 页。

手段解决教学中的问题。面对不确定的教育情境，教师要运用自己的专业知识，不断研究新情况、新环境、新问题，合理选择和使用教育策略与教育手段，实施有效教育行为。"[1]

**（二）教师需要适应改革中的"变化"**

1. 课程是变化的概念，教师必须适应课程的"变化"性

课程可以影响甚至改变人的一生。杜威曾说：当我们为学生选择、设计、提供什么样的课程时，实际上是为学生选择提供什么样的生活。在西方，斯宾塞在《什么知识最有价值》中首次提出"Curriculum"（课程）一词，意指"教学内容的系统组织"，该词来源于拉丁语"currere"，"currere"是一个动词，意指"跑的过程与经历"，而"Curriculum"是名词，原意为"跑道"，根据这个词源，西方最常见的课程定义是"学习的过程"，即"学程"。20世纪70年代之后，课程内涵发生了重要变化，呈现新的趋势：从强调学科内容到强调学习者的经验和体验；从强调目标、计划到强调过程本身的价值，强调"过程课程"（currere）；从强调教材这一单因素到强调教师、学生、教材、环境四因素的整合；从只强调显性课程到强调显性课程与隐性课程并重；从强调"实际课程"到强调"实际课程"与"空无课程"并重；从只强调学校课程到强调学校课程与校外课程的整合。[2] 当代教育学者所理解的课程内涵中，更注重回归到课程的 currere 涵义，课程不再仅仅被视为是跑道，更是在跑道上跑的动态过程。

我国教育一直深受苏联模式的影响，即以"教学"统领"课程"。教师更多地把"课程"作为"教学内容"来理解，从而导致了"课程即学科"的不完整认识。在教师心目中，课程就是"学科"，是既定的、静态的教学材料，他们由教育行政部门和有关专家制定，教师只需忠实地贯彻实施。改革开放以来，我们更多地是向西方开放学习，尤其是第七次课程改革，向西方学习的结果就是将解放初丢弃的"课程"及其理念找了回

---

① 刘捷：《专业化：挑战21世纪的教师》，教育科学出版社2003年版，第34页。
② 张华：《课程与教学论》，上海教育出版社2000年版，第68—71页。

来，同时提出国家安排课程、地方安排课程的"战略构想"。① 1999 年，在全国教育工作会议上，明确提出素质教育的宗旨、重点和目标：以提高国民素质为根本宗旨，以培养学生的创新精神和实践能力为重点，以造就有理想、有道德、有文化、有纪律的德智体全面发展的社会主义建设者和接班人为目标。同时，也提出了改革基础教育课程体系，研制和构建面向21 世纪课程体系的任务。2001 年，国务院《关于基础教育课程改革与发展的决定》进一步明确了新一轮基础教育课程改革的指导思想，把培养创新精神和实践能力为重点的素质教育放到重要位置，通过课程改革打造素质优良、个性发展的学生，进而打造素质优良、个性发展的民族。

随着新课程改革的深入推进，教师的"课程"意识开始复苏并呈强劲发展之势，课程已成为了改革的中心话语。课程是变化的概念，以往将课程理解为静态的既定的事物，然后，随着认识的深化，课程本身已经不再是事先规定好的、静态的跑道，而是强调"跑"的动态过程②，学习则成为意义创造过程之中的探险。课程是一个有计划地安排学生的学习机会，并使学生获得知识、参与活动、增加体验的过程。这一过程是动态的、生成性，是与学生的经验相关联的，而不是远离学生生活的。课程不是一套教材、一组课表，而是一组特定形式的教学实验，教师需要将教育理念转换为假设，然后在实际中加以验证。课程不是根据预定目标开发出的课程产品，而是一种有着大量解释空间的文本，课程的意义是由师生共同建构的。

第一，变化的"课程"强调了人的主体作用，教师角色被视为倾听者、交往者，师生关系是双向、交互作用的；知识是一种可探询、可分析、可切磋的，而不仅仅是被发现、被检测的，教学过程的创造性，就是让主体参与进去将教学变成一种满足生命需要的活动。第二，课程是知识与价值的融合，是科学世界和生活世界的内在统一。生命形态的课程观认为，知识要变得可理解，要变得对生命有意义，成为生命的内在力量，它就要和价值融合在一起。知识本身并不具有生命的价值，只有当学习知识

---

① 葛金国，吴玲，周元宽：《课程改革与学校文化重建》，安徽教育出版社 2007 年版，第37 页。

② 单文经：《我的课程之旅》，霍秉坤等：《课程与教学：研究与实践的旅程》（文集），重庆大学出版社 2008 年版。

的人理解了知识的意义，有了深切的体验，那么知识才能变成更多的、长久的、终身受益的东西，这就是学生内在的情感、态度和人格。要让知识变得对生命有意义，就需要重新思考科学世界与生活世界的关系。第三，"课程是创造的载体，更是创造客体与创造主体的有机统一。知识形态的课程只强调'传道、授业、解惑'的功能，把课程看成是外在于学生的一种客体，学生围绕着课程转，造成了'见物不见人'的现象。生命形态的课程则认为，课程开发、设计的主体既包含了专家、社会团体，也包含了教师、学生、家长。课程变革是课程专家与教师、学生之间，预定的课程计划与具体的实践情境之间相互作用、相互适应的过程。"① 教学不仅是实施既定课程的手段，而且还能修正既定课程，创造新的课程。这样，教学才能真正展现出艺术与创造的魅力，课程也才能体现出生命的价值，与静态的、模式化的课程观不同的是，课程自身的变化性表明教师每一节课都是不可重复的激情与智慧综合生成过程。② 教师的教学内容不再是"刚性"的，而是通过师生不断建构生成的。学生知识的获得是积极主动的建构生成过程。教师与学生的心态在变化；知识经验的积累状况在变化；课堂的物理空间也在变化，这要求师生必须根据变化了的情形不断地调整自己的行为，充分发挥他们的创造才能，进行创造性的教学与学习。

2. 要尊重学生的发展需要，以此改进课程实施

课程改革几乎是教育发展的常态形式③。尤其在改革呼声日趋强烈，改革意识日益增强的今天，我们必须直面改革。课程改革实质上是一个探索未知、不断尝试与调整的社会活动过程，在这一过程中，充满了不确定性，而不确定性就意味着改革的修正、调整和冒险。在推进课程改革的过程中，有人发出这样一个疑问：课程改革什么时候到头？在以往工学化的考核评价方式下，有些人以为课程改革就是在一个阶段内开展的活动，似乎课程改革如同某项有明确周期和具体目标的工作，一旦完成就可鸣锣收

---

① 周志毅：《课程变革：从知识形态走向生命形态》，《全球教育展望》，2002 年第 3 期。

② 钟启泉等主编：《基础教育课程改革纲要（试行）解读》，华东师范大学出版社 2001 年版，第 278 页。

③ 郝德永：《超越左与右：课程改革的第三条道路》，教育科学出版社 2013 年版，第 115 页。

兵，这是值得质疑的观点。"哈耶克曾指出，知识的增长是一个复杂的过程，由于对研究本身的兴趣的缘由，创新是不断探究和尝试的活动，往往并不具有明确的目标，同时目标也往往在发生变动。课程改革是学校内在的永远的具有自我创新性的活动，只要学校有提升办学水平和教学质量的愿望，就始终需要具有生成动态性的知识的支持，这是学校的本性使然，也是课程的内在特质。"① 然而如果从管理的角度看，在工作的层面，具有过程性的课程改革往往又需要有一个可以被监控的工作目标使之得以更好地推进，如果没有具体的工作阶段和工作目标，又不符合推进工作的一般程式，所以，在推进课程改革的过程中需要在不同阶段制定不同的工作目标以更好地开展相关工作，但工作目标并不能被误读为是课程改革的目标。就课程在学校中的地位和作用而言，课程改革将是一个永无止境、始终与学校的教育教学工作相伴而行的活动，新一轮课程改革的旨趣就是为了提升课程变革的内在动力。为了能够科学合理地把握课程改革的目标与推进课程改革的工作目标的差异，就需要管理者和一线教师有课程理念和对课程实施的理解与把握，能够把课程改革作为自身主动的、生活化的行为方式，这本身也是对教育工作始终具有智慧挑战性的最好的诠释。因此，对于教师来说，应立足现实看待改革，不应将改革看作是威胁与干扰，而是视为个人专业发展的机遇和挑战，自己日常生活的提升和更新。正如迈克尔·富兰所言："善于对待变革，就像是正常工作的一部分那样，并非与最新的政策有关，而是作为一种生活方式。"②

因而，课程应当随着学生的生命发展而发展，随着学生的生命变化而变化，随着学生的生命成长而成长。课程改革是一个永无止境的过程，教师永远要为学生的变化发展而服务，随时根据学生的发展变化而调整、改变；对教师来说，就要"为了每一位学生的发展"而适应这种变化和发展，课程永远在变，教师就要永远适应。

---

① 转引自刘旭东：《挑战与推进：课程改革的回顾与反思》，《当代教师教育》，2015 年第 3 期。

② ［加］迈克尔·富兰：《变革的力量——透视教育改革》，中央教育科学研究所，加拿大多伦多国际学院译，教育科学出版社 2000 年版，第 11 页。

**（三） 新课程改革对教师适应的要求**

改革是使学校课程不断丰富、完善、合理、适切的根本途径，教师作为课程实施的主体只有在应对改革的"变化"中才能够更好地成长、发展。新课程改革不仅仅是对课程内容的调整，更是一次整个课程改革理论体系的创新整合，它带给教师的挑战是多方面的，课程改革的"变化"要求教师要不断适应"变化"。因而，教师要确立变化的课程观，更新知识观、教学观、学生观，从传统的教材教法走向课程，将课程改革的过程作为思想解放、观念更新的过程，切实将自己的教育观念与实践行为统一到新课程的方向中来，才能更好适应课程改革。

1. 变化的课程观——教师重新认识课程

长期以来，我国中小学教师学科意识、大纲意识、教材教参意识浓厚，完整的课程意识缺乏。教师更多地将课程理解为既定的、静态的学习材料，这些学习材料代表了优秀的文化成果，是"客观知识"的载体，一旦专家选择、组织完毕，教师只需要忠实执行即可。教师执行的过程往往采用"满堂灌"的方式，强调"熟记"、"硬背"，学生只是作为知识的"接收器"，失去了参与实践、亲身体验、动手操作和解决实际问题的能力。

新课程改革强调课程不仅是指学习材料、学科科目，课程还是一种意识，一个过程。教师要具有课程意识，认识到自己不仅是课程的实施者，更是课程的开发者。学校层面上，教师更是课程开发的主体。新课程强调课程既要反映先前的知识体系，更要把学生的学习与其当下的生活联系起来，将知识经验与生活经验有机结合。即课程回归学生的生活世界，因为学生首先是生活着，才能谈得上接受教育；课程如果远离学生的生活，无法与学生的生活经验产生联系，则会令学生感到学习成为生活的额外负担而不是生活的需要，进而产生厌学情绪。当课程由专家研制走向教师开发，由学科内容回归学生经验的时候，课程就不再是文本课程，更是体验课程。这意味着，课程的内容和意义在本质上并不是对所有人都相同的。"在特定的教育情境中，每一位教师、学生对其给定的内容都有其自身的理解，对给定的内容的意义都有其自身的解读，从而对给定的内容不断进行变化与重组，进而使得给定的内容不断转化为'自己的课程'。"① 因此，教师与学生不是外在于课程的，而是课程的有机组成部分，也是课程的创造者和主体，他们共同参与课程开发的过程，就决定了课程既是预设的又是生成的，是文本又是体验的，是独特的也是变化的，是教师有计划地安排学生学习机会的过程，又是师生共同探究新知的过程。

2. 建构的知识观——重新审视知识

传统课堂主要以教师、教材为中心，课堂通常是教师讲解课本知识的一言堂。教师普遍认同客观主义的知识观，认为知识是绝对的、客观的，是具有普适性的、放之四海而皆准的"真理"，是前人总结的"规律"，是可以被发现的、被描述的。知识世界不同于人类思维，它们是两个相互独立的世界，知识是存在于书本中的。在现实生活中，人们解决问题依靠学习所记住的书本知识，面对问题，只要灵活套用这些知识就可以。教师的任务是传授前人已经"发现"了的知识，学生作为受教育者就是接受、存储知识，学习过程是一种简单机械的过程，教师向学生由外到内地输入知识，教师的角色就是传递者、灌输者——负责把来自书本的知识、观点、思想等传输给学生。

新课程理论认为，知识是在社会实践过程中形成的，知识既有显性、绝对、客观的特征，也有隐性、相对、主观的特征，具有明显的个体特征和情境色彩，它必须回到社会实践中接受检验和运用。新课程尤其借鉴建构主义教学理论，认为知识是个体构建的，它存在于人的头脑之中；只是一味无条件接受来自教师或书本的传授的知识不是学生真正的学习，真正的学习、有效的学习应是由学生主动选择知识、学习方式、学习路径，学生自主建构自身知识体系的过程。对每个人而言，知识不仅是直接接受、存储的过程，更是一个探究、选择、创造的过程。正如斯腾豪斯所认为的，不断增进人的自由是知识的本质。而这一自由的实现必须通过知识的运用以及在此基础上所进行的创造性思维。② 人们思维的原料来源于知识，课程实践也是借由知识以及其思维系统促进人的发展、增进人的自

---

① 王守恒，姚运标编著：《课程改革与教师专业发展》，安徽教育出版社 2007 年版，第 13 页。

② 皮埃尔·布迪厄：《实践与反思》，中央编译出版社 1998 年版，第 91 页。

由、开发人的创造力。因此，把知识及其学习用来满足预定目标的观念与做法是错误的，课程是在互动作用中建构生成的，应充分考虑知识的不确定性，鼓励个性化的、创造性的、主动积极的、生成式的学习。所有生命都是在对有限自我的不断改变与超越中实现升华的。这就要求教师具备一种开放的心态，发展的眼光，博大的胸怀，以此来观察学生、引领学生，关照自身的发展。正因为如此，教师要关注全局，关照教学过程的每个环节，关注每个学生成长发展的差异以及他们成长的不同阶段的特征，而不是把学生看成是抽象的存在一味地灌输知识。同时，教师也要意识到自身的生命个体也是处在不断变化当中，善于主动积极地利用各种条件促进自身发展，完善自我，使自己与学生共同发展，共同成长。

3. 交往、互动的教学观——教师需要重新认识教学

"把丰富复杂、变动不居的课堂教学过程简约化为特殊的认识活动，把它从整个的生命活动中抽象、隔离出来，是传统教学观的根本缺陷。它既忽视了作为每个独立个体，处于不同状态的教师和学生在课堂教学过程中的多种需要与潜在能力，又忽视了作为共同活动的师生群体在课堂教学中双边多向、多种形式的交互作用和创造力。"[①] 传统教学理论移植和借鉴了自然科学的理论形态，盲目地追求本质主义的思维方式、理性主义的认识路线和客观主义的知识标准。因而，理性主义成为指导传统课堂教学的主导原则，传统教学论视教学的本质为教师引导学生掌握知识的特殊认识过程，由此认为理性知识和理性能力是最重要的，从而忽略了教学所肩负的多方面使命和教学活动丰富的意义、价值与内涵。由于传统教学论的缺陷，在其指导下教学过程本应具有的丰富内涵和应该担当的多方面教育使命都没有呈现出来，在理论与实践中都导致了简单化的倾向，使师生都认为教学过程就是知识的传递与授受过程，甚至是告诉与被告诉的过程。受理性主义的影响，"人们只注重课堂教学的外在价值，即课堂教学如何适应外部社会发展的要求，但它忽略了课堂教学本身的内在价值，忽略了课堂教学在改善人的生活状态和生活方式、提升人的生活意义和生命价值方面的重要作用"。[②]

---

① 刘铁芳：《回到原点：时代冲突中的教育理念》，华东师范大学出版社 2006 年版，第 235 页。
② 王攀峰，张天宝：《试论传统课堂教学的基本特征及其面临的困境》，《教育理论与实践》，2011 年第 5 期。

　　新课程理念倡导的教学是师生之间以交流、对话、合作为基础进行文化传承和创新的特殊交往活动，即"教学是教师的教和学生的学的统一，这种统一的实质是交往、互动。基于此，新课程把教学看成是师生交往、积极互动、共同发展的过程……把教学的本质定位为交往，是对教学过程的正本清源。"① 因此，教师在交往中发展，学生在交往中成长，师生在相互交往中不断完善自我。新课程以培养学生创新精神与创新能力为价值追求，主张"活动—体验"模式下的"生成本体论"，即建构主义理论与方法。建构主义的基本教学理念包括以下内容：在知识的性质方面，知识不是外在的，而是内在于人的头脑中的，是个体与环境的互动中建构的；在教学的性质方面，教学活动不是客观的，具有主观性和个人色彩，是一种有创造意义的活动，它是经由个体价值观、认识论、个人偏好等过滤而形成一定的教育教学观；在人际互动的性质方面，人际关系的形成与维持依赖于合作，指令或控制对人际关系的建立是害而无利的，共享或协商应是个体建构知识的基本方式。与传统教学相比，建构主义教学更注重知识的理解、内化与生成融合。以建构主义理论为指导，在教学实践中，知识是灵活的，存在于个体之中，不是机械呆板的死教条。课本知识并不意味着真理，它是相对的、暂时的，是一种关于各种现象较为可靠的假设。学生的学习不是简单记忆和机械模仿，是在一定的情境中通过对话、切磋、协商、讨论等方式主动建构起来的。

　　作为教师，第一，以学生为中心进行教学设计。学生是学习的主体、知识加工处理的主体、意义建构的主体。在课堂教学中，老师的角色发生转变，主要是帮助和促进学生知识结构的生成，改变原来学生被动接受的局面。在老师的指导下，学生的学习潜力得到开发，探索和反思一步步地形成，学生与教师都发挥自己的主观能动性，积极参与教学过程，通过互动、对话和交流，提高能力，获取知识，学生的主体地位逐步建立。素质教育倡导学生主动发展，新课程则强调过程、经验、调查等，所有这些都需要课堂教学重心真正下移，让学生在教室里活动起来、互动起来，实现学生积极参与教学过程，促成自己的成长和教学目标的自主实现。这就需

---

① 朱慕菊编：《走进新课程——与课程实施者对话》，北京师范大学出版社 2002 年版，第115 页。

要以学生主动发展为出发点，在课堂教学中合理进行教学设计，给予学生足够的自主时间与空间。

第二，重视教学环境的建设。博尔诺夫认为："教育的成功与否往往取决于生活环境中一定的内部气氛和教育者与受教育者的情感态度。"①因此，教师在教学中要营造和谐、民主、宽容的教学气氛，让学生轻松愉悦地参与学习。教师尊重学生、关心学生、平等对待每个学生，对学生提出的问题和解决问题的方法能给予及时鼓励和正确评价，唤起学生学习信心，同时要重视教学手段的运用，激发学生自主地投入学习活动中。

第三，注重教学过程动态化。教学过程动态化是课堂教学越来越处在变动不居的状态，需要教师根据课堂教学即时生成的资源以及产生的一系列非预期变化，调整后续教学设计，形成新的教学进程，以便更优地达到教学目标，促进学生身心发展。新课程下的课堂教学越来越处在一种变化、动态的场景中，教学重心的下移、学生参与积极性的提高、师生互动范围与深度加大，使得课堂变得鲜活、富有生命活力。作为教师，如果仍然固守备课时的教案设计借此框定课堂行为，即使在单位时间内完成了学科知识的传递，也难以达到预期的教学效果，更不用说在这个过程中实现过程与方法、知识与态度的统一。今天中小学教学承载的使命、学生学习的目标指向、教师评价考核的运行机制、家长对教学的关注与期望等等都要求课堂教学要指向一定目标的达成，要合理选择教学内容，准确把握教学重点，正确分析学情教情，进行教育教学设计。

第四，重视师生合作教学。师生合作教学即整个教学过程建立在师生共同活动这一基础上，把教和学的活动有机统一起来，激发学习热情，使双方在和谐愉快的课堂气氛中完成共同教学任务。教师与学生共同参与教学过程，一起讨论、交流，共同建立起学习群体并成为其中的一员，在这样的群体中，共同批判考察各种理论与观点，进行协商和辩论，通过师生间的合作教学，实现师生间的思维和智慧的共享，共同完成对所学知识的意义建构。

**4. 变化的学生观——教师要重新发现学生**

"为了每一位学生的发展"是新课程改革的核心理念，其意在强调关

---

① ［德］博尔诺夫：《教育人类学》，李其龙等译，华东师范大学出版社1999年版。

注学生、关注学生生活经验，倡导让学生积极主动、有意义地学习，这本质上是一种新的学生观。

学生是发展中的人。"儿童首先是，或者特别是以'发展'为特征的，即以生长为目标的变化过程为特征的。发展是'人的形成'的过程，是人作为自我决定和自我实现的生物发展过程。"① 由此，教师要认识到学生身心发展的规律性，熟悉不同年龄段学生的身心发展特点，并依据学生身心发展的规律和特点开展教育教学活动，从而有效地促进学生身心健康发展。不仅如此，教师还要相信每个学生都存在巨大的潜能，都在积极成长，追求进步，具有广阔的发展空间，是可以获得成功的。学生是一个发展中的人，也就意味着学生是一个不成熟的人，是一个在成长中的人。教育需要等待，教师需要守望。

学生是独特的人，每一个学生都有自己的独特个性和风格，"个体生命的这种独特性是它自己存在的理由和根据"。② 正是由于学生的这种独特性，才使得个人的存在具有意义和价值。成功的课堂教学是让各种类型的人都得到尽可能大的发展，激励个性的张扬，教师决不能用一个标准衡量每一位学生，课堂中整齐划一的教学只会阻碍学生独特生命的形成。学生个体是鲜活而充满灵性的，教师要尊重个体生命，尊重学生的独特性，应将学生差异看成课堂教学焕发生命活力、形成和完善独特个性的内在资源去开发。

学生是独立的人，教师要将他们当作独立的人来对待，使自己的教育教学适应学生的发展水平和发展规律，依据教师自身的素质和条件对学生进行全面的、充分的了解，首先，教师要充分信任、尊重每个学生，更不能将教师的意志强加于学生。要经常鼓励学生大胆说、大胆做、大胆思考。其次，学生是学习的主体，教师要引导学生自己读书，促使学生认识到每个人都不同于他人，都有自身追求的独特生命价值。课堂教学中，每个人都应积极参与到学习活动中来，并且充满自信与勇气。

人的生命是发展变化的，教育要随着学生的发展变化而不断改进，新课程改革期待教师的变化与发展，只有勇于改变生活、超越和创造作为自

---

① ［匈］茨达齐尔：《教育人类学原理》，李其龙译，上海教育出版社 2001 年版，第 34 页。

② 刘济良：《生命教育论》，中国社会科学出版社 2004 年版，第 162 页。

已生活取向的人，才是真正适应新课程改革的主体。

## 二　教师适应新课程改革的内容

新课程改革的起点是学校，在课程改革的酝酿、启动、实施、评估与调试的各个阶段，教师都应是主体角色。教师的观念、能力、投入感、对变革的认识与教育理念、合作意识和对新课程的认同直接影响着课程的改革。作为课程实施过程的直接参与者，教师素质、态度、适应和提高成为新课程方案成功与否的关键因素之一。

### （一）教师适应新课程改革的内容

教师具有较强的适应能力，是新课程改革取得成功的前提和条件。加拿大学者富兰指出，任何课程改革的实施至少涉及五个层面的变革：（1）教材的改变；（2）组织方式的改变；（3）角色或行为的改变；（4）知识与理解的改变；（5）价值的内化。[①] 这五个方面都产生了与课程方案一致的变化，才能算是有效的课程实施，才是真正走入了实践的变革。教师对于课程改革适应最终是要促使课程实施达到价值内化的层面，这才是至关重要的。

（1）教材的改变。教材的改变是课程改革的第一个层面，也是最直接、最明显的要素。将新的课程方案付诸实施，首先就要编写一套与之相配套的教材。教材的改变包括与新课程方案相适应的内容、编配顺序、呈现方式、教学方法等方面。如果教材能够很好地体现课程方案的目标和理念，对课程改革的实施将会起到非常大的作用；反之，会在很大程度上影响课程实施的效果。

（2）组织方式的改变。组织方式的改变是课程实施的第二个层面。组织方式包括学生的分班与分组的安排，空间与时间的安排，人员的分配等方面。一个新课程方案往往要求课程的组织者在组织上有所变化，虽然这种形式上的变化可能不是根本性的变化，但也是课程实施的重要层面。

---

① Fullan, M., Pomfret, A. R esearch on Curriculum and Instruction Implementation［J］. R eview of Educational Research, 1977, 47（1）：335— 397.

一些改变往往先从表面上形式的改变开始，继而再进入实质上的改变。

（3）角色或行为的改变。角色或行为的改变是课程实施的第三个层面。这一方面的改变是课程实施取得实质性效果的重要标志。只有教材和组织方式的改革是不够的，与课程实施有关的工作人员的角色或行为的转变才能使课程的理念与目标真正落实。

（4）知识与理解的改变。知识与理解的改变是课程实施的第四个层面。这里的知识与理解是指课程实施者对课程以其相关知识的理解与把握。从理论上认识课程各要素的意义及其关系，了解一个新课程方案提出的基本理念，以及这些理念的依据和作用；认识课程的目标、内容与方法的实质及其所反映的理念与基础。理念与认识的提高，会使课程的实施者自觉地实施新课程，将新课程的理念与方法转化为自觉的行动，而不是外在的、强加给自己的东西。真正意义上的课程实施需要实施者自觉地、创造性地、有效地将课程方案在教学实践中体现出来。

（5）价值的内化。价值的内化是课程实施的第五个层面，是指课程实施者将新课程提倡的价值观内化为自己的价值观，完全变成自觉的行为去执行课程的各组成要素。价值的内化需要一个过程，需要一段实践的理解与认识，在实践中不断体验与深化，才有开能逐步到达价值的内化。

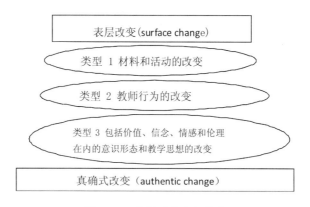

图2—1 教师适应改变维度

变革是人类进步的基本动力与一般模式，文化是社会生存的群体价值与常规状态。新课程改革是一场深刻的文化变革，文化总是在不断地传承与创新，新课程改革亦是一次课程文化的传承与创新。在课程文化的划分上，一是从课程出发的划分，即根据课程所含内容不同而区分不同的课程文化，如课程内容文化、课程实施文化、课程管理文化等。二是从文化层次出发的划分。文化可以分为物质文化、精神文化和制度文化，相应地，课程文化可分为课程文化物质层面、课程文化制度层面和课程文化精神层面。在物质层面，课程含有课程标准、教材、补充材料、教学指南、课件等；在制度层面，包括课程开发、课程实施与评价的各种规则、政策、法规和决策等；精神层面是课程文化的核心，有课程目标，课程开发与管理、课程实施与评价过程中蕴含的审美情趣、价值观念、道德规范、思维方式等[①]，精神文化是以心理、观念、理论形态存在的文化，精神文化层次是课程文化的核心和灵魂。教师的文化适应主要立足于文化的精神层次，也就是思想观念的适应，当然也包括思想观念影响下的教师行为。

著名文化学者庞朴认为，文化是人的本质的展现和成因，文化可以区分为三个层面：从表到里依次为：物质层面和意识层面。居于中间的层面指的是物质化了的意识或者是隐藏了的个体的情感等，它是表层和里层的联合体。[②] 因此，基于以往研究者对课程文化及其分类的研究，在本研究中，教师对新课程改革的适应从课程文化的物质层面、制度层面、观念层面来讨论不同阶段教师的适应状况。教师适应新课程改革，就是指教师在特殊的文化环境中面对新课程文化，能够打破地域文化、传统文化的束缚而理性面对新课程文化与传统课程文化间的差异，从理念意识、态度、价值观及行为等各方面做出真正的改变与转化，实现对两种文化的有机结合，最终达到新课程文化的适应，见表2—1。

表 2—1　　　　　　　　　　教师对新课程改革适应内容

| 教师适应 | 类　别 | 关注内容 | 层　次 | 检视项目 |
| --- | --- | --- | --- | --- |
| 表层适应 | 物质文化 | 实施环境与条件保障等 | 外显层 | 教材及教辅材料、课程资源、多媒体技术等 |
| 中层适应 | 制度文化 | 教学管理制度、校本教研制度及教师培训 | 中间层 | 教学制度、校本教研内容、活动形式；教师培训内容、方式等 |

① 顾燕萍，李政涛编著：《课程文化转型中教研共同体建设的校本研究》，同济大学出版社2011年版，第20页。

② 庞朴：《文化的民族性与时代性》，中国人民大学出版社1990年版，第51页。

| 教师适应 | 类　别 | 关注内容 | 层　次 | 检视项目 |
|---|---|---|---|---|
| 深度适应 | 观念文化 | 教师观念、角色及行为等 | 内隐层 | 教学观念、教师角色、教师知能结构等 |

　　物质层面，需要关注新课程改革实施环境与条件。教材及教辅材料改变是课程实施的第一个层面，也是最直接、最明显的要素。新教材是课程改革理念最直接的载体和最真实的表现形式，它可以非常具体、生动、形象地诠释《纲要》《课程标准》的核心思想。事实上，教材往往支配着整个教育过程，因为它们不仅是教师用以指导学生学习的最重要媒介，校内外各级各类考试的命题内容往往也出自其中。作为新的基础教育课程体系的重要组成部分，新教材不仅要关注知识的系统性、科学性、实用性以及选材的生活化和趣味化，而且要关注学生情感、态度、价值观和一般能力的培养，关注学生的全面、和谐发展，使学生获得作为一个社会公民所必需的基础知识和基本技能，真正为终身可持续发展奠定良好基础。① 教材内容、结构、编配顺序、呈现方式、教学方法等都需要教师在教学中适应和改变。其次，课程资源的开发与多媒体技术的运用是课程实施条件保障。为了适应现代信息时代的要求，新课改注重教育手段的革新。书本、黑板、粉笔等传统媒体不会被抛弃，但是更要注重现代化多媒体手段的综合应用，采用及创新多种学习模式，充分利用各种信息与资源，创设现代化、多元化、信息化的教学环境。

　　新课程要求教师教学方式、学生学习方式、管理制度发生转变，而这些转变必须以现代化教学硬件条件做支撑。实施新课程标准除需要基本的办学条件外，现代化信息技术以及教学设施、电子及音像资料、实验教学仪器、教学资料等与新课程改革相关的课程资源是基本保障条件；同时，新课程的理念和实施更加要求有标准的班级规模；综合实践课的开设，学生参与社会调查或社会活动、校本课程的开发都需要人力以及充足经费作

---

　　① 本研究探讨的"新教材"是指称那些体现基础教育性质、任务和培养目标，符合国家颁布的中小学课程方案和学科课程标准的各项要求，符合学生身心发展规律，联系学生生活经验，反映社会、科技发展趋势，具有自己风格和特色的教材。

保障。

　　制度层面，是教师适应的中间层。增强"校本"意识是新课程实施对学校制度建设的根本所在，学校制度建设应以学校的发展规划为核心，改变过去的外控式管理为自主式管理，通过重组各种教育资源，形成学校的办学特色。随着课程改革的常态化推进，"校本教研"成为中小学校重要的教学教研制度，它既适应了基础教育改革发展的时代需要，又形成了与课程改革相适应的全新的教研方式，现已成为中小学校教师最基本的学习与专业发展方式。在校本教研模式中，自我反思是基础、同伴互助是关键、专业引领是先导，这三大要素是促进教师专业成长的三种基本力量，共同构成了一种全新的教研模式。校本教研制度的建构包括：教学管理制度、教研活动制度、课题管理制度、教师学习培养（培训）制度、教师评价制度。① 本研究中（1）教学研究制度，主要针对校本教研活动的开展、内容及形式；教师交流与合作的形式与内容；教学反思的内容及方式的调查。（2）教学管理制度，主要从学校的教学组织管理、课程开设管理等进行调查。（3）教师培训制度，主要从教师参与培训级别、培训频次和教师培训内容、方式、培训效能感等进行。（4）教学评价制度，主要从教师评价、学生评价两个方面进行。

　　观念是人类意识长期发展过程中，在实践中所获得的对客观实在的看法、思想以及思维方式。观念决定行为，"行为是观念的反映，是理解文化的依据，一切文化的特质、理念、价值、规范都必须通过行为、在行为中，以行为的方式来表达。"② 教师的观念决定行为，即观念成为教师外显行为的原因，成为支配外显行为的观念。③ 教师的教育观念指导其教育行为，是教育行为的基础和内在依据；教育行为不仅是对教育观念的反映与应用，同时也有助于教育观念的理解和内化。本研究中教师观念考察主要基于教师课程观、学生观、教师角色、知能结构以及教学方式等行为进行。此外，观念的变化要远难于、复杂于技术方面的变化。那种仅从制度、物质及技术层面入手分析教师适应课程改革的思路，是无法全面、深

---

① 韩江萍：《校本教研制度：现状与趋势》，《教育研究》，2007 年第 3 期。
② 龙宝新：《教师教育文化创新研究》，教育科学出版社 2009 年版，第 13 页。
③ 肖正德主编：《教师概论》，浙江大学出版社 2013 年版，第 207 页。

入了解教师适应课程改革的实然状态的。观念本身的变化与适应是"慢"的，更是内隐的。

因而，教师对新课程改革的内容适应，是从物质层面适应逐渐转向观念层面适应，这个过程即表层适应向深层适应的转化，其中，物质层面适应最快，观念的适应最慢，但是慢并不代表不变，变是必然的。

### （二）教师适应新课程改革是一个过程

"变革是一个过程，而不是一次事件；你不能把它看成是任务单上的某一个条目，简单一勾了事。变革是非常微妙、复杂的，尤其像在教育这样的专业领域中。"① 由此，课程改革是一种非直线的、复杂的、充满不确定性的过程而不是一次简单的、一次性的、确定性的、具体的事件或任务。作为教育活动的主体，教师无疑应是课程改革的主体，日益频繁的课程改革，不断地重新诠释"好的教学"与"好的教师"的内涵与标准，教师必须不断地调整自己的专业行为与观念才能更好地适应新课程改革的需要。教师对课程改革的适应绝不是一种短期性、局部性的、可轻而易举完成的任务，而是一项需要教师长期的、主动探索的过程。因而，从总体上说，"教育改革毕竟是在不断地（虽然可能是缓慢地、曲折地）推动着教育实践的进步，教师为适应变革的需要而进行专业上的更新与变化，终究是大势所趋。"②

人的任何活动都是一个过程，都是以过程的形式存在和发展的。恩格斯说过："世界不是一成不变的事物的集合体，而是过程的集合体。"③"课程改革是一个过程，而且是个艰苦的乃至痛苦的、长期的、漫长的过程，有关课程改革的理论绝不会否定这一判断。"④在课程改革的推行过程中，教师观念、态度以及行为的改变与转化是一个随着时间变化并受多种因素影响而呈现多样化的结果。著名历史学家汤因比指出，"人类的生活

---

① 吉纳·E.霍尔，雪莱·M.霍德：《实施变革：模式、原则与困境》，吴晓玲译，浙江教育出版社 2004 年版，第 256 页。

② 王建军：《课程变革与教师专业发展》，四川教育出版社 2011 年版，第 58 页。

③ 恩格斯：《马克思恩格斯选集·第 4 卷》，人民出版社 1972 年版，第 239—240 页。

④ 杨启亮：《承认过程：一个重要的课程改革实践理念》，《当代教育科学》，2005 年第 14 期。

是生活在时间的深度上的，现在的行动的发生不仅在预示将来，而且也根据了过去。如果你随意忽视过去，不去思考甚或损伤过去，那么你就妨碍自己在现在去采取有理智的行动。"① 人们对课程改革的认识、理解、接纳与转化总是有个渐进的过程。国外课程改革研究表明②：从图 2—2 可以看到，随着时间的推移，接受课程改革的人数比例呈增长态势。据图可知，在课程改革的初期，接受的人很少，曲线缓慢上升。随着课程改革的推广，课改观念被人们广为接受，曲线便越来越陡峭。最后，课程推广的进程进入了一个"高原期"，人们接受速度减慢，直到停止，故曲线趋于平缓。这一曲线图对认识我国课程改革的进程具有积极启示，也就是说，课程改革推广的进程刚开始趋于缓慢，然后经过一段时间后会骤然加快，最后再趋于平缓。

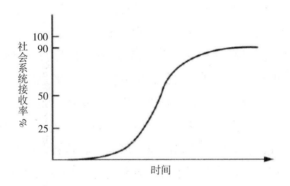

**图 2—2　课程改革推广进程图**

因而，时间对人的适应的影响非常重要。新课程改革的过程是一个教师逐渐适应内外环境变化的过程。"所有成功的重大变革，不管事先规划得有多好，都会在初始阶段经历实施过程中的曲折，太顺利的实施往往标志着没有太多的东西真正发生改变。"③ 在教师适应改革过程中，许多学者采用了阶段划分的方式，认为教师根据适应的程度不同，将会导致适应过程不同阶段。一种观点认为，在课程改革中，并非所有的教师都能以

---

① 田汝康，金熹远编：《现代西方史学流派文选》，上海人民出版社 1982 年版，第 142 页。

② Markee N. Managing curricular innovation［R］. CUP, 1997：57.

③ ［美］托马斯·库恩：《科学革命的结构》，金吾伦，胡新和译，北京大学出版社 2003 年版，第 59 页。

预期的方式应对变革要求，而是基于自身的特定背景，赋予变革不同的个人意义，并采取彼此相异的行动。因此，对课程改革也会出现不同的适应结果，教师对课程改革的适应也会经历不同的阶段。教师新课程改革的适应过程，必然随着改革阶段的不同而历经不同的过程。斯滕伯格认为，个体总是努力适应他所处的环境，力图在个体及其环境之间达到一种和谐。当和谐的程度低于个体的满意度时，就是不适应。当个体在一种情境中感到不适应或不愿意适应时，他会选择能够达到的另一种和谐环境。在这种情况下，人们会重新塑造环境以提高个体与环境之间的和谐程度，而不只是适应现存的环境。① 新课程中，教师对课改的理解不是本能的适应活动，而是教师作为人的实践活动。本能的适应是动物的生命存在形式，而不是人的生命存在形式。"人的存在从来就不是完成时的，而且也永远不会结束。人的一生都处在不断的生成过程之中，没有一个一劳永逸的终极状态。他要不断地否定、超越自己，达到更高、更新、更完美的境界。"② 教师由最初面对新课改的"不适应"经过一段时间达到某种程度新适应，然而适应本身也是不断发展变化的，所以这种平衡的适应状态只能是暂时的，随之会产生新的不适应。此阶段适应的和谐状态则又是下一个阶段中不和谐状态的开始，教师自身的转变与适应如不能达到新课程改革的要求与变化，则又会产生新的矛盾与问题。因此，教师新课程改革的适应过程就是在"不适应—适应—新不适应—重新适应"中发展变化。

### （三）教师适应新课程改革的方式与条件

自改革开放以来，我国的学校教育一直处于不断的变革之中，新课程改革超越了单纯的教育体制改革，将改革的目光投向课堂和教学等微观层面，重视从课程与教学、课堂与师生活动等方面革新教育观念，将课程与学校日常生活联系起来。这次改革是一场广泛而深入的教育创新，就其深度、广度、难度和复杂性而言都超越了以往。教师作为新课程研究、开发、实施、评价的主体，所受到的震动是最大的，对于西北民族地区农村

---

① 转引自郑一丹：《新课程实施中教师适应过程的调查研究》，硕士学位论文，辽宁师范大学，2002 年。

② 郝德永：《超越左与右：课程改革的第三条道路》，教育科学出版社 2013 年版，第 146 页。

中小学教师而言，学校生活中频繁发生的变革是其所处的生态环境。不管教师是否愿意，学校的变革总以自己的方式在运转。"虽然所有人事实上都在不断地发展和变化，但是，没有人是专为有组织的、有计划的变革而生的，没有人'天然地'会适应变革的要求；即使变革是必要的，这个过程也是艰难而复杂的，需要付出很大的努力。"①

1. 新课程实施环境保障与支持系统是教师适应的外部条件

当人们必须变革的时候，将不得不停止做一些他们知道该如何做好，甚至是他们喜欢做的事情，这将会让他们有一种悲痛感。人们对变革的抵触与反抗情绪，在很大程度上，可能就是人们必须放弃自己喜欢做的事情和那些驾轻就熟的做事方法而显露出悲伤之情。显然，教师的不支持与不适应往往是课程变革中最大、最常见的障碍与阻力。改变教师在认识、情感、行动、方法与能力等方面的失调状态，是新课程改革中实施环境与支持系统的落实迫切要解决的问题。

（1）教育行政部门要为教师提供政策支持与保障。2001年，教育部组织编写并颁发了各学科的课程标准：国务院做出了《关于基础教育改革与发展的决定》；教育部颁发《基础教育课程改革纲要（试行）》还提出了新课程改革的六个具体目标。在这些政策指引下，新课程改革逐步全面推进。新课程改革往往不是也不能是一个学校自行发起并实施，而是先从法律法规层面下达，对新课程实施、组织、安排、检查、评价给予法律依据，对教师的课程实施取向做出宏观的统一的规范要求，这种自上而下的方式决定了课程改革的方向和步伐，而且对农村各个中小学校和教师提出相应的要求。总体上，教育行政部门在制定政策的过程中，要为教师创造较好的发展条件，以此增强教师对课程改革的适应性。

第一，因地制宜，根据不同地区经济发展状况和教育发展程度，制定合理的教育政策。众所周知，我国是一个地域发展极不平衡的国家，东西部之间、城乡之间的经济和教育发展水平都存在着较大落差，各地区间教师队伍整体素质也存在很大差距：东部地区明显高于西部，城市地区高于农村地区。因此，教育部门在制定课程改革和发展的相关策略时，要充分考虑到经济和教育发展较为落后的西北地区教师发展状况，做出比较合理

---

① 王建军：《学校转型中的教师发展》，教育科学出版社2008年版，第189—190页。

的规划，从政策上增强和保障西北地区教师对课程改革的适应性。

第二，循序渐进，科学、合理、有序推进教育改革。新课程改革是一个系统工程，这次改革较之以前更全面、更深刻、更彻底，故需要各方面工作的协调开展才能完成。在制定教育改革的目标和确定教育改革的步伐过程中，要充分考虑到不同地域社会经济发展的总体情况，确保教育改革的实效性和可行性。

第三，突出重点，大力推进教师的各项培训。许多研究指出，教师的职业素养和教育教学能力是在从事实践教学工作中形成和发展的。新课程改革实施以来，各级教育行政部门非常重视对中小学教师的培训和继续教育工作，先后开展了国家级、地区级中小学骨干教师培训，鼓励各个中小学校积极开展校本研修活动。

（2）学校要为教师提供良好的环境支持。教师专业发展的重要场所就是学校，学校要为教师发展提供及时的帮助和支持，创造利于课程改革深入推进的良好环境。

第一，学校从管理走向民主领导。规章制度通常是对学校的秩序与结构的规定，同时也反映了学校教育目标与价值取向。校长的管理风格对教师的职业态度、发展、追求等有直接的影响。在一个自由、民主、尊重教师自主发展权的氛围中，教师享有更多的专业发展机会与权利，那么教师的态度必定是积极的，教师的能力和创造性能得到最大限度的发挥。相反，如果教师处于被监督管理的氛围中，缺乏民主关怀与信任，教师则容易产生逆反，对工作敷衍塞责，缺乏积极性与热情，产生工作倦怠等。

第二，创建专业化学习共同体，将学校建设成学习型组织。当前，随着知识经济和学习化社会的到来，学校作为传授知识和生产知识的重要场域，应该首先成为一个学习型组织。"人们可以不断地扩展他们的创造力，培养开阔思维方式，发扬集体主义精神，理解如何共同学习的场所"，这是彼得·圣吉对于新型学习型组织的界定。在专业学习共同体中，教师在规定的时间里共同制订教学计划，互相观摩课堂教学，分享教学反馈信息，教师、学生、校长间进行动态的对话，互相学习，开展共同活动，共同促进学校教学质量的提高。学校要为专业学习共同体提供物质方面的保障，并合理安排时间，确保专业学习共同体活动有效开展。

第三，开展校本培训，促进教师专业发展。校本培训是由中小学根据学校和教师发展的需要，以中小学为基地，充分利用学校资源，以促进教师专业发展和学校改革发展为目的的教师继续教育活动。教师专业发展离不开教育教学实践活动，教师的专业化除了提供知识、技能和资格之外，还应该关注教师的教学行为与教学技能的改善和提高。农村中小学应根据自身发展状况和本校教师专业发展水平，制订校本培训活动和教师专业发展计划。

第四，加强学校文化建设，为教师专业发展创造合作的教师文化。哈格里夫斯认为，学校中存在着四种教师文化：个人主义文化、分化的分化、合作的文化和硬性规定的合作。① 合作的教师文化是教师专业发展中最为理想的文化形式，在学校教学实践中，应提供机会让教师参与学校的各项事务如学校目标的制定、政策的出台等，使教师明确学校的发展方向与思路，激发教师主人翁意识，形成共同的发展愿景；在教师的组织文化方面经由教师个体间的互动，使教师的工作摆脱孤军奋战的局面，形成同伴互助、共同探讨的良好氛围；教师个人也应培养开放，包容的心态以及相互信任的价值观，通过共享实现共同进步。

2. 教师专业发展是教师适应的内部条件

教育改革是教师职业生涯的重要内容，教育改革素质尤其是教师课程改革素养及能力是教师职业能力的重要组成部分，更是教师适应新课程改革的内部条件。

（1）教师专业发展的不同阶段。教师专业发展共分为四个阶段，不同阶段的教师，其专业发展水平不同，因而对新课程改革的适应也存在差异。

一是探索和适应阶段。在这一阶段里，初任教师刚由师范生转变为教师，开始进行专业的社会化。他们关注的重点是教学中生存之道，通过调整个人的专业目标，寻求应对之策以适应教师角色；在实践中，他们不断反思并调整原有教育教学观念和行为，目的是获取学生、同事和领导的接纳和认可；他们在工作中逐渐对自己的角色有了较准确的认识，并感知他人对自己的角色期待，通过自我改变与调节，更好地扮演自己的角色。

二是发展和稳定阶段。教师在渡过了适应期后，进入教师专业迅速发

---

① 李广平：《教师间的合作专业发展》，《外国教育研究》，2005 年第 3 期。

展阶段，而后进入稳定期。在这一阶段，由于教学经验的丰富，教师对自身职业的价值、意义、目标等有了更深刻的认识和定位。教师的专业信念逐步确立，教学理念、思想、行为开始稳定，能够独立自主地开展复杂的工作，具有一定的自主意识和创新，专业角色日趋成熟。

三是停滞和退后阶段。差异性和多样性是这一阶段教师专业发展的重要特征。相关研究证明，从教五六年后一般教师的专业素质基本定型，达到这一状态后，很多教师专业发展进入了"高原期"，教学水平在一段时间内难以提高。如果教师缺乏较强的自我发展意识，不善于反思教学观念和教学实践，则很难渡过"高原期"，实现自我超越，也就很难适应课程改革。

四是持续成长阶段。经过迅速发展和稳定阶段以后，教师的成长变得相对缓慢，但是许多优秀教师在强烈的职业发展动机和良好的发展环境支持下，始终保持着持续发展的态势，逐渐成长为专家型或者学者型教师。教师经过个人主观努力，突破教师发展的"瓶颈期"，不断转换角色，实现专业的持续发展。此阶段教师除了扮演管理者、组织者等角色外，还要承担起改革者、课程改革的建设者和推进者，研究者和反思者的角色。教师在教育教学实践中不断地研究和探索，开展反思性教学，使教学行为趋于更加合理、有效，教学思想变得更为丰富而深刻。

（2）教师专业发展的自主性和实践性。教师专业发展具有较强的自主性，教师应自觉地对自身专业发展负责并不断反思，为未来的发展水平、发展方向做出明确规划，成为自身专业发展的主人。教师专业发展由自发转为自觉，由个体转向群体，通过"学术理论—个人理论—教学行为"的转化，实现自身专业的发展与提高。

教师专业发展具有较强的实践性，教师知识的完善与能力的提高离不开教学实践。教师的专业发展是在课堂教学实践过程中发展的。教师在具体的教育实践中开展教育教学研究，在实践中对教育意义进行主动的探究、反思和建构，不断地提升自身的教育理论水平和教学实践能力。

（3）教师的专业素养与能力结构。新课程改革本质上是对课程价值观的重大调整，它从外部提出教师专业发展的要求，因此教师要根据新课程需要进行专业自我更新，重建自己的教学哲学、教学观念和教学技能，进而丰富自身专业素养，优化自身的知能结构。

第一，"生命"教育理念的孕育。教育作为一种直面人的生命、为着人的生命的事业应关注人的生命成长。让每一个个体都能感受到生命的意义，爱生活，学会生存并努力提升自己的生命价值，这是社会赋予教育的神圣使命。具有"生命"教育理念的教师，课堂教学不再是教师独演的舞台，而是师生间交往、互动的舞台；是引导学生全面发展的场所；不独以传授知识为主要目的，更是探究、发展知识的载体；知识的传授上，知识仅仅是手段，生命发展才是目的；课程是开放、多元、生成的；教师是专业化的学习者、研究者和学生的引路人；学生真正成为知识的体验者、探究者；教学活动是师生、生生之间互相沟通、激励、启发、分享的"有生命的发展过程"。

第二，形成多层复合的知识结构。变革性是课程的固有本性，教育变革本身对教师知识、能力的要求越来越高。教师不仅要学习新知识还要不断拓展知识面，更新其知识结构和进行教育教学实践的课程能力。知识结构上，教师知识结构不应再局限"学科知识＋教育学知识"的传统模式，而是强调多层复合的结构特征。（1）教师应具备当代科学和人文知识以及工具性学科的扎实基础和熟练运用的技能。（2）具备1—2门学科的专门性知识与技能，这是新课程背景下教师胜任教学工作的基础性知识。（3）教育学科类知识，它主要是帮助教师深入领悟教育、学生、课程与教学活动和开展教育研究专门知识构成。

第三，更新并养成新的课程能力。课程能力是教师综合素质的重要组成部分，即指教师在参与一系列的课程活动中所具备的心理特征，或者说教师顺利完成各项课程活动所具备的能力。[1] 它包括（1）整合课程与资源能力。新课程教学内容综合化和弹性化使得教师在教学过程中可支配的空间增大。相应地，教师要依据教学的实际需要，摒弃传统"照本宣科"式教学，采取最合适的教学形式和教学手段，整合各种课程资源；同时，教师整合信息技术与学科课程为学生发展提供丰富多彩的教育环境和有利的学习工具。（2）课程实施能力。教师要依据新课程标准的基本要求，自主确定教学目标，选择利用校内外学习资源，科学设计教学方案，实现"教教材"走向"用教材教"。（3）课程评价能力。教师要全面了解并掌

---

① 赵文平：《教师课程能力——一个不容忽视的问题》，《江西教育科研》，2007年第2期。

握各个层次的课程知识以及不同层次课程之间的关系，并在此基础上培养和提高课程评价的能力，学会对各种课程进行评鉴，对课程实施状况进行分析，对课程实施结果进行评定。[①]（4）课程开发能力。新课程实施打破了"教科书是唯一课程资源"的传统观念，对此，教师要充分利用并积极引导学生利用各种资源，包括校内外的课程资源和信息化课程资源，提升课程开发能力，提高课程活动质量。（5）教育研究的能力。具有科研意识、知识和能力，是所有专业人员的共同特征。教育研究能力既是教师教学创新的表现，也是教师专业工作中自主能力的最高表现形式。

第四，培育教师教育智慧。现阶段，农村中小学校教育教学改革正进入攻坚阶段，艰巨性、复杂性以及教学活动自身的多变性、不确定性和特异性是改革进入攻坚阶段后农村中小学校呈现出的复杂特点，中小学教师仅仅依赖已有教学常规或接受短期理论培训是无法应对其复杂局面的，这必然对教师的智慧品质与水平提出很高要求。教师要从传统教学中走出来，从容地应对新课程带来的挑战，就需要经常分析、洞察具体教育教学实际，不断丰富自己的理论知识，更需要在实践中不断生成教育智慧，以智慧驾驭自己的知识、情感、能力，教师教育智慧的生成不仅有利于改善教育教学实践活动的效果，提高教育教学质量。

对于保证和提高教育教学效果而言，教师知识能力和设备是必要条件，教育智慧是充分条件。教师教育智慧是教育理念、知识结构以及能力要求在教师身上实现综合的结果，也是教师长期全身心地投入教育实践，不断反思、探索、创造所付出心血的结晶。教师教育智慧不仅仅被视为一种能力，更昭示着今后教师专业发展的生存方式。教师的教育智慧表现为："教师具有敏锐感受、准确判断生成和变动过程中可能出现的新问题和新情势的能力；具有把握教育时机、转化教育矛盾和冲突的机智；具有根据对象实际和面临的情景及时作出决策和选择、调节教育行为的魄力；具有使学生积极投入学习生活。热爱学习和创造，愿意与他人进行心灵对话的魅力。教育智慧使得教师的工作进入到科学与艺术结合的境界，充分展现出教师个性的独特风格，教育对教师来说，就不仅是一种工作，更是

---

① 朱慕菊编：《走进新课程与课程实施者对话》，北京师范大学出版社 2002 年版，第113—124 页。

一种享受。"①

3. 教师适应新课程改革的方式

教育的根本任务不在于使人接受、适应已有的东西，而在于为改造和超越现存世界、现存社会和现存自我而善于利用已有的一切文化科学知识。"教育赋予人以现实的规定性，是为了否定这种规定性，超越这种规定性。一切现实的规定性只能是规定人的现在，而不是去决定他的未来。理想的教育并不是要以各种现实的规定性去束缚人、限制人，而是要使人从现实性看到各种发展的可能性，并善于将可能性转化为现实性，它要使人树立起发展与超越现实的理想，并善于将理想赋之于现实。"②作为课程理念的实践者，教师必须接受新的课程理念，并在新的理念面前挑战自我、更新观念，发展与新课程实施相一致的专业素养，才能真正实施新课程。教师适应新课程改革并不是说对新课程改革的一切，教师都必须无条件地服从和接受，这并不是一种适应，而是简单地全盘吸收、是缺乏主动性和创造性的。我们所说的适应是指教师在已有经验基础上，对新课程改革能够有条不紊地批判性的接纳、吸收和创新的能力，接纳和吸收是基础，创新才是关键。

跨文化心理学家 J. W. Berry 认为文化适应的方式对于所有的文化适应者均来源于两个基本维度——对原有文化的认同与保持和寻求与其他群体的关系，根据这两个维度 Berry 把文化适应的方式分为：同化、整合、分离、边缘化四种方式③

（1）同化。同化是当个体不想保持他们原来的文化认同，而是去寻找与其他文化的日常互动。④ 新课程中教师同化的适应方式表现为：教师赞同新课程文化中的理念与价值，积极主动参与新课程改革中的各种活动，并在教学中有意识运用新课程文化中所提倡的方式方法，完全按照新课程改革的要求进行教学，而舍弃传统课程文化中的理念、价值、方式。

（2）整合。整合是当个体既重视原有文化的保持，又注重与其他群

---

① 叶澜：《重建课堂教学价值观》，《教育研究》，2005 年第 5 期。

② 鲁洁：《论教育之适应与超越》，《教育研究》，1996 年第 2 期。

③ John. W. Berry. Acculturation：Living successfully in twocultures. International Journal of Intercultural Relations，2005（29）：697—712.

④ Ibid. .

体进行日常交往。① 课程实施中，教师整合适应方式为：教师能够进行理性认同与批判新课程与传统课程文化的理念与价值，采取理性思考的方法，寻求有效的解决之道。在教育教学实践中秉持与新课改维持弹性关系的立场，注重对课程计划、内容与教育情境间做出某种程度的变革，力图提高课程计划的适切性和课程内容传递的有效性。持此取向的教师一般都具备较高科研素质，且能积极、主动应对变革。他们是课程改革的积极推进者。

（3）分离。分离是当个体重视保持他们的原文化，同时避免与其他文化群体的相互作用。② 新课程文化中教师分离的适应方式表现：教师固守传统课程文化的理念与价值，回避新课程文化倡导的理念与价值，因而无法融入新课程文化之中。

（4）边缘化。边缘化是个体对保持原文化与其他群体的互动交流既没有可能性也没有兴趣。③ 课改中，教师边缘化的适应方式表现：教师认为传统课程文化与新课程文化的理念与价值都毫无意义，在教学中更愿意采用自己的方式方法，拒绝与两种文化发生交流与互动，处于新课程文化与传统课程文化之外，陷入边缘化境地。在实践中，表现为个体虽仍留在现场，但对新课程采取漠不关心的态度。还有部分教师因自身能力素质欠缺，无法承受双重价值取向，导致课程实施人际关系的紧张等，甚至因在新课程实施中得不到有效、及时的激励，产生严重挫败感，都会表现出边缘化态势，这将影响其今后的适应态度与行为。

教师对新课程改革文化适应的四种方式中，整合是教师新课改最为理想的适应方式，而最消极的适应方式是边缘化。教师整合是能汲取新课程文化中的优秀文化，使新文化与原有文化有机结合，实现创造性转化；同化则抛弃原有文化的同时，完全接受新文化，容易对新文化产生盲从；分离是较为保守、消极的适应方式，无益于教师专业发展；边缘化适应是对文化的抛弃，容易陷入边缘化境地。

新课程改革是一个"自我新生"的过程，课程改革的终极目标是解

---

① John. W. Berry. Acculturation：Living successfully in twocultures. International Journal of Intercultural Relations，2005（29）：697—712.

② Ibid..

③ Ibid..

放教育的"生产力"，而教育生产力的解放则意味着每个参与者和利益相关者对挑战的积极面对，对机遇的适时把握，对自身的主动改造。课程改革实施十年来，一部分教师随着新课程改革的要求不断调整，从旧的教育文化环境走向新的教育文化环境，在教育教学实践中实现了自身专业发展，但还有部分教师面对改革总是拒斥，变得很不适应。面对课程改革，不同教师表现出各自不同的适应方式与态度。以上四种教师适应方式在观念上、行为更新上及创造性等方面各有差异。总体上，课程改革初期，教师采取同化、分离方式较多；改革中期，部分教师能够打破固有的思维模式，接受新理念、创造新方法，采取同化或整合方式较多；改革晚期，采取整合、边缘化教师可能较多。在新课程改革中教师采取的四种适应方式之间可以互相转换。因此，要不断激励教师参与改革并据此展开教育教学实践活动，提升教师应对新课程改革的能力，见图2—3。

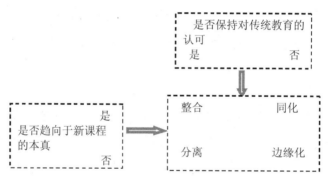

**图2—3　教师适应课程改革的方式**

现阶段，作为基础教育改革"范式转换"的发动机和催化剂，课程改革在西北民族地区农村中小学校正深入稳步推进，新课程改革期待教师在课程实践中发挥其主体性和创造性，彻底转变观念和行为方式，更好适应新课程改革。一直以来，由于我国各个省、自治区、直辖市社会经济发展状况参差不齐，进而导致教育发展极不平衡（例如东西部之间、城市与农村之间），教育发展的不平衡除了在不同地区之间表现出不平衡外，还在不同民族地区表现出不平衡，而且，不同民族文化差异也较大。甘、青、宁三省（区）地处西北地区中心，作为一个历史民族地区，由于"西北少数民族地区复杂的文化分布和现实情况决定了其学校教育并不能简单地形同于一般的学校教育。不同民族学生受其民族文化、家庭教育和社会教育的影响形成了不同的认知特点、认知风格以及知识基础"。① 因此，在实践中，民族地区农村中小学教师会遭遇不断涌现出的新问题、新现象，中小学教师如何在复杂多变的教育情境中做出有效的教育行动，实现教师专业发展，提高自身教育改革的自觉性是目前西北农村地区课程改革的关键所在。

## 三 三个样本县新课程改革实施的基本概况

### （一）宁夏、青海、甘肃三个样本县新课程实施状况

1. 宁夏回族自治区 W 市新课程实施基本概况

宁夏回族自治区 W 市，在新一轮基础教育课程改革前，还是个默默无闻的农业市，在 W 市这样一个少数民族地区，由于经济条件、师资条件、民族心理等诸多的主客观原因，这里的人们普遍存在着对教育不够重视，教育改革推进缓慢的问题。然而经过这些年新课改推进，W 市人创造的课改经验，从偏远的西北一隅被推向全国，W 市一时间不仅在宁夏甚至于全国都声名远扬。

2000 年底，教育部发出通知，在全国启动新一轮基础教育课程改革，W 市已经在改革的道路上"独自"前行了三年。新一轮基础教育课程改革的正式启动令 W 市的改革有了"依据"。2001 年 12 月，国家评估调研组对国家级实验区进行第一次调研评估，"宁夏回族自治区 W 市教育行政部门在申报基础教育课程改革国家级实验区的过程中，充分分析了本地基础教育的现状，特别是'普九'工作取得的成就和存在的问题……他们认为课程改革实验所提倡的理念与方法正是他们在实践中希望解决的问题。所以很容易接受课程改革的想法，明确课程改革的目标。这是 W 市顺利进行课程改革的前提。"②

2001 年，W 市被列为国家级实验区，课程改革从学科设置到教材内容都发生了较大变化，它更关注学生在学习中的过程和方法，将情感、态

---

① 于影丽，孟凡丽：《西北少数民族地区三级课程实施的进一步思考》，《当代教育与文化》，2010 年第 3 期。

② 马云鹏：《课程改革实验区追踪评估的最新报告》，《教育发展研究》，2005 年第 5 期。

度、价值观作为新课程的三维目标，考试由以往对学生进行"甄别"为第一要务变成了现在培养学生的素质为第一要务。课改实施两年间，奔赴 W 市调研的教育行政管理干部、教授、专家逾百人，是新中国成立以来50年总和的数十倍。在 W 市规模化全员参与的通识培训以及参与式培训已进行至第 9 期，W 市各个学校校本培训使教师专业化水平得到极大的提高，涌现出来了一批优秀的专家型校长和教师队伍。目前，W 市培养认定区级骨干教师 11 人，学科带头人 2 人，认定了 327 名市级骨干教师。改革后，多元化教学形式让教师和学生都感受到课堂教学的生命活力。家长们担忧会影响学生以后的各种升学考试。为此，W 市教育局先后出台了一系列评价制度改革举措，从 2002 年起，他们对招生制度进行了改革，保证了评价与考试制度改革实验的顺利进行。同年，通过文化课统一考试和动手操作能力、英语口语测试结合起来的方式对考试模式进行改革，有力地改革了过去只按学生分数招生的做法。

从 2005 年到 2008 年间，W 市新课程改革也进入了"高原"期，伴随着实验区及学校出现的一些难以突破的实际问题与困惑，诸如：新课程改革的先进理念在实践操作层面上摆脱不了"穿新鞋走老路的"窠臼；担任综合实践活动课程加试自身综合能力无法应对综合课程的实际需要，面临着综合课程实施师资"后继乏人"的尴尬困局等等。面对这些困难，W 市教育部门深刻认识到，新课改需要一线管理者与教师树立新理念，仅仅依靠或借鉴先进地区、学校先进经验根本行不通；仅仅依靠上级教育行政部门的指导、行政干预来实施本校的课程更是行不通，因此，走校本培训、校本教研才是实施新课程改革出路所在。接下来，W 市教育学人开始了又一轮深入课堂听课调研，组织教师上课研讨、同伴互助等多种途径在实践操作层面解决学校现实问题。2008 年以来，学校通过校本培训与教研途径已转向：如何建立对教师与学生的评价有效机制、如何建立课堂合作学习有效机制、如何建立特色学校等问题。W 市人创造的课改经验吸引无数全国各地的慕名学习者，W 市的课改经验也被推向了全国。

2009 年至今，W 市课程改革强劲势头已有回落，访谈中有教师说：课改尽管有这样或那样的问题，我们还是认为改才是好的，只要评价跟上，但是我们这里（新课程）改革忽然就不提了，我们校长这几年派我们出去学习（河南永威学校："先学后教、当堂训练"等等教学方法的改革），后来还被上面教育部门谈话，认为现在的改革要抓学校文化建设，文化建设难道就不进行教学改革了?!（摘自 2014 年 3 月 3 日 W 市 X 中学老师"访谈记录"）

滴水穿石，尽管 W 市课程改革在改革的大潮中已不复以往的"锐意进取"，但是调研与教师访谈中，仍然能够感受到之前的改革对于教师的激发与改变，言谈中是对以往改革"尽管最初很累、但总有使不完的劲"的回顾与留恋，许多农村教师在这次课改中真正成长起来了，现如今都已成为各个学校的骨干力量，甚至走向学校管理者岗位。W 市新课程改革的推进实施正如一位教师谈到的"墙内开花墙外香"吧（意指 W 市教育人创造的课程改革经验在其他地方被学习借鉴，然而区内甚至 W 市的教育改革却并不以此为荣）。

2. 青海省 H 县新课程改革实施基本概况

H 县 1998 年"普九"工作通过省政府验收，2000 年荣获全国"两基"工作先进县称号，2001 年 H 县被教育部确定为国家级基础教育课程改革实验区。全县现有各级各类学校 378 所，教职工总数为 4505 名，在校学生 87776 名。其中：小学 312 所（含教学点 49 个），在校学生 43812 名；初中 38 所（含九年一贯制学校 22 所），在校学生 15007 名；完全中学 8 所，在校高中生 11678 名；职业学校 6 所，在校学生 7435 名（含短期训班人数）。①

新课改十年是 H 县教育历史上基础设施建设最快的十年，期间，依据国家政策和本县实际，撤并了近 120 多所学校，使现保留的学校实现了规模办学，办学效益明显提升；争取国家、省市教育行政部门的各项资金，用于学校的改建扩建、危房改造面积达到 520125 万平方米，投入资金1.00051476 亿元；信息技术教育设备投入达到 9000 万元，一体机、电子白板、多媒体等模式的覆盖率已经达到 80% 左右，实验仪器、图书的投入总资金投入达两亿多元。巨大的投入对于课程改革起到了强有力的保障作用。

自 2000 年以来，针对 H 县农村教师专业素质参差不齐的现象，H 县制定并组织中小学教师能力层次认定工作，制定乡级骨干教师、县级骨干教师、县级学科带头人和县级名师的认定标准，每年组织一次认定，做到

---

① 青海省 H 县教育局网，网址：http://www.shzq.net。

标准、条件公开，过程、结果公开。认定后不是放手不管，而是每两年举办一次骨干教师研修班，不断补充新教育理论，推介新方法。截至 2012 年，H 县已经培养认定市级骨干教师 19 人，学科带头人 2 人，认定了 580 多名县级骨干教师，127 名县级学科带头人，23 名县级名师。

目前，课堂教学改革在 H 县农村中小学校得到了有力推行。H 县课堂教学改革经历了三次变化：一是新课程教学观念重建、教学思想逐渐渗透的时期，即 2001—2005 年，中小学课堂呈现出"新"、"活"的特点，"浮"、"乱"的弊端也一一显现；二是在学习东部发达地区先进经验时期，如"洋思中学"等先进地区课改经验，即 2006—2008 年，H 县中小学课堂教学改革力度不断加大，课改将以学定教、当堂训练作为教学改革的突破口，逐步实现了学生能够从被动学习和被动接受灌输中走出来，走向主动学习；与此，教育部门通过带领骨干教师走出去，学习先进经验，同时辅之县级教师培训，辐射并引领全县教师积极进行改革；三是 2009—2012 年至今，H 县教研室自学习借鉴先进地区的经验，提炼出了符合本县中小学课堂教学的多种教学模式，小学"导学·展交·训练"、中学"六环节学案导学"得到全面铺开。H 县通过一线骨干教师示范引领，校本教研的研究课和教师学科教学的竞赛课，促使教师较好地掌握了教学模式的理论体系及其结构，极大地丰富了新课程改革的理论和实践。

目前 H 县依照各个学科《课程标准》的要求，先后修改完善课堂教学评价，逐步把课堂上学生自主学习、合作学习等作为重要衡量指标，例如：H 县共和镇小学的奖励卡，李家山中心学校的奖励章形式，极大地激发了学生自主学习，参与展示的积极性。教师评价上，H 县鲁沙镇中心学校把所属 17 所学校依据地区、办学条件和已经形成的基础，化分成三个层次，分别提出要求，使边远地区、民族地区的教师工作积极性得到保护。尽管有不少学校进行教学评价改革的创新，但是应试教育形成的评价机制已经成为制约新课程推进的"瓶颈"，H 县改革中的诸多环节还没有很好地实现相互配套和互为保障，一些教育部门仍然使用升学率和学生成绩评估学校和教师的工作，一些地区在评职称、评先进教师的标准中，学生成绩、升学率依然是最重要的指标。

十年来，H 县把积极开展校本教研作为推进课程改革的长效机制来落实，构建了县、乡、校三级教研网络，形成合力的优势，发挥校长、教务主任、教研组长和骨干教师的组织、协调、引领作用。H 县不断加大教师培训力度，分层次全面落实教师培训。据不完全统计：县级培训每年平均达到 2300 人次，占到专任教师的一半以上；外培教师每年达到 350 人次以上，占到教师总人数的 7% 左右，在培训中，也有教师抱怨，培训中对于老年教师的培训名额较少，同时，因为教师培训的轮番轰炸，教师对于名目繁多的培训已经"筋疲力尽"，希望上级教育部门能适当减少相关培训。

学生得到长足发展。课程改革中 H 县重视学生的综合素质培养，除了在课堂教学中加强引导、欣赏、激励外，每年组织举办古诗文诵读、课本剧表演、数学日记比赛、书画展、初高中演讲赛、辩论赛、中小学"华罗庚金杯"数学竞赛等丰富有趣的竞赛活动，培养了学生能力，张扬了学生个性，提高了中小学生的综合素养，丰富了校园文化生活。学生在全国、全省、全市的各种竞赛活动中获奖人次逐年提高，仅 2007—2011 年几年间，平均获县以上各类竞赛获奖达 1200 人次。

目前，H 县课程改革中存在较突出问题为教师老龄化严重，优秀教师流向城市学校比例增高，新教师的补充成为当务之急，然而人事编制等问题的约制，教师数量与质量的保证成为制约新课程实施进程中的一大瓶颈。

### 3. 甘肃省甘南藏族自治州 Z 市新课程改革实施基本概况

甘南藏族自治州 Z 市是一个以藏族为主体的少数民族自治地方，社会经济发展程度较低，文化教育相对落后。Z 市是个多民族聚居的城市，宗教上藏传佛教、伊斯兰教、道教、基督教各教并存，是个多元文化荟萃之地。全州总人口 67.89 万人，其中藏族人口 34.46 万人，占总人口的 50.76%，农牧业人口 54.4 万人，占全州总人口的 87.89%[1]。藏民族是一个基本全民信教的民族，宗教在群众中有长期的、深刻的影响。"男女老幼，只知有佛教，不知有文化，家中生子三人，以其二为喇嘛，潜心诵经，一人成佛，举家光荣。"[2] 因此他们宁愿让孩子去寺院出家而不愿送孩子上学。

---

① 尔杰草：《关于甘南藏区教育中的现实问题调查》，《中国藏学》，2007 年第 2 期。
② 王力生：《甘肃民族教育发展概况》，甘肃民族出版社 1988 年版，第 418 页。

近年来，在国家及州政府"科教兴州"方针领导下，Z市教育有了很大发展，教学质量与管理水平也有明显提高。到2003年底，全州在校学生达11多万。其中小学生85374名，中学生20537名（初中15287名，高中5250名），职中生205名，中专生1775名。女生48252名，占学生总数的44.72%。少数民族学生64065名，其中藏族学生54030名，占学生总数的50.07%。寄宿学生22031名（其中小学17655名，中学4387名），占学生总数的20.4%。①

2003年，Z市以及夏河、迭部以及碌曲、玛曲2个纯牧区县等相继实现了"普初"目标，根据省"两基"攻坚目标，到2007年，Z市、临潭、舟曲、迭部等5县（市）实现"两基"目标，通过国家"两基"验收。

2002年开始国家启动省级实验区课程实验，按照教育部的部署，由甘肃省（市、区）负责选择、组织与落实。2005年秋季前，甘南藏族自治州有Z市、临潭、卓尼、舟曲四个省级课改实验区。进入课改实验的学校共有343所，其中中学35所，小学308所；参加实验的班数共有620个，其中中学138个，小学482个；实施新课程的学生数达到18891人，其中1—3年级学生11945人，占小学生总数13.96%；7—8年级学生6946人，占初中生总数37%。参加新课程实验教师1383人，其中小学教师902人，占小学教师总数的21.55%，初中教师481人，占初中教师总数的41.57%。到2005年秋季，全州义务教育阶段普通类和"双语"类中小学全面实施新课程改革，进入课改实验的中小学共有694所（初中54所、小学640所），实施新课程的学生数达到47857人，其中：小学生30414人，初中生17443人。城区及乡镇中心小学从三年级起普遍开设英语课，小学高年级及初中普遍开设了信息技术教育必修课。

在课程改革推进中，鉴于Z市地区教育发展底子薄、基础差、发展水平低的实际，州教育部门结合本地实际，制定行之有效的推进策略和管理机制，本着"先培训、后上岗，不培训、不上岗"的原则，对小学语文、数学、品德与生活、音乐、科学、体育与健康；初中语文、数学、英

---

① 甘南州甘南合作师专校长办公室、学生工作处编：《合作民族师专》（文集），2003年内部印发。

语、物理等学科教师共 555 人进行了充分的大规模培训，从一定程度上提高了教师对于新课程改革的意义与认识。然而在实际工作中也有一些困惑和看法，例如班级学生人数的差异与教学方式的选择问题、教材的呈现方式与内容选择是否切合等问题。因为藏族是甘南州主体民族，藏语和藏文是藏族传统交际语言文字，藏语文在甘南境内有着非常广泛的使用环境和群众基础。自课程改革实施以来，由于省上没有培训双语教师的机构，教师培训跟不上新课改的要求，尤其是许多教师未接受任何培训，大都是凭借自己的经验摸索着进行教学，这与"先培训、后上岗，不培训、不上岗"的新课改要求是相违背的。课改至今，许多老师上课时仍然脱离不开传统陈旧的教学手段，课堂教学仍然无法摆脱"穿新鞋、走老路"的桎梏。

调研中，各个学校教学展示平台可以看到，在课程改革实施中，许多学校对于评价内容、方式等都作了积极的探索与改革。2006—2009 年以来，Z 市教育部门也举办了"全州小学藏语文新课程展示"、"全州初中新课程课堂教学展示"、"Z 市小学英语教师说课竞赛活动"等促进学校教学改革的活动，各个农村中小学校虽然也发生了一些变化，Z 市特殊的民族地域，总体上课程实施进度较缓慢、迟滞。与青海省 H 县、宁夏回族自治区 W 市两个国家级课改实验区相比，Z 市课改实施推进与实际进程较缓慢，与其他两省区并不在一条起跑线上，加之教育投资力度及其教育教学环境、师资力量等差异，课程改革的深入推进步履蹒跚。与教师访谈中能深深感受到，Z 市农村中小学教师对课程实施的信心、对新课改理念以及课改目标实现程度的估计等都远低于青海、宁夏两地区。诚如笔者的同学不无遗憾地说道：Z 市的课程改革实质上是表面化的推进，民族地区教育发展，真的需要一个安定的社会大环境，然而每每有关于民族问题的事宜之时，都是我们这里最严肃、紧张之刻。课程改革无形中被冲淡了，稳定才是高于一切的。

**（二）三个样本县农村中小学教师自然结构状况**

教师是新课程改革中坚力量，更是学校教育教学改革在实践层面取得成功的命脉所系。新课程改革的深入推进与实施，对教师的质量与数量无疑提出了更高、更新的要求。以下为三省区农村中小学教师的自然结构现状。

1. 三省（区）教师老龄化严重

三省（区）教师年龄结构看，青海地区教师年龄结构偏大，见图2—4，36—45岁教师比例为37.7%，46岁以上比例达35.3%，老龄化严重。其次为宁夏地区，老教师比例24.3%，甘肃最低7.9%。整体看来，甘肃教师队伍较年轻化，25—35岁青年教师人数比例为46.3%，均高于宁夏、青海教师。分析看来，农村中小学教师年龄结构处于失衡状态，年轻教师须教育教学经验的累积和锤炼，年龄偏大教师尽管经验丰富，但教育观念总体趋向保守，新老教师比例失衡在一定程度上影响到其对课程改革的接受程度。

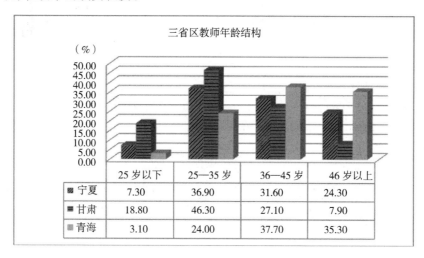

图2—4 三省（区）农村中小学教师年龄结构

课程改革要求教师转变教育教学观念，老教师思想观念转变是一大障碍。宁夏 W 市杨教研员谈道：

我一直有一个疑惑，为什么我们的老教师什么都做不了？经常出去参加各种培训，我发现上海、北京等地一些50多岁的老教师，不仅是学校学科专业发展的带头人，而且他们的教学理念非常先进，年龄越大，越是名师，成就也越大，真正起到了老教师的"引领"作用，而且这些老教师全部带主科，不带所谓的副科，而我们这里恰好相反，老教师总是得过且过，觉得老了就不需要做任何改变了，就按照老方法去教学，越老越不行。反正年龄大了也快退了，不用多努力，该怎样还是怎样，尽管他们教学经验丰富，但容易保守，学校管理中，对于这样的老师只能是哄着使。
（摘自 2014 年 4 月 15 日老师"访谈记录"）

2. 三省（区）教师职称结构偏低

三省（区）教师职称结构几乎呈正偏态分布，见图 2—5。二级职称
教师与一级职称教师人数比例最高，没定级、三级职称与高级、正高级职
称比例则分别处于两端，人数比例很低。其次，调研发现目前农村学校教
学经验丰富、业务水平高、高职称教师无一例外地流失到城市学校。因
而，三省（区）中二级与一级职称教师人数比例较高。

三省（区）以青海省 H 县 2014 年教师职称结构为例，见表 2—2，H
县教师结构多为一级与二级，小学高、中、初级比例为 5：64：31，初中
高、中、初级比例为 18.1：48.5：33.4。

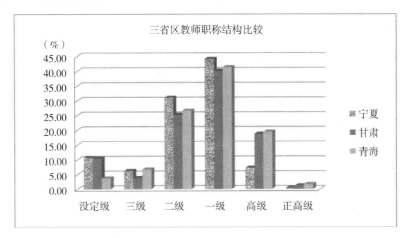

图 2—5　三省区农村中小学教师职称结构

表 2—2　　　　青海省 H 县 2014 年中小学教师职称结构统计表　　（单位：人）

| 职称 | 高级 | 一级 | 二级 | 三级 | 合计 |
|---|---|---|---|---|---|
| 小学 | 79 | 1011 | 449 | 42 | 1581 |
| 中学 | 236 | 632 | 395 | 40 | 1303 |

资料来源：青海省 H 县 H 教育局统计，研究者整理。

3. 三省（区）教师学历结构偏低

教师学历结构，见表 2—3，农村中小学教师第一学历多为本科，宁
夏、甘肃教师本科学历人数比例达 60% 以上，青海为 48.3%。三省

（区）教师学历结构多为本科，其次为中师、大专。此外，青海地区中专以下教师人数较宁夏、甘肃地区突出。调研发现，青海省 H 县仅 2014 年上半年退休教师达 310 名，教师数量无法满足农村学校教育教学要求。目前农村一些中小学校普遍存在人员紧缺问题，受财政管理制度影响，地方政府一再严格控制编制，不能根据教育的现实需求调整编制数量，因此学校转而通过聘请代课教师方式来弥补教师的缺口，有些学校甚至借用公办教师编制低薪聘用编外教师，以缓解师资短缺矛盾。①

表 2—3　　　　　三省（区）农村中小学教师学历结构　　　（单位：%）

| 所在地区 | 学　　历 | | | | |
|---|---|---|---|---|---|
| | 中专以下 | 中专 | 大专 | 本科 | 硕士及以上 |
| 宁夏 | 1.5 | 6.8 | 27.7 | 64.1 | 0 |
| 甘肃 | 5.2 | 2.2 | 23.1 | 65.9 | 3.5 |
| 青海 | 8.9 | 10.6 | 29.5 | 48.3 | 2.7 |

4. 三省（区）教师学科专业结构不合理

农村中小学校教师专业结构存在不合理现象，调研发现，各个学校均存在教师缺编问题，小学段体育、音乐、科学等学科教师缺编，中学段主要为物理、化学、英语教师缺编，甘肃、青海地区教师缺编最为严重。目前，三省（区）各个中小学校缺编或缺乏专人的学科，一则由其他学科兼任，再则聘请代课教师教学。同时，农村中小学普遍存在"主科教师"偏多，"副科教师"缺乏的现象，见表 2—4。

表 2—4　　　　　三省（区）教师学科专业结构　　　（单位：人）

| | 语文 | 数学 | 英语 | 物理 | 化学 | 历史 | 科学 |
|---|---|---|---|---|---|---|---|
| 宁夏 | 75 | 57 | 22 | 3 | 3 | 4 | 12 |
| 甘肃 | 73 | 58 | 34 | 9 | 11 | 13 | 1 |
| 青海 | 102 | 90 | 47 | 4 | 7 | 8 | 10 |

---

① 方征，葛新斌：《我国编外教师问题及政策启示》，《教育理论与实践》，2010 年第 22 期，第 35 页。

续表

|  | 语文 | 数学 | 英语 | 物理 | 化学 | 历史 | 科学 |
|---|---|---|---|---|---|---|---|
|  | 地理 | 思品 | 生物 | 美术 | 音乐 | 体育 |  |
| 宁夏 | 2 | 11 | 1 | 3 | 3 | 10 |  |
| 甘肃 | 9 | 7 | 7 | 1 | 3 | 1 |  |
| 青海 | 5 | 13 | 3 | 0 | 2 | 1 |  |

资料来源：研究问卷统计整理。

以青海省 H 县教师学科结构数量变化为例，见表2—5，表2—6。新课程实施以来，尽管一些学科专业教师数量有增长，但农村小学英语、体育、音乐、美术、科学等学科教师仍缺乏，初中英语、理化、体、音、美等学科教师较为缺乏。西北农村地区师资力量薄弱无形中加重教师教学负担，如何有效地提高农村教师课程改革的适应性是推动新课程改革深入实施的关键。

表 2—5　　　　2002 年青海省 H 县教师学科专业结构表　　　（单位：人）

| 学科 | 思品 | 语文 | 数学 | 英语 | 科学 | 物理 | 化学 | 生物 | 历史与社会 |
|---|---|---|---|---|---|---|---|---|---|
| 小学（全县） | 8 | 1146 | 936 | 18 | 18 |  |  |  | 7 |
| 农村 | 5 | 1011 | 811 | 12 | 10 |  |  |  | 3 |
| 中学（全县） | 122 | 387 | 315 | 280 |  | 148 | 111 | 48 |  |
| 农村 | 63 | 222 | 159 | 135 |  | 82 | 54 | 23 |  |
| 学科 | 地理 | 历史 | 信息技术 | 体育与健康 | 音乐 | 美术 | 综合实践 |  |  |
| 小学（全县） |  |  |  | 7 | 6 | 11 | 1 |  |  |
| 农村 |  |  |  | 5 | 4 | 7 | 0 |  |  |
| 中学（全县） | 63 | 83 | 15 | 81 | 30 | 18 | 17 |  |  |
| 农村 | 38 | 38 | 7 | 40 | 16 | 9 | 7 |  |  |

资料来源：青海省 H 县 H 教育局统计，研究者整理。

表 2—6　　　　　　　2014 年青海省 H 县教师学科专业结构表　　（单位：人）

| 学科 | 思品 | 语文 | 数学 | 英语 | 科学 | 物理 | 化学 | 生物 | 历史与社会 |
|---|---|---|---|---|---|---|---|---|---|
| 小学（全县） | 50 | 641 | 572 | 141 | 17 | | | | 12 |
| 农村 | 21 | 396 | 340 | 70 | 10 | | | | 5 |
| 中学（全县） | 89 | 293 | 263 | 211 | | 146 | 121 | 60 | |
| 农村 | 33 | 135 | 119 | 99 | | 72 | 52 | 27 | |

| 学科 | 地理 | 历史 | 信息技术 | 体育与健康 | 音乐 | 美术 | 综合实践 | 艺术 | |
|---|---|---|---|---|---|---|---|---|---|
| 小学（全县） | | 6 | 5 | 15 | 8 | | 5 | | |
| 农村 | | 3 | 2 | 10 | 5 | | 3 | | |
| 中学（全县） | 69 | 87 | 48 | 84 | 32 | 21 | 16 | 1 | |
| 农村 | 34 | 33 | 19 | 38 | 15 | 9 | 8 | | |

资料来源：青海省 H 县 H 教育局统计，研究者整理。

5. 教师来源

从教师来源看，三省（区）教师毕业于师范院校比例较高，其中甘肃地区师范大学毕业比例 59.4%，青海 51.7%，宁夏 46.6%，其他如中师或综合性大学的只占很少一部分。与城市教师相比较，三省（区）农村教师来源中师（中专）比例仍较高，宁夏 28.2%，青海 21.2%，甘肃 10%。表明三省（区）学历水平参差不齐，差距较大，见图 2—6。

通过三省（区）教师自然结构分析比较，教师职称结构偏低和不同学段教师缺编问题突出，青海地区教师老龄化问题较严重。在课程实施中，老教师积极性调动、优势的发挥仍然是目前三省（区）教师队伍建设中较突出的问题。

（三）几点思考

西北民族地区农村教育改革是个复杂系统。2001 年基础教育课程改革启动至今，基础教育课程改革的价值、理念已经在慢慢地浸润着西北民族地区农村中小学校，很多学校纷纷采取了相应的变革措施，探索了具有自身独特标识的优质学校变革与发展路径。在基础教育课程改革的语境之

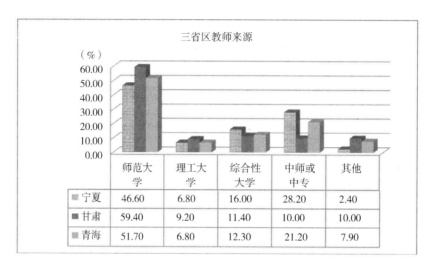

图 2—6 三省（区）农村中小学教师来源

下，变革已经成为很多农村学校的一种文化自觉。

甘肃省甘南藏族自治州 Z 市，青海省 H 县，宁夏回族自治区 W 市的课程实施反映出目前西北农村地区课程改革现实状况，尽管课改成就丰硕，然而三省（区）课改现实无不映射出目前农村教育发展中"应试教育问题"、"教师素质提升"、"教育均衡发展与投入"、"评价改革"等诸多问题，总体而言，三省（区）有以下几方面问题。

1. 三省（区）课程实施推进深度、进程不一

青海、宁夏地区作为首批进入新课程改革的国家级实验区，自课改伊始，实验区在教育经费投入很有限的情况下，仍能够多渠道筹措资金，在课程改革实验经费上的支持和硬件建设的投入上给予了最大支持。同时，教师培训的持续跟进保障了教师素质的提升，因而，这两个省份课程改革总体推进较好（后面第三章实证数据显示）。其中，宁夏地区课程实施自2009 年以来，进程有减缓趋势，在一定程度上妨碍了教师对于新课程实施的信心与前景展望。甘肃地区作为省级实验区较之其他两省推进缓慢，加之民族地区特殊形势，课程改革在实施深度与进程上都较为滞后，与其他两省区差距较大。民族地区改革的大环境如此，在新课程改革推进实施中，必然导致教师适应程度不一。

2. 西北农村地区"条件决定论"思想禁锢了人们教育改革的自觉性

三省（区）调研情况看，西北民族地区一些农村学校，人们对国家

政策的优惠与倾斜的关切程度远远高于对课程建设的重视程度。"等、靠、要"的依赖思想仍然有意无意地体现在教育改革中，而学校对学科课程建设则缺少应有的主动性。现阶段"提高民族地区教育质量已经到了必须深入到课程层面的阶段。"① 基础教育是民族地区各项事业发展的先导和基础，首先应提高改革的主动意识，然而一部分农村学校由于教师的整体素质不高、国家经费投入不足的现实状况下，学校无力适应基础教育改革的"高要求"，课程改革大规模深入推进举步维艰。目前，农村中小学校现有教师年龄结构偏大，教师思想观念转变缓慢，部分学校教研机制不健全致使教师的专业发展迟滞，都在很大程度上制约教师对课程的适应。

现阶段，农村地区这种"条件决定论"的思想仍然制约着一些教育管理者，阻碍着部分地方教育行政官员的思维。"条件决定论"者看到的是课改推进中的困难与问题，甚至夸大这种不利因素导致的影响，使得教师在课程改革中的主动性有弱化趋向。

3. 西北农村部分学校新课改推进中形式主义凸显

调研中，农村地区一些学校在课改推进中存在明显"形式主义"。表现在许多农村学校管理者为了在上级以及兄弟学校考核中处于优势地位，使自己的政绩、地位和经济收入不受影响，同时稳定学校生源，保证学校地位、经济效益不受危害状况下，将学校升学率放在学校第一位。农村中小学教育目标转向升学，教育评价局限于考试成绩已经成为农村地区课程改革深入推进的最大"瓶颈"。

在一些农村学校，新课程实施隐含浮躁、消极应付态度。调查发现，人们对课程实施存在缺乏有效的、针对性的实践方案和途径之时，更多缺乏严肃、认真的理性思考，一些学校全然不顾新课程改革给予整个基础教育的新精神、新举措以及随之而来的新局面，对于有关新课改新思维、新方法、新要求则置若罔闻、固执己见，依然遵循传统应试教育的逻辑、规则和方法来讲授新课程，使得新课程的实施依然停留在形式化、表面化的状态与水平。

---

① 贾旭杰，孙晓天等：《关于民族地区数学课程难度问题的研究与思考》，《数学教育学报》，2013 年第 4 期。

# 第三章 西北民族地区农村教师适应 新课改的现状、成绩与特点

变革是一个过程，2001 年至今，新课程改革自下而上地发生于农村中小学的课堂实践中。"回首望去，这十年的改革进程可谓筚路蓝缕、跌宕起伏，其中虽有成就，亦不乏艰辛。"①

## 一 西北民族地区农村中小学教师 适应新课程改革的现状

真正意义上的观念变革不是简单的思想转变，而是需要在实际的教学当中加以实施。教师教学观念制约其教学行为，新课程改革背景下"今日教学改革所要改变的不只是传统的教学理论，还要改变千百万教师的教学观念，改变他们每天都进行着的、习以为常的教学行为。"②

### （一）西北民族地区农村中小学教师教学观念与行为的适应与转变

1. 农村中小学教师态度适应良好，专业效能感日益增强

革新的成败最终取决于全体教师的态度。③ 教师具有肯定或否定、积极或消极的情感体验在很大程度上影响其对新课程改革的适应。本研究中，教师的态度适应主要通过教师对新课程实施以来教学态度变化、专业

---

① 尹弘飚：《全球化时代的中国课程改革》，《高等教育研究》，2011 年第 3 期，第 69—75 页。

② 叶澜：《让课堂焕发出生命活力》，《教育研究》，1997 年第 9 期，第 3 页。

③ 转引自郑光鹏：《新课程改革背景下朝鲜族高中教师适应情况研究》，硕士学位论文，西北师范大学，2008 年。

效能感增强与否以及新课改总体效果评价来体现。

（1）农村中小学教师对新课程实施十年效果评价比较高。新课程改革十年历程表明，农村中小学教师对新课程改革的意义比较认同，见图3—1。教师对新课程实施效果认同度较高，认为实施效果比较好。总体上，三省（区）小学段教师评价高于中学段教师，宁夏教师整体对新课程实施效果评价认同度最高，其次青海，甘肃第三。

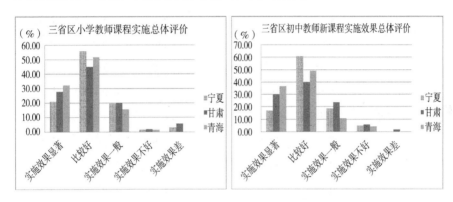

**图3—1　三省（区）小学与中学教师新课程实施总体评价**

（2）农村中小学教师教学态度有较大改善，专业效能感日益增强。新课改以来，随着课程与教学内容综合化、教学方式与学习方式革新、多元评价体系的建立、校本课程开发以及课程资源的丰富利用使得教师教学生活发生重大变化。借此，教师对课程改革的理解日渐深化、教师自身知能结构的不断完善等都极大促动了教师教学态度的改观，见表3—1。三省（区）不同学段、民族、性别教师认为自身教学态度转变比例达60%—70%。

表3—1　课改以来三省(区)不同性别、学段、民族教师教学态度改善比较　　（单位:%）

| 内容 | | 地区 | 改变非常大 | 比较大 | 一般 | 改变不大 | 完全没改变 |
|---|---|---|---|---|---|---|---|
| 性别 | 男 | 宁夏 | 31.7 | 58.0 | 9.1 | 1.1 | 0.0 |
| | | 甘肃 | 17.4 | 57.0 | 19.7 | 1.2 | 4.7 |
| | | 青海 | 25.0 | 56.2 | 13.9 | 4.2 | 0.7 |
| | 女 | 宁夏 | 38.1 | 49.2 | 10.2 | 2.5 | 0.0 |

续表

| 内容 | | 地区 | 改变非常大 | 比较大 | 一般 | 改变不大 | 完全没改变 |
|---|---|---|---|---|---|---|---|
| 民族 | 汉族 | 甘肃 | 22.4 | 48.3 | 23.1 | 2.1 | 4.2 |
| | | 青海 | 14.9 | 54.7 | 25.7 | 2.0 | 2.7 |
| | | 宁夏 | 31.4 | 55.8 | 10.8 | 2.0 | 0.0 |
| | 回族 | 甘肃 | 21.3 | 50.9 | 25.0 | 0.9 | 1.9 |
| | | 青海 | 20.5 | 50.9 | 22.7 | 3.6 | 2.3 |
| | | 宁夏 | 37.6 | 51.5 | 8.9 | 2.0 | 0.0 |
| | 藏族 | 甘肃 | 20.0 | 49.1 | 18.2 | 5.5 | 7.3 |
| | | 青海 | 19.2 | 69.2 | 11.5 | 0.0 | 0.0 |
| | | 甘肃 | 20.0 | 48.9 | 24.4 | | 6.7 |
| | | 青海 | 17.9 | 64.3 | 17.9 | | 0.0 |
| 学段 | 小学 | 宁夏 | 41.4 | 47.9 | 8.6 | 2.1 | 0.0 |
| | | 甘肃 | 20.0 | 50.5 | 21.9 | 2.9 | 4.8 |
| | | 青海 | 24.3 | 53.3 | 17.2 | 4.1 | 1.2 |
| | 中学 | 宁夏 | 22.7 | 63.6 | 12.1 | 1.5 | 0.0 |
| | | 甘肃 | 21.0 | 52.4 | 21.8 | 0.8 | 4.0 |
| | | 青海 | 13.8 | 58.5 | 23.6 | 1.6 | 2.4 |

课程改革进程中，三省（区）不同学段、民族教师根据新课程需要重新设计、规划自身专业发展，不断更新教育教学观念，掌握新教学技能。见表3—2，不同学段、民族、性别70%以上教师认为课程改革对自身专业发展提升是比较符合或非常符合的，就新课改提升自身专业能力的评价持积极、肯定态度较多，其中甘肃地区教师评价整体低于青海、宁夏。

表3—2　　　　　三省（区）不同学段、性别、民族教师对
　　　　　　　　课改提升自身专业能力评价　　　　（单位：%）

| | 内容 | 地区 | 非常符合 | 比较符合 | 一般符合 | 较不符合 | 非常不符 |
|---|---|---|---|---|---|---|---|
| 学段 | 小学 | 宁夏 | 42.9 | 50.7 | 6.4 | 0.0 | |
| | | 甘肃 | 29.5 | 53.3 | 16.2 | 1.0 | |
| | | 青海 | 36.1 | 42.6 | 19.5 | 1.8 | |

续表

|  | 内容 | 地区 | 非常符合 | 比较符合 | 一般符合 | 较不符合 | 非常不符 |
|---|---|---|---|---|---|---|---|
|  | 中学 | 宁夏 | 39.4 | 50.0 | 10.6 | 0.0 | 0.0 |
|  |  | 甘肃 | 27.4 | 51.6 | 16.1 | 3.2 | 1.6 |
|  |  | 青海 | 43.1 | 41.5 | 14.6 | 0.8 | 0.0 |
| 性别 | 男 | 宁夏 | 43.2 | 51.1 | 5.7 | 0.0 | 0.0 |
|  |  | 甘肃 | 31.4 | 50.0 | 10.5 | 5.8 | 2.3 |
|  |  | 青海 | 37.5 | 45.1 | 17.4 | 0.0 | 0.0 |
|  | 女 | 宁夏 | 40.7 | 50.0 | 9.3 | 0.0 |  |
|  |  | 甘肃 | 26.6 | 53.8 | 19.6 | 0.0 |  |
|  |  | 青海 | 40.5 | 39.2 | 17.6 | 2.7 |  |
| 民族 | 汉族 | 宁夏 | 46.1 | 46.1 | 7.8 | 0.0 |  |
|  |  | 甘肃 | 27.8 | 52.8 | 17.6 | 1.9 |  |
|  |  | 青海 | 35.5 | 43.6 | 20.0 | 0.9 |  |
|  | 回族 | 宁夏 | 36.6 | 55.4 | 7.9 | 0.0 | 0.0 |
|  |  | 甘肃 | 27.3 | 52.7 | 12.7 | 3.6 | 3.6 |
|  |  | 青海 | 53.8 | 34.6 | 11.5 | 0.0 | 0.0 |
|  | 藏族 | 甘肃 | 28.9 | 42.9 | 20.0 | 8.2 |  |
|  |  | 青海 | 46.4 | 35.7 | 10.7 | 7.1 |  |

2. 农村中小学教师新课程理念适应程度高，适应过程"聚焦"课改第2—3年

新课程改革理念是指导新课程实施的核心思想，理念的真正落实是新课程进一步推进的先决条件。新课程理念的真正实现首先需要教师对于这种理念的真正接受与认同，调研发现，新课程理念在西北农村中小学的落实状况较好，绝大部分教师对新课改理念的先进性表示高度认同。

（1）农村中小学教师对新课程理念已经适应并认同。课改十多年来，三省（区）农村中小学校不同教龄、民族、性别、职称教师对新课程改革倡导的教学方式、学生学习方式、教学评价等理念适应程度上表现出非常适应或比较适应的良好态势，见表3—3中（见附录2）。表明教师对新课程改革理念认同度较高。学生学习方式与教学方式理念的适应，三省

（区）中小学教师均非常认同，甘肃因进入课改时间较晚，加之 Z 市为民族地区，教师专业发展整体环境较一般，尤其偏远地区藏族教师专业发展的环境较差，甘肃藏族教师新课程理念适应程度总体处于一般适应；在不同性别教师适应程度上，男、女教师适应程度差别不显著，均适应良好；三省（区）汉族、回族、藏族教师理念适应程度均表现良好，无明显差异，其中，甘肃藏族与青海藏族教师新课程理念认同比较，其适应比例高于青海地区藏族教师；三省（区）不同职称教师课改理念比较适应，非常适应与一般适应比例较低。新课改教学评价理念的认同上，三省（区）教师非常认同比例最低，比较认同与一般认同人数比例较高，在一定程度上表明教师对评价改革的不认可。

（2）第 2—3 年是农村中小学教师新课程改革理念适应高峰期。三省（区）不同学段、性别、民族、职称、教龄教师对理念的适应，除个别情况外，农村中小学教师对理念适应均集中于新课程改革 2—3 年间，见表 3—4（附录 2），新课改教学评价理念适应过程，均明显集中课程改革 4—5 年间。宁夏 W 市与青海 H 县作为第一批国家级课改实验区，甘肃省 Z 市作为省级实验区于 2004 年 9 月开始新课程实验。无论是国家级实验区还是省级实验区，新课改以自上而下"暴风骤雨"式的推进方式进入到西北农村每一所学校，在动用地方与国家课程改革的智力资源和相当数量物质资源同时，密集的一系列培训为教师专业发展提供了较好平台，此阶段教师思想观念的"震撼"与"革新"最为激烈。因而对新课程理念表现出极高的认同，适应过程多集中于这几年间。

3. 农村中小学教师教学行为适应程度一般，渐变性特征凸显

教师教育观念制约教学行为，教学行为反映其教育观念，同时也有助于教育观念的理解与内化。新课程实施以来，农村中小学教师教学行为体现出渐进变化的趋势与特征，其渐变性主要是指教师教学行为变化是逐渐发生的，不是一蹴而就，也不是突变而成的。

（1）农村中小学教师新课程理念已认知并接受，但其行为发生变化较小。新课程强调要关注学生及其身心发展特点与生活经验，倡导让学生积极主动、有意义地学习。民族地区，教师面对不同文化背景与学习风格迥异的学生，"实施差异教学即教师改变教学的速度、水平或类型，以适

应学习者的需要、学习风格或兴趣。"① 在教学中，教师要根据学生的需要变化及时改变和调整课堂教学计划，调整教学内容与教学过程，将课堂教学的重心真正实现下移，让学生在课堂上活起来。因而教师在教学设计等环节需要努力创设学生自主支配的时间与空间，基于学生"学"考量教学内容与方法选择，关注学生的学习基础、学习兴趣、过程以及结构等，而不是着重于教师的教。在"教学中有教师善于依据新课程理念结合本地区特点（地方资源、特色文化、学生民族文化背景）调整教学内容与方法进行日常教学，您的教学是怎样？"见表3—3，宁夏（50.2%）、青海（53.6%）教师认为新课程教学必须关注学生"学"，甘肃地区教师仅有32%认同此观点。三省（区）中近30%以上教师认为，教学围绕学生的学进行设计，既费时又费力，无法完成既定教学目标，因而不得不放弃；37.5%甘肃教师不得不放弃这种形式，认为"吃力不讨好"，表明教师教学行为变化不大。

表3—3　　　　　三省（区）农村教师教学观　　　　　（单位:%）

| 省区 | 利于学生学习，就会坚持下去 | 费时费力不得不放弃 | 没必要 | 从未进行，也无必要 |
| --- | --- | --- | --- | --- |
| 宁夏 | 50.2 | 30.0 | 11.9 | 7.9 |
| 甘肃 | 32.0 | 37.5 | 13.5 | 7.0 |
| 青海 | 53.6 | 28.8 | 11.2 | 6.4 |

　　三省（区）不同学科背景教师教学观比较，见表3—4，依据其课堂教学中教学设计的着眼点，不同学科教师教学设计中仍然着眼于从教师的"教"出发，其中语文、数学、英语这三门主课教师对于教师课堂教学设计利于教师的"教"比例宁夏为55.3%，甘肃67.6%，青海76%，数学教师持此观点人数比例宁夏47.2%，甘肃为82.9%，青海为74.4%。英语教师宁夏地区为28.1%，甘肃15%，青海13.1%。可见，课程实施以来，仅有一部分教师教学能够真正克服传统教学弊端，注重以学生的学为中心进行教学，表明教师教学行为变化群体比例相对较小。调研中，物

---

　　① ［美］戴安·赫克斯:《差异教学使每个学生获得成功》，杨希洁译，中国轻工业出版社2004年版，第3页。

理、化学、历史、地理等科目因教师人数比例偏少，因而教学中既关注教师的教又考虑学生的学的人数比例相当，与副科、艺术科教师相比主科教师教学行为转变较小。学生升学考试压力在于主科，决定了主科教师课改中不敢大刀阔斧地进行改革，因此教师适应难度略高。反之，副科和艺术科教师基本上没有升学压力，在教学中能大胆地创新，教学活动更能够以"学生"为本。

表3—4　　　三省（区）不同学科教师课堂教学设计的依据　　　（单位:%）

| | | | 教学设计应依据学生的学出发 | | | | 教学设计应根据教师的教出发 | | | |
|---|---|---|---|---|---|---|---|---|---|---|
| | | 省区 | 完全符合 | 比较符合 | 不符合 | 非常不符合 | 完全符合 | 比较符合 | 不符合 | 非常不符合 |
| 学科 | 语文 | 宁夏 | 29.4 | 17.2 | 40.0 | 0.0 | 27.3 | 28.0 | 9.1 | 0.0 |
| | | 甘肃 | 31.9 | 29.5 | 14.3 | 0.0 | 39.3 | 28.3 | 15.0 | 20.0 |
| | | 青海 | 36.4 | 37.0 | 14.3 | 0.0 | 45.0 | 31.0 | 26.7 | 20.0 |
| | 数学 | 宁夏 | 32.4 | 24.1 | 0.0 | 0.0 | 19.2 | 28.0 | 45.5 | 0.0 |
| | | 甘肃 | 26.9 | 35.4 | 50.1 | 0.0 | 42.9 | 40.0 | 40.0 | 0.0 |
| | | 青海 | 39.4 | 39.1 | 52.1 | 0.0 | 25.0 | 49.4 | 40.0 | 20.0 |
| | 英语 | 宁夏 | 5.9 | 24.1 | 20.0 | 0.0 | 12.1 | 16.0 | 18.2 | 0.0 |
| | | 甘肃 | 4.3 | 13.6 | 14.3 | 0.0 | 10.7 | 4.3 | 10.0 | 50.0 |
| | | 青海 | 3.0 | 15.2 | 14.3 | 0.0 | 8.3 | 4.8 | 13.3 | 60.0 |
| | 物理 | 宁夏 | 8.8 | 3.4 | 0.0 | 50.0 | 10.1 | 8.0 | 0.0 | |
| | | 甘肃 | 12.8 | 2.3 | 0.0 | 50.0 | 0.0 | 3.0 | 5.0 | |
| | | 青海 | 30.3 | 0.0 | 0.0 | 50.0 | 5.0 | 7.1 | 0.0 | |
| | 化学 | 宁夏 | 5.9 | 38.6 | 20.0 | 0.0 | 7.1 | 0.0 | 9.1 | |
| | | 甘肃 | 9.8 | 13.6 | 14.3 | 50.0 | 3.6 | 15.2 | 25.0 | |
| | | 青海 | 4.0 | 4.3 | 14.3 | 25 | 4.2 | 2.4 | 13.3 | |
| | 地理 | 宁夏 | 8.9 | 10.3 | 0.0 | 25 | 9.1 | 12.0 | 9.1 | |
| | | 甘肃 | 8.1 | 3.3 | 0.0 | 0.0 | 0.0 | 2.2 | 0.0 | 0.0 |
| | | 青海 | 6.1 | 4.3 | 0.0 | | 8.3 | 3.0 | 6.7 | |
| | 历史 | 宁夏 | 5.9 | 20.7 | 20.0 | 25 | 15.2 | 8.0 | 9.1 | 0.0 |
| | | 甘肃 | 6.2 | 2.3 | 7.0 | 0.0 | 3.6 | 5.0 | 5.0 | |
| | | 青海 | 9.1 | 4.3 | 5.0 | 25 | 4.2 | 2.4 | 0.0 | 0.0 |

（2）农村中小学教师行为有变化且多与旧的教学行为交互发生。新课程要求教师在教学中运用多种方式与策略，由重知识传授向学生发展转变，增加探究性教学、体验式教学的比重。调研过程中，一线教师在关注学生学习方法的掌握、兴趣爱好培养的同时，教师又必须关注考试的动向，学生的考试成绩，升学率依然是教师不能动摇的"教学指南"。见表3—5，三省（区）教师课堂讲授仍为主要教学形式，其中学生小组合作与学生探究方式较低，教师讲授与学生探究方式交互进行比例有上升，其中青海地区教师多种方式运用比例较甘肃、宁夏教师比例较高。1—3年教龄教师采用传统讲授式较多，学生小组合作与探究形式比例较低；4—6年教师讲授与学生探究穿插进行比例较高。7—20年中青年教师运用多种教学方式进行较其他教龄教师高。21—30年教龄教师方式转变不大且多用讲授式，青海老教师对新教学方式运用比例稍高于甘肃、宁夏。学科上，语文学科教师课堂教学能够运用多种教学形式，且教师讲授与学生探究能相互结合比例较高，甘肃比例较低。英语、数学学科状况相近。教师教学形式有转变，传统教学形式与新课程倡导教学形式交互发生，但仍无法脱离传统教学形式。

表3—5　三省（区）不同教龄、学科、民族教师对教学方式适应比较（单位:%）

| | | 地区 | 教师讲授 | 学生小组探究 | 学生小组合作 | 教师讲与学生探究 |
|---|---|---|---|---|---|---|
| 教龄 | 1—3年 | 宁夏 | 44.8 | 11.7 | 30.4 | 13.0 |
| | | 甘肃 | 52.1 | 10.9 | 21.7 | 15.2 |
| | | 青海 | 36.0 | 12.0 | 32.0 | 20.0 |
| | 4—6年 | 宁夏 | 30.9 | 11.9 | 11.7 | 38.1 |
| | | 甘肃 | 50.9 | 11.4 | 12.0 | 25.7 |
| | | 青海 | 36.1 | 16.7 | 11.1 | 36.1 |
| | 7—10年 | 宁夏 | 40.2 | 15.4 | 13.7 | 30.8 |
| | | 甘肃 | 57.5 | 15.0 | 12.5 | 15.0 |
| | | 青海 | 31.0 | 27.9 | 20.5 | 20.5 |
| | 11—15年 | 宁夏 | 45.1 | 17.8 | 18.5 | 18.5 |
| | | 甘肃 | 51.3 | 14.0 | 11.6 | 23.3 |

| | | 地区 | 教师讲授 | 学生小组探究 | 学生小组合作 | 教师讲与学生探究 |
|---|---|---|---|---|---|---|
| | | 青海 | 33.3 | 16.5 | 20.9 | 29.4 |
| | 16—20年 | 宁夏 | 50.1 | 11.1 | 13.9 | 25.0 |
| | | 甘肃 | 51.5 | 12.9 | 13.1 | 22.6 |
| | | 青海 | 44.2 | 12.9 | 13.9 | 29.0 |
| | 21—30年 | 宁夏 | 51.0 | 11.8 | 13.7 | 22.5 |
| | | 甘肃 | 58.1 | 10.8 | 10.3 | 20.7 |
| | | 青海 | 53.1 | 13.2 | 11.0 | 22.7 |
| 学科 | 语文 | 宁夏 | 36.9 | 24.3 | 12.0 | 26.7 |
| | | 甘肃 | 61.6 | 12.3 | 12.3 | 13.7 |
| | | 青海 | 40.4 | 13.6 | 13.7 | 32.4 |
| | 数学 | 宁夏 | 43.6 | 15.0 | 11.1 | 30.4 |
| | | 甘肃 | 53.5 | 13.8 | 10.2 | 22.4 |
| | | 青海 | 34.0 | 20.0 | 13.3 | 32.7 |
| | 英语 | 宁夏 | 41.7 | 22.7 | 12.7 | 22.7 |
| | | 甘肃 | 58.9 | 11.7 | 8.8 | 20.6 |
| | | 青海 | 40.4 | 19.1 | 12.7 | 25.6 |
| 民族 | 汉族 | 宁夏 | 35.4 | 24.5 | 16.7 | 23.5 |
| | | 甘肃 | 50.9 | 15.7 | 11.1 | 22.2 |
| | | 青海 | 29.9 | 20.5 | 20.0 | 29.5 |
| | 回族 | 宁夏 | 37.8 | 24.8 | 22.8 | 31.6 |
| | | 甘肃 | 52.8 | 12.7 | 12.7 | 21.8 |
| | | 青海 | 34.1 | 25.5 | 24.9 | 15.4 |
| | 藏族 | 甘肃 | 64.8 | 10.8 | 13.3 | 11.1 |
| | | 青海 | 38.1 | 22.6 | 17.8 | 21.4 |

教师问卷中"课程改革实施以来，您教学中最大的收获"，见表3—6。进行 $X^2$ 发现中、小学教师教学观差异显著（$X^2 = 44.04$，$p <$

0.01），即小学教师认为其教学价值收获在于促进学生学习能力提高，中学教师认为促使学生掌握本学科基本知识。分析发现：宁夏、甘肃、青海三省（区）小学教师对自身教学收获无显著差异（$X^2 = 20.54$，$p > 0.05$），但三省（区）中学教师差异显著（$X^2 = 45.43$，$p < 0.01$）。宁夏、青海中学认同提高学生学习能力是其教学价值体现，宁夏、甘肃中学教师更认同改善学生学习态度是其教学收获所在。三省（区）教师对教学价值意在扩大学生视野、提高学生品德、树立正确人生观等层面关注度很低。总体上农村教师教学关注重心仍在"知识"、"能力"的培养与塑造。教师教学行为仍受传统观念制约，故适应程度一般。

表3—6　　　三省（区）不同学段教师对教学收获的认识比较　　（单位:%）

| 教学收获 | 小学 | | | 中学 | | |
|---|---|---|---|---|---|---|
| | 宁夏 | 甘肃 | 青海 | 宁夏 | 甘肃 | 青海 |
| 学生掌握基本知识 | 29.3 | 32.4 | 24.3 | 34.8 | 33.1 | 31.7 |
| 提高学生学习能力 | 41.4 | 37.1 | 42.0 | 37.9 | 19.4 | 28.5 |
| 发展学生特长 | 3.6 | 3.8 | 5.9 | 1.5 | 8.9 | 4.1 |
| 改善学习态度 | 7.9 | 9.5 | 9.5 | 16.7 | 19.4 | 9.8 |
| 扩大学生视野 | 7.1 | 9.5 | 4.7 | 0.0 | 4.8 | 0.0 |
| 提高学生思想品德 | 2.1 | 1.0 | 8.9 | 6.1 | 8.1 | 22.8 |
| 学生掌握技能 | 2.1 | 2.9 | 2.4 | 0.0 | 1.6 | 3.3 |
| 树立正确的人生观 | 6.4 | 3.8 | 2.4 | 3.0 | 4.8 | 0.0 |

（3）教师教学行为变化还未形成自觉意识和新的行为习惯。新课程倡导教学过程应以多样性与丰富性为前提，强调培养学生探索新知和获取新知的体验。以往教学中，教师总偏重教学结论，让学生背诵"标准答案"。事实上，"学生学习往往经历（具体）感知—（抽象）概括—（实际）应用这样的一个认识过程，这是一个不可忽略、压缩的思维过程。"①新课程改革提出教师不仅仅要改变学生的学习方式，而且还要通过改变学

---

① 王守恒，姚运标：《课程改革与教师专业发展》，安徽教育出版社2007年版，第57页。

习方式促进每个学生的全面发展，为每个学生的发展创造空间。[①] 对教师而言，这是一种新教学实践的探索。

三省（区）调查表明，见表 3—7。教学中采用多种辅助教学方式促进学生学习，青海地区教师在实地考察（$MD = 0.29, p < 0.01$）与鼓励学生阅读教辅书（$MD = 0.24, p < 0.01$）方面适应度明显优于宁夏教师；宁夏（$MD = 0.49, p < 0.01$）、甘肃（$MD = 0.58, p < 0.01$）地区教师对布置大量课外作业适应度明显高于青海，表明宁夏、甘肃教师教学方式仍秉承传统"讲—练"固有模式，青海教师较注重采用实地考察或鼓励学生阅读等方式进行教学，优于宁夏与甘肃两省区；青海教师与甘肃教师（$MD = 0.30, p < 0.01$）相比，更注重让学生之间讲解、讨论交流进行辅助教学，甘肃地区教师此方式运用比例较低，其教学方式更固守传统。三省（区）教师教学方式适应状况表明教师课堂教学重心逐渐由"教"向"学"转变，但由于受到学校考评分数至上等评价束缚，教师教学行为还远远未形成自觉意识。

表 3—7　　　　　　　三省（区）教师辅助教学方式运用比较

| 辅助教学方法 | 省区 | M | SD | F |
|---|---|---|---|---|
| 实地考察 | 宁夏 | 2.70 | 1.103 | 3.83** |
| | 甘肃 | 2.52 | 1.220 | |
| | 青海 | 2.40 | 1.179 | |
| 学生动手做实验 | 宁夏 | 2.43 | 0.846 | 2.56 |
| | 甘肃 | 2.42 | 1.017 | |
| | 青海 | 2.27 | 0.884 | |
| 组织课外兴趣小组 | 宁夏 | 2.46 | 0.864 | 8.17** |
| | 甘肃 | 2.53 | 1.045 | |
| | 青海 | 2.80 | 1.063 | |
| 布置大量课外作业 | 宁夏 | 3.04 | 1.086 | 22.90** |
| | 甘肃 | 2.97 | 1.055 | |

---

① 钟启泉等主编：《为了中华民族的复兴，为了每个学生的发展》，华东师范大学出版社 2001 年版，第 258—259 页。

续表

| 辅助教学方法 | 省区 | M | SD | F |
|---|---|---|---|---|
|  | 青海 | 3.55 | 1.119 |  |
| 鼓励学生阅读教辅书 | 宁夏 | 2.44 | 1.070 | 3.59** |
|  | 甘肃 | 2.34 | 0.991 |  |
|  | 青海 | 2.20 | 1.006 |  |
| 鼓励学生上网查资料 | 宁夏 | 2.41 | 1.068 | 2.10 |
|  | 甘肃 | 2.37 | 0.976 |  |
|  | 青海 | 2.54 | 1.072 |  |
| 学生之间讲解、讨论 | 宁夏 | 2.00 | 0.778 | 4.40* |
|  | 甘肃 | 2.11 | 0.854 |  |
|  | 青海 | 1.89 | 0.911 |  |
| 让学生多做练习 | 宁夏 | 2.26 | 0.758 | 0.13 |
|  | 甘肃 | 2.31 | 0.943 |  |
|  | 青海 | 2.29 | 0.993 |  |

注：$^*p < 0.05$；$^{**}p < 0.01$。

### 案例：《触摸春天》

一、揭示课题，引导质疑（5分钟）

1. 教师导入：春天，看到这个词语同学们眼前出现了什么画面。请同学们闭上眼睛听一段音乐，春天来了（音乐响1分钟后）。好，我们学习一篇新的课文——《触摸春天》，齐读课题（板书课题）。

生1：我仿佛看到了春天百花齐放的样子

生2：校园里有漂亮蝴蝶在花丛中飞，蜜蜂在采蜜。

生3：柳条儿也发芽了，我们都穿比较单的衣服了。

……

2. 读了这个题目，你们有什么问题吗？现在各个小组相互说一说（学生小组里纷纷讲述自己的疑问，比如为什么要触摸春天，春天怎么能触摸，是谁在触摸春天等问题）。

二、学生自读课文，整体感知（10分钟）

1. 教师引导学生初读课文："学贵有疑"，一个题目就引发了同学这么多问题，请大家快速默读课文，边读边想，看看自己能否解决刚才问题。（板书：盲童，安静）

2. 检查生字词：课件出示字词，注意提示纠正"小径"的"径"读 jìng；磕磕绊绊"绊"读 bàn；"悄然合拢"的"悄"是个多音字，读 qiǎo；"清香袅袅"的"袅"读 niǎo。注意"磕、瞬"的笔顺书写。（教师范读，板书范字）

3. 请同学们再次大声朗读课文，要求读准字音，读通句子，读懂课文，想一想盲童安静是个怎样的女孩子，用一个词来形容她。（神奇，不可思议，善良……）

三、重点研读，感受神奇（15分钟）

（一）引导：请同学们仔细阅读课文，边读边想，文中哪些字词或者哪些句子让你觉得神奇、不可思议？引导学生研读课文第4自然段。

（二）学生小组交流。

1. 出示句子：安静的手指悄然合拢，竟然拢住了那只蝴蝶，真是一个奇迹。

师：你从句子中哪些字词感受到神奇，不可思议？

师："竟然"表现出了怎样的情感？安静本来想拢住的是什么？"竟然"还可以换成什么词？你能用"竟然"说一句话吗？

师：引导学生理解"悄然合拢"，全班做"悄然合拢"的动作。

2. 出示句子：睁着眼睛的蝴蝶被这个盲女孩神奇的灵性抓住了。

师：想想在生活中，同学们抓过蝴蝶吗？能抓住吗？好抓吗？

生：抓过，不过有的不好抓；……（略）

师："神奇的灵性"指的是什么？引导学生自由朗读课文2—3自然段。（板书：神奇的灵性）

（三）感受"神奇的灵性"

师："神奇的灵性"到底指的是什么呢？先别告诉我，请同学们自由朗读课文2—3自然段，画一画，哪些词句在向你透露着答案。

学生自由交流（略）。

师：同学们，假如现在你就是安静，请读一读这些语句，试着去触摸春天，体会其中当时的感受……

（摘自 2014 年 4 月 4 日 W 市回民小学听课记录）

这节 45 分钟的课基本上反映了目前 W 市小学课堂教学真实情况。整堂课教学目标明确，师生互动较热烈，教师也有意识地运用了一些新方法和教学手段来引发学生的学习兴趣，如小组讨论、火车接龙识词等，并对学生的正确回答给予肯定。我坐在教室里听这堂课的时候，窗外则是春天时节，校园周围墙角的迎春花、小桃花已经开得姹紫嫣红，麻雀时不时飞到窗台上叽叽喳喳地叫着，整个学校弥漫着春天的阳光、气息。然而，教师和学生们对于窗外的春天却视而不见，却在课堂上复述着别人对春天的感受。从课堂看，这节课教室里充满了春天的生命气息，教师让学生们听春天，想象春天，用动作表现春天，感受春天的神奇，最终体会盲童对生命的热爱。应该说，教师的教学设计已经让我们真切地感受并体悟到课文的深刻含义。

整节课中，遗憾的是教师与学生的视线仍然更多集中在生活之外，真实的生活，真实的春天却距离人们越来越遥远。课下与这位教师聊时，她已经就这样上课有几轮了，谈到可否改变目前这样的教学形式与设计，尝试让学生在真实环境中用手触摸、闭上眼睛像盲童那样闻一闻校园的春天时，她不无遗憾地说道，其实我自己何尝不渴望能用不一样的方式让学生学习这篇课文，说一说、闻一闻、动一动近在咫尺的校园春天，学生肯定能说得更生动，更能领会盲童以及这篇课文内在深意，但是这样的行为太过冒险，其他老师会怎么看，学校领导会怎么说，考试会这样考吗……我不能回答。

4. 农村中小学教师角色适应程度一般，距离新课程要求差距大

教师角色适应与转变是新课程改革的应有之义，就课程改革本身来说，课程实施的过程就是教师角色转变过程。"教师专业化角色的形成与专业发展的成熟度决定了学校变革与发展的广度与深度。"[1] 随着课改推进，教师面临最大挑战在于教学由"教师中心"转向"学生中心"，相应地，教师要由知识的传授者成为学生学习与发展的指导者、促进者，但与

---

[1] 卢乃桂，操太圣主编：《中国教师的专业发展与变迁》，教育科学出版社 2009 年版，第 1 页。

此前不同的是，知识传授者不再是教师唯一的角色。

三省（区）教师最适应角色认知比较，见图3—2。农村教师认为自身最适应角色依次为：学生学习指导者（35.4%、24.9%、35.3%）、知识传授者（22.8%、28.8%、28.8%）、合作者、课程建设者、终身学习者、研究者。课改实践中，教师关注的焦点从"准备考试"逐渐转向促进学生"学"，教师"为学生"角色意识突出。"知识传授者"是新课程教师角色之一，然而新课程要求教师更应成为"课程建设者"、"研究者"、"合作者"，对此教师适应比例非常低，表明教师对教学改革的参与意识仍缺乏，同时教师课程理论的创新实践及素养亟待加强。

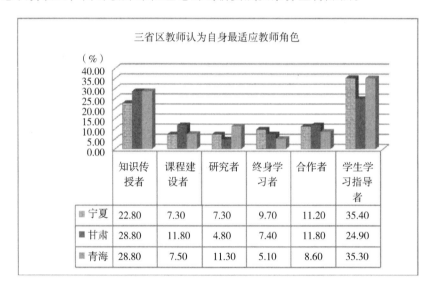

**三省区教师认为自身最适应教师角色**

| （%） | 知识传授者 | 课程建设者 | 研究者 | 终身学习者 | 合作者 | 学生学习指导者 |
|---|---|---|---|---|---|---|
| 宁夏 | 22.80 | 7.30 | 7.30 | 9.70 | 11.20 | 35.40 |
| 甘肃 | 28.80 | 11.80 | 4.80 | 7.40 | 11.80 | 24.90 |
| 青海 | 28.80 | 7.50 | 11.30 | 5.10 | 8.60 | 35.30 |

**图3—2　三省（区）教师最适应角色认知比较**

教师最不适应角色认知比较，见图3—3，农村教师最不适应角色依次为：课程创生者（35%、29.3%、33.9%）、课程建设者（30.6%、22.7%、17.8%）、研究者、知识传授者、终身学习者等，这都表明"教师即课程"的新课程理念未能彰显。"角色内涵本身同时涵盖着角色扮演者'被期望的行为'与'实际表现的行为'两个方面的内容。"[1]课改十年间，新课程期待的教师角色与实践中教师行为表现凸显出目前农村教师

_____

① 卢乃桂，操太圣主编：《中国教师的专业发展与变迁》，教育科学出版社2009年版，第1页。

角色仍处于流变之中，教师专业发展与角色完善仍需不断深化。

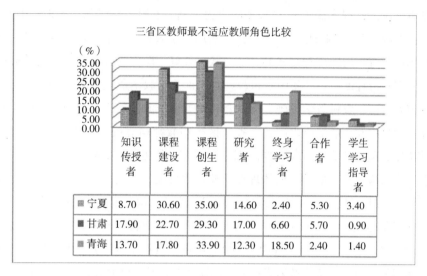

三省区教师最不适应教师角色比较

（%）

| | 知识传授者 | 课程建设者 | 课程创生者 | 研究者 | 终身学习者 | 合作者 | 学生学习指导者 |
|---|---|---|---|---|---|---|---|
| 宁夏 | 8.70 | 30.60 | 35.00 | 14.60 | 2.40 | 5.30 | 3.40 |
| 甘肃 | 17.90 | 22.70 | 29.30 | 17.00 | 6.60 | 5.70 | 0.90 |
| 青海 | 13.70 | 17.80 | 33.90 | 12.30 | 18.50 | 2.40 | 1.40 |

图3—3　三省（区）教师最不适应角色认知比较

综上，三省（区）教师教学行为表现出渐变性特点。新课程教学理念转变成为教师教学行为都受到了诸多因素的影响，如社会各界对学校升学率的过度关注，应试教学理念的影响、学校内部的评价体系缺乏跟进等。这些都是教师教学行为渐变性的外在影响因素。

**（二）西北民族地区农村教师以新教材为核心课程资源的适应状况**

拓展、整合课程资源是新课程改革的一个显著变化，各科的课程标准对课程资源开发和利用也提出了具体要求。在教学中，教师必须改变以往对课程资源的漠视，高度重视其价值。"教科书是在不同教育水平上围绕并支持各种教学活动的书籍，是学校教育的主要工具和注意的对象"①，它是很重要但不是唯一的课程资源。

1. 西北民族地区农村中小学教师课程资源适应现状

（1）农村中小学校制约因素太多、教师开发利用课程资源程度一般。课程资源根据功能特点分为素材性课程资源和条件性课程资源，"素材性课程资

①　江山野主编译：《简明国际教育百科全书——课程》，教育科学出版社1991年版，第129页。

源包括知识、技能、经验、活动方式、情感态度等因素；条件性课程资源包括直接决定课程实施范围和水平的人力、物力、财力、时间、场地、媒介、设施等因素"。[①] 调查中，三省（区）教师对于教材、教学仪器、教具以及光盘等视听资料的适应程度较高，适应状况较好。课件与教案、学习辅导资料等资源适应程度一般，其中甘肃教师对于课件与教案适应状况均低于宁夏与青海两省区；农村教学设施、网络资源等方面资源较贫乏，教师适应程度介于比较适应与一般适应之间；三省（区）中教师均对校外资源（诸如工厂、博物馆、科技馆等）适应困难，见表3—8。三省（区）教师总体对条件性课程资源适应程度一般，突出体现在学校教学设施、实践活动等资源的缺乏致使教师适应不良，素材性课程资源开发利用层次较低。就目前来说，见表3—8，农村中小学校利用率最高课程资源仍是教材，教师教材适应良好宁夏为83%，青海70.9%，甘肃72.5%，将课程资源定位于教材及其配套的同步练习册、强化训练等教辅资料从一定程度上表明，教师对教材依赖性较强，同时教师对于课程资源的识别能力较差。教师在重视教材和教学教具、教学仪器等校内资源时，却忽视了乡土资源以及校外其他资源的作用，宁夏教师对乡土资源适应程度比例33.8%，青海37%，甘肃39.3%，尤其在一些自然资源的拓展利用上。同时教师更多重视教师教的资源，却忽视了学生学的资源，这样势必不利于学生在丰富的学习环境中学习。

表3—8　　　三省（区）农村中小学教师对现有课程资源适应情况比较

（单位:%）

| 内容 | 地区 | 非常<br>适应 | 比较<br>适应 | 一般<br>适应 | 比较不<br>适应 | 非常不<br>适应 |
|---|---|---|---|---|---|---|
| 教材 | 宁夏 | 25.7 | 57.3 | 12.6 | 2.4 | 1.9 |
| | 甘肃 | 22.3 | 50.2 | 25.3 | 1.7 | 0.4 |
| | 青海 | 23.3 | 47.6 | 26.0 | 2.7 | 0.0 |
| 课件与教案 | 宁夏 | 30.5 | 45.6 | 19.9 | 3.0 | 0.0 |
| | 甘肃 | 17.5 | 39.0 | 31.3 | 11.3 | 0.9 |
| | 青海 | 14.7 | 54.1 | 26.4 | 4.5 | 0.3 |

---

① 吴刚平：《课程资源的理论构想》，《教育研究》2001 年第1期。

续表

| 内容 | 地区 | 非常<br>适应 | 比较<br>适应 | 一般<br>适应 | 比较不<br>适应 | 非常不<br>适应 |
|---|---|---|---|---|---|---|
| 教学设施资源 | 宁夏 | 17.5 | 35.8 | 24.3 | 20.4 | 2.0 |
| | 甘肃 | 16.6 | 30.2 | 20.7 | 29.7 | 2.7 |
| | 青海 | 13.4 | 34.6 | 37.3 | 14.0 | 0.7 |
| 学习辅导资料 | 宁夏 | 17.7 | 19.4 | 50.5 | 12.4 | 0.0 |
| | 甘肃 | 15.3 | 31.0 | 37.6 | 16.2 | 0.0 |
| | 青海 | 21.8 | 30.8 | 31.5 | 15.1 | 0.7 |
| 乡土资源 | 宁夏 | 19.4 | 34.5 | 33.8 | 12.3 | 0.0 |
| | 甘肃 | 19.7 | 25.8 | 39.3 | 12.2 | 2.6 |
| | 青海 | 31.2 | 20.1 | 37.0 | 11.4 | 0.3 |
| 教学仪器、教具 | 宁夏 | 24.3 | 57.3 | 17.0 | 1.5 | 0.0 |
| 视听资料 | 甘肃 | 17.9 | 40.6 | 31.0 | 7.4 | 3.1 |
| | 青海 | 23.6 | 53.8 | 18.5 | 4.1 | 0.0 |
| 实践活动资源 | 宁夏 | 15.4 | 18.9 | 43.7 | 21.9 | 0.0 |
| | 甘肃 | 16.6 | 19.3 | 37.6 | 24.4 | 2.2 |
| | 青海 | 10.2 | 26.7 | 51.0 | 11.4 | 0.7 |
| 校外资源 | 宁夏 | 17.5 | 14.0 | 32.0 | 29.2 | 7.3 |
| | 甘肃 | 14.8 | 18.0 | 21.9 | 31.8 | 13.5 |
| | 青海 | 12.0 | 13.6 | 28.8 | 27.5 | 18.1 |
| 网络资源 | 宁夏 | 26.7 | 20.4 | 39.5 | 11.9 | 1.5 |
| | 甘肃 | 20.8 | 31.5 | 34.1 | 13.5 | 3.1 |
| | 青海 | 30.1 | 28.6 | 23.8 | 12.2 | 2.4 |

　　研究者：您认为课程资源是什么？在您教学中，一般都使用哪些课程资源？

　　宁夏 W 市 X 学校丁老师：知道一点，就是在课堂教学中使用的教具、图书资料啊，还有网络资源等。对了，你的问卷我做了，我觉得课程资源其实挺多的。

但是我们的教学中运用的资源还是少。我是语文，有些课文内容需要就运用多媒体课件，给学生演示，有时也根据课的内容展示与教学内容有关的视频、图片等。

研究者：您认为您这里有哪些资源可以利用在课堂教学中？

宁夏 W 市 X 学校丁老师：我们这儿其实很闭塞，没有资源，不像城市学校，可以去个博物馆、科技馆啥的，学校图书室倒是现在能让学生借阅书籍，能把这个用好就不错了，很多时候，我都只是想想，没有真正拿来用一些资源。

研究者：通过使用目前学校现有的这些资源，您认为课的效果怎么样？

宁夏 W 市 X 学校丁老师：实话说，课程改革以来，我们学校的条件改善还是很明显的，尤其是 2008 年以后，上课可以运用多媒体进行教学，学生也还是喜欢这种形式的课，积极性也挺高的，上课也能积极回答问题，次数多了，效果也就不是太好，所以根据课文内容要求，有必要的时候我会使用，没有必要时，比如自读课的时候，我就让学生多读，尽量不用多媒体等资源，太耽误时间。

（摘自 2014 年 3 月 24 日教师"访谈记录"）

研究者：除了这些，您的课上还利用过哪些课程资源？［诸如校外的资源，例如，今天您的课堂教学内容是《触摸春天》（说明：教师课堂教学多媒体课件，出示 3 张春天的图片，力图让学生感受春天的美）现在季节也到了春天，您有没有想到用另一种方式（使用哪些校外资源）让学生感受到春天的美］

宁夏 W 市 X 学校丁老师：其实我也很想带学生出来走走，这两天不是中山公园有花展吗，正好感受春天季节美，可是你知道现在带学生出去一趟有多难吗？安全谁负责？费用谁掏？现在出事太多了，我可没有那么大的力量办这事，课嘛，就这样上吧。

（摘自 2014 年 3 月 24 日教师"访谈记录"）

研究者：您作为校长，对于教师开发和利用农村课程资源方面，提出过要求没有？有哪些要求？

　　宁夏 W 市 X 学校周校长：我们这里有丰富的资源，学校当然很支持教师开发和利用这些资源，例如，在语文、数学等教学科目中，我们要求教师要结合书本知识和学生的实际，尽可能利用我们农村有的，娃娃们熟悉的事物做例子，让学生容易懂，爱学。

　　研究者：在调研的学校，发现有一些教师经常能利用校外课程资源，组织班级学生到周围社区等大自然中去实践活动，体验和观察，您的态度是？

　　宁夏 W 市 X 校周校长：你的问题可能更适合城市学校的做法，但是在农村，我必须把学生的安全放在第一位，假如出了问题，我们谁也担不起这个责任，我更担不起。

　　研究者：那您认为，在农村学校，目前课程资源的开发有哪些难题？

　　宁夏 W 市 X 校周校长：现在农村学校开发与利用资源面临两个方面的困难，第一，缺乏经费支持，再者，缺乏相关环境的支持，你说我们去游览或参观某个景点，人家能支持吗？家长会怎么看？第二，教师课程资源意识不够，最主要是教师缺乏能力。

　　（摘自 2014 年 3 月 26 日 X 学校校长"访谈记录"）

　　其实，在农村地区，课程资源尤其是素材性课程资源丰富多彩，诸如当地丰富的自然地理、人文景观，但现阶段仍缺乏学校教师对于课程资源的识别、开发和运用的意识与能力。调查发现，一方面，教师对于自身教学的课程资源状况缺乏较完整、清晰的认识，课程资源利用仅仅考虑到一节课或是某一个单元的需要；另一方面，教师资源开发主体意识淡薄，尽管课程资源很多，但在教师课堂上恰当使用却并不尽如人意。

　　（2）不同职称、教龄、学段、民族教师课程资源适应状况不一。

　　三省（区）不同职称教师对于课程资源开发利用，表现出不同的适应状况，见表 3—9，不同职称教师课程资源适应，进行 $F$ 检验发现：不同职称教师对教学设施、课件与教案、学习辅导资料、教具、仪器等课程资源的适应度上存在显著差异。进一步进行事后检验（LSD），可知：三级职称教师对教材适应度显著高于高级教师（$MD = 0.12$，$p < 0.05$）；一级教师（$MD = 0.24$，$p < 0.05$）和高级教师（$MD = 0.36$，$p < 0.01$）对于

教学设施适应度显著高于没定级（新手教师）教师；三级职称教师对于教学设施适应度显著高于正高级教师（$MD = 0.59$，$p < 0.05$），一级职称教师对教学设施资源适应度显著高于二级教师（$MD = 0.20$，$p < 0.05$）；高级教师对教学设施等课程资源适应度显著高于正高级教师（$MD = 0.70$，$p < 0.05$）。在课件与教案等资源适应度上，三级教师均显著高于无职称（$MD = 0.58$，$p < 0.01$）、二级（$MD = 0.42$，$p < 0.01$）、一级（$MD = 0.43$，$p < 0.01$）以及高级教师（$MD = 0.31$，$p < 0.05$）。教师在实践活动等课程资源适应上，除高级教师职称显著高于一级教师（$MD = 0.20$，$p < 0.05$）之外，其他各级职称教师间均无显著差异。各级职称教师对乡土资源适应度上无显著差异。而校外资源适应度上，一级职称教师（$MD = 0.41$，$p < 0.01$）与二级教师（$MD = 0.38$，$p < 0.01$）适应度均显著高于无职称教师。教师对教具、仪器等课程资源适应度与其职称成正比，职称越高，适应度越高，但是它们之间并无显著差异。对校外资源适应，三级教师表现出了较高适应水平，均高于其他职称教师，网络资源适应度比较发现，正高级教师均低于其他职称教师，且与二级（$MD = -0.65$，$p < 0.05$）和高级教师（$MD = 0.65$，$p < 0.05$）的差异显著。总体上，教师职称与学习辅导资料适应度成正比，即职称越高，适应度越高。

表3—9　　　　不同职称教师对不同课程资源适应差异比较

| 课程资源 | 没定级 | | 三级 | | 二级 | | 一级 | | 高级 | | 正高级 | | F | Sig |
|---|---|---|---|---|---|---|---|---|---|---|---|---|---|---|
| | M | SD | M | SD | M | SD | M | SD | M | SD | M | SD | | |
| 教材 | 2.16 | | 2.29 | | 2.04 | | 2.04 | | 1.93 | | 2.33 | | 1.775 | 0.116 |
| | 0.649 | | 0.673 | | 0.708 | | 0.845 | | 0.824 | | 0.866 | | | |
| 教学设施 | 1.89 | | 2.14 | | 1.94 | | 2.14 | | 2.25 | | 1.56 | | 4.223 | 0.001** |
| | 0.724 | | 0.977 | | 0.787 | | 0.749 | | 0.826 | | 0.527 | | | |
| 课件与教案 | 2.14 | | 2.71 | | 2.30 | | 2.28 | | 2.40 | | 2.33 | | 2.727 | 0.019* |
| | 0.875 | | 1.066 | | 0.756 | | 0.855 | | 0.793 | | 1.323 | | | |
| 学习辅导资料 | 1.88 | | 1.95 | | 2.11 | | 2.17 | | 2.27 | | 1.33 | | 3.464 | 0.004** |
| | 0.908 | | 0.91 | | 0.884 | | 0.918 | | 0.776 | | 0.500 | | | |

续表

| 课程资源 | 没定级 | | 三级 | | 二级 | | 一级 | | 高级 | | 正高级 | | F | Sig |
|---|---|---|---|---|---|---|---|---|---|---|---|---|---|---|
| | M | SD | M | SD | M | SD | M | SD | M | SD | M | SD | | |
| 实践活动资源 | 2.14 | | 2.16 | | 2.14 | | 2.34 | | 2.00 | | | | 1.174 | 0.320 |
| | 0.875 | 1.00 | 0.871 | 0.914 | 0.867 | 1.225 | | | | | | | | |
| 乡土资源 | 2.09 | | 2.12 | 2.24 | | 2.36 | | 2.17 | | 1.67 | | | 1.385 | 0.228 |
| | 0.74 | 0.993 | 0.942 | 1.507 | 0.772 | 1.00 | | | | | | | | |
| 教具、仪器 视听资料 | 1.79 | | 2.00 | 2.17 | | 2.20 | | 2.04 | | 1.67 | | | 3.486 | 0.004 ** |
| | 0.700 | 0.663 | 0.908 | 0.826 | 0.788 | 0.500 | | | | | | | | |
| 校外资源 | 2.18 | | 3.26 | 2.60 | | 2.77 | | 2.70 | | 3.22 | | 2.00 | | 0.015 * |
| | 1.00 | 1.363 | 1.085 | 2.04 | 1.043 | 2.108 | 0.848 | | | | | | | |
| 网络资源 | 1.95 | | 1.93 | 2.10 | | 2.06 | | 2.10 | | 1.44 | | 1.00 | | 0.341 |
| | 0.93 | 1.02 | 0.970 | 0.899 | 1.03 | 1.333 | 0.134 | | | | | | | |

　　三省（区）不同教龄教师对课程资源适应上，见表3—10，进行 F 检验发现 (1)对不同教龄教师教材适应性进行 F 检验发现，不同教龄教师之间存在显著差异（$F = 5.91$，$p < 0.01$），表明教龄 1—3 年教师对教材适应性明显低于教龄 16 年以上教师；(2)不同教龄教师对学习辅导资料适应进行 F 检验发现，不同教龄教师之间存在显著差异（$F = 2.68$，$p < 0.05$），表明教龄 7—10 年及以上教师对学习辅导资料适应性明显低于教龄 4—6 年教师；(3)不同教龄教师对乡土资源适应进行 F 检验发现，不同教龄教师之间存在显著差异（$F = 3.05$，$p < 0.01$），表明教龄 7—15 年教师对乡土资源适应性明显低于教龄在 4—6 年以上教师，青年教师乡土资源利用开发意识较强；(4)不同教龄教师对教具仪器的适应性进行 F 检验发现，不同教龄教师之间存在显著差异（$F = 3.70$，$p < 0.01$），教龄 31 年以上教师对教具仪器适应要好于教龄 7—20 年教师，教学资源的运用上，老教师更依赖教学仪器等一些资源；(5)不同教龄教师对网络资源适应性进行 F 检验发现，不同教龄教师之间存在显著差异（$F = 2.12$，$p < 0.05$），表明教龄 16—20 年以及 31 年以上教师对网络资源适应明显低于教龄为 1—6 年教师，青年教师网络资源适应较好。

表3—10　　　　　　不同教龄教师对于不同课程资源适应差异比较

| 课程资源 | 1—3年 | 4—6年 | 7—10年 | 11—15年 | 16—20年 | 21—30年 | 31年及以上 | F | Sig |
|---|---|---|---|---|---|---|---|---|---|
|  | M  SD | M  SD | M  SD | M  SD | M  SD | M  SD | M  SD |  |  |
| 教材 | 2.40 | 2.09 | 2.10 | 2.06 | 2.01 | 1.90 | 1.75 | 5.905 | 0.000** |
|  | 0.920 | 0.701 | 0.775 | 0.675 | 0.793 | 0.754 | 0.808 |  |  |
| 教学设施 | 2.04 | 2.03 | 2.04 | 1.99 | 2.24 | 2.07 | 2.19 | 1.314 | 0.248 |
|  | 0.854 | 0.750 | 0.868 | 0.811 | 0.787 | 0.749 | 0.693 |  |  |
| 课件教案 | 2.32 | 2.32 | 2.46 | 2.33 | 2.35 | 2.21 | 2.32 | 0.881 | 0.508 |
|  | 0.907 | 1.066 | 0.992 | 0.810 | 0.705 | 0.775 | 0.827 |  |  |
| 学习辅导 | 2.00 | 1.88 | 2.25 | 2.19 | 2.15 | 2.17 | 2.30 | 2.681 | 0.014* |
|  | 0.973 | 0.836 | 1.018 | 0.925 | 0.765 | 0.849 | 0.778 |  |  |
| 实践活动 | 2.09 | 2.05 | 2.20 | 2.17 | 2.27 | 2.20 | 2.25 | 0.752 | 0.608 |
|  | 0.924 | 0.843 | 0.846 | 0.943 | 1.011 | 0.884 | 0.830 |  |  |
| 乡土资源 | 2.10 | 1.91 | 2.31 | 2.51 | 2.37 | 2.28 | 2.26 | 3.052 | 0.006* |
|  | 0.940 | 0.786 | 0.927 | 2.062 | 1.039 | 0.877 | 0.791 |  |  |
| 教具仪器 | 2.06 | 1.93 | 2.34 | 2.17 | 2.28 | 2.10 | 1.88 | 3.699 | 0.001** |
|  | 0.801 | 0.728 | 0.846 | 0.901 | 0.950 | 0.759 | 0.734 |  |  |
| 校外资料 | 2.69 | 2.91 | 2.71 | 2.55 | 2.55 | 2.86 | 2.40 | 1.261 | 0.273 |
|  | 1.328 | 1.214 | 1.204 | 2.04 | 1.076 | 2.603 | 1.033 |  |  |
| 网络资源 | 1.85 | 1.93 | 2.10 | 1.98 | 2.17 | 2.10 | 2.16 | 2.117 | 0.049* |
|  | 0.816 | 0.979 | 0.970 | 0.880 | 0.908 | 0.992 | 1.014 |  |  |

不同学段教师对课程资源适应程度（见附录3），三省（区）小学教师比中学教师适应程度高；校外资源适应程度上，小学教师不适应比例低于中学教师；网络资源上，宁夏、青海中学教师适应程度高于小学教师，甘肃小学教师适应程度高于中学教师，中学教师不适应比例较高。学习等辅导资料适应上，三省（区）中学段与小学段教师均呈现不适应状态，小学段与中学段无明显差异。

不同民族教师课程资源适应程度，见表3—11，宁夏、青海地区汉、回族教师对课件与教案适应程度较高，甘肃回族适应程度较高，汉、藏族教师适应程度一般，且藏族教师适应程度较差，差异较明显；教学仪器、教具等资源适应程度上，三省（区）汉族、回族教师适应良好，甘肃藏族教师适应程度一般；三省（区）汉族教师网络资源适应程度高，回族教师比较适应，藏族适应程度均低于汉族、回族教师。其中，甘肃回族、藏族教师与其他民族教师相比适应困难，差异明显。校外资源适应，三省（区）汉族、藏族、回族适应程度一般；青海回族教师非常不适应38.5%，宁夏16%，甘肃23.6%，三省（区）不适应状况较明显；乡土资源上，汉族教师适应程度均高于其他民族，宁夏63.5%，甘肃56.5%，青海59.1%，青海回族教师适应最好58.5%，甘肃回族、宁夏回族适应程度一般（47.7%，56.4%）；实践活动资源与教学设施资源、学习辅导资料汉族、藏族、回族均呈现不适应状态。其中，甘肃藏族不适应程度均高于汉族、回族教师。

表3—11　三省（区）农村中小学不同民族教师对课程资源适应情况比较（单位:%）

| 内容 | 地区 | 学段 | 非常适应 | 比较适应 | 一般适应 | 不适应 | 非常不适应 |
|---|---|---|---|---|---|---|---|
| 课件与教案 | 宁夏 | 汉族 | 33.3 | 52.0 | 14.7 | 0.0 | |
| | | 回族 | 33.7 | 40.6 | 23.8 | 2.0 | |
| | 甘肃 | 汉族 | 27.8 | 38.9 | 31.5 | 1.9 | 0.0 |
| | | 回族 | 32.7 | 56.4 | 9.1 | 1.8 | 0.0 |
| | | 藏族 | 11.1 | 27.3 | 51.1 | 6.0 | 4.4 |
| | 青海 | 汉族 | 17.3 | 54.1 | 24.5 | 3.6 | 0.5 |
| | | 回族 | 11.5 | 50.0 | 34.6 | 3.8 | 0.0 |
| | | 藏族 | 3.6 | 57.1 | 35.7 | 3.6 | 0.0 |
| 教学设施资源 | 宁夏 | 汉族 | 22.4 | 17.6 | 40.1 | 14.9 | 5.0 |
| | | 回族 | 23.8 | 18.5 | 24.8 | 33.0 | |
| | 甘肃 | 汉族 | 15.7 | 19.6 | 10.5 | 44.1 | 10.0 |
| | | 回族 | 21.8 | 11.8 | 19.1 | 43.6 | 3.6 |
| | | 藏族 | 13.3 | 12.2 | 18.9 | 46.7 | 8.9 |
| | 青海 | 汉族 | 20.6 | 28.2 | 11.2 | 30.0 | 10.0 |
| | | 回族 | 26.2 | 23.1 | 20.0 | 30.8 | |
| | | 藏族 | 19.3 | 14.3 | 23.6 | 42.9 | |

续表

| 内容 | 地区 | 学段 | 非常适应 | 比较适应 | 一般适应 | 不适应 | 非常不适应 |
|---|---|---|---|---|---|---|---|
| 学习辅导资料 | 宁夏 | 汉族 | 22.5 | 20.0 | 19.6 | 37.9 | |
| | | 回族 | 14.9 | 21.5 | 28.7 | 35.0 | |
| | 甘肃 | 汉族 | 13.0 | 10.0 | 28.9 | 43.5 | 4.6 |
| | | 回族 | 23.6 | 19.1 | 10.0 | 41.8 | 5.5 |
| | | 藏族 | 11.1 | 9.0 | 22.1 | 46.7 | 8.9 |
| | 青海 | 汉族 | 17.3 | 21.8 | 20.5 | 37.3 | 3.2 |
| | | 回族 | 17.7 | 23.8 | 23.8 | 34.6 | |
| | | 藏族 | 21.4 | 10.0 | 32.1 | 36.4 | 0.0 |
| 乡土资源 | 宁夏 | 汉族 | 22.5 | 41.0 | 19.6 | 16.9 | |
| | | 回族 | 14.9 | 41.5 | 28.7 | 15.0 | |
| | 甘肃 | 汉族 | 13.0 | 43.5 | 38.9 | 4.6 | 0.0 |
| | | 回族 | 18.6 | 29.1 | 41.8 | 10.5 | 0.0 |
| | | 藏族 | 12.2 | 11.1 | 46.7 | 18.9 | 11.1 |
| | 青海 | 汉族 | 27.3 | 31.8 | 37.3 | 3.2 | 0.5 |
| | | 回族 | 37.7 | 20.8 | 17.6 | 17.0 | 3.8 |
| | | 藏族 | 21.4 | 32.1 | 26.4 | 20.0 | |
| 教学仪器、教具视听资料 | 宁夏 | 汉族 | 28.4 | 56.9 | 13.7 | 1.0 | |
| | | 回族 | 18.8 | 59.4 | 19.8 | 2.0 | |
| | 甘肃 | 汉族 | 19.4 | 45.4 | 28.7 | 5.6 | 0.9 |
| | | 藏族 | 15.6 | 22.2 | 48.9 | 4.4 | 8.9 |
| | | 回族 | 16.4 | 41.8 | 29.1 | 9.1 | 3.6 |
| | 青海 | 汉族 | 26.8 | 52.7 | 17.3 | 3.2 | |
| | | 回族 | 20.0 | 60.8 | 15.4 | 3.8 | |
| | | 藏族 | 35.7 | 28.6 | 28.6 | 7.1 | |
| 实践活动资源 | 宁夏 | 汉族 | 22.4 | 24.1 | 17.6 | 34.9 | 1.0 |
| | | 回族 | 13.8 | 28.0 | 24.8 | 28.5 | 5.0 |
| | 甘肃 | 汉族 | 15.7 | 16.5 | 29.6 | 38.1 | 0.0 |
| | | 回族 | 14.8 | 20.6 | 29.1 | 31.8 | 3.6 |
| | | 藏族 | 13.3 | 16.2 | 14.9 | 46.7 | 8.9 |
| | 青海 | 汉族 | 23.6 | 28.2 | 18.2 | 30.0 | |
| | | 回族 | 16.2 | 23.1 | 19.5 | 30.0 | 11.3 |
| | | 藏族 | 19.3 | 14.3 | 32.9 | 23.6 | 10.0 |

续表

| 内容 | 地区 | 学段 | 非常适应 | 比较适应 | 一般适应 | 不适应 | 非常不适应 |
|------|------|------|---------|---------|---------|--------|-----------|
| 校外资源 | 宁夏 | 汉族 | 19.6 | 20.8 | 20.4 | 8.8 | 30.4 |
| | | 回族 | 14.9 | 25.6 | 33.7 | 9.9 | 16.0 |
| | 甘肃 | 汉族 | 14.8 | 28.1 | 26.9 | 10.2 | 20.0 |
| | | 回族 | 14.5 | 14.5 | 38.2 | 9.1 | 23.6 |
| | | 藏族 | 11.1 | 15.6 | 34.4 | 15.6 | 23.3 |
| | 青海 | 汉族 | 14.1 | 35.9 | 12.3 | 9.1 | 28.6 |
| | | 回族 | 7.7 | 30.8 | 13.1 | 10.0 | 38.5 |
| | | 藏族 | 3.6 | 21.4 | 42.9 | 7.1 | 25.0 |
| 网络资源 | 宁夏 | 汉族 | 28.4 | 46.1 | 17.6 | 5.0 | 2.9 |
| | | 回族 | 19.8 | 40.5 | 20.8 | 5.0 | 14.0 |
| | 甘肃 | 汉族 | 26.9 | 30.3 | 24.1 | 7.9 | 10.9 |
| | | 回族 | 12.9 | 37.3 | 16.4 | 13.5 | 20.0 |
| | | 藏族 | 7.8 | 31.1 | 26.1 | 16.7 | 18.3 |
| | 青海 | 汉族 | 37.7 | 35.5 | 18.6 | 5.5 | 2.7 |
| | | 回族 | 43.8 | 23.1 | 11.5 | 11.5 | 10.0 |
| | | 藏族 | 39.3 | 14.3 | 28.6 | 14.3 | 3.6 |

注：相对其他课程资源，三省（区）教师对"教材"适应比例仍最高，为考察教师其他课程资源适应现状，因而将上表中教师"教材"适应比例剔除。

教师问卷调查"您最不适应的课程资源"，排在最前面五项内容依次是：校外资源、实践活动资源、学习辅导资料、乡土资源、网络资源。与城市学校拥有丰富课程资源相比，农村中小学校在校外课程资源的拓展和利用上显得"捉襟见肘"，校外课程资源开发利用很受制约，校内开展实践活动的条件较缺乏，网络资源普及率较低，这都决定了农村教师对于课程资源适应的"尴尬"与"无助"。西北民族地区经济发展水平不高，一些中小学校缺乏足够的资金购买图书、音像资料以及教学设备；就地域条件来说，由于一些西北农村学校地处偏远，在校外资源的利用与开发上无法像城市学校拥有科技馆、博物馆等可资利用的资源，加之学校开展对外交流活动较少，很多农村中小学教师缺乏与其他兄弟学校的交流与学习；就师资来说，国家制定课程的传统致使学校教师"执行课程"观念根深蒂固，对学校和教师自身以外的资源缺乏动机与需求，寻求课程资源的动力严重缺乏，因而农村教师课程资源适应程度一般。

（3）农村中小学教师信息技术适应程度较高，地区差异明显。新课程要求教师教学方式、学生学习方式、管理者管理方式发生转变，而这些转变顺利实现的一个前提就是需要有现代化信息技术做支撑。随着农村义务教育均衡发展和教学改革不断深化，教师信息化教学能力日益成为实现学校教育现代化，提升教学质量的关键。因此，当前各个农村中小学都在逐步完善学校教育技术装备，以现代教育技术支持课堂教学，有些学校通过安装多媒体设施、电子白板、实物投影并与互联网连通，为优化课堂教学添置了现代化的教学设备，也为提高课堂教学效率奠定了较为扎实的基础。

新课程要求教师在教学过程中要运用现代信息技术，进而实现教学内容呈现方式和教学方式的变革。而现代信息技术尤其多媒体辅助教学，可以通过图像、声音、动画等各种手段使学生获得清晰的直观感受，从而提高课堂教学的效果，更为重要的是将教师从"一支粉笔、一张嘴，一篇课文读到尾"的传统教学的单调格局中解放出来，促使教师高效率完成其他工作。见图3—4，课堂教学中83.5%（宁夏）、74.7%（青海）的教师"经常用"多媒体辅助教学，甘肃仅25.3%的教师经常运用多媒体辅助教学，其中教师"偶尔用"和"上公开课采用"多媒体教学比例也较宁夏、青海高，见图3—4。

多媒体使用中，见图3—5，50.6%的青海教师能够根据教学需要设计、制作并使用多媒体课件，宁夏为47.1%，甘肃为36.7%。选择使用他人课件进行教学，甘肃教师人数比例最低为34.1%，其中29.2%的教师既不会制作也不会使用多媒体课件。多媒体辅助教学应用频率不高，甘肃地区教师认为现代多媒体设备不足和缺乏多媒体等教学设备是其不能适应多媒体教学的主要原因，见图3—6。调研中，甘南州Z市H小学教学大楼正在建设当中。校长谈道，该教学楼早该在2010年就已经建好，因为经费短缺，迟迟未能建成，新的教学楼内每间教室都配备有多媒体辅助教学相关设备，未来对教师现代信息技术的培训和应用势

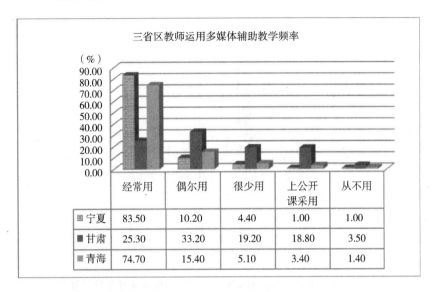

**图3—4　三省（区）教师运用多媒体辅助教学频率**

| | 经常用 | 偶尔用 | 很少用 | 上公开课采用 | 从不用 |
|---|---|---|---|---|---|
| 宁夏 | 83.50 | 10.20 | 4.40 | 1.00 | 1.00 |
| 甘肃 | 25.30 | 33.20 | 19.20 | 18.80 | 3.50 |
| 青海 | 74.70 | 15.40 | 5.10 | 3.40 | 1.40 |

在必行。其次，观念问题也是制约当前农村中小学信息技术应用的重要因素。尤其老教师观念陈旧，对于使用多媒体技术的功能作用认识不到位，认为使用这些技术就是在搭"花架子"，远远比不上传统教学手段来的让教师感到"心里踏实"。

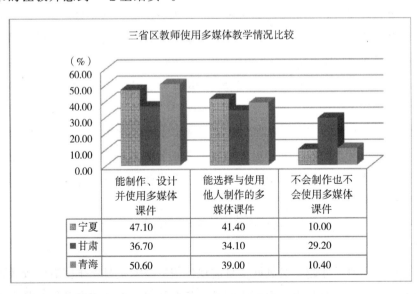

| | 能制作、设计并使用多媒体课件 | 能选择与使用他人制作的多媒体课件 | 不会制作也不会使用多媒体课件 |
|---|---|---|---|
| 宁夏 | 47.10 | 41.40 | 10.00 |
| 甘肃 | 36.70 | 34.10 | 29.20 |
| 青海 | 50.60 | 39.00 | 10.40 |

**图3—5　三省（区）教师使用多媒体教学情况比较**

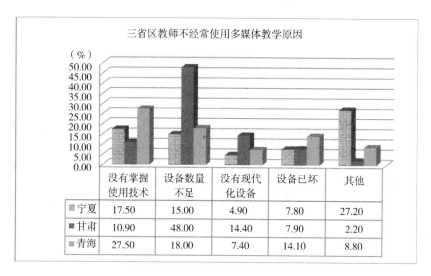

**图3—6 三省（区）教师不经常使用多媒体进行教学原因**

| | 没有掌握使用技术 | 设备数量不足 | 没有现代化设备 | 设备已坏 | 其他 |
|---|---|---|---|---|---|
| 宁夏 | 17.50 | 15.00 | 4.90 | 7.80 | 27.20 |
| 甘肃 | 10.90 | 48.00 | 14.40 | 7.90 | 2.20 |
| 青海 | 27.50 | 18.00 | 7.40 | 14.10 | 8.80 |

　　H县M中学祁老师：其实运用多媒体技术是个吃力不讨好的事情，比如上一堂课，如果用多媒体教学可能要花五六个小时来准备，对于我们老师来说，如何提高学生的学习成绩才是最主要的，多媒体教学很好，但是学生只是顾着看了新鲜，对于学习成绩的提高没有实质性的帮助，如果学生成绩考砸了，大会小会上批评的是我们，更多时候，我更愿意用传统的方式，省事省时，一般我只会在公开课时才应用多媒体教学。

　　（摘自2014年5月28日H县M中学教师座谈记录）

　　访谈中也有教师认为：运用多媒体上课教学效果是好，我带初一年级的英语，课堂上，需要给学生呈现相关图片，句型，大大节省了教学的时间。而且我们现在的评课，多媒体以及电子白板的应用都是考核的指标之一。

　　（摘自2014年3月14日W市X学校教师座谈记录）

　　教学手段并非越高级越好，目前现代信息技术正日益丰富着学校教师的教学手段，传统与现代手段应该说是各有优势，成功的课堂往往是多种教学手段的有机结合与灵活运用。新课程实施以来，一些农村教师对此存在认识上的偏差，成功的课在于让学生获得成长与发展，而不是着重使用了何种多媒体。传统的教学手段未必就代表传统的教学思想，反之，现代教育思想的代表并非显现在现代化教育手段的运用上。多媒体信息技术的运用不应是为了技术而使用技术，适当、适合就好。

2. 农村中小学教师新教材适应状况

教材改变是课程实施的第一个层面，也是最直接、最明显的要素，教材是教师进行教学活动的基本资源和工具，是课程改革理念最直接的载体和最真实的表现形式。它可以非常具体、生动、形象地诠释《纲要》《课程标准》的核心思想。教师要正确使用好教材，把教材看成是引导学生生活学习、认知发展、人格建构的一种范例，不是学生必须完全接受的对象和内容，而是引起学生认知、分析、理解事物并进行反思、批判和建构意义的中介，是案例或范例。[1] 这是新课程资源观对教师新教材使用的要求，教材的改变包括与新课程方案相适应的内容、编配顺序、呈现方式、教学方法等方面。

目前，根据三省（区）2012年基础教育课程教学用书目录，义务教育阶段所有学科教材共二三十个版本，在现有教材版本中，人教版教材因为学科体系最全、最为完整，不仅涵盖了义务教育阶段、高中阶段所有学科，教学配套资源也较为齐备，甘肃、青海中小学校约60%以上均采用人教版教材，宁夏地区小学段采用北师大版教材较多，中学段采用人教版教材较多，见表3—12，表3—13。

表 3—12　　　三省（区）义务教育小学段教材使用版本统计

| 地区 | 学科 | | | | | | | |
|------|------|------|------|------|------|------|------|------|
| | 语文 | 数学 | 英语 | 美术 | 音乐 | 科学 | 思品(社会) | 体育 |
| 宁夏 | 北师版 | 北师版 | 北师版 | 北师版 | 北师版 | 北师版 | 人教版 | 人教版 |
| 青海 | 人教版 | 苏教版 | 人教版 | 人教版 | 晋教版 | 人教版 | 人教版 | 人教版 |

[1]　本研究探讨的"新教材"是指称那些体现基础教育性质、任务和培养目标，符合国家颁布的中小学课程方案和学科课程标准的各项要求，符合学生身心发展规律，联系学生生活经验，反映社会、科技发展趋势，具有自己风格和特色的教材，因为调研中三省区学校人教版教材使用较多，在这里新教材都是指人教版教材。

| 地区 | 学科 | | | | | | | |
|------|------|------|------|------|------|------|--------|------|
| | 语文 | 数学 | 英语 | 美术 | 音乐 | 科学 | 思品(社会) | 体育 |
| 甘肃 | 人教版 | 人教版 | 人教版 | 人教版 | 苏教版 | 人教版 | 苏教版 | 人教版 |

资料来源：三省（区）当地教育局教研室，部分来自研究者调研收集资料整理。

表3—13　　　三省（区）义务教育初中段教材使用版本统计

| 地区 | 学科 | | | | | | | | |
|------|------|------|------|------|------|------|------|------|------|
| | 语文 | 数学 | 英语 | 物理 | 化学 | 历史 | 生物 | 体育 | 思品 | 地理 |
| 宁夏 | 人教版 | 人教版 | 人教版 | 北师版 | 北师版 | 北师版 | 人教版 | 人教版 | 人教版 | 人教版 |
| 青海 | 人教版 | 苏教版 | 人教版 | 人教版 | 人教版 | 人教版 | 人教版 | 人教版 | 人教版 | 湘教版 |
| 甘肃 | 人教版 | 人教版 | 人教版 | 人教版 | 人教版 | 人教版 | 苏教版 | 人教版 | 人教版 | 人教版 |

资料来源：三省（区）当地教育局教研室，部分来自研究者调研收集资料整理。

（1）农村中小学教师新教材理念适应程度高。新教材所体现的教学理念与思想是否能被教师领会，新教材的编排结构和教材设计的教学方法是否能够被教师掌握、运用，以及教材所反映的新学科知识能否被教师理解，这都直接影响到教材的使用效果和教学质量。教师对新教材的适应主要体现于基本理念、编排方式、教材内容、课后练习、教材难度等方面。因此，教材内容应联系生活实际，教学设计有弹性令教师有调整的空间，教材结构编排有利于安排教学进度，教材难易度适中，增强学生学习兴趣，同时，教材自身所体现教学方法的运用有新意，切实可行，这都决定了教师能否更好运用并驾驭教材。

新教材理念适应上，见图3—7。三省（区）宁夏教师比较适应为49.3%，青海51%，甘肃36.3%，其中不适应比例非常低。青海地区教师适应程度（非常适应26.7%，比较适应51%）均高于宁夏、甘肃教师，甘肃教师总体适应程度低于其他两省区。

（2）新教材内容与编排结构"疏离"农村现实，教师适应程度较一般。"教材改革应有利于引导学生利用已有的知识与经验，主动探索知

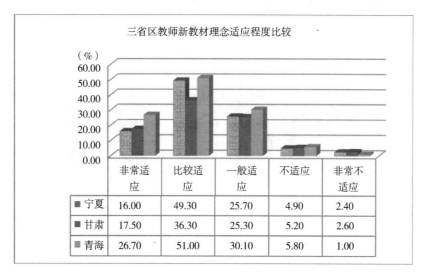

**图3—7　三省（区）教师新教材理念适应程度比较**

识的发生与发展，同时也应有利于教师创造性地进行教学。"① 总体上，教师认为教材无论就形式还是内容都有极大变化与改观，尤其体现在新教材内容上，与学生生活实际联系较密切，凸显了学生的主体地位，极大增强了学生学习的趣味性。三省（区）教师对新教材内容适应，青海教师适应程度最好，宁夏教师适应程度次之，甘肃地区教师认为一方面教材内容多，教师教学有困难；另一方面也降低了学生学习的兴趣，因而适应程度整体较低，见图3—8。

　　青海 H 县 X 校宋老师：以前的教材感觉就是为教师编写的，老师只是根据教材内容进行教学就可以了，但现在（相）反了，感觉教材处处体现了要根据学生的学来定教，教参也是要求教师要放手让学生体会，加强了教师与学生之间的交流，其实这对我们老师也提出了高要求，课改那两年，对于新教材真是不会教了，经过这十年的磨炼，现在基本适应了。

　　研究者："您如何看待新教材的内容（内容量、要求、难

_____

① 钟启泉，崔允漷等：《为了中华民族的复兴，为了每位学生的发展——〈基础教育课程改革纲要（试行）〉解读》，华东师范大学出版社 2003 年版，第 192—199 页。

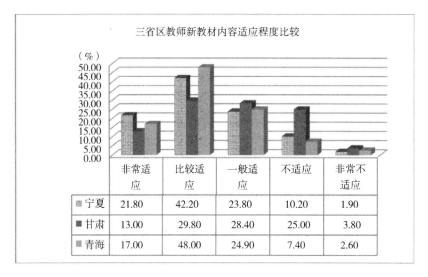

图3—8 三省（区）教师新教材内容适应程度比较

度等)?"

　　青海 H 县 X 校宋老师：新教材的内容量比较大，可是它的要求又很模糊，数一数那么多课文，教学任务太重，对学生训练也多，但从哪些方面训练学生，我这个老师心里也没底，就拿我们二年级语文上册说，总共有八个单元，34 篇课文，赶上学生放假、学校的一些活动和检查，加之老师学习时间，上课时间就很少了，内容多不说，生字词也多，时间紧，每个学期都是在赶进度中才能完成教学任务。我以前从低年级带起，那会儿语文课本（课改前旧教材）不像现在这么麻烦，篇幅也不长，可现在有的课文也很长，娃娃们才学识字，让他们学习篇幅太长的文章，学生根本就没有那个学习的兴趣，很容易失去学习的积极性。比如《小鸟和牵牛花》这篇文章，生字也多，课文篇幅也长，给学生教学时要花费很多时间。

（摘自 2014 年 6 月 23 日教师座谈记录）

　　语文课程标准对教材的内容量做出了较明确的规定，但是教材编写者却未必能根据课程标准的要求来编写教材，教师们对于教材的培训，也多是通过教育局教研室组织的教材分析会议上获取到的信息，哪些是重点，哪些是难点，至于如何分析和把握教材，只有依靠教师自身的理解与感悟了。

> 宁夏 W 市 X 中学丁老师：我觉得应该把语文教材中和学生生活时代相去较远内容直接删去，有些课文过多强调以前的革命政治理想，其实学生根本就不能理解和明白，有时候上课要做大量铺垫，尽量让学生明白。比如小学课本中的《再见了，亲人》，学生没有经历过那个时代，对于他们就是空白。而初中语文，每次上鲁迅的文章，总感觉到这些文章不符合中学生的阅读和接受能力，每次上完这样的课，感觉学生的思想情感似乎就停留在那一课，他们的年龄、知识和能力以及思想认识根本没有深入到当时的年代中去。教学中，其实，课改这么多年了，我反倒愿意用当代学生熟悉的作家的作品教育学生，比如我们土生土长的文学作家郭文斌（宁夏西吉县人，现为宁夏作协副主席），他的散文《空信封》《点灯时分》都很好啊，学生也很有亲切感。

> （摘自 2014 年 5 月 15 日教师"访谈记录"）

新课程倡导教材必须要贴近学生的生活世界，必须要与学生的生活世界相联系，"杜威曾经提出的经验化教材就告诫我们，任何教材内容必须反映儿童的真实生活世界和成长经历。在杜威看来，任何教材的价值必须能够在男女儿童共同生活的世界里得到证明，它必须是儿童所需要的。"① 从教育所要实现的功能来看，教材总是要反映一定的意识形态，但是一旦这种意识形态远离了人的真实生活，它就会激起人们的反感。教材建设应该为学生当下乃至未来的学习与生活服务。

**案例《吃水不忘挖井人》人教版一年级下册**

一、导入新课

老师：今天我们学习课文是吃水不忘挖井人，下面同学们拿出本子，速度放快点，准备好了吗？

---

① 转引自［美］罗伯特·梅逊：《西方当代教育理论》，陆有铨译，文化教育出版社 1984 年版，第 56 页。

学生说：准备好了。

老师说：吃水不忘挖井人，那我们要读课文了，老师有一个任务要交给同学们，一定要完成，能不能完成？

学生：能。

老师：挖井人是谁？读课文要注意挖井人是谁？吃水的人又是谁呢？下面我们读课文。

学生诵读，教师领读。

二、展示交流

老师：我们读完了课文，有哪个小组要展示？只有一个小组吗？老师希望你们举起你们的小手，那我们请这个小组展示一下，站起来，有没有信心？

有小组学生举手。

老师：读的好不好？把掌声送给他们，现在要回答老师的问题了，刚才的问题忘记了吗？

学生：没有。

老师：好，挖井人是谁？

学生：毛主席。

老师：毛主席？对吗？

老师：好的，大家一起说，挖井人是谁啊？

学生：毛主席。

老师：那吃水人是谁啊？

同学：乡亲们。

老师：毛主席为什么在这个地方呢？

学生：毛主席在江西领导革命的时候，在那儿住过。

老师：毛主席领导革命干什么呢？

学生：领导革命说明当时毛主席肩负责任重大，工作非常繁忙。

学生：乡亲。

……

老师：好，这一课我们就上到这里，我们来梳理一下课文的脉络。（略）

2014 年 5 月 20 日 H 县 X 小学听课记录

[反思与评价]

毛主席是距离今天小学生非常遥远而陌生的历史人物，对于这一节课学习，老师的教学应切实观照农村学生现实，课前为学生讲解关于毛主席这个伟大历史人物的丰功伟绩。正式课堂教学中，学生因一时无法理解人物及其文章的主旨，教师不得不设置许多细小的问题，让学生亦步亦趋地跟着教师的思路走，鲜活、生动的教学过程被点状化和碎片化，教学距离学生现实生活实际较远，无法唤起学生学习的兴趣。

新教材的编排结构上，三省（区）教师认为新教材编排体系较合理，适应人数比例较高，非常适应与一般适应人数比例较低，见图3—9。体现在语文教材上，大部分教师认为，语文课文分类、分主题编排形式很好。有教师谈道：语文（小学）教材的编排结构，学生在学习了精读课以后，再学习另一篇较类似主题的文章就轻松许多，整个单元四五篇文章学习下来，学生对学习的内容印象加深，比如，我们这个单元主题是"生命"，《触摸春天》、《永生的眼睛》等等，学生学习完这一系列主题的课文，感悟就很好。习作也比较轻松，这几天的"马航"事件，恰好在学习了这篇课文后，学生对于人的生命的领悟能力特别强。

（摘自2014年4月4日教师"访谈记录"）

（3）新教材难度大农村中小学教师适应程度较低。新教材内容难易度上，三省（区）教师认为新教材难度大，适应有困难，其中宁夏、甘肃、青海教师不适应新教材难度比例均很高。其中，宁夏、甘肃教师非常认同新教材难度较大，分别为25.7%、19.2%，比较认同为41.3%、39.7%。青海教师认为新教材难度大比例为8.9%，不认同比例为24.7%，即青海教师认为新教材难度适中，适应程度较好，见图3—10。

总体上，三省（区）教师新教材的适应良好，见表3—14，通过$F$检验，可以看出教师对新教材适应程度由高到低依次为：理念、内容、编排结构、难度。

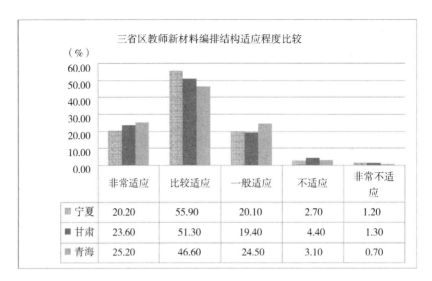

**图 3—9　三省（区）教师新教材编排结构适应程度比较**

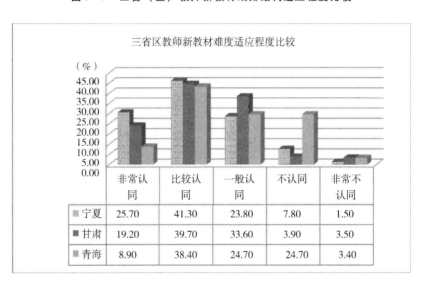

**图 3—10　三省（区）教师新教材难度适应程度比较**

表 3—14　　　　　三省（区）教师对新教材总体适应状况分析

| 新教材内容 | 宁夏（M） | 甘肃（M） | 青海（M） | F | sig |
|---|---|---|---|---|---|
| 新教材理念 | 2.09 | 2.09 | 2.08 | 0.03 | 0.97 |
| 新教材编排 | 3.37 | 3.53 | 2.93 | 22.94 | 0.00** |
| 教材内容量 | 3.72 | 3.69 | 3.23 | 19.29 | 0.00** |

续表

| 新教材内容 | 宁夏（M） | 甘肃（M） | 青海（M） | F | sig |
|---|---|---|---|---|---|
| 课后练习 | 3.75 | 3.64 | 3.08 | 28.91 | 0.00** |
| 课程资源匹配 | 3.56 | 3.66 | 3.42 | 3.60 | 0.03* |
| 教材难易度 | 3.82 | 3.67 | 3.25 | 23.42 | 0.00** |

注：* $p < 0.05$；** $p < 0.01$。

表3—14 中新教材理念适应上，三省（区）教师适应具有一致性，即新教材能够联系实际生活，促进学生能力发展；教师对新教材编排、教材内容量、实际操作难度、课程资源匹配以及教材的难度上存在显著差异。具体来说，青海教师认为新教材编排结构合理、内容能够联系实际，教材难度适中，对新教材比较适应。宁夏、甘肃老师多认为，新教材编写的水平不高，内容量较多，难度大，为教师教学带来一定问题，适应状况不理想。大部分农村中小学教师认为新课程结构编排上应注重不同层次学生，尤其是中、下水平学生的接受能力。因而新教材更适合优秀学生学习水平与能力（见表3—15）。

表3—15 三省（区）教师对"新课程更适合优秀学生"的认识与评价

（单位：%）

| 年龄 | 省区 | 非常符合 | 比较符合 | 一般符合 | 不符合 | 非常不符合 |
|---|---|---|---|---|---|---|
| 25岁以下 | 宁夏 | 33.3 | 53.3 | 13.3 | 0.0 | |
| | 甘肃 | 27.9 | 30.2 | 32.6 | 9.3 | |
| | 青海 | 22.2 | 22.2 | 55.6 | 0.0 | |
| 25—35岁 | 宁夏 | 27.6 | 42.1 | 22.4 | 6.6 | 1.3 |
| | 甘肃 | 33.0 | 36.8 | 23.6 | 6.6 | |
| | 青海 | 21.4 | 24.3 | 20.0 | 34.3 | 0.0 |
| 36—45岁 | 宁夏 | 38.5 | 38.5 | 15.4 | 7.7 | 0.0 |
| | 甘肃 | 21.0 | 46.8 | 21.0 | 3.2 | 8.1 |
| | 青海 | 22.7 | 33.6 | 23.6 | 19.1 | 0.9 |
| 46岁以上 | 宁夏 | 40.0 | 46.0 | 4.0 | 10.0 | 0.0 |
| | 甘肃 | 22.2 | 50.0 | 27.8 | 0.0 | 0.0 |
| | 青海 | 26.2 | 42.7 | 13.6 | 15.5 | 1.9 |

就不同学科适应状况来说，以英语、语文、数学分析为例（这三个学科教师人数最多），在涉及"您认为课改以来，您教学使用的新教材还有哪些问题或不足"，见表3—16，三学科教师认为新教材存在的突出问题是教材中一些实践活动难以操作，甘肃地区语文、宁夏数学教师对此均表示认同。语文、数学教师认为教材中尤其是课后练习中一些案例，与农村学生知识、生活经验距离太远需要教师花费很大时间精力为学生讲解，致使教师教的负担与学生学的负担无形中加大。

表3—16　　　三省（区）不同学科教师对于新教材适应评价　　　（单位:%）

| 新教材的评价 | 任教学科 | 省区 | 非常符合 | 比较符合 | 一般符合 | 不符合 | 非常不符合 |
|---|---|---|---|---|---|---|---|
| 实践活动难操作 | 语文 | 宁夏 | 32.0 | 36.0 | 18.7 | 13.3 | 0.0 |
| | | 甘肃 | 13.7 | 56.2 | 26.0 | 2.7 | 1.4 |
| | | 青海 | 13.7 | 25.5 | 26.5 | 21.6 | 12.7 |
| | 数学 | 宁夏 | 17.5 | 50.9 | 24.6 | 3.5 | 3.5 |
| | | 甘肃 | 17.2 | 44.8 | 24.1 | 8.6 | 5.2 |
| | | 青海 | 13.3 | 34.4 | 21.1 | 22.2 | 8.9 |
| | 英语 | 宁夏 | 31.8 | 31.8 | 27.3 | 4.5 | 4.5 |
| | | 甘肃 | 20.6 | 29.4 | 29.4 | 8.8 | 11.8 |
| | | 青海 | 6.4 | 23.4 | 23.4 | 25.5 | 21.3 |
| 部分案例不好应用 | 语文 | 宁夏 | 18.7 | 48.0 | 20.0 | 13.3 | 0.0 |
| | | 甘肃 | 8.2 | 53.4 | 30.1 | 4.1 | 4.1 |
| | | 青海 | 16.7 | 19.6 | 32.4 | 23.5 | 6.9 |
| | 数学 | 宁夏 | 21.1 | 50.9 | 24.6 | 0.0 | 3.5 |
| | | 甘肃 | 13.8 | 44.8 | 27.6 | 6.9 | 5.2 |
| | | 青海 | 13.3 | 36.7 | 24.4 | 24.4 | 1.1 |
| | 英语 | 宁夏 | 22.7 | 45.5 | 27.3 | 4.5 | 0.0 |
| | | 甘肃 | 20.6 | 38.2 | 26.5 | 14.7 | 0.0 |
| | | 青海 | 10.6 | 21.3 | 25.5 | 38.3 | 4.3 |

研究者：课改以来，新教材的使用中，您认为存在哪些不足？

甘肃 Z 市 X 校扎西老师：怎么说呢，在我们少数民族地区，人教版教材内容上还是比较深，偏难了，我们这里藏区村小和教学点仅有 30% 教师能适应新教材的教学；教师是这样，学生也是这样（基础差），离新课程的要求很大距离，这种距离在一段时间内没办法（赶上）。我们这里的教育现实、追求一样的标准不仅不合理，更不切合实际，结果就是达不到标准和要求。

研究者：您对目前使用的教材还有哪些需要改进的问题，谈谈您的建议与看法。

我们这里缺乏适合我们当地实际的教材，没有人力与资金保障，所以还是要用人教版教材，权威嘛，尽管这样，但教材编写也得考虑农村地区的现实啊。

第一，对小学来说，教科书本身的生动有趣就是一个重要指标，教材有趣味，不仅配插图，更在于内容的选材。语文课本内容的选择考虑其思想性的同时，更应该考虑适合农村孩子发展特点的生动、活泼的内容。思想品德课应多编入适合不同年级学生特点的案例，避免空洞的理论说教。再有，课本中难度较大、情节较多的内容也都是农村学生不能理解和想象的，对这些内容的确应该增加插图才能让学生清楚了解。教师用书也要加强教学的指导。另外，语文教材编排次序乱没有阶梯性，例如：记叙文、说明文、议论文七年级到九年级都有，这样只能让学生了解表皮，不能很好地掌握，更不利于写作，应该相对集中学习。

第二，汉语拼音与识字量是我们这里低年级语文教学中的难题，比如藏族语音系统和汉语语音系统有较大的区别，汉语拼音很难过关，怎样让我们民族地区学生比较顺利地度过汉语语言关，需要教材的编写者重视。

（摘自 2014 年 6 月 10 日教师"访谈记录"）

也有教师谈道：数学教材系统性差，例如函数，七年级到九年级都出现，知识很零碎，七年级讲了直角坐标系，八年级讲了有关知识，九年级才讲函数，由于时间长，跨度大，前面学的早忘了，给九年级讲解造成难度，老师们一致认为应集中一两章学习，这样显得连贯便于掌握。另外，就是例题太少，概念少，只是说理且省略例题过程，让学生无法理解。举例来说，证明题，上例题没有详细的证明过程，只是说理过程，学生无样可依，无法自主学习、复习，给作业、学习、复习造成了难度，有些知识不讲基础，直接引用例如一元一次不等式。课本知识学习与课后练习形成反差太大，前面例题较简单且不具备典型性，后面习题太难使思维无依据。

英语学科，其教材语法连贯性、系统性较差，如：形容词和副词比较等级的构成与用法，应该是一个完整的知识体系，却分成两块，前半学期是比较级，后半学期是最高级，中间间隔太长，又有大量其他知识的插入，不利于学生形成知识体系，类似的例子还有很多；语法知识散乱，星星点点，这点还没有讲完，那一点又出现了，有些知识习题和考试时出现，课本根本无讲解；教材选用的部分课文难度过大，缺少趣味性。且课后辅加自读材料难度过大，量过大。

（摘自 2014 年 6 月 10 日教师座谈）

（4）农村中小学不同特征（属性）教师新教材适应过程"聚焦"课改第 1—3 年。在新教材理念适应上，见图 3—11。①课改第 1 年，甘肃青年教师（25—35 岁）适应状态高于宁夏、青海教师，其中青海青年教师适应比例最低；②课改后 2—3 年，是三省（区）不同年龄教师段适应高峰期：宁夏中年教师（35—46 岁）适应程度最高，青海青年教师（25—35 岁）适应最好，甘肃青年、中年及老年教师对于新教材理念的适应均低于宁夏、青海地区教师，相较国家级课改实验区，甘肃教师对新教材适应正处于调试当中，适应状态总体较低；③课改后 6—10 年，各个年龄段教师对新教材理念适应比例持续走低，表明 90% 以上教师已基本适应。

总体上，课改实施以来 36—45 岁中青年教师对新教材理念适应过程最好，适应也最快，其次为 25—36 岁青年教师，46 岁以上老年教师适应较慢。

民族上，见图 3—12，①课改第 1 年，不同民族教师对于新教材理念适应状态起伏不定，即"适应不稳定"状态：甘肃回族教师新教材理念适应人数比例最高，青海回族教师处适应最低谷，宁夏回族、汉族教师适

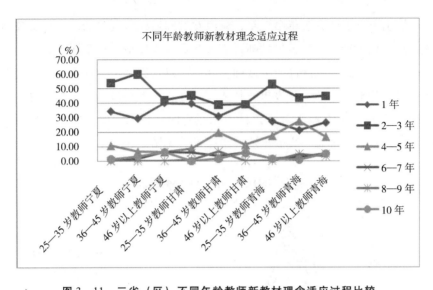

**图 3—11  三省 (区) 不同年龄教师新教材理念适应过程比较**

应过程差别不显著。青海汉族教师适应比例最低；②课改 2—3 年适应高峰期，青海回族教师适应人数比例最高 (65.6%)，甘肃回族比例最低；③课改后 4—5 年，教师适应比例逐渐下降，青海汉族教师适应比例最高，宁夏汉族教师适应最低；④课改后 6—10 年，适应比例降至最低，表明教师新教材理念适应良好。

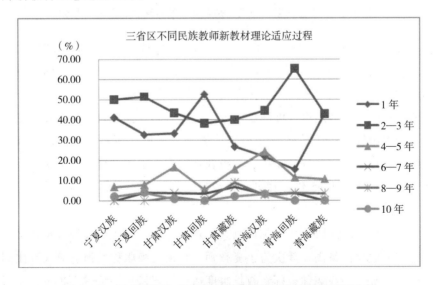

**图 3—12  三省 (区) 不同民族教师新教材理念适应过程比较**

性别上，①课程改革第1年，青海女教师适应程度最低，宁夏女教师适应程度相对较高，甘肃男教师适应人数适应程度最高；②课改2—3年，总体上女教师适应程度高于男教师，其中宁夏女教师适应程度最高，其次为青海、甘肃女教师，甘肃男教师适应程度从第1年最高值直线下滑；③课程改革4—5年是教师对新教材理念适应的转折期，此后的6—10年至今，教师新教材理念一直处于适应平缓期，见图3—13。

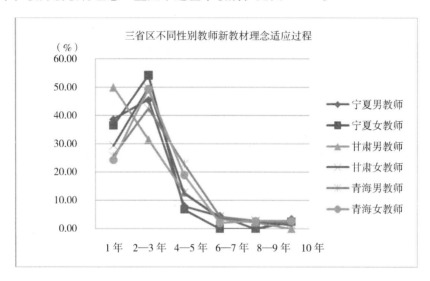

**图3—13　三省（区）不同性别教师新教材理念适应过程比较**

职称上，见图3—14，三省（区）教师随着课改推进在教材适应上处于上下波动、"起伏不定"的适应状态。课改1—3年是教师适应高峰期，随后6—10年，教师适应人数比例逐渐下降。①课改第1年，三级职称教师适应较快，总体适应程度高于二级、一级教师，其次为高级教师。二级与一级教师较慢；②课改2—3年，宁夏三级教师适应过程最快，高级教师适应较慢。甘肃、青海二级、一级教师适应处于较平缓、稳定状态，起伏不大；③课改4—5年，甘肃、青海高级教师适应人数比例较高，教师适应逐渐加快。

教龄上，见图3—15，①课改第1年，青海三级职称教师对新教材难度适应人数比例最高，其次为宁夏教师，甘肃三级职称教师适应人数比例最低，二级、一级职称教师新教材难度适应处于稳步平缓适应状态；②课改2—3年是三省区教师适应比例最高的时段，也是适应的关键期，甘肃

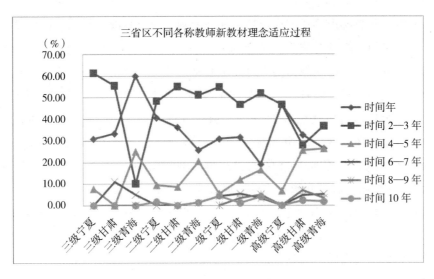

图3—14　三省（区）不同职称教师新教材理念适应过程比较

三级职称教师适应比例最高，青海三级职称教师适应比例最低，青海二级职称、甘肃高级职称教师此阶段适应人数比例较低。三省（区）一级职称教师适应人数比例较高；③课改4—10年间，不同职称教师适应比例逐渐走低，基本已达到良好适应。

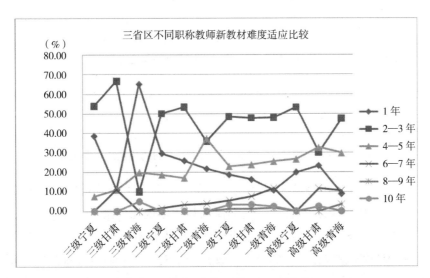

图3—15　三省（区）不同教龄教师新教材难度适应过程比较

民族与职称上，见图3—16，图3—17，课改1—3年为不同民族、职称教师新教材内容适应高峰期，期间教师适应过程波动较大，此阶段宁夏、甘肃回族教师与青海藏族教师适应比例最高，且进程最快。2—3年间，宁夏一级、高级教师与青海高级教师适应比例最高，适应较快。职称上，课改第1年，三省（区）各职称教师新教材难度适应比例参差不齐，青海三级教师适应比例为65%，一级教师为10%；课改2—3年间，宁夏、甘肃地区三级、二级职称教师新教材难度适应比例均至50%以上，而青海三级、二级职称教师适应比例最低，分别为10%、35%，三省（区）一级职称教师新教材难度适应较均衡稳定，宁夏、青海高级职称教师新教材难度适应均达至47%以上，甘肃较低仅为30.2%；4—5年间，三省（区）一级、高级职称教师适应比例较第1年增高，其后6—10年，适应比例逐渐走低，均达至适应。

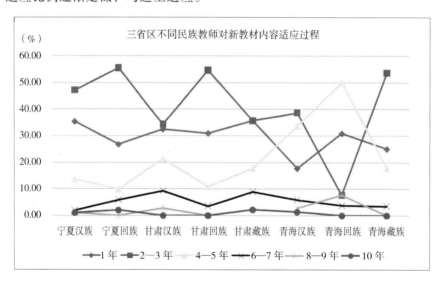

图3—16 三省（区）不同民族教师新教材内容适应过程比较

见表3—12，①新教材内容上，课程改革第1年，宁夏汉族教师与甘肃藏族教师适应比例较高，而青海汉族教师适应比例最低。课改2—3年时，宁夏回族与甘肃回族教师适应比例大幅度攀升，均达55%。此阶段，青海藏族教师适应比例（53.6%）仅次于宁夏、甘肃回族教师适应比例。第4—5年青海回族教师适应比例回升为50%。随着时间推移，适应比例逐渐降低。②在新教材编排结构适应上，宁夏汉族、回族教师适应趋于一致，课改第1年适应比例较高；2—3年，适应比例为50%，基本达到对

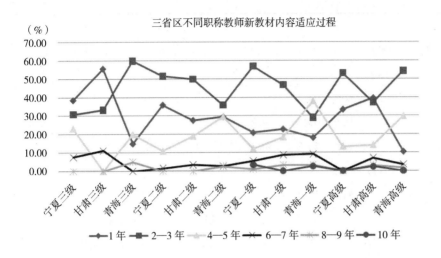

**图3—17　三省（区）不同职称教师新教材内容适应过程比较**

新教材适应。甘肃汉族、回族教师课改第1年适应比例都较高，但藏族教师适应比例非常低，随后2—3年，藏族教师适应比例达到62.2%；青海回族教师课改第1年适应人数远超于汉族、藏族教师的比例人数，表现出强劲适应势头。课改2—5年，回族教师适应比例均在15%。此阶段，汉族、藏族教师适应比例逐渐上升达40%以上，整体上青海回族教师适应程度高于汉族、藏族。③新教材难度适应上，课改1—3年间，宁夏汉族适应比例高于回族，甘肃汉族、回族教师适应比例均高于藏族教师，青海回族、藏族教师均高于汉族教师，不同民族教师课改第1年适应过程起伏较大。课改2—3年，不同民族教师适应比例继续上升，基本上适应人数比例已达到50%—60%。此后6—10年至今，教师对新教材难度适应比例持续降低，已经基本完全适应。

表3—17　　三省（区）不同民族教师对新教材适应过程比较　　（单位:%）

| 新教材 | 所在地区 | 民族 | 适应过程 | | | | | |
| --- | --- | --- | --- | --- | --- | --- | --- | --- |
| | | | 1年 | 2—3年 | 4—5年 | 6—7年 | 8—9年 | 10年 |
| 理念 | 宁夏 | 汉族 | 41.2 | 50.0 | 6.9 | 0.0 | 0.0 | 2.0 |
| | | 回族 | 32.7 | 51.5 | 7.9 | 4.0 | 0.0 | 4.0 |

| 新教材 | 所在地区 | 民族 | 适应过程 | | | | | |
|---|---|---|---|---|---|---|---|---|
| | | | 1 年 | 2—3 年 | 4—5 年 | 6—7 年 | 8—9 年 | 10 年 |
| 内容 | 甘肃 | 汉族 | 33.3 | 43.5 | 16.7 | 3.7 | 1.9 | 0.9 |
| | | 回族 | 52.7 | 38.2 | 5.5 | 3.6 | 0.0 | 0.0 |
| | | 藏族 | 26.7 | 40.0 | 15.6 | 6.7 | 8.9 | 2.2 |
| | 青海 | 汉族 | 21.8 | 44.5 | 24.5 | 3.2 | 2.7 | 3.2 |
| | | 回族 | 15.4 | 65.4 | 11.5 | 3.8 | 3.8 | 0.0 |
| | | 藏族 | 42.9 | 42.9 | 10.7 | 0.0 | 3.6 | 0.0 |
| | 宁夏 | 汉族 | 35.3 | 47.1 | 13.7 | 2.0 | 1.0 | 1.0 |
| | | 回族 | 26.7 | 55.4 | 9.9 | 5.9 | 0.0 | 2.0 |
| 编排结构 | 甘肃 | 汉族 | 32.4 | 34.3 | 21.3 | 9.3 | 2.8 | 0.0 |
| | | 回族 | 30.9 | 54.5 | 10.9 | 3.6 | 0.0 | 0.0 |
| | | 藏族 | 35.6 | 35.6 | 17.8 | 8.9 | | 2.2 |
| | 青海 | 汉族 | 17.7 | 38.6 | 33.6 | 5.9 | 2.7 | 1.4 |
| | | 回族 | 30.8 | 7.7 | 50.0 | 3.8 | 7.7 | 0.0 |
| | | 藏族 | 25.0 | 53.6 | 17.9 | 3.6 | | 0.0 |
| | 宁夏 | 汉族 | 31.4 | 52.9 | 11.8 | 2.0 | 1.0 | 1.0 |
| | | 回族 | 28.7 | 49.5 | 11.9 | 7.9 | 0.0 | 2.0 |
| 难易度 | 甘肃 | 汉族 | 23.1 | 47.2 | 20.4 | 6.5 | 2.8 | 0.0 |
| | | 回族 | 32.7 | 49.1 | 14.5 | 3.6 | 0.0 | 0.0 |
| | | 藏族 | 8.9 | 62.2 | 20.0 | 6.7 | | 2.2 |
| | 青海 | 汉族 | 18.6 | 42.7 | 26.8 | 8.2 | 2.3 | 1.4 |
| | | 回族 | 57.7 | 15.4 | 15.4 | 7.7 | 3.8 | 0.0 |
| | | 藏族 | 28.6 | 46.4 | 17.9 | 7.1 | | 0.0 |
| | 宁夏 | 汉族 | 33.3 | 41.2 | 21.6 | 2.0 | 1.0 | 1.0 |
| | | 回族 | 19.8 | 56.4 | 15.8 | 5.9 | 0.0 | 2.0 |
| | 甘肃 | 汉族 | 23.1 | 46.3 | 19.4 | 8.3 | 0.9 | 1.9 |

续表

| 新教材 | 所在地区 | 民族 | 适应过程 | | | | | |
|---|---|---|---|---|---|---|---|---|
| | | | 1 年 | 2—3 年 | 4—5 年 | 6—7 年 | 8—9 年 | 10 年 |
| | | 回族 | 29.1 | 49.1 | 16.4 | 3.6 | 0.0 | 1.8 |
| | | 藏族 | 8.9 | 37.8 | 46.7 | 4.4 | | 2.2 |
| | 青海 | 汉族 | 12.7 | 43.6 | 31.4 | 9.1 | 1.8 | 1.4 |
| | | 回族 | 23.1 | 38.5 | 26.9 | 3.8 | 3.8 | 3.8 |
| | | 藏族 | 32.1 | 46.4 | 17.9 | 3.6 | | 0.0 |

年龄上，三省（区）不同年龄段教师对新教材适应快慢不一，见附录 4，即表 3—18。总体趋势：课改第 1 年，三省（区）25 岁以下教师对新教材理念、内容、结构适应最快，且适应人数比例在各年龄段中最高。课改第 2—3 年，中青年（35—46 岁）教师对教材难度适应增高较明显，除甘肃地区此年龄段教师适应比例为 29%，其余教师此阶段适应比例均达至 40% 以上，适应状况较好，46 岁以上老教师课改各时间段适应比例较均衡稳定。

不同年龄段教师新教材难度适应过程，见图 3—18。①课改 2—3 年，三省（区）不同教龄适应人数比例最高，其中（36—45 岁）中青年、甘肃老教师（46 岁以上）适应人数比例较高。②课改 6—9 年，新教材难度适应比例逐渐趋于平缓，表明教师适应性逐渐增强。

性别上，表 3—19 中，三省（区）教师对于新教材难度适应总体上趋于一致，随着课改推进，男、女教师适应比例由高逐渐降低。①课改 1 年，教师新教材难度适应过渡期，其中青海女教师适应比例最低，宁夏女教师适应比例较高。男教师适应比例居中，无明显差异。②课改 2—3 年，教师适应高峰时期，宁夏、青海男教师分别处适应的最高与最低状态；课改 4—5 年，教师适应比例逐渐下降。③6—10 年至今，男、女教师新教材难度适应稳定期。

不同职称教师适应过程上（见附录 5）在新教材理念、教材编排、难易度上，课改第 1 年教师，青海三级职称教师适应率最高，达到 60%，三省区其他职称教师第 1 年适应接近 30%，其中甘肃三级职称新教材内

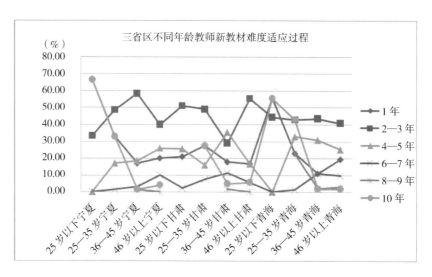

**图 3—18　三省（区）不同年龄教师新教材难度适应过程比较**

容适应比例最低（11.1%）；课改 2—3 年是教师适应高峰期，总体上二级、一级职称教师适应较快，高级职称适应次之。正高级教师因为人数原本非常少，均在课改 1—3 年达到完全适应比例。无论职称高或低的教师，对新教材适应均为课改后的 2—3 年或者 4—5 年，此后不同职称教师对新教材达到完全适应。

表 3—18　　三省（区）不同性别教师新教材适应过程比较　　　　（单位：%）

| 新教材 | 所在地区 | 性别 | 适应过程 | | | | | |
| | | | 1 年 | 2—3 年 | 4—5 年 | 6—7 年 | 8—9 年 | 10 年 |
| --- | --- | --- | --- | --- | --- | --- | --- | --- |
| 理念 | 宁夏 | 男 | 38.6 | 45.5 | 8.0 | 4.5 | 0.0 | 3.4 |
| | | 女 | 36.4 | 54.2 | 6.8 | 0.0 | 0.0 | 2.5 |
| | 甘肃 | 男 | 50.0 | 31.4 | 12.8 | 3.5 | 2.3 | 0.0 |
| | | 女 | 29.4 | 49.7 | 12.6 | 4.2 | 2.8 | 1.4 |
| | 青海 | 男 | 25.7 | 42.4 | 22.9 | 4.2 | 2.8 | 2.1 |
| | | 女 | 24.3 | 49.3 | 18.9 | 2.0 | 2.7 | 2.7 |
| 内容 | 宁夏 | 男 | 27.3 | 48.9 | 14.8 | 6.8 | 0.0 | 2.3 |
| | | 女 | 34.7 | 52.5 | 9.3 | 1.7 | 0.8 | 0.8 |

| 新教材 | 所在地区 | 性别 | 适应过程 | | | | | |
| --- | --- | --- | --- | --- | --- | --- | --- | --- |
| | | | 1 年 | 2—3 年 | 4—5 年 | 6—7 年 | 8—9 年 | 10 年 |
| 编排结构 | 甘肃 | 男 | 32.6 | 39.5 | 15.1 | 10.5 | 2.3 | 0.0 |
| | | 女 | 30.8 | 43.4 | 19.6 | 4.9 | 0.7 | 0.7 |
| | 青海 | 男 | 20.1 | 42.4 | 30.6 | 4.9 | 1.4 | 0.7 |
| | | 女 | 20.9 | 34.5 | 33.8 | 5.4 | 4.1 | 1.4 |
| | 宁夏 | 男 | 25.0 | 51.1 | 10.2 | 11.4 | 0.0 | 2.3 |
| | | 女 | 34.7 | 50.8 | 12.7 | 0.0 | 0.8 | 0.8 |
| 难易度 | 甘肃 | 男 | 22.1 | 47.7 | 22.1 | 5.8 | 2.3 | 0.0 |
| | | 女 | 23.1 | 51.7 | 18.9 | 4.9 | 0.7 | 0.7 |
| | 青海 | 男 | 25.7 | 37.5 | 27.1 | 8.3 | 0.7 | 0.7 |
| | | 女 | 25.7 | 41.2 | 21.6 | 6.8 | 3.4 | 1.4 |
| | 宁夏 | 男 | 21.6 | 50.0 | 18.2 | 8.0 | 0.0 | 2.3 |
| | | 女 | 31.4 | 47.5 | 18.6 | 0.8 | 0.8 | 0.8 |
| | 甘肃 | 男 | 20.9 | 44.2 | 23.3 | 8.1 | 0.0 | 3.5 |
| | | 女 | 23.8 | 44.8 | 23.1 | 7.0 | 0.7 | 0.7 |
| | 青海 | 男 | 25.0 | 38.9 | 26.4 | 7.6 | 1.4 | 0.7 |
| | | 女 | 11.5 | 45.9 | 30.4 | 8.1 | 2.0 | 2.0 |

研究者：能谈谈您经历课改十多年的一些变化与感受吗，课改以后您在备课、教学方面有哪些变化？

宁夏 W 市 X 学校陈教师：新课程刚刚开始时，我们的课堂一定要运用小组讨论，多媒体也要用，反正就是"花哨"的那种，这样进行了一两年吧。我们物理课上课就要探究……其实吧，不见得所有的课都是那样的，但是一来听课，人家的评价就是你的课堂缺少学生活动啊这些的，一旦老师讲多了，他的课就是比较差的课，教研员自己评完了也都说实际上感觉根本不是那么客观，不一定所有课都得这样上，但是他对一堂课的评价，有评课的标准，一项一项的，你没有那项就扣分，就是那样。

（摘自 2014 年 4 月 28 日教师"访谈记录"）

青海 H 县 X 学校拉姆教师：我的课堂开始的时候乱，很不好掌控，慢慢地时间长了，就能感觉学生有收获，也许不同人的标准也不一样吧，究竟怎么改，改到什么程度算是合适的，也没有一个标准界限，但自己感觉学生对这样的教学和学习方式挺适应的，慢慢地习惯了，到了某个环节，也就自然而然会运用这样的方式了。

（摘自 2014 年 6 月 23 日教师"访谈记录"）

宁夏 W 市 X 学校陈老师：开始的时候感觉新鲜、过激，我们都去过区上听课。那个时期，主要就是看哪个老师能创新，有新东西出来，第一堂课大家发言，老师都没看着老师说话，就是学生。正常教学不太可能那样，准备时间得多少啊！但是现在看来，尽管新课改的要求可能不是那么合适，但是它的方向、趋势还是很好啊。现在来看，老师在课堂不能讲得太多，应该减少，还是要学生动起来，因为教材确实变了嘛。我觉得自己年轻，还是能跟得上（新课改的要求），说到最后，学生也还不错，那届学生成绩还是突出，平时成绩也不错。

（摘自 2014 年 4 月 28 日教师"访谈记录"）

**（三）西北民族地区农村中小学教师对学校教学管理及制度适应状况**

制度的构建与创新是课程改革在学校层面可持续推进的根本保障。由于课程结构的变化，各个学校教学管理方式也要随之逐步创新和完善才能更好地适应新课程改革的要求。创新和完善各个中小学校管理制度，才是实现教师专业成长与学校可持续发展的原动力。

1. 农村中小学校学时学制管理不平衡致"主科教师与副科教师"适应程度不一

基础学校的各门学科课程应当是等价的，无所谓主次轻重。农村中小学通则即按照课时量分配的多寡来决定某门课程是否是"主科"或"副科"。学科课程所占时间是说明课程是否平衡的常用变量，同时，"主科"

与"副科"的区分也是以是否列入中考、高考的科目来定夺。时间是用以验证课程平衡的主要特征，选取哪些内容、分配给各科多少时间，是反映决策者价值观的主要标志。在一些农村学校，语文、数学、英语、科学等所谓的"主科"被排在上午，而生物、体育与健康、美术、信息技术等所谓的"次科"及其地方课程与校本课程一并被排在下午。这样的排课通则反映出当前农村中小学课程实施者的一种价值取向。总之，无论是从每门学科时间分配来看还是从一门学科的授课时间所处位置看，农村中小学在课程实施中均存在一定程度不平衡。作为"主科"的语文、数学、英语的教师课程改革的适应上显现出了不同于其他所谓"副科"的优势。整体上，"主科"教师在承担公开课、观摩课、学校教研活动以及送课指导和教师培训中都占据绝对优势，适应新课程的变化明显优于其他音乐、美术、科学等学科教师。

　　研究者：刚才看了您学校一至九年级的课程表，感觉学校课程开设都能开齐，但您也谈到目前学校存在教师学科缺编，那学校是怎么保证这些课的效果？

　　宁夏 W 市 X 学校鲁主任：其实在我们学校，课程开设的已经是好的了，其他学校还不如我们，通常我们也是对"主科"（语文、数学、英语）开设得多一些，"次科"要缩减一些，通常都是音乐、美术、信息技术这些课，也上不了多少（节），像我们这样农村学校小学基本每个教师都两个课头，中学教师能稍微好一些，但是还是"主科"占优势。

　　研究者："次科"不上时一般都用来做啥？

　　宁夏 W 市 X 学校鲁主任：当然是用来补习语文、数学、英语这些主的了，主科老师也高兴得很，抢着占。

　　　　　　　　　　　　　　（摘自 2014 年 4 月 30 日教师"访谈记录"）

农村中小学校"应试教育"的信念与机制也在不断地被强化，教师们将时间和精力更多地放在语文、数学、英语等所谓"主科"上，生物、音乐、美术、信息技术等"副科"通常被作为"应景课"，被用来补语文、数学、英语等"主科"，因而这些"副科"往往被当作"鸡肋"，食之无味，弃之可惜。而与升学考试相关的"主科"不仅开齐、开足，而且无一例外地加课时。以下是在研究中与学生交谈时，收集到学生自己的"课程表"，从中不难发现目前农村学校课程开设中的问题，见如下图片。三省（区）中同样为三年级，宁夏、甘肃、青海学生课程表中，语文、数学、英语仍然是作为"主科"排在上午，地方课程与校本课程作为"点缀"被安排在下午，宁夏与青海地区小学能基本体现出课程设置较之以往的变化，但甘肃 Z 市某小学三年级课程表上，甚至看不到地方课程与校本课程的设置安排，如果说综合实践活动课程与校本课程作为点缀在公开课或观摩课上仍然是一门正式的课程外，在西北农村偏远中小学校，综合实践活动课程仍然是一些学校停留在课程表上而实际根本无法开设的一门课程。

**青海 H 县某中学七年级课程表**　　**宁夏 W 市某中学七年级课程表**

青海 H 县 X 学校雷校长：学校没有开足课程的原因在于，当然，也不一定就是课程的原因，这一门新课程，需要把它开足，需要涉及教师的问题，像我们学校，那就涉及编制的问题，而编制就有人事部门的问题。还有，要涉及课时安排的问题，那么课时安排又要涉及整个课程的统筹问题，就不仅仅是课程的问题了，如果我们学校能把国家规定的课程全部开足的话，校本课程，综合实践，哪个时间都不够，一周 5 天的时间都不够……学校本身也有很复杂的事情，教育局要来（检查），其他部门的各个都要来检查。

（摘自 2014 年 5 月 16 日校长"访谈记录"）

宁夏 W 市 X 学校鲁主任：目前课程改革中存在的主要问题仍然是师资问题，综合课程的开设，在中学将物理、化学、数学合并为综合课，全国也只有五个地区这样做，当时我们采用集体备课，这种综合课对教师的要求非常高，还有艺术课，也是如此，但是等到 2007 年以后，我们的马××局长退下来以后，课改逐渐平息下来，因为高考改革仍然没有改革，仍然是物理、化学、数学的分科，而且要求还难，这就不得不要求老师们深入讲解把握知识点，所以我们不得不有分课教学，为了高考。我认为综合实践活动课程和校本课程的开设很好，但是人们的思想认识有问题，实践中，人们无限期地向综合实践活动课程增加课程内容，但是未曾增加过编制，即新型师资，师资配备仍然是问题：表现在数量不能满足，专业不能满足的问题。

在校本课程的开设上：以前我们叫活动课，但是活动课随意性很大，校本课程比起活动课有规范，有特色，比如：×回民小学"孝道教育"；韩渠学校"生态环境教育"（有校本教材为例）。应该说，校本课程开设理念很好，就是为了培养学生的兴趣爱好，综合素质的提高，但是校本课程不受重视，非考试科目，人的行动总是受思想支配。在校本课程的开发中，教师精力有限，教师想开发课程，但是原来的工作负担并没有减轻，有热情，有精力能开发小本课程的教师应该减轻负担，但是没有，（教师）肯定没有积极性。同时学校不重视也是重要原因。

（摘自 2014 年 5 月 16 日教师"访谈记录"）

《基础教育课程改革纲要（试行）》提出：从小学至高中设置综合实践活动课程并作为必修课程，其内容主要包括：信息技术教学、研究性学习、社区服务与社会实践以及劳动与技术教育。课程实施 12 年间，这些课程的开设情况并不尽如人意，信息技术、研究性学习、综合实践活动课程、音乐、美术等各个学科教师的数量和业务水平均达不到要求，体现在综合实践活动课程的开设上，因为缺乏相应的师资，课程的开设难以为继。

目前，农村学校综合实践活动实施的总体状况：小学阶段开设比较好（无升学压力），中学阶段推进困难重重。国家规定综合实践活动平均每周达到 3 课时，在学生问卷中"你们学校的综合实践活动课程"每周课时是几节？调查表明，见图 3—19，宁夏 21.2% 学生表示每周能开到 1 课时，青海 26.4%、甘肃最低仅为 14.3%。每 2 周能上 1 节课比例分别为：宁夏 33.2%，青海 30.1%，甘肃 19.5%；在仅有的课时中，改上其他课的人数比例最高，宁夏 34.7% 学生表示这门课一般情况下被改上其他课程，甘肃 40%，青海为 35.3%；甘肃近 20.5% 学生表示没有固定课时开课，5.7% 学生表示不上这门课，且初中比小学更明显。可见，综合实践活动只在部分学校、部分班级中开设，且多停留在公开课或观摩课层面，在农村中小学校，综合实践活动课程难以为继，处于落空状态。

在西北农村地区，除课程本身开设存在的问题外，缺少能够执教综合课程的教师是根源所在，当前我国传统教师教育模式培养教师无法适应综合课程的教学要求，教师执教难度大，令教师深感手足无措，这在农村地区表现更突出。现有教师培养、培训模式以培养学科型教师为主体，如果这种教师培养、培训模式不改变，在某种程度上将严重制约今后课程改革的推进与深化。

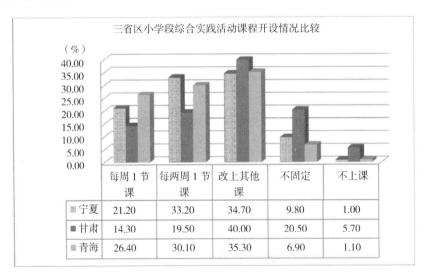

图 3—19 三省（区）小学段综合实践活动课程开设情况

| | 每周1节课 | 每两周1节课 | 改上其他课 | 不固定 | 不上课 |
|---|---|---|---|---|---|
| 宁夏 | 21.20 | 33.20 | 34.70 | 9.80 | 1.00 |
| 甘肃 | 14.30 | 19.50 | 40.00 | 20.50 | 5.70 |
| 青海 | 26.40 | 30.10 | 35.30 | 6.90 | 1.10 |

**2. 农村中小学校本教研制度逐渐获教师认可**

将以校为本的教研形式制度化，既是新课程顺利实施的重要保障，也是促进学校发展和教师成长的内在需要。目前，校本研修已经成为了广大农村中小学校的一项常规性制度，一线教师拥有了可持续发展的基本途径。校本研修核心是要改变教师在传统培训中所处的被动地位，突出教师的自主学习和专业发展。校本研修是深化课堂教学、提高教师专业水平、促进学生个性特长和综合素质发展的长效机制。

（1）校本教研常态化，中小学教师适应良好。作为新课程改革相适应的教研方式，校本教研已成为农村中小学教师基本的学习与专业发展方式。调研发现（见图3—20）目前农村学校校本研修的形式多种多样，从

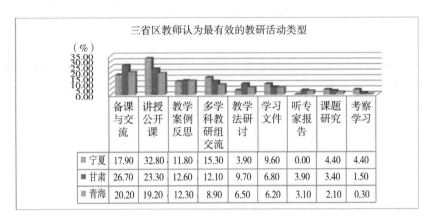

| | 备课与交流 | 讲授公开课 | 教学案例反思 | 多学科教研组交流 | 教学法研讨 | 学习文件 | 听专家报告 | 课题研究 | 考察学习 |
|---|---|---|---|---|---|---|---|---|---|
| 宁夏 | 17.90 | 32.80 | 11.80 | 15.30 | 3.90 | 9.60 | 0.00 | 4.40 | 4.40 |
| 甘肃 | 26.70 | 23.30 | 12.60 | 12.10 | 9.70 | 6.80 | 3.90 | 3.40 | 1.50 |
| 青海 | 20.20 | 19.20 | 12.30 | 8.90 | 6.50 | 6.20 | 3.10 | 2.10 | 0.30 |

**图3—20　三省（区）教师认为最有效教研活动**

教师的自我反思到集体的同伴互助，还有校内外专家的专业引领，内容也丰富多彩。与城市学校的校本研修，如学术沙龙、教师专业发展日、集体备课，学历进修、会议交流、专题报告、理论讲座、现场指导、专业咨询等相比，现阶段农村各个学校已经开展的教研活动中，公开课或者观摩课则是各个学校开展的教研活动的重要形式之一，其次是本校、本学科组进行的备课与说课等交流活动；还有同学科教师分别备课，然后集中备课时间，相互交流，相互启发；也有以骨干教师先行备课为主，在集中备课时间由全体教师进行探讨和评议等。教师对优秀教学案例进行反思与针对教师个人感兴趣课题研究也是学校教研活动的形式。课改以来，教师认为最有效的教研活动，宁夏32.8%教师认为公开课与观摩课是实效性较强的教研活动。在公开课与观摩课过程中，教师逐渐领会到自身对教育教学的理解，同时也丰富了学科知识，促使教师能够超越课堂的局限思考问题和行动。正是每次公开课讲授，使一部分教师得到了历练，成长为学校骨干

和学科带头人。甘肃 26.7% 教师认为通过与同事间备课交流的教研形式更能令教师受益。青海教师对上述两种教研活动认可度都较高。

　　宁夏 W 市 X 学校丁老师：课改最初，学校教研活动多是邀请专家讲座，那些来自区内外的专家、学者以及特级教师的教育教学理论的确给我们很大的精神震动，等回到自己课堂上，不到一周的时间就又绕回去了（实效性短）；外出考察学习是我们最想的，可是能轮到教师的有几个，都是学校领导出去，这些年稍微能好一些，有些骨干教师已经出去三四轮了，回来也和我们分享经验。（课改）刚开始时，我们经常要交反思笔记，通过听专家的讲座或者培训，自己的课堂教学，都要求我们写反思，开始是真的反思，后面就不行了，上面不检查。农村老师本来负担就重，哪有时间写反思。我还算是自觉的，每次上课，哪个知识点没有讲透彻，学生今天没听明白哪个问题，我都在心里思量一下（即反思）。2008 年、2009 年以后教研活动形式多了，有送课指导，要积极争取上公开课等，我被（领导）点名要上公开课，那时候，别人都不敢上，万一上砸了，怕承担（对学校声誉有损），自己当时觉得是一种荣誉，反反复复地磨课，请别的同事提意见，好在我们教研员和我比较熟，也给我了很多指导，最后课上得还不错，以后我又代表学校去了江苏等地进行教学竞赛，对我的帮助很大，外面专家评课细腻、到位，回来自己也反思课还有哪些缺陷不足，在自己课堂中尝试改变方式和思维，想着我怎么样让课堂变得活跃，出去看得多，听得多，人生追求都是大的变化，以前觉得当好一个老师就好了，现在觉得当个老师可以那么充实，原来我不善于表现自己，有这样一个平台我现在觉得自己还有这样的一面。逐渐地胆子就大了起来，觉得自己有了自信。现在的公开课，各个学校不是都在进行吗，比如这次"×区美丽教师技能大赛"，青年教师很多，应该让这些教师多历练，现在教研员点评，有些蜻蜓点水，只讲好的，（我们）那时教研员反馈问题一针见血，之前能为一节课设计好多内容，但是现在大不如前；其实一线老师参与点评很重要，否则对青年教师的提高不大，我们这个学区就杨××一个教研员，这么多学校，她一个人根本跑不过来，她现在也是忙啊，所以学校的教研活动只有依靠我们学科老师自觉地进行，否则还是花架子，实效性不大。

（摘自2014年3月28日教师"访谈记录"）

（2）农村中小学教师校本教研活动适应过程地区特点明显。三省（区）不同学科、民族教师表现出不同适应过程，见图3—21。语文、数学、英语教师对于教研活动适应，十年间总体上处于起伏不定的适应状态。①课改第1年，甘肃地区34.2%语文、29.4%英语、29.3%数学教师基本适应学校教研活动。源于2005年甘肃省Z市作为省级实验区进入课改，加之课程改革自上而下强势推进，财力、物力、人力保障较充足，一线教师适应状态较好。宁夏、青海各个学科教师适应过程人数比例非常低。②课改第2—3年，教研活动适应高峰期，三省区各学科教师适应人数比例不断增长，甘肃各个学科教师适应比例仍高于其他两省区。青海英语教师适应比例最低，教研活动不适应状态较明显。③课改4—7年，青海、宁夏地区学校教研活动逐渐升温，各个学校教研活动逐步常态化，且各个学科教研室都在逐渐建立和完善，教师适应过程较快。④8—10年至今，仍然有一小部分英语、语文学科教师对校本教研活动无法适应。

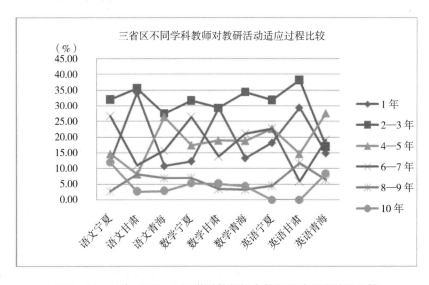

图3—21　三省（区）不同学科教师校本教研活动适应过程比较

三省（区）回族、汉族、藏族教师对于校本教研适应过程十年间上下波动幅度较大，见图3—22，①课改第1年，甘肃汉族、藏族、回族教师适应比例都较高，其中回族43.6%比例最高，宁夏、青海教师适应比例则非常低，青海回族教师第1年适应困难，人数比例为零。2—3年时适应比例达34.6%。此后，随着时间推移，适应人数比例缓慢下降。青海藏族教师适应状况较好，课改2—3年间达53.6%，此后4—5年降至17.9%。②课改第2—3年三省（区）各民族教师适应比例均接近30%以上，甘肃回族、青海藏族教师适应比例为43.6%与53.6%。③课改第4—7年间，不同民族教师仍然处于适应波动期，稳定性较差。课改第8—9年，甘肃藏族教师13.3%达到适应。

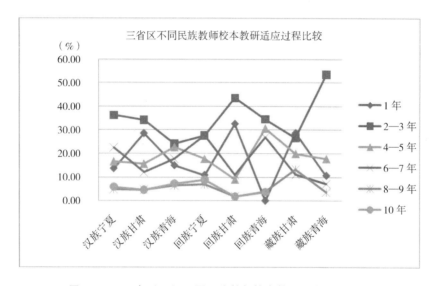

**图3—22　三省（区）不同民族教师校本教研适应过程比较**

不同年龄教师校本教研适应过程，见图3—23。25岁以下、46岁以上老教师处于适应两个极端，36—45岁中青年教师课改10年间校本教研活动的适应处于较稳定状态；25岁以下年轻教师优势在于思想观念开放，接受新事物速度较快，因此适应过程多集中课改2—3年与10年时间段，课改1—3年46岁以上老教师处于适应高峰期，教学经验丰富，公开课讲授、学科组交流等形式对于老教师驾轻就熟，适应人数比例较高。36—45岁教师课改10年间正是学校教研的中坚力量，教研活动不断探索，其适应过程呈现缓慢态势，起伏不大。

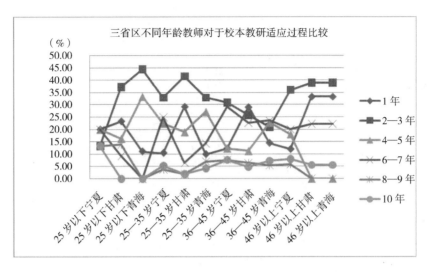

**图3—23　三省（区）不同年龄教师校本教研适应过程比较**

3. 农村中小学教师培训方式与内容多样且教师适应程度不一

自2001年新课程实施以来，各级政府、教育行政部门按照教育部有关新课程教师培训的政策要求，制定了切合本地区实际的加强教师队伍建设的相关文件，从政策上保证了教师培训工作的顺利完成。农村中小学校教师培训的基点在于促进教师专业发展，提高课堂教学的实效性，这也是教师培训最终目标。

（1）农村教师参与培训比例逐渐增高，骨干教师与高职称教师培训人数比例增多。课改十余年至今，农村中小学校参与各级培训比例不断增长，其中未参加过任何培训宁夏教师7.8%，甘肃10%，青海2.4%。参加培训1—3次宁夏教师26.3%，甘肃为59.8%，青海43.5%；参加培训7次以上宁夏、青海教师比例较高，甘肃比例最低为6.6%，见图3—24。

调查显示，三省（区）教龄21年以上教师参加培训比例41.2%，16—20年教龄教师为31.6%，11—15年教龄为33.9%，7—10年教龄为17.6%；普通教师参加培训4—6次宁夏教师人数比例72.5%，中层骨干教师为20.8%，校长为6.8%；甘肃普通教师为62.6%，中层干部为27.9%，校长为5.9%；青海地区普通教师为75.6%，中层干部为19.7%，校长为4.7%。

（2）学科教师培训比例欠均衡致使"主科"、"副科"教师适应程度

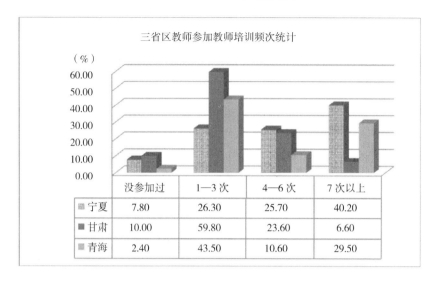

图3—24　三省（区）教师参加教师培训频次比较

差距大。学科分布看，见表3—20。语文、数学学科教师参加培训人数最多，其次为英语。参加培训频次1—3次教师宁夏为8.3%，甘肃10.2%，青海11.1%，培训频次4—6次以上教师，三省（区）仍为语文、数学、英语学科人数比例最高，其他如生物、地理、思品、音乐等学科教师参与教师培训人数均呈较低人数比例，在一定程度上影响了教师对新课程的适应。

表3—20　　课改以来三省（区）农村中小学教师学科培训频次统计（单位:%）

| 频次 | 地区 | 语文 | 数学 | 英语 | 物理 | 化学 | 历史 | 地理 | 思品 | 生物 | 美术 | 科学 | 音乐 |
|------|------|------|------|------|------|------|------|------|------|------|------|------|------|
| 1—3次 | 宁夏 | 31.2 | 35.4 | 8.3 | 4.2 | 2.1 | 2.1 | 2.1 | 2.1 | 2.1 | 2.1 | 4.2 | 0.0 |
| | 甘肃 | 33.6 | 25.5 | 10.2 | 2.9 | 5.8 | 6.6 | 3.6 | 3.6 | 2.9 | 0.7 | 0.0 | 0.7 |
| | 青海 | 44.4 | 29.2 | 11.1 | 1.4 | 1.4 | 0.0 | 1.4 | 4.2 | 0.0 | 0.0 | 4.2 | 1.4 |
| 4—6次 | 宁夏 | 37.7 | 13.2 | 18.9 | 0.0 | 0.0 | 3.8 | 0.0 | 7.5 | 0.0 | 3.8 | 0.0 | 5.7 |
| | 甘肃 | 37.0 | 14.8 | 37.0 | 1.9 | 1.9 | 1.9 | 0.0 | 3.7 | 0.0 | 1.9 | 1.9 | 0.0 |
| | 青海 | 31.5 | 30.7 | 20.5 | 0.0 | 1.6 | 2.4 | 1.6 | 6.3 | 0.8 | 0.0 | 0.0 | 0.0 |

（3）教师培训方式与内容多样且教师适应程度不一。培训方式是影响教师培训效果的重要因素。课改至今，农村中小学校探索出多样化的培训方式，诸如专题讲座、小组互动交流、网络信息交流式等等，形色各异的培训方式，在一定程度上切实解决了教师实施新课程中遇到的障碍，并逐步提高了教师培训的针对性和实效性，见表3—21。

学段上，①宁夏小学教师最适应培训方式依次为：专题讲座、案例教学、互动交流、优秀教师送课指导；青海教师最适应依次是：优秀教师送课指导、互动交流、参与式培训等形式等；甘肃教师最适应依次为：专题讲座、优秀教师送课指导、互动交流。②宁夏中学教师最适应培训方式依次为：专题讲座、案例教学、主题教研等；青海中学教师最适应方式为：优秀教师送课指导，师德报告，参与式培训等；甘肃教师为互动交流、案例教学、主题教研等。由此，宁夏、甘肃教师培训方式上认可较一致，专家讲座、互动交流也是这两省区培训中惯常方式，教师比较认可且适应较好。相关研究也表明各地区教学实践中，针对课程实施中出现问题，结合具体的课堂教学情境，组织参与式、互动式培训是教师比较认可的方式。① 青海中、小学教师对于优秀教师送课指导认可度最高，源于实践培训活动中，切实依托骨干教师力量，经常组织"送教到校"、"送教下乡"、"名师讲堂"活动，且活动都与所到乡镇中心学校教师进行同课异构活动，有效的教研提高了教师学习借鉴的效率，既锻炼了教师，又达到了专业引领的作用，因而受到一线教师高度认同。

职称上，见表3—21，①三级职称教师中，宁夏教师认同交流互动培训方式，甘肃教师较认同专题讲座，青海为现场研修；②宁夏、甘肃二级职称教师均认同专题讲座，青海教师则更适应优秀教师送课指导的培训方式；③宁夏一级职称教师更适应专题讲座；甘肃则为互动交流，青海教师认同为优秀教师送课指导；④三省（区）高级、正高级职称教师均一致认同优秀教师送课指导是最佳培训方式，对教师专业发展提高最有效。而学历层次较低且入职不久的年轻教师更多表现出对参与式培训、现场研修等更灵活培训方式的兴趣，学历层次较高且教学经验丰富的中青年教师对贴近农村教师现实需求的"送课指导"方式更认同，认为这种培训方式

① 杨九俊：《中国基础教育课程改革推进研究》，江苏教育出版2012年版，第61页。

对一线教师的专业引领切实发挥了实效，且参与度较广。总体上，针对目前农村地区教师培训针对性不强，实效性较差的现状，应努力加强这一培训方式在农村地区的研究和培育，切实提高教师培训的实效性。

表3—21　　三省（区）不同民族、学段、职称教师最适应培训方式比较

（单位：%）

| | | 省区 | 专题讲座 | 互动交流 | 案例教学 | 师德报告 | 现场研修 | 参与式培训 | 主题教研 | 优秀教师送课指导 | 网络答疑 |
|---|---|---|---|---|---|---|---|---|---|---|---|
| 学段 | 小学 | 宁夏 | 19.3 | 18.6 | 19.3 | 2.9 | 7.1 | 10.7 | 2.9 | 15.0 | 4.3 |
| | | 甘肃 | 22.9 | 13.3 | 13.3 | 1.0 | 7.6 | 11.4 | 6.7 | 14.3 | 9.5 |
| | | 青海 | 7.7 | 16.6 | 10.7 | 2.4 | 11.2 | 14.2 | 3.6 | 25.4 | 8.3 |
| | 中学 | 宁夏 | 19.7 | 13.6 | 19.7 | 0.0 | 4.5 | 10.6 | 15.2 | 9.1 | 7.6 |
| | | 甘肃 | 12.9 | 21.8 | 13.7 | 4.8 | 6.5 | 8.9 | 12.9 | 8.9 | 9.7 |
| | | 青海 | 10.6 | 11.4 | 5.7 | 13.0 | 8.1 | 12.2 | 0.0 | 31.7 | 7.3 |
| 民族 | 汉族 | 宁夏 | 19.6 | 15.7 | 18.6 | 3.9 | 6.9 | 10.8 | 6.9 | 11.8 | 5.9 |
| | | 甘肃 | 16.7 | 14.8 | 16.7 | 1.9 | 3.7 | 17.6 | 9.3 | 11.1 | 8.3 |
| | | 青海 | 8.6 | 15.9 | 8.6 | 6.8 | 6.8 | 13.2 | 2.3 | 28.6 | 9.1 |
| | 回族 | 宁夏 | 19.8 | 16.8 | 19.8 | 0.0 | 5.9 | 10.9 | 6.9 | 14.9 | 5.0 |
| | | 甘肃 | 16.4 | 36.4 | 5.5 | 3.6 | 7.3 | 5.5 | 7.3 | 9.1 | 9.1 |
| | | 青海 | 3.8 | 0.0 | 7.7 | 15.4 | 15.4 | 15.4 | 0.0 | 42.3 | 0.0 |
| | 藏族 | 甘肃 | 20.0 | 2.2 | 15.6 | 6.7 | 13.3 | 2.2 | 13.3 | 13.3 | 13.3 |
| | | 青海 | 7.1 | 21.4 | 10.7 | 0.0 | 17.9 | 14.3 | 3.6 | 14.3 | 10.7 |
| 职称 | 三级 | 宁夏 | 15.4 | 30.8 | 23.1 | | 7.7 | 15.4 | 0.0 | 7.7 | 17.74 |
| | | 甘肃 | 44.4 | 33.3 | 11.1 | | 0.0 | 0.0 | 11.1 | 0.0 | |
| | | 青海 | 15.0 | 20.0 | 5.0 | | 40.0 | 10.0 | 0.0 | 10.0 | |
| | 二级 | 宁夏 | 21.9 | 14.1 | 15.6 | 1.6 | 4.7 | 12.5 | 14.1 | 9.4 | 6.2 |
| | | 甘肃 | 22.4 | 15.5 | 12.1 | 1.7 | 10.3 | 13.8 | 5.2 | 10.3 | 8.6 |
| | | 青海 | 19.2 | 10.3 | 6.4 | 9.0 | 14.1 | 7.7 | 1.3 | 24.4 | 7.7 |
| | 一级 | 宁夏 | 20.9 | 19.8 | 18.7 | 1.1 | 7.7 | 9.9 | 2.2 | 14.3 | 5.5 |

| | 省区 | 专题讲座 | 互动交流 | 案例教学 | 师德报告 | 现场研修 | 参与式培训 | 主题教研 | 优秀教师送课指导 | 网络答疑 |
|---|---|---|---|---|---|---|---|---|---|---|
| | 甘肃 | 16.3 | 22.8 | 14.1 | 6.5 | 4.3 | 10.9 | 6.5 | 10.9 | 7.6 |
| | 青海 | 5.0 | 15.7 | 11.6 | 5.8 | 7.4 | 14.0 | 2.5 | 28.9 | 9.1 |
| 高级 | 宁夏 | .0 | 13.3 | 26.7 | 0.0 | 6.7 | 13.3 | 6.7 | 26.7 | 6.7 |
| | 甘肃 | 9.3 | 16.3 | 14.0 | 0.0 | 9.3 | 2.3 | 18.6 | 18.6 | 11.6 |
| | 青海 | 1.8 | 17.5 | 8.8 | 7.0 | 1.8 | 17.5 | 3.5 | 33.3 | 8.8 |

学段上，见表3—22。网络答疑是三省（区）小学段教师均不适应的培训方式，中学段宁夏与青海教师不适应培训方式为网络答疑，中学段甘肃教师不认同互动交流的培训方式；不同民族教师在培训方式适应上：甘肃汉族教师、青海回、藏族教师、宁夏回族教师均表示对于网络培训方式极其不适应；职称结构上，三级职称、一级及高级职称不适应培训方式为网络答疑，二级职称教师不适应差别显著：宁夏表现为专题讲座，甘肃为师德报告，青海为网络答疑。

表3—22　　　　三省（区）不同民族、学段、
职称教师最不适应培训方式比较　　　（单位:%）

| | | 省区 | 专题讲座 | 互动交流 | 案例教学 | 师德报告 | 现场研修 | 参与式培训 | 主题教研 | 优秀教师送课指导 | 网络答疑 |
|---|---|---|---|---|---|---|---|---|---|---|---|
| 学段 | 小学 | 宁夏 | 23.6 | 6.4 | 8.6 | 11.4 | 8.6 | 0.7 | 12.9 | 0.7 | 27.1 |
| | | 甘肃 | 11.4 | 14.3 | 13.3 | 12.4 | 11.4 | 2.9 | 6.7 | 2.9 | 24.8 |
| | | 青海 | 14.8 | 11.2 | 11.2 | 16.6 | 3.0 | 2.4 | 3.6 | 6.5 | 30.8 |
| | 中学 | 宁夏 | 15.2 | 10.6 | 4.5 | 16.7 | 7.6 | 3.0 | 7.6 | 3.0 | 31.8 |
| | | 甘肃 | 11.3 | 18.5 | 14.5 | 13.7 | 8.9 | 4.8 | 7.3 | 5.6 | 15.3 |
| | | 青海 | 17.5 | 12.5 | 11.7 | 26.7 | 4.2 | 0.8 | 0.0 | 1.7 | 25.0 |
| 民族 | 汉族 | 宁夏 | 23.5 | 5.9 | 9.8 | 18.6 | 4.9 | 2.0 | 5.9 | 0.0 | 29.4 |
| | | 甘肃 | 6.5 | 21.3 | 8.3 | 11.1 | 10.2 | 2.8 | 12.0 | 1.9 | 25.9 |

续表

| | 省区 | 专题讲座 | 互动交流 | 案例教学 | 师德报告 | 现场研修 | 参与式培训 | 主题教研 | 优秀教师送课指导 | 网络答疑 |
|---|---|---|---|---|---|---|---|---|---|---|
| 回族 | 青海 | 14.6 | 15.1 | 11.9 | 20.5 | 1.4 | 1.8 | 2.7 | 5.5 | 26.5 |
| | 宁夏 | 17.8 | 8.9 | 5.0 | 7.9 | 11.9 | 1.0 | 16.8 | 3.0 | 27.7 |
| | 甘肃 | 18.2 | 1.8 | 12.7 | 27.3 | 7.3 | 3.6 | 3.6 | 12.7 | 12.7 |
| 藏族 | 青海 | 19.2 | 0.0 | 3.8 | 30.8 | 3.8 | 0.0 | 0.0 | 0.0 | 42.3 |
| | 甘肃 | 13.3 | 26.7 | 28.9 | 4.4 | 17.8 | 2.2 | 2.2 | 0.0 | 4.4 |

| 职称 | 三级 | 青海 | 10.7 | 0.0 | 10.7 | 21.4 | 17.9 | 3.6 | 0.0 | 3.6 | 32.1 |
|---|---|---|---|---|---|---|---|---|---|---|---|
| | | 宁夏 | 30.8 | 7.7 | 7.7 | 15.4 | 0.0 | 0.0 | 7.7 | | 30.8 |
| | | 甘肃 | 22.2 | 33.3 | 0.0 | 11.1 | 11.1 | 0.0 | 0.0 | | 22.2 |
| | 二级 | 青海 | 35.0 | 0.0 | 15.0 | 0.0 | 5.0 | 5.0 | 5.0 | | 35.0 |
| | | 宁夏 | 28.1 | 6.2 | 7.7 | 14.1 | 10.9 | 1.6 | 6.2 | 1.6 | 23.4 |
| | | 甘肃 | 10.3 | 15.5 | 17.2 | 19.0 | 10.3 | 3.4 | 3.4 | 3.4 | 17.2 |
| | 一级 | 青海 | 17.1 | 14.5 | 6.6 | 18.4 | 5.3 | 1.3 | 1.3 | 3.9 | 31.6 |
| | | 宁夏 | 24.7 | 8.8 | 7.7 | 13.2 | 8.8 | 2.2 | 16.5 | 2.2 | 27.5 |
| | | 甘肃 | 13.0 | 8.7 | 10.9 | 13.0 | 12.0 | 3.3 | 8.7 | 7.6 | 22.8 |
| | 高级 | 青海 | 13.3 | 14.2 | 14.2 | 23.3 | 1.7 | 0.0 | 2.5 | 4.2 | 26.7 |
| | | 宁夏 | 20.0 | 13.3 | 0.0 | 6.7 | 6.7 | 0.0 | 6.7 | 0.0 | 46.7 |
| | | 甘肃 | 11.6 | 18.6 | 14.0 | 9.3 | 4.7 | 7.0 | 11.6 | 2.3 | 20.9 |
| | | 青海 | 14.0 | 8.8 | 8.8 | 22.8 | 5.3 | 5.3 | 1.8 | 7.0 | 26.3 |

综上，网络答疑作为一种新型教研形式，有着传统教研活动中的常规教研不可比拟的优点，网络教研对农村中小学教师来说，外在条件较缺乏如缺乏专家指引，教研活动没有足够吸引力；农村教师教学任务偏重，教师本身的信息技术水平较低，因为缺乏培训时间、场所、指导教师等影响了教师参与的积极性和活动实效，致使教师对网络教研的满意度偏低。

三省（区）不同学段、民族、职称教师对培训方式适应过程，见表3—23。学段上，①小学教师与中学教师对于培训方式适应过程均聚焦课改1—3年间，教师适应比例也最高：教师对于专题讲座、互动式交流等培训方式适应是逐步认可，适应比例较高；②课改4—5年间，不同学段教师适应比例逐渐降低，表明随着培训持续跟进，教师对于培训方式适应日益增强。课改6—10年至今，教师对于培训方式适应比例持续走低，达到一定程度适应。

民族上，见表3—23。三省（区）汉族教师对教师培训方式适应多集中于课改2—3年；三省（区）回族教师在课改第1年适应人数比例最高，课改2—3年比例逐渐走低，表明适应过程较快。三省（区）藏族教师课改第1年适应比例较2—3年较低，适应过程稍显缓慢，课改4—5年仍有20%教师达到适应，6—10年至今逐渐达到良好适应。

职称上，见表3—23。三省（区）三级职称教师适应多为课改1—3年间，适应过程较快；二级职称教师课改第1年适应较低，第2—3年适应人数比例最高，其后逐渐适应；一级职称、高级职称教师适应均表现出强劲适应状态，课改第1年适应比例最高，其次为2—3年，4—10年逐渐降低，即职称与教师对培训方式适应成正比，职称越高，适应过程越快。

表3—23　　　三省（区）不同学段、民族、职称教师对培训方式适应过程

| | | | 1 年 | 2—3 年 | 4—5 年 | 6—7 年 | 8—9 年 | 10 年 |
|---|---|---|---|---|---|---|---|---|
| 学段 | 小学 | 宁夏 | 42.1 | 32.1 | 15.7 | 1.4 | 2.1 | 6.4 |
| | | 甘肃 | 38.1 | 39.0 | 13.3 | 5.7 | 1.9 | 1.9 |
| | | 青海 | 23.7 | 40.2 | 14.8 | 4.7 | 2.4 | 6.5 |
| | | 总计 | 33.6 | 37.2 | 14.7 | 3.9 | 2.2 | 5.3 |
| | 中学 | 宁夏 | 34.8 | 48.5 | 12.1 | 3.0 | 0.0 | 1.5 |
| | | 甘肃 | 29.8 | 35.5 | 19.4 | 4.8 | 8.1 | 2.4 |
| | | 青海 | 29.8 | 35.5 | 19.4 | 4.8 | 8.1 | 2.4 |
| | | 总计 | 25.2 | 28.5 | 20.3 | 5.7 | 3.3 | 3.3 |
| 民族 | 汉族 | 宁夏 | 42.2 | 33.3 | 15.7 | 2.0 | 2.0 | 4.9 |
| | | 甘肃 | 37.0 | 42.6 | 9.3 | 4.6 | 2.8 | 3.7 |
| | | 青海 | 22.3 | 34.5 | 18.2 | 4.5 | 1.8 | 6.8 |
| | | 总计 | 30.7 | 36.3 | 15.3 | 4.0 | 2.1 | 5.6 |
| | 回族 | 宁夏 | 37.6 | 40.6 | 13.9 | 2.0 | 1.0 | 5.0 |
| | | 甘肃 | 45.5 | 20.0 | 18.2 | 7.3 | 9.1 | 0.0 |

续表

|  |  |  | 1 年 | 2—3 年 | 4—5 年 | 6—7 年 | 8—9 年 | 10 年 |
|---|---|---|---|---|---|---|---|---|
|  |  | 青海 | 38.5 | 30.8 | 15.4 | 7.7 | 3.8 | 0.0 |
|  |  | 总计 | 40.1 | 33.0 | 15.4 | 4.4 | 3.8 | 2.7 |
|  | 藏族 | 甘肃 | 22.2 | 42.2 | 20.0 | 4.4 | 8.9 | 2.2 |
|  |  | 青海 | 39.3 | 35.7 | 10.7 | 3.6 | 0.0 | 0.0 |
| 职称 | 三级 | 宁夏 | 38.5 | 30.8 | 15.4 |  | 0.0 | 15.4 |
|  |  | 甘肃 | 33.3 | 66.7 | 0.0 |  | 0.0 | 0.0 |
|  |  | 青海 | 15.0 | 45.0 | 30.0 |  | 10.0 | 0.0 |
|  |  | 总计 | 26.2 | 45.2 | 19.0 |  | 4.8 | 4.8 |
|  | 二级 | 宁夏 | 39.1 | 40.6 | 12.5 | 4.7 | 0.0 | 3.1 |
|  |  | 甘肃 | 19.0 | 44.8 | 22.4 | 5.2 | 5.2 | 3.4 |
|  |  | 青海 | 22.7 | 49.7 | 14.1 | 6.4 | 1.3 | 5.1 |
|  |  | 总计 | 24.5 | 41.5 | 16.0 | 5.5 | 2.0 | 4.0 |
|  | 一级 | 宁夏 | 39.6 | 34.1 | 17.6 | 1.1 | 3.3 | 4.4 |
|  |  | 甘肃 | 39.1 | 32.6 | 16.3 | 6.5 | 3.3 | 2.2 |
|  |  | 青海 | 27.3 | 32.2 | 11.6 | 5.8 | 3.3 | 8.3 |
|  |  | 总计 | 34.5 | 32.9 | 14.8 | 4.6 | 3.3 | 5.3 |
|  | 高级 | 宁夏 | 20.0 | 53.3 | 20.0 | 0.0 | 0.0 | 6.7 |
|  |  | 甘肃 | 39.5 | 27.9 | 18.6 | 4.7 | 9.3 | 0.0 |
|  |  | 青海 | 33.3 | 35.1 | 21.1 | 3.5 | 1.8 | 1.8 |
|  |  | 总计 | 33.9 | 34.8 | 20.0 | 3.5 | 4.3 | 1.7 |

# 二 西北民族地区农村中小学教师
## 对新课程改革适应的成绩

新课程改革十多年来的成就与经验，人们应以更高的标准总结并反思，同时更应将目光放得长远一些，放到改革开放三十多年的大背景下，或许能更清楚地把握新课改的发展脉络，更全面地理解其重要价值，更准确地总结其中的经验。①

**（一）课改以来民族地区农村中小学教学条件改善力度大**

新课程改革常态化推进以来，随着义务教育均衡发展要求，政府相应建立健全义务教育均衡发展保障机制，均衡配置教师、设备、图书、校舍等各项资源，切实缩小校际差距。因此，各个农村学校随着物质条件的改善与信息技术手段的推广，办学体制的多元化和办学经费来源的多渠道已初具形态，这都为学校教育教学改革注入了活力，为新课程的顺利实施创造了条件。

1. 农村中小学硬件建设日益改善为课改顺利推进奠定了良好的物质基础

课改以来，西北农村各个中小学校硬件建设以及多媒体信息技术与实验室建设方面有了极大发展与保障，以青海省 H 县为例，见表 3—24，这为课程改革的深入推进提供了物力支撑。

表 3—24　　　　青海 H 县农村中小学自 2001 年以来学校
教学设备及图书改善状况

| 年份 | 学段 | 图书数量（册数） | 音休美器材（达标学校数）（所） | 计算机（台） | 多媒体教室（间） | 实验室或功能室（达标学校数） |
|------|------|------|------|------|------|------|
| 2001 | 小学 | 265108 | 28 | 161 | | 42 |
| 2001 | 中学 | 91349 | 11 | 90 | | 7 |
| 2002 | 小学 | 309270 | 25 | 489 | | 39 |
| 2002 | 中学 | 162006 | 15 | 330 | | 9 |
| 2003 | 小学 | 299358 | 28 | 1299 | | 40 |
| 2003 | 中学 | 155817 | 16 | 664 | | 11 |
| 2004 | 小学 | 304345 | 25 | 1103 | 22 | 36 |
| 2004 | 中学 | 163016 | 16 | 760 | 23 | 11 |
| 2005 | 小学 | 334003 | 29 | 1481 | 20 | 37 |

---

① 田慧生：《我国基础教育课程改革：回顾与前瞻》，戚万学主编：《教育研究论丛》，山东人民出版社 2012 年版，第 187—188 页。

续表

| 年份 | 学段 | 图书数量（册数） | 音体美器材（达标学校数）（所） | 计算机（台） | 多媒体教室（间） | 实验室或功能室（达标学校数） |
|------|------|------|------|------|------|------|
| 2005 | 中学 | 165520 | 14 | 1069 | 20 | 10 |
| 2006 | 小学 | 314773 | 34 | 1530 | 4 | 42 |
| 2006 | 中学 | 156601 | 12 | 1317 | | 9 |
| 2007 | 小学 | 291528 | 31 | 1642 | 3 | 39 |
| 2007 | 中学 | 173871 | 13 | 1379 | | 8 |
| 2008 | 小学 | 358860 | 6 | 1644 | 4 | 6 |
| 2008 | 中学 | 226959 | 7 | 1353 | | 5 |
| 2009 | 小学 | 97483 | 13 | 373 | 1007 座位数 | 24 |
| 2009 | 中学 | 470702 | 11 | 1619 | 1465 座位数 | 11 |
| 2010 | 小学 | 559215 | 20 | 1362 | 749 座位数 | 25 |
| 2010 | 中学 | 677590 | 21 | 1791 | 1465 座位数 | 16 |
| 2011 | 小学 | 556205 | 113 | 1138 | 941 座位数 | 45 |
| 2011 | 中学 | 828079 | 89 | 1948 | 3204 座位数 | 29 |
| 2012 | 小学 | 547693 | 85 | 1236 | 1274 | 33 |
| 2012 | 中学 | 789259 | 56 | 1756 | 4226 座位数 | 20 |
| 2013 | 小学 | 467114 | 74 | 1366 | 28 | 26 |
| 2013 | 中学 | 881727 | 64 | 3164 | 415 | 23 |
| 2014 | 小学 | 420904 | 68 | 1432 | 132 | 24 |
| 2014 | 中学 | 643077 | 67 | 2165 | 229 | 24 |

资料来源：青海 H 县教育局。

2. 农村中小学校综合实践活动课程与校本课程从无到有的突破极大增强了学生学习的积极性

综合实践活动课程是《纲要》明确规定的 3—12 年级的必修课程，内容包括信息技术教育、研究性学习、社区服务与社会实践、劳动与技术教育等。作为十年课程改革的重点、亮点与难点，从"三无"（无教师、无教材、无课标）起步，到各农村学校能够推出精彩案例，目前理论界和实践界对于这门课程的理念、性质、价值等已经形成基本共识，见表3—25。

校本课程的开发，是建立一种以学校教育的直接实施者（教师）和受教育者（学生）为本位、为主体的课程开发决策机制，补救单一狭隘的专家型课程决策的缺失，使课程体制具有多层次多途径全方位满足社会和学生发展需求的能力。这样，教师的独立判断和参与课程开发的积极性、创造性会大大提高，课程专家和学科教师之间的联系会大大密切，学习特色将在校本课程中得以凸显，学生的特长也将在校本课程中得以发展。当前农村各个中小学校已经开发出很多具有当地特色且喜闻乐见的校本课程，见表3—26。

表3—25　　　　　三省（区）学校综合实践活动开设情况

| 学段 | 省份 | 学校 | 课程开设课时 | 教师任课 |
|---|---|---|---|---|
| 小学 | 宁夏W市 | 崇兴镇小学 | 书法，每周0.5课时 | 教师兼职 |
| | | 杜木桥小学 | 沙雕艺术课程，每周1课时 | 专职教师 |
| | | W市回民小学 | 生态文明教育，每周0.5课时 | 教师兼职 |
| | | 西夏第五小学 | 书法；精工制作每周1课时 | 外聘 |
| | 甘肃Z市 | Z市第一小学 | 经典诵读，每周0.5课时 | 教师兼职 |
| | | 临夏甘光小学 | 写字，每周1课时 | 教师兼职 |
| | | 前河沿小学 | 兴趣活动，每周1课时 | 教师兼职 |
| | 青海H县 | 上新庄小学 | "生活知识小百科"，每周1课时 | 教师兼职 |
| | | 羊圈小学 | 古诗文诵读，每周0.5课时 | 教师兼职 |
| | | 葛家小学 | 书法，每周1课时 | 教师兼职 |
| | | 健力宝小学 | 象棋，每周0.5课时 | 教师兼职 |
| 中学 | 宁夏W市 | W市回民中学 | "口弦"，每周1课时 | 外聘 |
| | | DT中学 | "灵州古诗词"，每周1课时 | 教师兼职 |
| | 甘肃Z市 | Z市中学 | "三防"教育，每周1课时 | 教师兼职 |
| | 青海H县 | L镇民族中学 | 中华古诗文，每周1课时 | 教师兼职 |
| | | L镇堡学校 | 中华古诗文、书法写作，每周1课时 | 教师兼职 |

资料来源：研究者收集资料整理。

表 3—26　　　　　　　　三省（区）学校校本课程开设情况

| 学段 | 省份 | 学校 | 课程开设课时 | 教师任课 |
|---|---|---|---|---|
| 小学 | 宁夏 W 市 | 崇兴镇小学 | 神奇多米诺，每周 0.5 课时 | 教师兼职 |
| | | 杜木桥小学 | 弟子规诵读、古诗文诵读，每周 1 课时 | 教师兼职 |
| | | W 市回民小学 | 印象回族、红色文化，每周 1 课时 | 教师兼职 |
| | | Y 市西夏第五小学 | 体育艺术大课间，每周 1 课时 | 教师兼职 |
| | 甘肃 Z 市 | Z 市一小 | 经典诵读，每周 1 课时 | 教师兼职 |
| | | LX 花园阁小学 | 民族团结，每周 1 课时 | 教师兼职 |
| | | 甘光小学 | 民族团结，每周 1 课时 | 教师兼职 |
| | 青海 H 县 | X 堡学校 | 中华经典古诗文诵读，每周 1 课时 | 教师兼职 |
| | | 上新庄小学 | "武术"课程，每周 1 课时 | 教师兼职 |
| | | G 家小学 | 书法课，每周 1 课时 | 教师兼职 |
| 中学 | 宁夏 W 市 | W 市回中 | 回族花儿口弦课，每周 2 课时 | 外聘教师 |
| | | DT 中学 | 书法课程，每周 1 课时 | 外聘教师 |
| | | 杜木桥中学 | 回族花儿，每周 1 课时 | 外聘教师 |
| | 甘肃 Z 市 | Z 市中学 | "三防"教育，每周 1 课时 | 随机 |
| | | 广河一中 | 经典诵读，每周 1 课时 | 教师兼职 |
| | 青海 H 县 | H 县民族中学 | 锅庄舞，每周 1 课时 | 教师兼职 |
| | | H 县李家中学 | "奋进中的云古川"，每周 1 课时 | 教师兼职 |
| | | X 堡学校 | 乡村牛皮癣，每周 1 课时 | 教师兼职 |
| | | 鲁沙镇 H 中学 | 美丽的青海，每周 1 课时 | 教师兼职 |

资料来源：研究者收集资料整理。

　　民族地区农村中小学校学生对校本课程开设和综合实践活动课程的学习表现出相当浓厚的兴趣与认同度。见图 3—25，三省（区）中，青海地区学生对于综合实践活动比较感兴趣为 50.2%，甘肃地区学生对这门课程态度表现相对淡漠，仅为 38.5%。校本课程评价认识上，中学生对校本课程非常感兴趣，青海学生比例最高 52.2%，宁夏 45.40%，甘肃 39.5%。

　　3. 农村中小学教师初步具备多元课程资源观

　　转变教师课程资源观是新一轮基础教育课程改革对教师的必然要求。

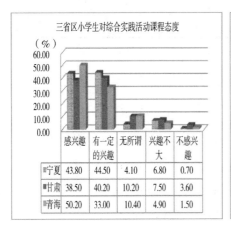
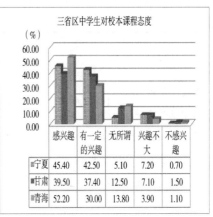

三省区小学生对综合实践活动课程态度

| | 感兴趣 | 有一定的兴趣 | 无所谓 | 兴趣不大 | 不感兴趣 |
|---|---|---|---|---|---|
| 宁夏 | 43.80 | 44.50 | 4.10 | 6.80 | 0.70 |
| 甘肃 | 38.50 | 40.20 | 10.20 | 7.50 | 3.60 |
| 青海 | 50.20 | 33.00 | 10.40 | 4.90 | 1.50 |

三省区中学生对校本课程态度

| | 感兴趣 | 有一定的兴趣 | 无所谓 | 兴趣不大 | 不感兴趣 |
|---|---|---|---|---|---|
| 宁夏 | 45.40 | 42.50 | 5.10 | 7.20 | 0.70 |
| 甘肃 | 39.50 | 37.40 | 12.50 | 7.10 | 1.50 |
| 青海 | 52.20 | 30.00 | 13.80 | 3.90 | 1.10 |

图 3—25　三省（区）中小学生对综合实践活动课程与校本课程态度比较

教师要建构新的课程资源观，意指教师应从以往将教材、教参、教具等当作唯一资源的旧有观念解放出来，形成一种只要是能够达到课程目标、促进学生发展，不管是校内还是校外，也不论是物质的还是精神的、显性还是隐性，只要能够为课堂所用的即都是课程资源的全新看法。同时，课程资源的开发利用促使教师的教学视野将逐步从"教材"拓展开来，对自身角色定位不再仅为知识"传授者"，还是学生学习的"促进者"、课程的开发者，见表3—27。

研究显示，教师资源意识逐渐增强，教师从教师用书，转向运用更多资源教育教学，实现了"教教材"向"用教材教"的过渡与转变。表3—27中，教师课程资源运用由高到低依次为：教材、课件与教案、教具仪器、乡土资源、学习辅导资料等。尽管教材、教学仪器、课件及教案仍然是教师课程资源中运用最多的，但是教师更多已认识到"网络资源是个很好的平台"，"乡土资源的开发更能激发学生兴趣"，这令教师从以前只能依托教科书才能施教、教科书才是唯一课程资源的狭窄天地中解放了出来。

表 3—27　　　　　三省（区）教师课程资源意识比较

| 课程资源 | 宁夏<br>人数（%） | 甘肃<br>人数（%） | 青海<br>人数（%） | 总计人数 |
|---|---|---|---|---|
| 教材 | 170（11.6） | 147（15.5） | 214（12.6） | 531 |

| 课程资源 | 宁夏<br>人数（%） | 甘肃<br>人数（%） | 青海<br>人数（%） | 总计人数 |
|---|---|---|---|---|
| 教具、仪器以及光盘等资料 | 168（11.5） | 115（12.1） | 176（10.4） | 459 |
| 课件与教案 | 184（12.6） | 128（13.5） | 198（11.7） | 510 |
| 乡土资源 | 145（9.9） | 87（9.2） | 171（10.1） | 403 |
| 学习辅导资料 | 148（10.1） | 79（8.3） | 163（9.6） | 390 |
| 教学设施资源 | 120（8.2） | 93（9.8） | 155（9.1） | 368 |
| 校外资源 | 115（7.9） | 75（7.9） | 128（7.5） | 318 |
| 实践活动资源 | 127（8.7） | 65（6.9） | 135（8.0） | 327 |
| 网络资源 | 141（9.6） | 76（8.0） | 172（10.1） | 389 |

研究者：谈谈课改这么多年来，您本人对于课程资源是怎样理解的？

宁夏 W 市 X 中学朱老师：这么多年来，无论是自己教学还是看一些报刊资料，大概也知道一点，我想就是可以让课堂变得更生动、有趣，让学生学习英语兴趣大增的各种物品和资源吧。说到这点，得先说说这套教材，我们用的这套人教版教材，内容是简单，语言很鲜活地道，英语语言形式、意义和运用并重。但是课堂内容量较大，尤其是单词量太大，对于农村学生学习太难，我觉得英语学习应该提高学生学习英语的兴趣才是最主要的，因为平时课堂需要练习的内容较多，学生就烦了，不爱学。后来，就觉得这样不行，英语课上得死气沉沉，农村孩子本来就"怯"英语，干脆就在每节课开始前几分钟，让学生分小组用英语进行演讲，演讲的内容从最简单的介绍自己、或者同桌乃至家乡等一些旅游资源（让学生当导游，介绍我们的塔尔寺）开始，后来就又选择了学生们感兴趣的话题继续进行。学生们为了讲好每个话题，得花时间去准备，这就极大地激发了学习英语的兴趣。再有，我们学校推行"捆绑式"教学，要让学生分小组，学习好的要帮助学习差一点的，整个四人小组就是一个团队，这个团队里由组长负责每天学生英语背诵和一些演讲的抽查，如果小组成员说不好，其他小组成员可互相补充。这样一来，英语课堂每个学生就都敢说话了，这给了我极大的鼓励。近几年来我在教学中利用各种条件，变换各种方式，例如，让学生用英语制作课程表，你看，我们教室后面的板报就是学生们用英语办的。其实我目前很想给学生放一些英语电影，但是觉得可能领导还是有意见，没有敢放开这样做。但这些（做法）已经让学生学习英语的热情高涨，自己也满意了。去年学校派我们出去学习考察，我专门留意了人家上海一些学校英语学习的先进经验，回来后，我对自己的课堂和学生学习也进行了调整，你知道，英语朗读是很重要，对于英语的读，我采用老师先范读、学生小组领读、角色扮读、小组竞赛、全班最后朗读的方式，一点一点地提高学生的英语水平。现在早读时间，学生朗读英语的就多了，以前都不敢的。现在我们这两个班的学生上我的英语课不是"痛苦"，而是期待，他们期待我会给他们今天的课带来什么，嘿，挺满足，可能这就是幸福吧。最后对于这套教材，我想说的是，还要不断改进，最重要的是英语语言接近我们中国，尤其农村学生的生活方式和特点就更好了。

（摘自 2014 年 3 月 28 日 X 学校老师访谈记录）

案例中教师对课程资源的认识尽管不完善，但教师对运用各种资源进行教学是其积极主动实践的结果。从最初利用学生资源——创造条件——应用网络资源（看英语电影）这样的创造条件并进行资源利用，教师课程资源观也在不断地扩大，并逐步深化了教师对课程资源的认识，教师课堂教学效果也在不断提高。

研究者：您的任教学科是科学课，您担任这门课的教学几年了？能谈谈您对课程资源是怎样理解的？

青海 H 县 X 学校海老师：我教龄已经 15 年了，从 2003 年开始就上这门课，科学课其实不好上，尤其在我们农村学校，但是对课程资源的认识，我的理解就是只要是有利于学生发展的不论是学校的图书、计算机啊这些资源，还有校外的，比如还有我们这里的乡土风俗、自然资源都是资源吧，就是能让学生学好的条件、资源都算课程资源吧。

（摘自 2014 年 5 月 26 日老师"访谈记录"）

研究者：您对课程资源的理解基本上是准确的，但是因为农村学校，有些教师总抱怨说，农村什么资源都缺乏，老师们怎样能上好课？您平时是怎样上课的，您认为课程资源的开发对于农村学生的上好科学课的意义是什么？

青海 H 县 X 学校海老师：嗯，我说农村条件是比城市差很多，但是农村也有农村的方式。教师要教好课，就是要多留心，把学生这个资源利用好了，可不得了。经过这几年科学课的教学，我真正认识到科学课离不开探究活动，而材料的准备工作对开展探究活动至关重要，如果在探究活动过程中缺乏材料，整个探究活动就失去了活力，充分利用和挖掘身边的资源就能弥补农村小学科学课程缺乏材料的现状。举例说吧，小学五年级科学课下册第一单元《沉与浮》第三课橡皮泥浮起来了，我在执教中遇到了困难，我们盘道地区的孩子们在附近买不到橡皮泥，买橡皮泥对孩子们来说是一种奢侈，甚至可以说有些孩子还没有见过橡皮泥，没有橡皮泥我怎么指导学生完成这一探究活动呢，真的是很困惑，很苦恼，再有一周就要上这堂课了，我还是没有想出办法来解决，然而有一天，晚上我在做饭和面的过程中突然惊喜地发现，原来面团和橡皮泥有着这么多相似之处，而且面团比橡皮泥黏度大、延展性好这不是更利于学生的操作吗？所以我迫不及待地把这一想法告诉学生，果断地要求学生从家里带上面团。

探究活动开始了，孩子们在我的指导下兴奋地操作着，一会儿，有学生喊道：老师，我的小船也浮起来了，可没过几分钟教室里马上又安静了下来，刚刚兴奋的激情消失得无影无踪，我走近一看，"咦，浮起来的小船全部沉下去了！"有位男生马上回应我，老师，面团里进了水，我接着说，那谁来解决问题呢，孩子们一下子进入了沉思的状态，说句实话，当时我也不知道该怎么办，这时一个女生喊道："老师，用塑料薄膜包起来"，她这么一说，又一次调动了学生的激情，对呀，我们可以用小剪刀把塑料膜剪成跟小船底部一样大小的一块，然后贴在小船的底部，教室里立刻欢呼起来，我把包面团的食品袋子分配给每一个小组，孩子们按照方案继续探究，很快六个小组的小船全部成功地浮在水面上，孩子们尽情地畅游在探究的乐园中，我分享着孩子们的成功。作为一名农村学校的教师，我们应该竭尽所能创造性丰富并充实科学材料，把科学探究活动开展得有滋有味，让农村学生体验到科学探究带给他们的乐趣。

（摘自 2014 年 5 月 26 日教师"访谈记录"）

"橡皮泥"对于农村孩子们真是个"奢侈品"，然而，家中时时见到的"面团"（农村资源）确是他们课本当中从未见过的可以与"橡皮泥"（城市资源）相媲美的资源材料，正是因为教师独特而匠心的发现，让学生们酣畅淋漓地享受到了"探究"的乐趣。对于教师，学生更是一种重要的课程资源，他们不仅仅是听众，而且是积极的参与者，如果没有对学生求知欲的激发，科学课则"难上加难"。

表 3—28　　　三省（区）农村教师对开发当地优秀文化资源态度比较

| | 宁夏<br>人数（%） | 甘肃<br>人数（%） | 青海<br>人数（%） | 总人数 |
|---|---|---|---|---|
| 有必要 | 160<br>77.7 | 110<br>48.0 | 163<br>55.8 | 433 |
| 没必要 | 35<br>17.0 | 59<br>25.8 | 79<br>27.1 | 173 |
| 不知道 | 11<br>5.3 | 60<br>26.2 | 50<br>17.1 | 121 |

课改以来，农村中小学教师对于开发当地优秀文化资源的态度已有改善，调研中针对教师"您对于开发当地文化资源的态度"时，三省区教师认为开发当地优秀的文化资源非常有必要，宁夏地区教师认为有必要77.7%，甘肃为48%，青海为55.8%，见表3—28。教师对开发当地优秀文化资源较之以往有了更开放的观念与意识。

**（二）农村中小学校校本教研常态化促进了教师专业发展**

校本教研是深化课堂教学、提高教师专业水平、促进学生个性特长和综合素质发展的长效机制，目前各个农村学校已基本建立了县、乡、校三级教研网络，在校长、教务主任和骨干教师的组织、协调、引领下，各种形式的教研活动积极开展，同时也激发了教师参与教育研究积极性。见图 3—26，目前校本教研活动在中小学校开展情况较好。总体看，小学段教研活动情况好于初中教研活动，无论小学还是中学，校本教研活动均为每周一次，并已经成为学校常态化的活动之一。

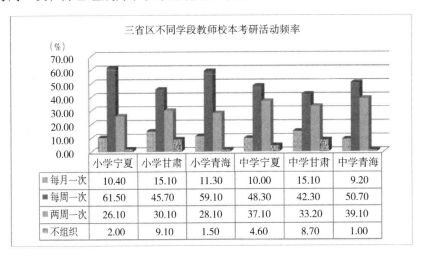

三省区不同学段教师校本考研活动频率

| (%) | 小学宁夏 | 小学甘肃 | 小学青海 | 中学宁夏 | 中学甘肃 | 中学青海 |
|---|---|---|---|---|---|---|
| 每月一次 | 10.40 | 15.10 | 11.30 | 10.00 | 15.10 | 9.20 |
| 每周一次 | 61.50 | 45.70 | 59.10 | 48.30 | 42.30 | 50.70 |
| 两周一次 | 26.10 | 30.10 | 28.10 | 37.10 | 33.20 | 39.10 |
| 不组织 | 2.00 | 9.10 | 1.50 | 4.60 | 8.70 | 1.00 |

图 3—26　三省（区）不同学段教师校本教研活动频率

农村中小学校已形成多种校本研修方式，"专题讲座"使来自省区内外专家、学者以及特级教师的教育理论与教学思想方法和课堂教学经验得到及时分享；"名师讲堂"令各地区名师的优质资源得到充分共享，他们鲜活生动的教学方法通过跨区展示使更多教师获益；在校本研修中通过"公开课"讲授、"多学科教研组交流"等方式，促使教师在教研室、中心学校、各中小学搭建的平台上畅所欲言，在思维碰撞中产生新的火花：通过教师学科素养竞赛，全面提升中小学教师的学科教学素养：借助网络组织研修，要求教师从网上观看学科视频，聆听专家对教材的分析并写学习反思。积极参与本学科教学网上在线活动，提出自己的问题与专家互动。甚至有些农村学区建立以乡镇中心学校、县属学校为单位的 QQ 群，不定期设立主题，组织教师参与讨论，并且以参与次数与质量评价教师研修能力；积极引导教师参与课题研究，研究解决本校教学中的突出问题；加强自主培训，教师每学期选择一本教育专家专著进行阅读，撰写学习笔记和反思。见图3—27，三省（区）校本教研活动形式多样，青海地区校本教研开展形式较丰富。

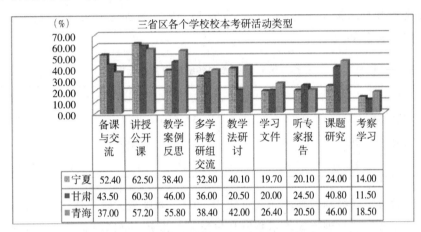

| (%) | 备课与交流 | 讲授公开课 | 教学案例反思 | 多学科教研组交流 | 教学法研讨 | 学习文件 | 听专家报告 | 课题研究 | 考察学习 |
|---|---|---|---|---|---|---|---|---|---|
| 宁夏 | 52.40 | 62.50 | 38.40 | 32.80 | 40.10 | 19.70 | 20.10 | 24.00 | 14.00 |
| 甘肃 | 43.50 | 60.30 | 46.00 | 36.00 | 20.50 | 20.00 | 24.50 | 40.80 | 11.50 |
| 青海 | 37.00 | 57.20 | 55.80 | 38.40 | 42.00 | 26.40 | 20.50 | 46.00 | 18.50 |

**图3—27　三省（区）农村中小学校校本教研活动类型**

在教研活动实效性上，教师认为最有效活动是公开课的讲授，也最具实效性，教师适应程度较高。甘肃教师认为备课以及同事间讨论与交流最具实效，提高教师的专业能力，见图3—28。

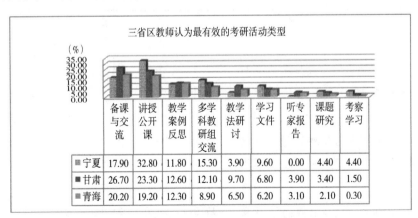

| (%) | 备课与交流 | 讲授公开课 | 教学案例反思 | 多学科教研组交流 | 教学法研讨 | 学习文件 | 听专家报告 | 课题研究 | 考察学习 |
|---|---|---|---|---|---|---|---|---|---|
| 宁夏 | 17.90 | 32.80 | 11.80 | 15.30 | 3.90 | 9.60 | 0.00 | 4.40 | 4.40 |
| 甘肃 | 26.70 | 23.30 | 12.60 | 12.10 | 9.70 | 6.80 | 3.90 | 3.40 | 1.50 |
| 青海 | 20.20 | 19.20 | 12.30 | 8.90 | 6.50 | 6.20 | 3.10 | 2.10 | 0.30 |

**图3—28　三省（区）教师认为最有效教研活动比较**

### （三）"十年课改"为广大农村中小学教师提供了接受继续教育的广阔空间

《纲要》明确提出要抓好对行政领导、教研员、一线教师的培训工作。新课程实施以来，三省（区）农村教师参加国家级培训宁夏教师人数比例为 15.5%，甘肃 20.5%，青海 17.5%，参加区县级培训教师人数比例，见表3—29。

表3—29　　　　三省（区）教师参加各级培训人数比例　　　（单位：%）

| 省区 | 国家 | 省级 | 地市 | 区县 | 乡镇 | 学校 | 没参加过 |
|------|------|------|------|------|------|------|----------|
| 宁夏 | 15.5 | 14.6 | 16.5 | 37.4 | 10.7 | 1.4 | 3.9 |
| 甘肃 | 20.5 | 25.8 | 20.5 | 15.3 | 7.0 | 6.1 | 4.7 |
| 青海 | 17.5 | 22.6 | 16.8 | 28.6 | 9.2 | 2.6 | 2.5 |

通过不同级别教师培训（见表3—30），教师最大收获依次为：首先，教师专业知识与理论素养不断提升与完善；其次，培训中对于实践教学等微观问题的关注对于一线教师更有指导意义；再次，培训中能运用鲜活、针对性较强的案例使培训实效性得以保证；最后，各级培训中都注重网络及多媒体等技术的普及与运用，在很大程度上保证了培训的实效性。

表3—30　三省（区）教师对课程改革以来教师培训的收获比较　（单位：%）

| 培训收获 | 省区 | 非常符合 | 比较符合 | 一般符合 | 比较不符合 | 非常不符合 |
|----------|------|----------|----------|----------|------------|------------|
| （1）专业知识的完善与课改理论素养提升 | 宁夏 | 21.8 | 54.4 | 21.4 | 1.5 | 1.0 |
| | 甘肃 | 33.6 | 50.7 | 15.3 | 0.4 | 0.0 |
| | 青海 | 16.1 | 44.2 | 31.5 | 6.5 | 1.4 |
| （2）实践教学等微观问题培训对一线教学有指导意义 | 宁夏 | 11.7 | 50.0 | 31.6 | 6.3 | 0.5 |
| | 甘肃 | 20.1 | 54.6 | 20.5 | 4.4 | 0.4 |
| | 青海 | 9.6 | 33.6 | 39.7 | 13.7 | 3.4 |
| （3）培训中针对性较强的案例运用鲜活、恰当 | 宁夏 | 17.0 | 52.9 | 24.3 | 2.9 | 2.9 |
| | 甘肃 | 24.9 | 39.3 | 29.3 | 4.4 | 2.2 |
| | 青海 | 14.0 | 27.7 | 34.2 | 13.0 | 10.3 |

续表

| 培训收获 | 省区 | 非常符合 | 比较符合 | 一般符合 | 比较不符合 | 非常不符合 |
|---|---|---|---|---|---|---|
| （4）培训方法和手段较先进 | 宁夏 | 22.8 | 40.8 | 26.2 | 7.3 | 2.9 |
|  | 甘肃 | 20.1 | 46.7 | 21.4 | 7.9 | 3.9 |
|  | 青海 | 9.9 | 39.4 | 33.9 | 12.3 | 4.1 |

新课程提出"先培训、后上岗，不培训、不上岗"的政策，对于农村中小学来说，教师教学能力提升越大培训的价值意义也就越大。因为农村相对于城市来说，在信息、资源、硬件设施等方面都存在较大差距，新课程培训是农村中小学教师了解新课程、转变教学观念的重要渠道。因此，经过课程改革持续跟进培训，不同年龄教师对教师培训评价如下：36—45 岁中青年教师认为（宁夏 35%，甘肃 43.5%，青海 44.4%）培训改变其教育教学观念，促进自身专业发展。25—35 岁教师（宁夏 37.5%，甘肃 56.7%，青海 21.3%）认为其收获在于通过培训改进课堂教学方法，36—45 岁青海、宁夏教师对此较认同，见图 3—29。

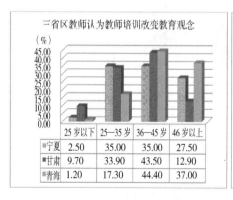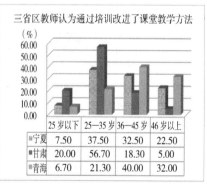

图 3—29　三省（区）不同年龄教师对教师培训的评价

### （四）农村中小学教师教育观念与行为转变日渐丰富与深化

课程改革归根结底是对人的改革，教师如果不能在观念上适应新课程的转变，那么教师也难以认同新课程的理念，新课程的高水平实施更难以落实。新课程改革对传统的课程与教学进行了"概念重建"，要求教师改变单向度的信息传递，在具体的教育情境中引导学生主动地建构知识；

"课程"不仅仅是学科科目的总和，也是一个动态生成的过程，是蕴含多种意义的"文本"，教师和学生可以根据不同的视界进行不同的解读。

1. 农村中小学教师"静态"课程观到"动态"课程观端倪初现

课程改革推进和深化过程与对教师对课程内涵的认识与把握同步。课改以来，"教师对课程概念从陌生到熟悉、从不理解到理解，课程逐渐成为其职业活动中必须关注的一个领域。对长期以来只对教学常规和教学能力有要求的体制而言，课程改革唤醒了教师的课程意识，深化了他们对课程本质的把握"[①]。调研发现，教师已经逐渐改变了对课程与教学的观点与看法，形成了较为符合新课程要求的课程与教学概念。见图3—30，表明农村中小学教师眼中的"课程"的概念已逐渐从"课程即计划"的静态课程观走向"课程即体验"的动态课程观，这种课程认识与理解的进步远远超越了灌输"现成知识"的"预设论"。

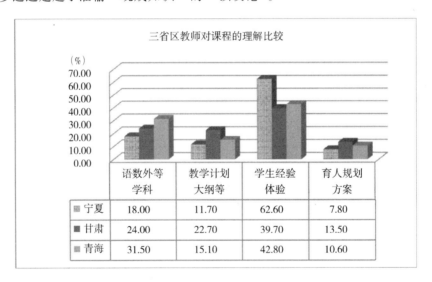

**图3—30 三省（区）农村教师对课程理解的比较**

研究者：您任教多少年了，您喜欢教师职业吗？课程改革实施这么多年，能否谈谈您这些年的感受和经历？

宁夏W市X小学韩老师：1997年我毕业于××师范大学，因为

---

① 刘旭东：《挑战与推进：课程改革的回顾与反思》，《当代教师教育》，2015年第3期。

来自农村，谈不上有多喜欢教师职业，但是也越来越觉得当老师很不易。当时我在的那个农村学校，可能学生少，我觉得没那么多东西要教给学生，那时候就是备好教案，完成课堂教学。也就那样，考完以后也是那样的结果（学校没有严格的成绩考核），觉得那时候生活很自在，但是2002年以后，就不是这么回事了，总体上感觉要教给学生的东西太多了，不仅仅是书本上课，课外的，动手的，综合实践的，就是教给学生的东西多，很累很忙，新课改无形中对老师的要求拔高了很多，我们以前就很自由，没觉得有这么大的压力和挑战。

研究者：您能具体说说经过这些"忙"和"累"，您的感受？

宁夏W市X学校韩老师：忙着充电，忙着学习，学习新课程的理念，其实改变是很困难的，原来自己熟悉的方法变成新的方式其实也是有适应期的。我的很多同事也和我一样，但是人和人的"累"与"忙"又是不一样的。我好在那时可以多去听别的老师课，你就能明白别人的课是怎样上的，当然我不是你让我怎么改我就怎么改，一旦我认同了这个理念以后，我也就自然而然地做了，还没课改的时候，我在自己的课堂上尝试过"合作"的方式，分四人小组讨论，但还是没有"合作"的概念意识，后来通过新课程培训发现，新课程改革倡导的理念和我自己的想法有很多是一致的，教育就是要让学生"会学"，用多种方式让学生爱学习。

研究者：通过这么多年的课改经历和感受，您理解的"课程"是什么？

宁夏W市X学校韩老师：2002年课改以来的新教材我也已经带了有好几轮了，这几年越来越觉着新课程改革还是很有成效的，就拿我自己说，我认为随着教材的改变，新教材体系比较严谨，编写者应该是努力要体现新课程的教学理念的吧，总之我们语文好教材就是要体现出人文性和工具性的统一。（新教材）每个单元内容都有单元导读，每个单元都有4—5篇课文，其中包括2篇精读课文，2篇略读课文，有利于学生的阅读实践，学习园地对所学内容进行了一定的归纳与梳理，尤其能充分考虑学生学习知识的阶段性和连续性，这些都是有利于学生学习的。每上一轮语文，我就有不同的感受，比如，四年前我在讲《再见了，亲人》这篇课文时，就觉得亲人就是"军人"，但是现在上这堂课时，对于"亲人"的理解我就会想很多，课前先让学生想一想，同时让他们查阅资料，"谁是你的亲人？亲人和你的关系是怎样的？你对亲人应该有怎样的感情？"等问题，结果学生对于亲人的理解情感非常之多，多到让我惊喜，学生真是需要教师"点燃"的，然后再来上这堂《再见了，亲人》时，学生的热情就被调动起来了，这堂课我就在课件上只串一条"亲人"的主线，然后放手让学生讨论，效果很好，我教得也很轻松。就觉得，做老师不仅要"有心"而且要有"变"。教材是好，但是不能教材有什么，就教学生什么，凡是能够有助学生学习问题和资料，采用不同形式放手让学生去讨论、去查阅资料，你就会感到课是轻松的，学生也是轻松的。我不知道对课程理解的对不对，想着凡是能够让学生有收获的都算是课程，而教学就像我们的"长跑"，老师的任务就是把学生们引到长跑的起跑线上，给他们指导，但是也不能让他们偏离了跑道。

（摘自 2014 年 3 月 5 日教师"访谈记录"）

教师视课程为经验，就要求教师要充分利用校、内外一切教育资源，拓展学生学习空间，丰富他们的生活世界，最大限度地让学生获得多方面发展。这意味着学校课程自此逐渐超越了课堂和教科书的宰制，真正找回失落的主体意识。

2. 教师"用教材教"意识增强

教师的教学实践能力是教师专业能力的集中体现，目前越来越多教师意识到备课就是二次课程开发。学者吴康宁将教师对法定知识的课程内容进行增减与加工称为教师的"课程重构"，将教师重构后的课程称为"师定课程"[①]。教师对教材内容的重构，可说是"师定课程"的主要组成部分。确切地说，教师对教材内容的重构包括两部分：一是教师在授受前对教材内容的重构，形成"预定传授内容"，"教案"即典例；二是教师在授受现场的师生互动情境中对预设教材内容的调整。经历这两个过程，教材化后的"课程内容"实现了向"教学内容"实际转化的过程。也即教师的课前备课过程与课上的施教过程都属于教师对教材内容的重构过程。

---

① 吴康宁：《教育社会学》，人民教育出版社 1998 年版，第 331 页。

在备课中，教师自己根据所执教班级学生的特点、学生所学知识前后之间的联系以及自己的教学风格等对课程进行再度开发的过程，教材已逐渐不再是教师教学唯一依据，而是促进学生发展的中介。见图3—31，三省（区）教师上课均能够对教案做出适当剪裁和处理，宁夏、青海25—35岁青年教师、宁夏46岁以上老教师对于教案的执行均能做到适当调整，表明教师课程意识逐步增强。

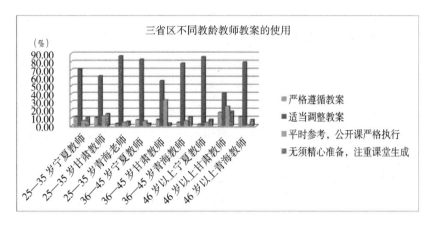

**图3—31　三省（区）不同教龄教师教案使用比较**

研究者：您平时是怎样备课的，您对教材一般是怎样处理的？

宁夏W市X学校陈老师：事实上，以前我一直以为，给我们的教材应该是最好的，是经过国家教育部门审批的，它给我我就能教，没去想这个教材好不好，怎样教才好，真的没想过。但是经过一轮轮教学后，越来越觉得教材怎么教是一回事，怎么渗透又是另一回事。渗透啊，一个就是不要老师直接告诉学生这个是什么什么知识，另外就是要扩大学生的知识面，学完一课后，你也要看看其他的书，不要老看课本里的内容。比如，现在拿到一本书，我会整个看一下这册书要教什么，我要有一个整体的了解，备课时，要先看看有什么内容，然后细细看还有哪些知识是不够的，还要从哪些方面补充，渗透。我肯定得依靠教材去备课，但是在怎么处理教材上我有自己的方式。有时候，我也会查找一些图书或者资料，我们图书室的书有，有的也能用，有时候也订一点杂志什么的补充。

（摘自2014年6月16日老师"访谈记录"）

研究者：课改这么多年，您现在备课方式与以前有什么不同变化，为什么？

青海H县X学校拉姆老师：我们这个地区和学校是进入课改最早的，这些年教育部门及学校组织的培训和学习不断，我们先学习杜郎口模式，"先学后教，以学定教"。现在我们又开始学习山西太谷县的24字教学法，教学中实行"捆绑式"教学评价方式等等。应该说，这些年也把老师历练出来了，每个学校都在积极地进行，假如别人都改变了，你自己不改那肯定是不行的。我们要变压力为动力，尽可能适应新课程改革。这样的教学其实对学生的发展很有利，备课更重要的是"备学生"，现在强调的是学生的学，不是老师的强行灌输，虽然这样备课比以前费时、费力，但学生得到了发展，所以我们导学案的编写也是按学生的思路进行。

（摘自2014年5月12日老师"访谈记录"）

### 3. 教师课程主体意识逐步增强

教师是课程实施的主体。三省（区）不同职称教师对"教师有权利对教育行政部门和课程设计专家预设的课程进行批判、改造和创造"的观点，见表3—31。具体看，三省（区）一级职称教师（$X^2 = 30.30$，$p < 0.01$）与三级职称教师（$X^2 = 19.06$，$p < 0.01$）对此观点显著差异。宁夏、青海近90%三级职称教师均认可此观点。总体上，除了正高级，其他职称教师对该观点认同度达到75%；19.7%的教师持不确定态度。这都表明教师认同"有权利对专家预设课程进行批判改造与创造"，教师的课程主体意识在逐步彰显。

表3—31　三省（区）不同职称教师对"教师是课程实施主体"观点

| 职称 | 省区 | 非常同意 | 同意 | 不确定 | 不同意 | $X^2$ |
|------|------|---------|------|--------|--------|-------|
| 三级 | 宁夏 | 23.1 | 69.2 | 0.0 | 7.7 | 19.06** |
|      | 甘肃 | 22.2 | 22.2 | 44.4 | 11.1 | |

续表

| 职称 | 省区 | 非常同意 | 同意 | 不确定 | 不同意 | $X^2$ |
|---|---|---|---|---|---|---|
| | 青海 | 10.0 | 80.0 | 0.0 | 10.0 | |
| 二级 | 宁夏 | 31.2 | 45.3 | 18.8 | 4.7 | 8.34 |
| | 甘肃 | 27.6 | 44.8 | 27.6 | 0.0 | |
| | 青海 | 25.6 | 56.4 | 12.8 | 5.1 | |
| 一级 | 宁夏 | 42.9 | 45.1 | 9.9 | 2.2 | 30.30** |
| | 甘肃 | 14.1 | 55.4 | 20.7 | 9.8 | |
| | 青海 | 18.2 | 51.2 | 24.8 | 5.8 | |
| 高级 | 宁夏 | 20.0 | 73.3 | 6.7 | 0.0 | 7.46 |
| | 甘肃 | 11.6 | 48.8 | 30.2 | 7.0 | |
| | 青海 | 15.8 | 56.1 | 24.6 | 3.5 | |
| 正高级 | 宁夏 | 0.0 | 100.0 | 0.0 | 0.0 | 18 |
| | 甘肃 | 100.0 | 0.0 | 0.0 | | |
| | 青海 | 0.0 | 0.0 | 100.0 | | |

注：$^*p < 0.05$；$^{**}p < 0.01$。

**4. 课改以来教师重学行为不断丰富与更新**

（1）课堂教学内容呈现方式从"口述＋板书"为主向多种方式综合运用转变。教师课堂教学方式包括两个方面，一是学科内容在教材上的呈现；二是教材上的内容与教师在课堂中呈现给学生。在这里，是指第二种内容呈现方式。以往教师在课堂上主要借助口头语言、讲解、讲演等方式将知识内容呈现给学生，教师依靠一张嘴、一本教材、一支笔过日子。进入课改后的农村中小学课堂发现，教师在课堂教学中注重收集资料，借助多媒体教学呈现的知识生动有趣、形象直观；有的教师通过探究、游戏、竞猜、实践等活动将教材内容呈现给学生；还有教师根据学习内容特点，注意从学生生活经验出发，创设情境，利用讲述、文字板书、形体动作以及声像技术等综合的呈现方式，极大地增强了农村中小学生学习的积极性和主动性。

调研中随堂听语文课《燕子妈妈笑了》，教师已能观照到学生的个性阅读，细心的教师提出学生阅读课文时的要求：请学生在自己喜欢的地方多停留一会儿，多读一会儿，让学生自主学习生字，找出记忆这些生字的方法；这节课主要描写的是燕子，教师在指导学生朗读的时候要求学生"为什么燕子妈妈笑了，要读出燕子妈妈喜悦的神情"。再例如数学课上，教师讲授内容是《长方体的容积》，了解物体的体积和容积，学会比较不规则物体的大小的方法，教师不仅用多媒体进行演示，而且让学生从家中带来土豆与红薯亲自演示容积与体积实验，并让学生自己记录实验数据。同时让学生搜集各种饮料瓶，放入不同的铁块或生姜块进行比较，意在让学生真正学习到"生活"中的数学。

在四年级的美术课上，教师要求学生画十二生肖，首先要求学生各自说说过年的热闹情境，诱导学生用纸、橡皮泥等来表达自己喜欢的生肖，并出示十二生肖动物，鼓励学生动手画出或剪出不同小动物。做完剪纸后，教师对学生的作品进行了评点。美术课上，教师不仅注重绘画及动手的技能、技巧的教授，更引导学生的想象与创造。课堂上，教师与学生积极互动的氛围已悄然形成，教师正努力将课改理念贯彻到自身教学实践中。

现阶段，课程改革深入推进令许多教师深深地感到课堂教学改革的紧迫性，一些教师正在尝试着改变传统的课堂教学模式，努力创设和搭建有利于学生自主学习、合作交流的平台，见表3—32。宁夏、甘肃、青海汉族教师教学方式变化人数比例较高，汉、藏、回民族教师间变化差异较明显，表明新课改真正促进了大部分教师教学方式的改变。

表3—32　　　课改以来三省（区）不同民族教师对自身
课堂教学方式变化的认识　　　　（单位:%）

| 民族 | 省区 | 改变非常大 | 改变较大 | 有所改变 | 没有变化 | 不清楚 |
|------|------|-----------|----------|----------|----------|--------|
| 汉族 | 宁夏 | 18.6 | 45.1 | 34.3 | 1.0 | 1.0 |
|      | 甘肃 | 7.4 | 31.5 | 51.9 | 5.6 | 0.9 |
|      | 青海 | 13.6 | 50.0 | 33.2 | 3.2 | 0.0 |
| 回族 | 宁夏 | 25.7 | 38.6 | 32.7 | 1.0 | 2.0 |
|      | 甘肃 | 12.7 | 34.5 | 41.8 | 9.1 | 1.8 |
|      | 青海 | 7.7 | 61.5 | 23.1 | 7.7 | 0.0 |
| 藏族 | 宁夏 | 66.7 | 33.3 | 0.0 | 0.0 | 0.0 |

续表

| 民族 | 省区 | 改变非常大 | 改变较大 | 有所改变 | 没有变化 | 不清楚 |
|------|------|-----------|---------|---------|---------|--------|
|      | 甘肃 | 20.0 | 8.9 | 48.9 | 6.7 | 15.6 |
|      | 青海 | 3.6 | 60.7 | 35.7 | 0.0 | 0.0 |

（2）教师教学从关注"知识学习"的学历教学逐渐走向"关注能力"培养的学力教学。教学观是教师对教学本质和过程的基本看法，教师的教学观一经形成，就会在他们的头脑中形成一个框架，影响到他们对教学过程的具体事物和现象的看法，以及他们在教学中的决策和实际表现。[①] 教师对教学的目的的价值认识已逐渐摆脱以往传授知识与提高成绩的学历教学，更加注重学生能力发展，三省（区）教师认为教学价值在于促进学生能力的培养与提升，见图3—32。

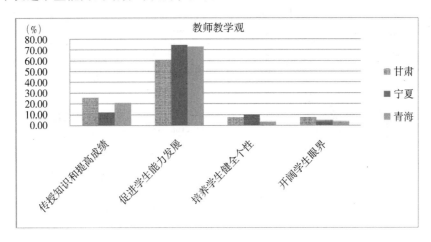

**图3—32　三省（区）教师教学观比较**

（3）农村中小学教师从"督学"行为逐渐向"助学"行为迈进。新课程实施以前，教师很少有真正意义上的助学行为，而且教师以往教学更多意义上是"监督"学生学习，对学生们来说，他们的学习是为教师、家长学习，其学习行为表现较被动。课改以来，农村中小学教师对学生"学"有新的认识，教师帮助学生确定适当的学习目标，同时帮助学生设

① 高凌飚：《新课程背景下教师教学观初探》，《华南师范大学学报》（社会科学版），2004年第1期。

计恰当的学习活动和行之有效的学习方式，帮助学生发掘自身潜能，与学生一起分享他们的情感体验与成功；课堂教学中创设较丰富的情境，以此激发学生学习的兴趣，最终调动学生学习的积极性。（案例：科学课《浮力》中橡皮泥与面团的鲜活运用，正是借助教师帮助学生寻找、搜集和利用学习资源，为学生的学习服务）

第一，教师注重学生自主学习方式的培养。学生问卷调查表明，三省（区）中学生最喜欢的学习方式是与老师一起讨论，其中青海、宁夏小学生与宁夏中学生喜欢与教师一起讨论比例达50%以上，甘肃小学生、中学生以及青海中学生喜欢上课时与教师一起讨论交流比例也达到40%以上，见图3—33，表明教师教学行为的变化。

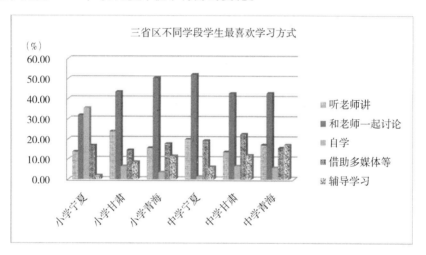

**图3—33 三省（区）不同学段学生最喜欢学习方式**

学生问卷"在课堂上，你们与教师讨论、交流的机会多不多"，见图3—34。学生对于教师教学授课方式评价与认识，宁夏小学段68.6%学生认为有足够的机会与老师交流，青海为52.6%，甘肃为47.10%。

培养学生自主学习方式上，见图3—35。不同学段教师采用了不同方式促动学生养成自主学习的意识与习惯。尽管不同学段教师运用方式与方法不尽相同，但教师已经意识到课堂教学中必须转变"授—受"单向灌输的模式，在培养学生自主学习方式上，教师多采用教给学生学习方法，留给学生自主学习时间和学习内容等，表明一部分农村教师已逐渐转变其教学观念与意识。

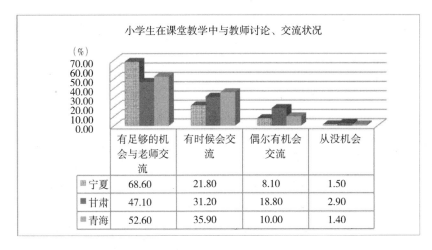

**图3—34　三省（区）小学生课堂教学中与教师讨论、交流状况比较**

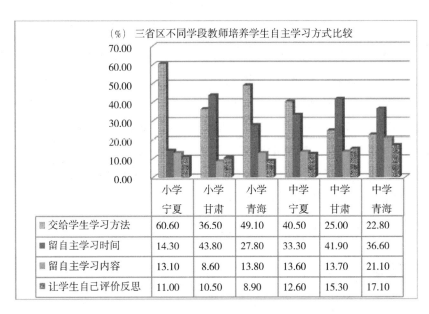

**图3—35　三省（区）不同学段教师培养学生自主学习方式比较**

　　第二，教师帮助学生学习行为意识增强。新课程倡导学生自主学习，留给学生自主学习时间，见图3—36。通过教师留给学生学习时间看，青海教师教学观念转变最高，学生学习时间支配上，青海28.8%教师留给学生20分钟自主学习时间；宁夏为22.3%；甘肃41%教师留10分钟自主学习时间。

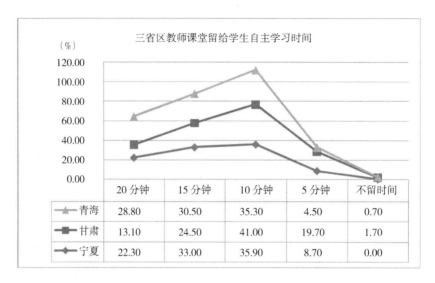

**图 3—36  三省 (区) 教师课堂留给学生自主学习时间比较**

见图 3—37，三省（区）不同教龄段教师在课堂中"经常"为学生提供自主、合作、交流人数比例均有不同，4—6 年教龄教师，宁夏 59.5%，甘肃 14.3%，青海 69.4%；7—10 年教龄分别为 84.6%、32.5%、65.8%；11—15 年教龄分别为 63.0%、32.6%、64.7%，表明教师课堂中的教学行为在逐渐由"教"向"学"转变，其中青海、宁夏教师教学行为转变较大，甘肃教师行为变化较小，但在面临学校考评、分数的评价方式时，教师教学行为还远远未形成自觉意识。

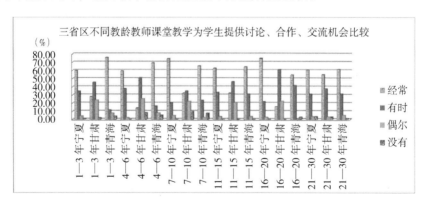

**图 3—37  三省 (区) 不同教龄教师课堂为学生提供合作、交流机会频率**

青海 H 县 X 学校才让措老师：我们学校提出"课堂教学力争堂堂

清"，我曾经以为，"堂堂清"就是在一节课上让所有的学生学会教师所传授的所有知识，现在我明白，其实"堂堂清"应该是在数学课上让"不同的学生得到不同的发展"，也就是数学课程要做到面向全体学生，让不同的学生在数学学习上都能成功。新的课程有弹性，新课程是要最大限度地满足每一个娃娃的需要，最大限度地发挥每一个娃娃的潜能，同时，特别关注学习上暂时有困难的娃娃，我们班自课改以来两极分化现象越来越严重，我也曾经特别迷茫，难道课改有误吗，我们不是不承认学生间的差异，每个学生都有其特点，学生在学习数学方面肯定存在差异，但是现在，这种差距太大了。

现在我的看法是，学生学习差距变大可能有两种情况：一种是原来学生有差别，现在好的学生，变得更好了，差的学生变得更差了，这就是"两极分化"。还有就是指学生原来差距小，新课程实施以来，好学生变得更好了，差学生发展得比较慢，但是都有了一定的进步，学生之间的差距是"向上发展"的差距，有的学生发展快，有的学生发展慢，这是正常，不同学生得到不同发展，希望每个学生都达到基本的要求。

现在，我在课堂上尽量照顾到各个层次学生的学习，课堂上尽量少讲，让学生多思考、多说，布置作业就让小组长督促、检查。我再抽查每个小组的情况，看到那些差一些（学生）能赶上来，比如，今天这个公式会用了，明天那个作业全做对了，心里很宽慰，尽管进步得慢，但是他们都是有希望的孩子，我觉得他们都能达到要求，老师的职责就是要帮助他们进步，使不同的学生数学上都能获得成功。
（摘自 2014 年 5 月 8 日老师"录音整理"）

（4）教师赏学与评学行为得到增强。传统教学中，尽管也存在教师赏学行为，但相比较而言，惩罚行为与意味更浓，教师多则体罚或变相体罚，导致结果就是学生学习兴趣递减，教师厌教、学生厌学的行为此消彼长。课改以来，多元化的评价方式让教师赏学意识与行为都得到了极大的增强。一部分农村教师已经意识到体罚或变相体罚不仅不能使学生学生产生良好的学习行为，最终会令学生失去学习的自信心和原动力。三省（区）教师关于"平时教学中，您最关注学生的哪些方面的成长"，见图 3—38。

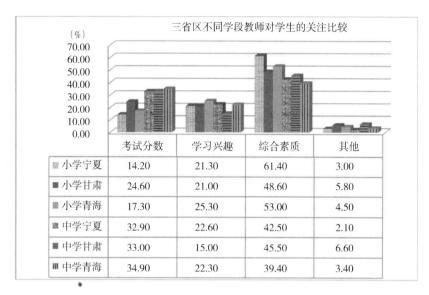

图 3—38 三省（区）不同学段教师对学生学习关注比较

三省（区）40% 以上教师较注重学生综合素质的发展培养，其中小学教师（48% 以上）比中学教师更加注重学生综合素质的培养。

其次，新课改以来，教师在教学实践中对于评价学生的意义与功能又有了新的认识与发掘。教师们已经意识到课改背景下的评学目标与发展目标必须一致，评价学生的目的最终是为了发展学生，不是给学生一个等级或分数并与他人比较，而是分析学生的优势与不足，促使学生在原有水平上提高。同时，教师也注重评价学生学习的多元化，改变过去单纯依靠考试检查测查学生的知识掌握情况，能运用多种评价方法进行综合评价。

5. 农村中小学校教师专业发展进入新阶段

作为专业人员，教师发展具有主体性，发展过程具有动态持续性，是一种不间断的发展过程，这一过程将伴随教师的整个职业生涯。课改以来，不同学段、性别、民族教师对课程改革提升自身专业能力评价较高，主要体现在教师教师职业认同感、合作意识、科研意识逐步增强。

（1）农村中小学教师职业认同感增强。教师职业是教师发展的基础，离开教师职业，抽象地谈教师个人发展是无意义的。课改以来，青海回族教师表现出强烈的职业认同感（50%），宁夏汉族教师（47.1%）与甘肃地区藏族（48.9%）及回族（43.6%）教师职业认同感比例较高，见图 3—39。

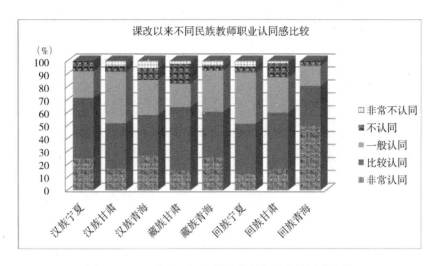

课改以来不同民族教师职业认同感比较

**图3—39 三省(区)不同民族教师职业认同感比较**

不同性别教师对于教师职业认同感也有相应的变化,见图3—40。不同性别教师对教师职业认同持比较认同态度与评价。青海男、女教师对其职业非常认同感比例均高于宁夏与甘肃教师。

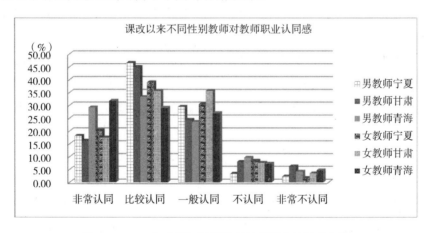

课改以来不同性别教师对教师职业认同感

**图3—40 三省(区)不同性别教师职业认同感比较**

与此,教师职业成就感方面,青海地区男、女教师对其职业成就非常认同比例均高于宁夏与甘肃教师,见图3—41。不同民族教师职业成就感认同上,青海回族教师比例最高(46.2%),甘肃藏族教师(53.2%)与宁夏回族(49.5%)、汉族教师(49%)持比较认同比例较高,其中甘肃藏族、回族教师对课改以来教师取得成就不认同比例较其他两省区民族教师稍高（分别为11.1%、10.9%）。

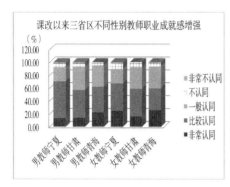 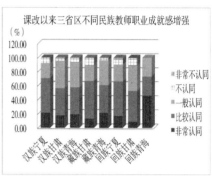

图3—41　三省（区）不同性别、民族教师职业成就感比较

（2）农村中小学教师合作意识与能力增强。传统教育中，教师工作大多靠个人力量解决教学中面临的种种问题，教师教学生活与其他同事相互隔离而不是相互依赖。这种封闭的教师文化潜在地拒斥合作，使教师教学陷于孤立。随着课程改革推进，教师逐渐认识到必须要改变传统甄选式评价给教师带来同事间的戒心，同事间合作变得非常必要且可行，且合作较之以往更加密切。

三省（区）中、小学段教师合作意识较强，见图3—42。不同民族教师合作意识日益增强，见图3—43。其中宁夏小学教师具有合作意识人数比例31.4%，青海23.7%。中学段教师合作意识最强，青海中学教师此项认同达31.7%，宁夏为26%。课改以来，教师间合作大大改变了教师的生存状态，促使教师以更开放的意识与心态尝试新的教与学的方式。

现阶段，各个中小学校在教研活动中已形成了较多样的合作形式，见表3—33，如教学设计、合作备课及资料准备、教学策略改进、教学重难点把握、课后反思等。因而，不同民族教师间合作、互动更加频繁，三省（区）教师在教学、科研等合作比例均在40%以上。其中，青海回族与宁夏汉族教师对此认同度最高。新课改实施促使教师们不仅关注改变自身课堂教学、不断提升自身专业素质，更注重同同事间的合作交流，由此激发教师职业的认同感和价值感。

总体来说，三省（区）教师间合作意识在不断增强，教师间合作内

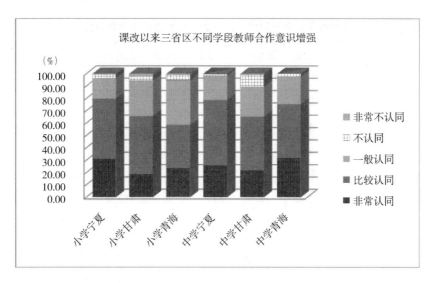

**图 3—42　课改以来三省（区）不同学段教师合作意识增强**

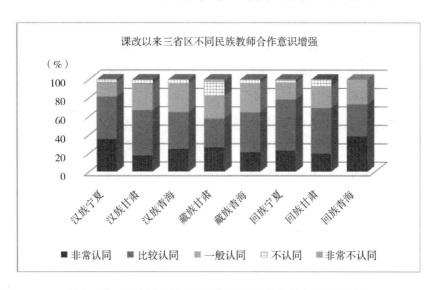

**图 3—43　课改以来三省（区）不同民族教师合作意识增强**

容已经从最初备课及其资料的应用逐渐发展到教学策略及教学设计相互学习与交流，且不同 学科、民族、教龄教师合作内容及关注点各有不同。青海教师对此适应程度高于宁夏、甘肃教师，甘肃教师在合作内容上更多关注知识点的澄清与梳理，表明教师教学观念还需要进一步转变、深化。

表 3—33　　　　课程改革以来不同学科、民族、教龄教师合作内容比较（单位：%）

| | | 省区 | 知识点的澄清 | 教学重难点 | 教学设计 | 教学方法策略 | 备课资料课件 | 不交流 |
|---|---|---|---|---|---|---|---|---|
| 学科 | 语文 | 宁夏 | 5.3 | 25.3 | 28.0 | 28.0 | 13.3 | 0.0 |
| | | 甘肃 | 31.5 | 17.8 | 16.4 | 24.7 | 4.1 | 0.0 |
| | | 青海 | 15.7 | 16.7 | 16.7 | 45.1 | 4.9 | 1.0 |
| | 数学 | 宁夏 | 14.0 | 29.8 | 22.8 | 17.5 | 15.8 | |
| | | 甘肃 | 25.9 | 31.0 | 20.7 | 19.0 | 1.7 | |
| | | 青海 | 13.3 | 11.1 | 15.6 | 46.7 | 13.3 | |
| | 英语 | 宁夏 | 9.1 | 22.7 | 13.6 | 31.8 | 22.7 | |
| | | 甘肃 | 44.1 | 11.8 | 20.6 | 17.6 | 0.0 | |
| | | 青海 | 10.6 | 29.8 | 12.8 | 36.2 | 8.5 | |
| 民族 | 汉族 | 宁夏 | 9.8 | 26.5 | 24.5 | 24.5 | 14.7 | 0.0 |
| | | 甘肃 | 32.4 | 18.5 | 19.4 | 18.5 | 5.6 | 0.0 |
| | | 青海 | 14.5 | 13.2 | 17.3 | 46.4 | 7.3 | 0.9 |
| | 回族 | 宁夏 | 7.9 | 25.7 | 22.8 | 31.7 | 11.9 | |
| | | 甘肃 | 14.5 | 38.2 | 18.2 | 21.8 | 5.5 | |
| | | 青海 | 3.8 | 34.6 | 3.8 | 38.5 | 15.4 | |
| | 藏族 | 甘肃 | 46.7 | 17.8 | 20.0 | 13.3 | 2.2 | |
| | | 青海 | 14.3 | 14.3 | 10.7 | 46.4 | 14.3 | |
| 教龄 | 1—3 年 | 宁夏 | 4.3 | 26.1 | 13.0 | 21.7 | 34.8 | |
| | | 甘肃 | 26.1 | 26.1 | 19.6 | 19.6 | 2.2 | |
| | | 青海 | 4.0 | 44.0 | 8.0 | 40.0 | 4.0 | |
| | 4—6 年 | 宁夏 | 9.5 | 28.6 | 33.3 | 16.7 | 11.9 | |
| | | 甘肃 | 11.4 | 45.7 | 20.0 | 8.6 | 11.4 | |
| | | 青海 | 16.7 | 19.4 | 5.6 | 55.6 | 2.8 | |
| | 7—10 年 | 宁夏 | 0.0 | 46.2 | 23.1 | 15.4 | 15.4 | |
| | | 甘肃 | 32.5 | 10.0 | 25.0 | 30.0 | 2.5 | |
| | | 青海 | 5.3 | 15.8 | 10.5 | 52.6 | 15.8 | |

续表

| | 省区 | 知识点的澄清 | 教学重难点 | 教学设计 | 教学方法策略 | 备课资料课件 | 不交流 |
|---|---|---|---|---|---|---|---|
| 11—15 年 | 宁夏 | 14.8 | 29.6 | 11.1 | 33.3 | 11.1 | |
| | 甘肃 | 34.9 | 20.9 | 23.3 | 18.6 | 0.0 | |
| | 青海 | 11.8 | 19.6 | 17.6 | 41.2 | 7.8 | |
| 16—20 年 | 宁夏 | 8.3 | 25.0 | 16.7 | 33.3 | 16.7 | |
| | 甘肃 | 32.3 | 32.3 | 12.9 | 19.4 | 0.0 | |
| | 青海 | 3.2 | 3.2 | 22.6 | 54.8 | 12.9 | |
| 21—30 年 | 宁夏 | 3.9 | 21.6 | 35.3 | 33.3 | 5.9 | 0.0 |
| | 甘肃 | 37.9 | 6.9 | 13.8 | 24.1 | 13.8 | 0.0 |
| | 青海 | 15.1 | 12.3 | 16.4 | 43.8 | 11.0 | 1.4 |
| 31 年 | 宁夏 | 35.7 | 7.1 | 14.3 | 35.7 | 7.1 | 0.0 |
| | 甘肃 | 26.2 | 23.0 | 15.0 | 21.8 | 14.0 | 0.0 |
| | 青海 | 26.3 | 13.2 | 15.8 | 36.8 | 5.3 | 2.6 |

（3）教师科研意识明显增强。教师从事科学研究工作，是保证教育教学质量得到不断提高，实现教师自身教育教学的素质提高，知识不断丰富与更新的重要途径。新课程要求教师是教育教学的研究者，"与一切理论研究者一样有着特定的知识和思想"，应该作为"一个完整的，有自己探究能力、理解能力和创造能力的人"①。即要求广大教师具有精深的学科专业知识和广博的基础知识，熟谙教学规律，积极开展教学科研。

第一，十年来农村中小学校教师科研论文发表数量不断攀升。课程改革实施十年以来不同性别、民族、职称教师在科研论文的发表上较以往有新发展，见表 3—34。

性别上，三省（区）男女教师科研意识无明显差别。青海男教师发表论文 3 篇及以上为 34%（女教师 33.8%），青海教师整体科研论文数量均高于其他两省区。甘肃男教师论文 3 篇以上 17.4%（女教师 15.8%），宁夏男教师 3 篇及以上 15.2%（女教师 22.5%）。

---

① 施良方，崔允漷：《教学理论》，华东师大出版社 1999 年版，第 373 页。

表3—34　宁夏、甘肃、青海三省（区）教师论文发表情况一览表　（单位：%）

|  |  | 宁夏 | | | | 甘肃 | | | | 青海 | | | |
|---|---|---|---|---|---|---|---|---|---|---|---|---|---|
|  |  | 0篇 | 1篇 | 2篇 | 3篇 | 0篇 | 1篇 | 2篇 | 3篇 | 0篇 | 1篇 | 2篇 | 3篇 |
| 性别 | 男 | 43.9 | 25.8 | 15.2 | 15.2 | 29.1 | 27.9 | 25.6 | 17.4 | 18.8 | 23.6 | 23.6 | 34.0 |
|  | 女 | 50.8 | 16.7 | 10.0 | 22.5 | 32.9 | 30.8 | 20.5 | 15.8 | 17.2 | 23.4 | 25.5 | 33.8 |
| 年龄 | 25岁以下 | 59.5 | 14.3 | 7.1 | 19.0 | 20.5 | 29.5 | 36.4 | 13.6 | 75.0 | 0.0 | 0.0 | 25.0 |
|  | 25—35岁 | 51.3 | 22.4 | 13.2 | 13.2 | 40.7 | 30.6 | 16.7 | 12.0 | 27.9 | 20.6 | 13.2 | 38.2 |
|  | 36—45岁 | 34.9 | 18.6 | 16.3 | 30.2 | 19.4 | 30.6 | 22.6 | 27.4 | 10.9 | 27.3 | 28.2 | 33.6 |
|  | 46岁以上 | 44.0 | 24.0 | 8.0 | 24.0 | 44.4 | 22.2 | 22.2 | 11.1 | 14.6 | 23.3 | 30.1 | 32.0 |
| 教龄 | 1—3年 | 58.3 | 17.7 | 8.3 | 15.6 | 40.4 | 27.7 | 27.7 | 4.3 | 25.0 | 8.3 | 0.0 | 66.7 |
|  | 4—6年 | 66.7 | 0.0 | 16.7 | 16.7 | 34.3 | 31.4 | 25.7 | 25.7 | 33.3 | 8.3 | 5.6 | 52.8 |
|  | 7—10年 | 25.0 | 25.0 | 25.0 | 25.0 | 25.0 | 47.5 | 12.5 | 15.0 | 18.4 | 18.4 | 18.4 | 44.7 |
|  | 11—15年 | 31.0 | 34.5 | 20.7 | 13.8 | 25.6 | 23.3 | 20.9 | 30.2 | 9.8 | 29.4 | 27.5 | 33.3 |
|  | 16—20年 | 29.4 | 11.8 | 17.6 | 41.2 | 21.2 | 30.3 | 39.4 | 9.1 | 6.9 | 37.9 | 41.4 | 13.8 |
|  | 21—30年 | 40.7 | 22.2 | 3.7 | 33.3 | 41.4 | 17.2 | 3.4 | 37.9 | 15.1 | 27.4 | 30.1 | 27.4 |
|  | 31年 | 57.1 | 14.3 | 28.6 | 0.0 | 40.0 | 20.0 | 40.0 | 0.0 | 23.7 | 26.3 | 36.8 | 13.2 |
| 职称 | 没定级 | 62.1 | 12.1 | 10.6 | 15.2 | 44.0 | 20.0 | 32.0 | 32.0 | 80.0 | 10.0 | 10.0 | 0.0 |
|  | 三级 | 66.7 | 33.3 | 0.0 | 0.0 | 33.3 | 33.3 | 33.3 | 0.0 | 10.0 | 10.0 | 5.0 | 75.0 |
|  | 二级 | 41.3 | 27.0 | 12.7 | 19.0 | 51.7 | 32.8 | 12.1 | 3.4 | 20.5 | 26.9 | 24.4 | 28.2 |
|  | 一级 | 42.1 | 15.8 | 13.2 | 28.9 | 20.7 | 31.5 | 26.1 | 21.7 | 17.4 | 28.1 | 24.8 | 29.8 |
|  | 高级 | 31.2 | 31.2 | 12.5 | 25.0 | 22.2 | 22.2 | 22.2 | 33.3 | 9.1 | 18.2 | 36.4 | 36.4 |

从教龄看，宁夏1—6年教龄教师发表论文状况差别不大。发表3篇及以上论文中，青海1—6年教龄教师为青年教师论文发表数最高年龄群。7—10年教龄教师发表3篇以上分别为25%、15%、44.7%。宁夏、青海11—15年教龄教师发表数有所下降，甘肃此教龄段教师达30.2%，宁夏16—20年教龄教师论文3篇以上达41.2%；总体看来，青海青年教师（1—6年教龄）、中青年教师（7—10年教龄）科研意识较强，论文发表数量也最多；宁夏中年教师（16—20年教龄）、中老年教师（21—30年教龄）科研意识强于本省区其他教龄教师；甘肃中老年教师（21—30年教龄）科研论文发表比例最高，其次为4—6年教龄段教师，整体论文发表数量均低于青海与宁夏地区教师。

职称上，青海地区三级职称至高级职称教师论文发表数量均高于宁夏、甘肃地区各个职称教师，且除没定级教师外其他职称教师未发表论文数量比例三省（区）中最低。其中，青海地区三级职称教师发表3篇以上论文比例达75%，且二级、一级、高级职称教师随着职称增高，论文发表数量也越高，科研意识浓厚。宁夏地区没定级与三级教师论文发表数量均为最低（15.2%，0），一级教师、高级教师论文发表3篇以上比例较高（28.9%，25%）。甘肃地区三级与二级职称教师论文发表数量（3篇）最低（0，3.4%），没定级、一级、高级职称教师发表论文比例较高，分别为32%、21.7%、33.3%。大体上，三省（区）教师职称与论文发表数量成正比关系，即随着职称增高，论文发表数量趋于越多。

年龄上，见图3—44。课改以来，25—35岁教师论文发表数量3篇以上分别为13.20%、12%、38.2%，36—45岁教师发表数宁夏30.20%，甘肃27.40%，青海33.60%；总体上，青海教师各年龄段教师论文数量均高于宁夏、甘肃，甘肃各年龄段论文发表较其他两省区最低。

职称上，见图3—45。三省（区）中教师职称越高，教师科研意识越强，其中青海教师科研意识较强。青海正高级教师科研意识最强（$M = 3.25$）、三级（$M = 2.84$）、高级教师（$M = 2.78$）科研水平较低。教师职称与科研比较，通过单因素方差分析，青海与宁夏、甘肃教师发表论文有显著差异（$p < 0.01$），甘肃与宁夏教师发表论文数量相当，无显著差异。

第二，课改以来农村中小学教师参与课题立项等较之以前有新趋向。课改以来，农村中小学教师已经从单纯认为写论文、参加课题只是为评职

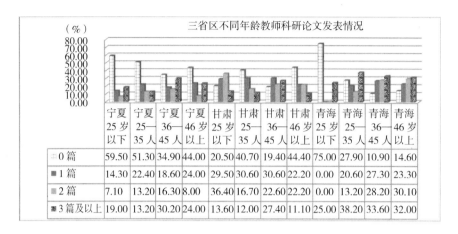

| | 宁夏25岁以下 | 宁夏25—35人 | 宁夏36—45人 | 宁夏46岁以上 | 甘肃25岁以下 | 甘肃25—35人 | 甘肃36—45人 | 甘肃46岁以上 | 青海25岁以下 | 青海25—35人 | 青海36—45人 | 青海46岁以上 |
|---|---|---|---|---|---|---|---|---|---|---|---|---|
| 0篇 | 59.50 | 51.30 | 34.90 | 44.00 | 20.50 | 40.70 | 19.40 | 44.40 | 75.00 | 27.90 | 10.90 | 14.60 |
| 1篇 | 14.30 | 22.40 | 18.60 | 24.00 | 29.50 | 30.60 | 30.60 | 22.20 | 0.00 | 20.60 | 27.30 | 23.30 |
| 2篇 | 7.10 | 13.20 | 16.30 | 8.00 | 36.40 | 16.70 | 22.60 | 22.20 | 0.00 | 13.20 | 28.20 | 30.10 |
| 3篇及以上 | 19.00 | 13.20 | 30.20 | 24.00 | 13.60 | 12.00 | 27.40 | 11.10 | 25.00 | 38.20 | 33.60 | 32.00 |

图 3—44  课改以来三省（区）不同年龄教师科研论文发表情况

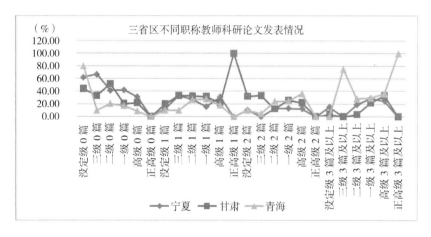

图 3—45  课改以来三省（区）不同职称教师科研论文发表情况

称需要转向通过科研提高课堂教学质量与专业发展水平的提高。三省（区）各学校教师在科研课题立项、论文发表上较之以前有新发展趋向。三省（区）中分别有 68.6%、62.2%、57% 教师参与了更多课题研究，其中宁夏 18.6% 教师有课题立项，甘肃为 16.3%，青海为 12.8%；科研获奖方面，青海地区近 30.2% 教师论文获奖，甘肃为 27.6%，宁夏为 24.3%；论文写作方面，三省（区）教师认为课改后论文写作比过去多，见图 3—46。

6. 发展性评价、过程性评价在课改十年间被高度重视

"新课改十余年来最为关键、突破性的进展，就是把发展性评价的概

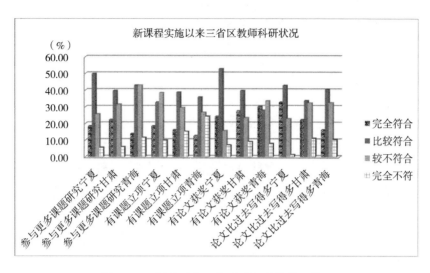

**图3—46　课改以来三省（区）教师科研状况**

念、要求和方法，引入到了教育实践中来。"① 新课程倡导"立足过程，促进发展"课程评价，不仅是评价体系变革，更重要的是评价理念、评价方法与手段以及评价实施过程的转变，新课程评价强调建立促进学生全面发展、教师不断提高和课程不断发展的评价体系，在综合评价基础上，更关注学生个体进步和多方面发展潜能。

目前，农村一些中小学校课堂上，教师采用口语评价、描述性语言评价、符号等级评价使中小学生厌学情绪得到缓解，学习自信心增强。课堂上，感受到的是教师能够充分尊重学生、信任学生、赏识学生的多元评价，自信的自我评价，热诚的同伴评价，指导性的教师评价，使课堂充满了和谐、自主、安全和高效的氛围。发展性评价的关键在于要求教师要用发展的眼光公平地对待每一位学生，以下为宁夏 W 市 W 小学课堂教学过程中，教师对学生的质性评价。

**案例:《燕子妈妈笑了》**

一、导入新课

1. 请同学猜谜语。

---

① 田慧生:《我国基础教育课程改革:回顾与前瞻》，戚万学主编:《教育研究论丛（第3辑）》，山东人民出版社 2012 年版，第 190 页。

"绿枕头，当中空，包棉絮，蓬松松。"

"紫花结紫瓜，紫瓜包芝麻，形状像香蕉，生的不能吃。"（板书：冬瓜茄子）认识这两个词，并点出课件"瓜"字，指导记忆和书空。

2. 课件呈现——地里的冬瓜和茄子。

师：现在我们就到菜园里去看看。瞧，"菜园里，冬瓜躺在地上，茄子挂在枝上"。能读读这句话吗？（齐读。"躺、挂"两个字稍微读重点）

师：躺在地上的冬瓜和挂在枝上的茄子长得一样不一样呢？

生1：冬瓜是绿的，茄子是紫的。（师：你真是个细心的小燕子，观察得很仔细，并摸了摸生1的头）

生2：冬瓜与茄子都能当作食物来吃。（老师：嗯，不错，你知道的还真是多，再观察观察，说着老师拍了拍生2的肩膀）

生3：老师，冬瓜和茄子的大小不一样，冬瓜大，茄子小。（老师：笑了笑，很好啊，继续努力，你还会有不一样的发现）

生4：老师，冬瓜的皮上有毛，茄子的柄上有很多小刺呢。而且茄子很光滑，冬瓜就不是那么光滑了。（老师：啊！你真是了不起，希望今后经常这样能仔细地观察生活中的很多事物哦）

3. 课件呈现——燕子飞出。

师：它是谁？（认识"燕子"，以顺口溜记住"燕"：廿字头，口字腰，北字两边做保镖，四只小燕在下瞧）

师：小燕子飞到菜园里观察到了什么呢？贴出小燕子图。今天我们就带着这个问题来学一篇有趣的课文——板书课题，生齐读课题。

二、初读感知、自主识字。

1. 先听老师把课文读一遍，要求每个孩子眼到、手到、心到、耳到（比谁听得最认真）。

2. 学生自读课文。

师：谢谢你们的鼓励！热情的掌声把燕子妈妈都吸引来了，她好想听听孩子们的朗读。能像老师这样读读课文吗？

3. 课件呈现——带音节的词语。

师：真有信心！不过要读好课文，得先和课文中的词语宝宝交朋友。

①　先自由练读词语（老师要请读得最认真的当小老师）。

②　小老师带领大家读词语（小老师真不错，平、翘舌音和后鼻音都读准了）。

③　全班齐读词语。

4. 读课文感知内容。

师：下面你们就自由地、大声地读课文，已经会读的请加上自己的感情读；还不太会的就指着字一句一句读准，比比谁读得最认真。

生：自由练读课文。师巡视、指导（读完后请标出自然段的序号）。

5. 检查自读情况。

师：乖孩子，读了课文后，你知道小燕子到菜园去了几次？（三次）

它每次都有什么样的发现？课件呈现——冬瓜茄子图。

**[反思与评价]**

这个案例中，教师很好地运用了语言激励评价和标志性评价两种方式，激发了学生学习的主动性：第一，老师语言评价很丰富：没有用"棒、真棒"等单调的词语评价，而是结合课文内容进行恰当的评价，如"你很细心，知道的真多，了不起"等，针对不同学生回答，给予程度不同的评价。第二，评级中指出学生的缺点，而不是一味地表扬。第三，老师恰当地运用了肢体语言加以配合，如"笑了笑，摸了摸，拍了拍"等。

随着发展性评价在农村中小学校常态化，可以预见的是它将不断促进学生个体建立一种良好的反思与总结习惯。总之，学生的发展是根本，这是发展性评价体系的立足之本，也是学校教育教学工作的落脚点，发展性评价体系的提出与实施都必须以学生发展作为出发点。

7. 学生兴趣态度、学习方式转变大

新课程改革的理念与目标"一切为了学生，为了学生的一切"，课改的深入推进与实施，最终是要让学生朝向理想的方向发生变化，学生的变化与感受理应成为评定新课程改革考虑的一个重要指标。

（1）学生对教师教学态度与水平认可与评价。三省（区）学生对教师教学态度评价较好,见图 3—47。比例均达 60%,宁夏中、小学生对教师教学态度评价最高。教师教学水平的认可度上,60% 青海小学生、宁夏中学生认为教师教学水平较高,甘肃次之。

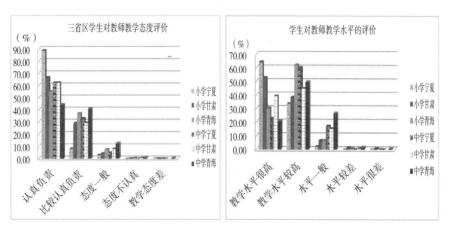

**图 3—47　三省(区)学生对教师教学水平与态度的评价**

(2)学生学习方式由单一接受式向个性化、多样化转变。"就教与学关系而言,教师教育观念、教学方式的转变最终都要落实到学生学习方式的转变上。学生学习方式的转变具有极其重要的意义……因此被看成是本次课程改革的显著特征和核心任务。"[1] 新课程要改变学生原有被动、他主、机械的学习方式,倡导建立以积极主动、独立自主、合作探究等为特征的个性化学习方式。学习方式不仅包括相对的学习方法及其关系,而且还涉及学习态度、学习习惯、品质等心理因素。

第一,以往单一的接受式学习方式逐渐向个性化学习方式转变。新课程实施以来,一些中小学教师课堂教学中比较注重学生的体验性学习,例如:语文课中,教师引导学生充分的阅读,要求学生边读边想,进入课文所描述的情境中去,引导学生调动平时生活中的在语言、生活的积累,用心去体验,体验语文课所表达的丰富的情感,体验语文的语言美、形象美、意境美,获得个性化的感受。其次,教师比较主张发现性学习和研究性学习。教师引导学生在学习中发现问题,提出问题,并通过搜集资料、

---

① 朱慕菊编:《走进新课程——与课程实施者对话》,北京师范大学出版 2002 年版,第 112 页。

加工、处理信息资料，对学生感兴趣的问题进行比较深入的学习和探究，寻求解决问题的方案，培养学生的问题意识与探究精神。

**案例：《构造全等三角形测量距离》**

一、复习巩固、激发兴趣

1. 小明同学不慎将一块三角形镜子打碎了，如下图，现在他要去配一块与原来完全一样的镜子，能配得了吗？为什么？师生、生生互评。

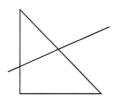

2. 要求自己利用全等三角形的知识巧解实际问题，复习全等三角形判定定理。

3. 归纳全等三角形四种判定定理。

二、创设情境，体验思想

【活动一】课本："一位经历过战争的老人讲述的故事"……

1. 按照这位战士的方法，在教室里构建一个战场模型，你当作战士，可用一张纸或一本书代替帽檐，验证这位战士做法的合理性。

2. 要求学生画出相应的图形。要求学生解释其中的道理。

（小组合作：选一人做示范，共同合作完成；选一人代表口头解释；选一人板书过程）

3. 师板书推理过程，示范格式。

4. 活动小结：①数学建模的思想和方法；②引出课题：构造全等三角形测量距离；③特别点明"转化"思想。

【活动二】学习记录单：某人想在一个鱼池 A、B 两点间建一座小桥，方便游人观鱼。而 A、B 两点间的距离却无法直接测量，请你给出合适可行的测量 A、B 两点间距离的方案，画出设计图并说明理由。

1. 方案要求：

（1）画出设计图并写出步骤（教师提示：①确定一些关键的点、线和角；②构造全等三角形）。

（2）解释其中的道理。

2. 从各组中选几个代表，将其学习记录单投影，并让学生讲述方案和理由。

3. 活动小结：小组合作①数学建模的思想和方法；②规范解题。

三、质疑反思，自主小结

a. 本节课你有什么收获或感受？

b. 构造全等三角形测量距离的一般步骤：

（1）审题：理解题意，根据测量条件与测量目标，选择最佳的测量方案。

（2）建模：确定关键的点、线和角，画出示意图。建立三角形全等的数学模型，利用三角形全等可以把实际问题里的未知线段转化为已知线段。

（3）测量：测量已知线段的长（求数学模型的解）。

（4）结论：根据全等三角形的性质从而得出实际问题中两点间的距离。

c. 数学来源于实践，又应用于生活实践。

现有测量工具（皮尺、测角仪或量角器、标杆）可供选用，如何构造三角形的全等，来测量我们学校后面小河的宽度，瓶子内径的距离等题。

2014 年 5 月 8 日青海 H 县 X 中学课堂记录

**[反思与评价]**

这堂课旨在让学生了解全等三角形概念、性质和判定方法的基础上，结合全等三角形的复习应用而设计的。此教学既是前面所学全等三角形知识的继续，又为以后学习较复杂的几何问题及实际应用做准备，所以本节课重在关注学生的经验与体验、体现知识的形成过程、鼓励测量距离多样化，改变学生的学习方式、体现开放性的教学方法特点。在利用全等三角形测量距离的问题时，学生常感到生活中的问题与数学问题的联系和区别不是很清楚，数学设计方案的表述不是很完整和准确，需要教师进一步地加以指导和规范。为此，结合各方面实际情况，采用"创设情境—探索方法—总结规律—反馈训练"的教学过程。这样经常地、有意识地、恰当地在数学学习中融入生活的素材，学生就会感受到数学就在身边，身边处处有数学，从而增强学习数学、学好数学的信心。同时，让学生在经过自己的努力来克服困难的过程中体验数学实践的乐趣，相信学生，鼓励学生寻求多种解决问题的方案。

第二，学生被鼓励在课堂上大胆发表自己的见解与观点。调研中发现，一些教师教学中并没有一板一眼将教科书的设计作为所谓的"标准答案"，而是鼓励学生从不同角度、采用不同思维方式大胆思考，并发表自己的看法，学生的积极性、主动性被极大地调动起来。问卷中"在课堂上产生不同见解时，你的做法是，三省区不同学段学生的处理方式，见表3—35，三省（区）小学生能够大胆、积极发表见解比例分别为28.9%、27%、24.6%，其中青海小学生更愿意与自己同桌或前后排同学进行讨论。宁夏与青海地区分别有30.1%、26.6%学生能大胆发表见解，其中甘肃中学生仅为16.8%，在一定程度上表明甘肃地区学生学习方式转变稍有差距，教师教学中应多加注意引导学生，让学生的学习更具创造性。

表3—35　　　　　　课堂上产生不同见解时，学生通常的做法　　　　（单位:%）

| | | 大胆发表看法 | 有时发表看法 | 和同学讨论 | 只听他人观点 |
|---|---|---|---|---|---|
| 小学 | 宁夏 | 28.9 | 28.9 | 25.9 | 16.2 |
| | 甘肃 | 24.6 | 28.3 | 33.3 | 13.8 |
| | 青海 | 27.0 | 26.7 | 38.5 | 7.8 |
| | | 205 | 209 | 260 | 84 |
| | 总计 | 27.0 | 27.6 | 34.3 | 11.1 |
| 中学 | 宁夏 | 30.1 | 24.7 | 35.6 | 9.6 |
| | 甘肃 | 16.8 | 25.5 | 47.3 | 10.5 |
| | 青海 | 26.6 | 27.2 | 37.3 | 8.9 |
| | | 205 | 237 | 382 | 89 |
| | 总计 | 22.5 | 26.0 | 41.8 | 9.7 |

有学生谈道：我喜欢小组交流的形式，这样可以提高我们的学习能力，同学之间相互交流，没有压力，同学能帮助分担一些忧愁（学习不懂的内容），可以提高自己学习的效率。

还有学生认为：我喜欢老师让我们小组交流，我们表现得都很积极，很主动，尤其是我的同桌，她学习好可以帮助我，有时候我也表现得很积极主动。同样，在学习过程中遇到问题时，你的做法是？三省区不同学段学生处理方式也不同，但共同点在于学生都会求助于教师，有时向教师提问、不敢提问或害怕提问比例非常低，表明学生学习主动性逐步增强，学习方式已在悄然发生变化，见图3—48。

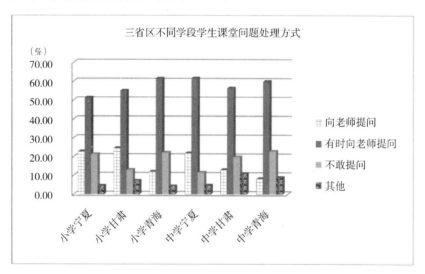

**图3—48 三省（区）不同学段学生课堂问题处理方式比较**

（3）学生学业负担不重。三省区总体看来，小学生学业负担不重（没有升学考试），宁夏小学生尤为明显。初中学生学业负担适中（比例均在44%左右），其中宁夏26%中学生负担有些重，较其他两省高出3至4个百分点。青海中学生学业负担较重人数（13.5%）比例均高于宁夏、青海。

青海 H 县 X 学校拉姆老师：新课程实施这么多年，小学生负担相对较小，首先是课程内容有删减，学生作业也减少了很多。因此，小学段学生作业负担不太重。学生活动增多了，而且现在对成绩较差学生的关注度也比以前多了。（摘自 2014 年 4 月 22 日教师"访谈记录"）

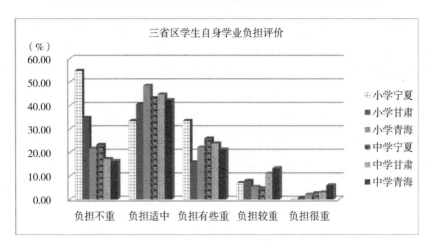

**图3—49　三省（区）中小学生对自身学业负担评价比较**

## 三　西北民族地区农村中小学教师获得发展的动因分析

新课程改革在一定程度上提升了农村中小学教师教育教学的能力，同时鼓舞并激活了一部分教师专业发展的愿望。面对新课改的挑战，一部分教师依靠国家制度的影响力及学校教育变革的环境支持，在丰富而复杂的教学实践中，主动参与教学改革，成为主动的学习者，以此不断适应新课改要求。

### （一）新课改为农村中小学教师专业发展提供方向与成长途径

国家政策及制度影响力与学校实施条件的有力保障是教师适应课程改革的外部助推力。实地调研表明，新课程改革实施较好的学校，相对来说教师适应性也越快，适应程度也越高。课程实施至今，学校无论是自觉还是不自觉，主动适应还是被动驱使都必须不断地变化调整，在变革与未来的视野之中建立起新的方向。教师在学校教育变革的过程不断逼近课程改革的本质，逐步提升应对改革的能力。

1. 国家制度政策为农村中小学教师适应新课程改革保驾护航

改革开放以来，我国基础教育取得了辉煌成就，基础教育课程建设也取得了显著成绩。但是我国基础教育总体水平还不高，原有的基础教育课程已不能完全适应时代发展的需要。为贯彻中共中央、国务院提出要

"深化教育改革，全面推进素质教育"的要求，教育部 2001 年印发《基础教育课程改革纲要（试行）》要求大力推进基础教育课程改革，调整和改革基础教育的课程体系、结构、内容，构建符合素质教育要求的新的基础教育课程体系，大力推进基础教育课程改革，调整和改革基础教育的课程体系、结构、内容，构建符合素质教育要求的新的基础教育课程体系。新课改目的就是要在 21 世纪构建起符合素质教育要求的基础教育课程体系。这些制度的颁布落实，为教师适应新课改提供了良好的制度保障。

2. 课改以"自上而下"与"自下而上"相结合切实保障了其顺利推进

自上而下的改革优势在于：一则人力、物力、财力资源容易聚集，很多专家参与，基本经费得到充足保障；二则组织化程度较高，基于科层制的推广，有组织、有计划、有步骤，比较容易推进；三则"顶层"视野比较开阔，且权威性较强，以国家为中心发起的改革，体现了国家的意志，这本身就是一种力量。因而自上而下的改革能够顺利推进，这不仅源于可成功改革方案本身，是否真正是"正确的事"，也在于得到基层高度的响应。从"下面"的角度观照，首先，广大农村一线教师将课程改革的思想与精神逐步转化成自身认识及观念，逐渐增强改革自觉性。其次，随着课程改革的逐步推进，大部分农村教师已经不再将课程改革视为一种外在压力，而是自身成长的需要，由最初的"强制"适应逐渐迈向"自主"发展的应对式，极大地增强了教师适应课程改革的自觉性和主动性。

3. 中小学校发展进一步推进了教师适应新课改的进程

课程改革是民族地区农村中小学所面临的组织外部环境的重大变化，面对改革，学校固有的组织架构与运行方式必须做出相当程度的调整与转变才能适应基础教育课程改革的需要。学校组织变革是指学校为了适应学校组织内外环境的变化而对自身进行的调整、修正和革新的过程，其目的是增强学校组织的活力和效率。① 现阶段，教师对课程改革良好适应在一定程度上正是学校组织的强大力量下形成的。当学校组织发生变革的时候，不论出于"求生"的原始动机或是为了"更好地奉献"的崇高信念，教师们在强大组织压力下，不得不认真积极地谋求自身的发展，更好地适

---

① 龙君伟：《新课程与学校组织变革》，《教育理论与实践》，2003 年第 10 期。

应组织和课程改革。① 由此，教师在教育理念、教学方式及手段、专业知识与能力、师生关系等方面都要做出一番深刻的梳理与检讨，适时地做到自我更新和与时俱进。由此，学校变革与教师适应之间因果关系分明，教师只有不断地作出调整才能更好地适应学校组织的变革。

4. 农村教师培训持续跟进拓展了教师的专业发展空间

新课改以来，教师参加培训的机会明显增加，形式也较多样。三省（区）调研发现，一线教师们普遍反映新的教研方式有效地促动了教师专业发展。教师们对请优秀教师专家做现场报告，或是走出去听观摩课与其他兄弟学校交流经验等培训方式给予了较高的认同。目前，根据改革的实际需要和农村中小学办学实际，大力推行"以校为本"教学研究制度，引导教师通过研究解决改革实践和日常教育教学中实际问题是提升农村中小学校教育教学质量的关键。

**（二）新课程改革实施环境与条件保障到位**

课程改革是一项复杂的系统工程，从其规划到实施不仅涉及人、财、物的投入而且涉及社会各部门支持与认同等诸多方面问题。

1. 国家变革的大环境为教师适应新课程改革搭建了发展平台

"一个封闭的系统是很难发展的，也是很难推行改革的，内部要改革，没有外部的推动和参照是很难的，阻力会很大。而在一个开放的环境中，由于受外部竞争的压力，改革的必要性和紧迫性就很容易得到认同。"② 为贯彻《国务院关于基础教育改革与发展的决定》和教育部《基础教育课程改革纲要（试行）》的精神，落实教育厅实施课程改革的意见，积极投身于基础教育课程改革，扎实有效地开展课程改革。全国上下都在不断深化课程改革，在摸索与探究中总结新课改经验，为教师更好地适应新课改搭建发展平台。

2. 学校变革的小环境为教师适应新课改提供成长环境

学校教育变革的根本理念在于"以人为本"，而实行人本管理的关键必须将教师素质的培养与提高放在学校可持续发展的战略高度，将教师专

---

① 陈时见主编：《学校教育变革与教师适应性研究》，商务印书馆 2006 年版，第 32 页。

② 张彦通：《积极推进教育开放，全社会参与办大教育》，《教育研究》，2009 年第 12 期。

业发展与学校发展紧密联系，使"教师即课程"的理念在学校教学改革中彰显，促动教师成长与学校发展"共赢"。以宁夏和青海地区为例，随着课程改革的纵深发展，许多教师感到新课程改革第一年信心百倍，工作得心应手，而越往后越"困难重重"。农村教师在实践层面上往往难以突破"穿新鞋走老路"的窠臼。为此，学校管理者面对这些问题，坚持走校本培训、校本教研的发展路径，逐步解决课程改革中出现的各种问题，借此突破课程改革中普遍存在的"高原效应"。

课程改革十年来，青海省 H 县将积极开展校本教研作为推进课程改革的长效机制来落实，构建了县、乡、校三级教研网络，凝聚七所中学中心教研组连片教研，形成合力的优势，发挥校长、教务主任、教研组长和骨干教师的组织、协调、引领作用，在学科教学研究中起到了研究中心、辐射中心、交流中心、指导中心的目的。在课改中，不断研究本校教学问题，现阶段，校本研究第一责任人是校长等教研理念已深入人心。教学过程中，教师们逐渐打开了封闭的教学心理，自觉反思的愿望日趋强烈，通过自我反思、同伴互助等方法，产生了在活动中和大家共研、共进的愿望；一些农村学校在推进过程中积极探索校本教研的方式，形成了"课前会议—课堂观察—课后议课"的三个板块，使学校各教研组能够熟练驾驭，并且在模式创新中不断改进，极大激发了教师参与教研的积极性，也促进了学生学习质量的提高。2009—2012 年教研室提炼出了符合 H 县中小学课堂教学的多种教学模式，小学"导学·展交·训练"、中学"六环节学案导学"得到全面铺开，通过一部分骨干教师的学科教学的竞赛课、校本教研的研究课等促使教师们理解掌握了教学模式的理论体系和教学结构、方法，极大地丰富了新课程改革的理论和实践。小学科学"四主六步教学法"：小学英语"学导式"光盘教学；S 镇中心学校的"导—展—练—评"；G 滩镇中心学校坡家初中推广的"导学—交流—释疑—训练"教学模式，一些优秀教师依据自己的教学特点逐步提炼出各学科教学的模式，丰富了全县课堂教学的方法。H 镇中心学校的 X 老师的创新教学，L 镇中心学校的 M 老师的"闯关式"教学模式等生动活泼，风格各异，得到更多教师们的认可和借鉴。在这一阶段，最大的变化是学生走上讲台，以"小老师"的身份，参与讲解、汇报、展示，组织交流、课堂呈现出"互动"的实效性，互相欣赏、互相支持、互相质疑、互相挑战、互相评价等互动技巧得到张扬和推广，使学生主体作用得到了很好的发挥。

### （三）农村中小学教师自主发展与更新

教师是教育者，同时也是学习者和研究者。新课程改革令教师面临诸多挑战，各项教学制度、教学内容、教学方法等一系列的变化，不仅让教师倍感压力，而且让教师开始为自己寻求发展以便能够更好应对新的教育环境。教师自主发展是在学校情境中，根据教师自我发展和学校发展的需求，教师自主地确定发展目标、开发和利用学习资源、设计发展策略、评价学习结果的一种专业发展方式。

1. 善于学习

教师的学习形式有理论性学习与经验性学习两种，理论性学习不只限于温习曾经的教育知识与相关学科知识，更主要是学习新理论与新知识。课改以来，尽管对新课程理念有不同程度的理解与认识，但因新课程改革整合了许多先进教育理论，教师最初也是很难领会，其后通过教师培训、阅读书籍领悟新课程精神内涵及其实施策略等。再者，随着教师教学经验的积累与丰富，以往的封闭自足的教学经验难以适应新课程发展要求，一部分教师通过网络等资料的查询、学习观摩别的优秀教师的教学案例，不断开阔自己的视野并在反思中建构新经验。访谈中，适应程度较高、适应较快的教师普遍认为，正是在教师培训以及平时理论学习中自身积淀了较好的理论素养，同时也转变了自身教育教学理念，优化了教育教学方法。

青海 H 县 X 学校才让措老师：其实我们课挺多，在学校没有时间查找资料，只是回家从网上找一点，但是很零散，比如，我看到一些课程标准的分析，总结方面的文章，还有别的优秀教师的教学案例以及好的做法等，然后回过头来反思自己的教学，我觉得这样对自己理解和运用教材的帮助很大。在教学的时候，如果只是依赖教材的话就没有办法跳出来，因为只有一本教参，已经滚瓜烂熟了，不能挖掘新鲜的东西教给学生，尤其在我这个年龄段，要继续发展，一定要跳出教材和教参，善于学会利用其他资料和主动思考才能有新的东西出来。在平时的备课学习中，一定要努力做到跳出教材看教材，这样就能够对教学整体有一个把握，教学也能深入、透彻。

（摘自 2014 年 7 月 22 日教师 "访谈记录"）

教师历来都十分注重自身教学的改进和先进教育理论以及经验型的学习提升自己。总体上，西北民族地区农村教师创新教学实践、自觉进行反思、善于运用多种课程资源使教师应对课程能力不断提升，教师适应良好。

2. 精于教研

新课程的实施并非是教师按照专家设计图纸进行实施的过程，而是一个开放、民主、科学的探索过程。改革本身的复杂性与情境性决定了任何教学方式的变革，学习方式的更新，都没有现成的答案可以遵循，这就需要教师在实践中不断探索、研究，寻求解决的方式与途径。

宁夏 W 市 X 学校周校长：在上选学课文《你一定会听见的》这篇课文时，文章描绘了很多声音，和以往一样，每堂课都是既要了解课文的主要内容，还要学习课文的生词，更要懂得文章告诉我们的道理，这些必不可少。我先让学生在文章中找出都描绘了哪些声音，学生们都高兴地找着，看到他们那么高兴，我忽然觉得学生们对声音也是非常敏感的，也非常喜欢声音，那为什么不让学生们自己写一写他们感受最深的声音呢？于是在简单地了解了课文以后，我将课堂重点放在了写作练习上。我说：同学们，文章中写了这么多声音，你的生活中，有没有给你留下深刻印象的声音？一石激起千层浪，孩子们纷纷说了起来。有的学生说：有一次，看电视我听到了狼的叫声，那声音让我至今不忘，"每个周一升国旗，奏响国歌时，我就非常激动"，"过年表演社火时锣鼓的声音真是太刺激了"，"下课了，同学们的欢闹声真是让人高兴"……，我真的是暗自窃喜，于是顺势利导：文章中写声音的段落很多，你最喜欢哪一段的写法？进一步对写法进行了简单分析与指导后，我就让学生动笔写写自己印象最深刻的声音，很快，就有学生写完了。

看到孩子们的写作范围是这么广时，我简直惊呆了，有孩子写流水声，有的写猫叫，有写国歌声，有写雪花飘落的声音，最惊喜的是有孩子写道："你听过小草小花赶集的声音吗？春天到了，小草小花还在沉睡，太阳公公说：小草小花，集市到了，快来赶集啊！他们听见了，赶紧梳洗打扮一番，从地下探出头来，风吹过他们的头顶，他们快活地笑了"……

（摘自 2014 年 4 月 30 日教师"访谈记录"）

"每个教师对所教课程的理解以及对教材的领会，都会有一定的差异，而且他们会根据自己的教学经验和学生的具体情况，对课程内容作不同的'改编'。"[①] 教师教学绝不是要将简单的知识经验装到学生的头脑之中，而是要求有新的行为，即激发和挑战学生原有的知识经验，提供给他们有效的指导、支持与环境，包括设计良好的问题与活动，营造真切的情境，尽管案例中教师认识到课前预设很重要，但是教师也要研究课堂本身，要有随机调控的能力，如果只是一味按照课前预设的任务完成课堂任务，课堂教学任务亦能够圆满完成，然而错过的是真正的创生与精彩，教师课堂教学既要精心预设与准备，更要有问题意识，善于发现，才能让课堂充满活力。以下是一位教师的课后反思：

宁夏 W 市 X 学校陈老师：课程改革这么多年来，我多少都会有一点得意，自认为学习的目标基本完成，课堂上学生反应也不错，但是这种自以为是的自满招致了我教学思路的僵化。在课堂上，学生的反应和以前一样，但笑声少了，眼神里烦躁多了，我能感觉到也着急。但我没有从教学设计上找原因，在《草船借箭》时，我刻意加上了三国的地理位置草图、诸葛亮的舌战群儒、三顾茅庐，甚至加上了诸葛亮的妻子黄阿丑，就想引起学生对我新一轮的关注。这一招很奏效，而且我也越来越乐此不疲，我也害怕学生会不在乎我，讨厌上我的课，有时候会很紧张，担心讲的内容引不起学生的关注。终于，我身心俱疲，回头看时发现在课堂上我始终关注的是自己，我没有真正关注过学生。反思自己，也许我的出发点是好的，但是走着走着就变味了，（无奈）为什么我要去讲文本的背景，为什么我没有想到让

---

[①] 施良方：《课程理论——课程的基础、原理与问题》，教育科学出版社 1999 年版。

学生去搜集、去讲。其实也想过，可学生不具备应有的条件，但这些能成为我经常包办代替（学生）的理由吗？

反思是必要的，课改已经走过十几年时间了，回想这十几年的教学历程，我总是自问，我是不是真正关注过学生，他们的情感态度、认知水平、性格差异、喜怒哀乐，我有留心观察过吗？分担过吗？我有把学生当作自然人了吗？他们就不能有掉队的时候吗？在今后我的课堂上，要把更多宽容留给学生，注重培养学生的团体合作精神，增强学生的荣誉感。

（摘自 2014 年 3 月 27 日教师"访谈记录"）

### 3. 勇于改革

无论是"传统课堂"还是"现代课堂"，"教师的每一堂课都是教师实实在在的教学活动完成的，课堂内容的多样性和教学进程的时间一维性决定了教师必须要拥有能够应对实际情境中各种变化的策略和能力，这是课程得以生生不息的生命力所在，也是课程改革必需的基础，是我们期望通过课程改革重新唤醒的方面。"[①] 对于农村一线教师来说，教学改革就是要打破教学的旧观念、旧做法，在参与新课程课堂教学中理解新理念，形成新制度，探索新方法，实现教师角色转换和能力的提高。教师适应新课程改革最佳方式在于积极置身于学校教育教学改革的实践中。

研究者：既然准备公开课如此麻烦，很多教师都不是很情愿上这样的课，您为什么这样积极地准备课？

宁夏 W 市 X 学校陈老师：上公开课，能帮助我理解和处理好教材，改进我自己的教法。一般公开课，课后其他老师对你的课进行点评，课的优点会点评出来，说得合理，我就会按照这些老师的方法进行创新。你今天听我的这堂课《彩色的非洲》，有一次讲这堂课的时候，要让学生领略非洲独特的自然景观与风土人情，体会作者对非洲的赞美之情。原本准备一段一段讲，有的老师在听完后，提出能否全篇就抓住关键词，讲非洲真是一个"色彩斑斓的世界"表现在哪些

---

① 刘旭东：《挑战与推进：课程改革的回顾与反思》，《当代教师教育》，2015 年第 3 期。

方面，否则那样讲太琐碎了，整篇课文的美感都没了，于是我在其他班再上这个课的时候，抓住"色彩斑斓、多姿多彩"两个关键词，让学生找出这两个词的句子，一个"开篇"，一个"结尾"（首尾呼应照应课题），这样学生也容易理解，现在教学中经常用到这样的方法，抓住主词或关键语段，重点突破。语文就是要通过文章的学习达到人文性与工具性的完美统一。

（摘自 2014 年 4 月 27 日教师"访谈记录"）

教师只有在课程改革的教学实践中才能真正成长，上述案例中的教师通过上公开课，转变了自己以"知识点"为中心的教材处理方式，从注重学生整体感悟出发，紧抓关键、核心问题开展教学，激发了学生主动性，较好地培养了学生的思维能力。

教师成为教育教学研究者不仅是现代教学越来越复杂的必然要求，也是教师实现自身价值的途径。马克思曾说"人们只有为同时代人的完美，为他们的幸福而工作，才能使自己也达到完美。"[1] 对于教师而言，其生命价值意义是与其所承担的"成人"的教育使命紧密相连的。教师的这种使命感激励着教师将外在要求内化为自身的价值标准，用饱满的教育热情与坚定的教育信念自觉履行教书育人的使命，并在其过程中追求自身价值的实现。

宁夏 W 市 X 学校韩老师：作为一个老师，我喜欢这个职业，也很享受它带给我的幸福感，这是最主要的东西。教书的目的就是学生得到了发展。教了一辈子书，除了正常的工资以外，老师的收获就是学生，"桃李满天下"。这就是我们农村读书人的希望，读书人要是论钱、论物，就会把精神的东西丢失了，这很重要。随之而来的，就是能获得领导、家长、学生的肯定。当然，如果你干得好的话，考核啊，评职称啊，你就会名列前茅，干得不好的肯定就在后面，当然工资也会相应得多些。你的班上将来就会有很多学生来上学。

（摘自 2014 年 7 月 30 日骨干教师"访谈记录"）

---

[1] 《马克思·恩格斯全集（第 40 卷）》，人民出版社 1982 年版，第 7 页。

4. 乐于合作

现代学校中，对学生进行教育和教学的活动已不再是由单个教师完成，而是由整个教师集体来承担。在教育教学活动中，每个教师必须学会协作，教师之间的专业合作不仅能推动学校整体教学质量的提高，更重要的是能最大限度地满足提升教师个体在专业能力、知识、态度等多方面的发展。新课程理念倡导培养学生的动手实践能力，而实践能力培养却要依靠全体教师集体智慧凝聚。任何教师不可能具备所有学科的知识和技能，教师之间只有互补与合作才能形成以互动为主要特征的教师工作群体。因而教师要求改变以往相互孤立与封闭的现象，必须学会与他人合作，与不同学科教师交流、沟通，见图3—50。

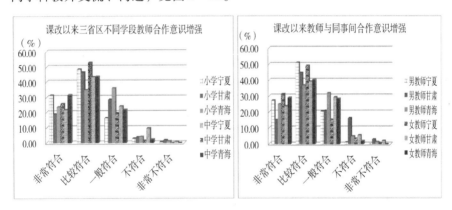

图3—50　课改以来三省（区）教师合作意识增强

三省（区）教师小学、中学教师间合作处于比较适应的状态，不同性别教师在教师间合作比例较高，大家互相评课，共同找出优点和缺点，相互督促改进，通过交流合作，有利于同事之间和谐环境的营造，更有利于学习型组织的建构。其次，教育教学活动所特有的系统性、整体性要求教师在团队合作的基础上开展公平竞争，良性竞争环境的营造可以造就教师在教学中你赶我追，共同进步的局面，极大地拓展了学校改革的深度。

## 四　西北民族地区农村中小学教师适应新课程改革的特点

每个地区都应该有适合自己的新课程改革，而改革必然会打破人们原有的思维方式与行为习惯，就西北民族地区农村中小学教师而言，在适应新课程改革的历程中呈现出以下特点。

### （一）从被动适应到主动适应，积极迎接课程改革的挑战

在新课程改革启动之前，我国传统教育中教师作为课程执行者的定位决定了"课程"问题对教师来说是个"陌生"的话题，"因为'课程'问题基本上属于理论研究者的学术话题，而不是教师的实践话题。"① 始自 2001 年新课程改革是自上而下的行政方式推动的，因为行政是命令，命令是"理解了要执行，没有理解也要执行"的物质性力量，面对外力推动下的教师总是处于"被驱赶"的状态中，无所适从。

> 宁夏 W 市 X 学校丁老师：刚开始改革的那一年觉得很难，又很兴奋，上至教育部门下至我们学校校长，都很重视。我们自己也很投入，感觉每天都有使不完的劲儿，仍然感觉"愈教愈难教，愈教愈不会教"的茫然，比如：在教学中，不知道怎样把教师对教材内容的讲授与给学生创设思考的时间和空间结合起来。教师讲得太多，就认为是不符合新课程改革的理念，就是走向应试教育的老路，而对于学生的"放手"，又导致课堂气氛活跃，"一种不踏实的泡沫现象"，整堂课教学很低效；其次，将合作探究的学习方式当作新课程改革的"时尚"，简单地认为课程改革就是要采用合作学习、探究性学习的方式，也不考虑教材内容的特点，节节课都合作，课课都要探究，结果是教学进度缓慢不说，最终教学目标也无法实现。
>
> 　　　　　　　　　　　　　　　（摘自 2014 年 5 月 12 日教师"访谈记录"）

作为课程改革实施主体，产生的茫然与无助是教师在课改最初积极投入后的不可避免的心态与表现。教育发展需要改革，而改革必然会造成人们观念、思维方式以及行为等一系列错位与混乱。

随着新课程深入推进，广大农村教师经历了一场课程思想启蒙运动，

---

① 杨九俊主编：《中国基础教育课程改革推进研究》，江苏教育出版社 2012 年版，第 275 页。

一些国外先进的课程思想大量涌入，对一线教师的课程实践形成了冲击，激发了一部分教师的实践与创新，并唤醒、鼓舞了校长、教师、教育行政及研究人员的课程意识，调动了他们的专业热情，最终使课程由"理论话题"变为"实践话题"。

1. 教师对新课程理念的理解与认识不断丰富与深化

体现在"课程"理解与认识上，农村中小学教师眼中的"课程"已经从"课程即计划"静态课程观变化为"课程即体验"的动态课程观。其次，教师对自主、合作、探究学习方式理念、多元化教学评价理念、新教材理念等新课程倡导的先进理念的适应与评价均表示认同，不同学段、性别、职称、民族教师普遍认为新课程理念非常先进，理念适应达成高度共识。

2. 教师行为变化逐渐体现出新的变化特征，自觉适应改革端倪初现

尽管目前广大教师行为发生变化较小且行为变化多与传统教学行为交互出现，受制于传统教学方式束缚且新的教学行为还未形成自觉意识。然而教师的专业活动已呈现出"为学生"导向的意识，体现在无论课前准备、上课过程中乃至课后，教师都能够做到学生"学"为重心，课堂教学更具有开放性与弹性，而不是依据"死的"教案或某种"固定"套路上课。同时，教师对学生学习活动的开展初步有了从形式到本质的过渡，例如，教师从最初"大家讨论一下吧"、"小组活动一下吧"这样的课堂活动方式逐步过渡到教学中有涉及讨论必须有一定主题，一旦学生合作学习则必须有计划，呈现出较理性、自觉的适应态势。

3. 教师工作方式发生了较大转变

以往传统的教学模式中，教师在课堂中是高高在上的控制者，同时在与同事交往中，缺少合作与沟通，彼此孤立。新课程实施以来，三省区不同学段、民族教师加强了教师间沟通与协作，共同发展与成长。

总体上，新课程改革将部分课程权力下放于教师，部分教师在新课程理念的指导下开始自主进行教学改革，并在此过程中确立起自身专业主体地位。农村教师对新课改表现出渐进的适应历程，尽管这个过程有被强制的（不是源于教师生长的内在需求，而是一种自上而下的指令性行为；又或者是源自于教师在实践中的困惑，基于教师教学实践理解批判的变革行动）、自觉的或不自觉的诸多状况。但实践中，教师已从最初将自身仅

定位于新课程改革的"忠实"实施者逐渐转变为课程改革的实践者。

**（二）尊重传统、曲径探幽、在新旧交融中推进课程改革**

课程变革发生于特定情境中，其中蛰伏着极为丰富的文化意蕴①。深入西北民族地区研究发现，一些学校与教师基于民族地域及其所处情境的复杂性，灵活运用其实践智慧较好地解决了教学实践中的问题，使得课程改革的理念得到了身体力行的执行与实践。同样，还有一些学校与教师，忽视课改的复杂性、情境性，纷纷照搬某种成功的改革模式并辅之简单化的实施，致使学校与教师发展困境与矛盾百出，这都反映出农村地区课程改革的实践还处在流变的过程之中。

1. 教师主动置身课程改革实践中并据此展开课程与教学活动

任何一种课程的产生和存在都有特定的文化土壤和背景，"课程本身就是一种文化现象，只有在一定文化的氛围中，其所期待的内容和方法才能转变为学校和一线教师的日常化的行为方式。"② 三省（区）实地研究发现，一些学校与教师积极投身于课程改革的实践中并能够正视各个学校与教师问题的差异性，灵活地选择方法和策略解决民族地区课改现实问题，使得课程改革的理念转化为现实有了可能与依托，实现了农村学校"教有特色、学有特长"的发展道路，彰显了民族地区学校与教师发展的"本土化"实践智慧。

2. 不同特征（属性）教师在"新旧交融"的课改实践中展现其精神内涵

课程改革常态化推进使传统的教育观念不断受到冲击，课程改革丰富多彩的实践促使教师观念认识不断趋近课程本质，教师在"新"与"旧"的实践中努力适应课程改革，并呈现出不同差异与特点。

（1）学段差异。本研究中学段差异主要是指小学教师和初中教师对于新课程内容的适应存在一定差异性。研究发现，受"应试教育"影响制约，初中教师对课程教材的适应、新课程教学改革评价理念与方式的认可程度均低于小学教师。小学教师对于教材、课件与教案、教学仪器以及

---

① 刘旭东：《挑战与推进：课程改革的回顾与反思》，《当代教师教育》，2015 年第 3 期。
② 同上。

教具、校外资源等适应程度普遍高于中学教师；农村中小学校在校本课程开设与综合实践活动的开设上整体水平高于中学；小学段教师新课程实施的态度较积极，明显高于中学段教师；校本教研、教师培训的适应上，小学段教师适应程度均好于中学教师。

（2）性别差异。三省（区）教师对新课程内容适应上，女教师适应程度普遍高于男教师；适应进程上，课改2—3年是新课改适应高峰期，此阶段也呈现出女教师人数比例普遍高于男教师，适应过程较快的特点。产生这一现象的原因很可能是男女性别文化的差异所致。一般而言，女性往往比男性表现出更多的顺从性。新课改"自上而下"推行实施令使更具顺从特质的女教师往往更容易"贯彻"与"服从"新课程，因此女教师新课程适应程度高于男教师。与之相反，男教师在改革过程中持观望态度居多在一定程度上影响其对改革的接纳与革新，男教师对课程改革认同度低于女教师。基于此，在推进课程改革的进程中，应加强男教师角色转换与专业引领，引导他们正确地理解与深化当前课程改革，提升教师适应变革的能力。

（3）教龄差异。教师教龄差异是指教师从事教学工作年限长短的差异。调查发现，教龄7—10年、11—15年教师新课程适应程度最好，教龄过长或过短都会影响他们的适应性。教龄过短者或初任教师因为对新课程认识多处于理论意识层面，缺乏实践训练，面对课改诸多要求"忙于应付"无暇顾及创新与改革。教龄过长教师实践经验较丰富，但其知识较为陈旧，不能及时将新课程理念渗透在教学实践中。

（4）任教科目差异。任教科目不同教师对于新课程内容适应性存在一定差异，调查显示，无论是校本教研活动的参与度还是教师培训的频次与参与培训级别来讲，语文、数学和英语教师对于新课程内容适应性普遍高于其他学科教师，源于语文、数学和英语教师一直以来为"主科"，其受重视程度高于其他学科，而其他生物、地理、音乐等"副科"教师适应程度"相对"较弱。

（5）民族差异。研究主要对汉族、藏族、回族教师在新课程理念、态度、内容、学习方式等方面进行适应分析和比较，不同民族教师适应程度均显现出不同。整体上，汉族教师适应程度较好，适应过程较快；其次为回族教师，回族是一个务实、开明、懂得变通的民族，回族教师与一般教师相比有较强承纳力、适应力。现实生活中，回族教师面对改变且改变能够带来实惠都是他们所乐于接受的。课改进程中，回族教师更愿意变通，通过改变自身进而接纳课程改革；藏族教师适应程度普遍较低，青海地区藏族教师汉化较重，因而适应程度与汉族教师差异不明显，青海藏族教师适应程度较好，其次为甘肃藏族教师。汉族教师新教材适应较好，藏族教师新教材适应程度最低；观念上，如新教学方式方法运用，青海汉族教师更注重教师讲授与学生探究相互结合的方式教学，甘肃与宁夏汉族教师则更依赖传统教师讲授方式；三省（区）回族教师普遍更依赖传统讲授方式，甘肃回族教师此项内容人数比例最高；藏族教师依赖传统教学方式比例较高，其中甘肃地区藏族教师达 64%，表明其观念转变较缓慢；教师能力上，甘肃汉族、藏族教师对信息技术能力适应相较其他民族教师适应差，课程设计与研究反思能力上回族、藏族教师能力严重缺乏；宁夏与青海汉族教师整体适应状况较理想，甘肃地区教师能力适应差异较大。

甘南州 Z 市 X 学校扎西老师：我们这里困难很多，一方面，老师藏语不过关，影响到教学内容表述的准确性；另一方面，课程内容陈旧且与藏族儿童已有的知识经验不符。更重要的是现在教材体系在我们这个地区的适切性较差，城市和农村的文化差别很大，我们这里的学生对于课本中带有城市化色彩的表述很难理解，如"单元"，在三年级的数学课上，有一个应用题，就是"一个住宅楼有四个单元，每个单元住十户人家，这个家属楼共住多少户人家？"上课时学生根本不理解"单元"、"住宅楼"，学习结果可想而知。

教育理论方面的书，我们也想学习看一看，包括新课程方面的，可是翻译成藏文的根本就没有，这对我们的专业发展造成很大困扰。

（摘自 2014 年 6 月 27 日教师"访谈记录"）

（6）所处地域差异。地域差异在本研究中主要指教师所生活的区域空间差异。本研究主要针对三省区民族地区农村教师的适应状况进行分析。三省（区）中，青海教师总体适应程度较好，宁夏次之，甘肃地区教师适应程度最低。调查结果表明，教师所处地域对新课程改革适应有一定的影响。

第一，实地调研中发现，越是欠发达较偏远农村中小学，对于传统课程的固守越高，也更依赖传统课程文化。究其原因，经济相对发达地区农村所处的环境较好，社会经济条件相对优越，文化背景相对开放，教师观念更新较快。因而教师对于教育改革的自觉性较高，反之，偏远地区农村教师适应程度较差。

> 研究者：您能不能简单谈谈目前藏族地区教育发展的现状是怎样的？教师专业发展怎样？
>
> 甘肃 Z 市 X 小学索高校长：藏族教育比内地教育还是落后，教师的整体素质水平好像也不高，你们呢，是搞教育的，应该是比较清楚的，还是经济太落后导致了教育整体落后的现状。
>
> 研究者：关于你们这里地区经济落后对教育的影响，您能具体说说吗？
>
> 甘肃 Z 市 X 小学索高校长：这里的牧民生态环境保护意识还是差一些，加上靠天养畜，这里的生态环境逐年恶化，前些年，还有的牧民为了挣更多的钱，不惜以自己孩子的前途为代价。为了扩大放牧空间，让孩子辍学回家帮助父母放牧，在一定程度上影响了教师的教学热情和教学质量。不过好一点的是，随着技术发展，现在牧民已经慢慢意识到知识的力量和教育的重要性，对于教育开始有所重视。（摘自 2014 年 6 月 26 日校长访谈）的确，经济结构的改善与教育的发展有内在的关系，经济制约教育，教育又反过来影响经济，有研究将这称之为"贫困综合征。"①

第二，新课程改革国家级实验区与省级实验区的差异。甘、青、宁三省（区）中，宁夏 W 市、青海 H 县是第一批国家级课程改革实验区，甘肃省 Z 市作为课程改革省级实验区。课程实施十四年间，广大一线教师都在尝试、践行对新课程理解与认识，且在不同适应内容上均表现不同的适应方式与适应程度。总体上，国家级实验区教师适应水平与程度远高于省级实验区教师适应水平。青海、宁夏课程改革推进中教师适应程度较

---

① 苏德：《多维视野下的双语发展观》，博士学位论文，中央民族大学，2005 年。

好，甘肃作为省级实验区适应程度较差。

3. 学校制度管理层面的适应特点

（1）农村中小学校，学校教育教学管理权力仍集中于学校领导层，所谓的教师"民主参与"比较势弱。有些学校为达到严格管理目的，采用"签到制"甚至以"推门课"进行"威严"式管理钳制了教师进行教学改革的积极性与创造性。学校管理制度特色意识不浓厚也是其面临一大问题，主要表现在"千人一面、校校雷同"现象较突出。

（2）农村中小学校教师老龄化严重、结构性缺编问题突出。农村中小学校师资力量较为薄弱，配置水平较低，且各个学校教师的数量不足，教师的业务水平方面还存在欠缺，尤其教师学科结构不合理问题突出，缺编、超编现象较突出。同时，农村教师老龄化严重，这种学科、年龄结构比例失衡在一定程度上影响了教师对新课改的认同。

（3）课改以来，农村中小学教研活动与教师培训不断更新与夯实，如校本教研从最初摸索到作为各个学校常态化制度之一，其在促进学校及教师专业发展上的价值意义日益深化与凸显。

4. 教师观念进步明显而行为转化困难

（1）教师新课程实施态度有变化。改革通常需要改变教师的态度，在新课程改革初始，教师参与情绪较高涨。课程改革以来，不同性别、教龄、民族教师教学态度、教学方式等改变较大，然而就新课程实施12年总体实效性看，三省（区）不同年龄、教龄、民族教师对新课程态度适应差异非常显著：主要表现为新课程实施"要求过高"、"内容偏难"、"教师、学生负担加重"；教龄越大教师认为新课程实施加重其负担，因而越难适应；汉族教师较回族、藏族教师更认同新课程实施要求过高，汉族教师比回族教师更认为新课程的内容偏难，会更加重学生负担。总体上，宁夏与甘肃教师新课程实施态度更趋消极，表现出同化、边缘化适应方式；青海教师适应稍显现积极态势，同化、整合适应方式则较明显。

（2）教师教学行为深化不够，"形变神不变"的短期行为较多。农村中小学教师新课程理念已认知并接受，但其行为发生变化较小。一是传统应试教育对升学率过度关注等外在因素造成教师不敢也不愿尝试新教学实践，评价的最终目标缺乏本质上的变化，致使教师教学方式依然围绕考试进行，课堂教学"形变神不变"短期行为多。应该说，自上而下的课程改革代表了更多的政府性行为，但落实到最后的评价环节便显得无能为力。由此，教师教学行为转变艰难，表明教师应对课程能力有待进一步提高。二是影响教师教学行为变化的内在因素，诸如教师对新课程理念的理解偏差，教师自身知识及能力等缺乏而使得教学行为转变步履维艰，因此教师必须依靠自我成长才能逐渐克服教学中的困难。

（3）教师新课程理念高度认同与教师行为实践相背离。新课程理念及其精神内涵的体现，不仅仅表现在广大教师的"话语意识"中，而且更体现在其"实践行为"中。新课程实施以来，理念的先进性得到广大农村教师的高度认同，然而丰富多彩的课改实践并未真正内化为教师的教学行为及其信念，部分农村教师教学行为仍受传统观念的桎梏。如课堂教学中"书本为上"思想观念，还有一些行为变化多与旧的教学行为交互发生等。

理念的变化往往是急风暴雨式的、颠覆性的，行为的变化则是相对缓慢的，甚至是累积式的变化。行为的变化需要理念的引导与激发，理念的贯彻落实亦需要经历以下几个阶段，"观念的转变需要经过习得阶段、内化阶段和自觉化阶段。观念的转变是一个有深度的过程，人们不可能通过对概念的把握，通过灌输或强加某些概念就完成教师观念的转变，并一劳永逸地用这种观念去指导其行为。"① 从观念转化为行为的过程来看，即从理念引导到行为转变需要一个渐进的过程，同时，从观念转化为行为的过程来看，"观念的转变不仅需要过程，还需要一定的条件和策略……它还需要自己形成批判精神和提高教学理论素养来加以内化。"② 所以，新课程深入推进过程中，教师既要不断提高理论素养来内化更新课改的理念，又要加强理念如何转化为行为的具体方法与策略的学习。

### （三）从茫然、兴奋到新常态，在更加沉稳中推进新课程

课程实施以来，农村教师对新课程改革适应过程呈现"总体向上，发展不平衡"的适应过程与发展阶段。

---

① 刘丽群：《教师的教育观念是如何转变的》，《教育科学研究》，2007 年第 4 期。

② 周先进，靳玉乐：《教师教学观念转变的条件与策略》，《课程·教材·教法》，2007 年第 11 期。

1. 茫然—兴奋—新常态——教师新课改十年适应历程

（1）从"困惑"到"兴奋"——课改第1—3年。课改伊始，对广大农村教师来说，因缺乏对新课程的了解，教师疑虑重重，对待课程改革的态度、观念与行为上，最初教师很难接受新的课程是一个较为普遍现象。2004年9月"新课程改革实验已进入全面推广阶段，至此，全国起始年级启用新课程的学生数达到65%—70%，2005年后义务教育阶段各起始年级全部启用新课程。"① 因而，新课改的全面铺开，唤醒了教师专业发展的愿望，促使广大教师开始不断探索并领会新课改的精神实质，作为带有标志性、探究品质的基础教育课程改革运动，"自主合作、动手操作、合作交流"等新名词令教师耳目一新，"多媒体手段、创设情境、动手操作"等牢牢占据了课堂，教师课程改革的适应进程从"困惑"到"兴奋"。

（2）从"兴奋"到"反思"——课改第4—7年。新课程改革第4—7年，也即2005—2008年，这是新课程改革进入的第一个反思时期。"课改的课究竟怎么上"、"怎样保证学生活动有效开展"、"如何保障课堂教学有效性"、"怎样解决课堂教学多元评价体系与一元评价体系（学业成绩）"等问题充斥在一线学校，冲击着教师们的课堂。一些富有创新性的思想观念与做法受挫，影响了教师对课程改革的认知，减缓了教师的适应进程。本论文研究数据表明教师整体适应状态都有回落、减缓趋势，新课改适应呈现出"原地踏步"现象，青海H县、宁夏W市国家级课改实验区尤为明显。

（3）教师探索以及适应"常态化"——课改8—10年至今。面对新课程改革，一部分教师开始了大胆创新与探索，坚持学习、反思并自觉探寻新教学方式以提高应对课程能力。同时，在实践中教师逐渐体会到新课改给予自身专业成长的价值，促使教师对新课程达到内心真正认同与追求，此阶段是一个分水岭：一部分教师虽思想上动荡仍能主动创新，钻研精神与畏难情绪交织在一起，教师逐渐摸索出一些新路子、新方法，体会到改革的乐趣并形成了新的观念与行为；而另一部分教师则停滞不前，

---

① 杨九俊主编：《中国基础教育课程改革推进研究》，江苏教育出版社2012年版，第47—49页。

课程改革的成效呈现局部反弹趋势，致使一部分教师退回至传统课堂教育教学。

2. "忠实"—"调试"—"创生"——不同专业发展阶段教师的适应方式历程

变革研究一再指出，"课程实施绝不是教师忠实地执行变革方案的线性过程，而是课程方案与实施情境之间的相互调试过程，其中教师在课程实施中扮演角色至关重要"，[①] 面对改革，不同专业发展阶段的教师，应对新课程改革的方式也存在差异。

（1）新手型教师处于新课程改革适应的初始阶段。学校实践中，教龄1—6年教师均为初任职的新手型教师，在教学中求生存，不断探求应对策略，进而调整个人专业发展目标为此阶段教师特点。教师对新课改的适应主要体现为教师教学能力，这也是中小学教师最基本且必备能力。课堂教学中教师"忠实地"反映课程设计者（各学科的专家）的意图，并根据教材要求组织课堂教学，以便能达到预定的课程目标。教师对新课改表现为同化的适应方式，能够完全按照新课程改革的要求进行教学。

（2）胜任型教师处于新课程改革适应的"重塑"阶段。新课程改革实践中，有一部分教师将课改作为机遇，随着教学实践经验的增加，在教学中具有一定的创新精神与自主意识，并能在实践中有意识地总结经验，进而成长为学校中的骨干力量，他们是能够胜任新课程教学的教师，也是本研究中教龄多为7—10年、10—15年教师。研究也表明，这些教师是适应程度较高群体，这类教师开始谋求对课程的改编与完善，能够有目的地选择教学内容并确定教学重点、难点，他们知道该采用何种教学方法实现教学目的并展现出"随机应变"的智慧。这种胜任型教师对新课程适应更多是"同化"、"整合"的适应方式。与胜任型教师相比较，有一部分教师处于专业发展"高原期"，尽管有着丰富的教学经验和教学技能，但是由于不能经常反思自身教学观念和教学实践且缺乏较强的自我发展与提高意识，无法较好地适应课程改革。这类教师是在新课改中始终持观望、疑虑态度，因而适应方式多为拒斥，甚至边缘化方式。

---

① 卢乃桂，操太圣主编：《中国教师的专业发展与变迁》，教育科学出版社2009年版，第161页。

（3）专家型教师处于新课程改革适应的"创生"阶段。一般而言，一个人要花费大约 10—15 年的时间，才能够实现从"新手"到"专家"的转变。[①] 课改实践中，专家型教师均为已不满足对课程内容的"品头论足"、边边角角进行挖掘的一类型教师。他们希望凭借自己的力量去创生与完善执教的课程。他们在教学中能敏锐地观察、判断教学情境中的问题，并能采取恰当的处理方法，对教学充满自信并不断转换自身角色进而实现专业的持续发展。这类教师新课程适应更多是整合的适应方式。目前这样的教师在农村地区还是比例非常小的一个群体。

---

① Trotter, R. (1986). The mystery of mastery, Psychology Today, Vol. 20, No. 7, pp. 32—38.

# 第四章　西北民族地区农村教师适应
## 新课改的问题及其归因

　　新课程改革实施十二年来，目前，西北民族地区农村中小学校，无论从各个学校管理制度创新，课堂教学革新以及教师专业发展的提升等层面看，全新的代表新课程内涵发展的全景式革新很难看到，然而以传统教育为代表的全旧的课堂也遍寻难觅。农村中小学校处于新旧交融的困局之中，在"新"与"旧"、"创新"与"守陈"的矛盾冲突中凸显着新课程改革下农村教师与学生的适应与生存状态，广大一线教师也在"新旧杂陈"的教育实践中不断地"适应"新课程改革。

## 一　西北民族地区农村中小学教师
## 适应新课改存在的问题

### （一）农村中小学教师新课改态度由最初热情转为常态化时期的平和

　　革新通常需要改变教师的行为和态度。教师在参与课程实施时是否情绪高涨、乐意参与，对课程理念的不同理解、认同态度以及教师自身的能力与教学行为都能表现出教师在课程实施中的不同适应程度。同时，教师的态度会有助于我们通过意向去预测行为，以及把握影响意向和行为的因素去培养良好的行为意向与社会行为。[①] 教师课改过程中出现了两种较明显态度取向：认同、适应是教师对新课改积极态度的表现，抗拒为消极态

---

　　① 李媛媛：《教师对新课程改革态度变化的个案研究——基于景泰县 S 中学两位教师的调查》，硕士学位论文，西北师范大学，2012 年。

度的表现。本研究中,教师的态度适应主要通过教师对于新课程的自我体验,如感受性、压力感等体现。

目前,农村中小学教师发展所遭遇到的困境在改革进程中日渐显现,在一定程度上削减了课程改革的效能。从表4—1看出,三省区中绝大多数教师都认为新课程实施要求过高、内容偏难且加重教师和学生负担。青海地区教师对新课程四个维度的评价显著低于甘肃、宁夏地区教师,表明青海地区教师对新课程适应程度较其他两省区稍高,甘肃、宁夏地区教师实施态度趋向平缓,士气较低落,见表4—1。①对三省区不同教龄教师新课程实施的要求过高进行 $F$ 检验,发现三省区教师($F = 12.26$,$p < 0.01$)和不同教龄教师($F = 4.78$,$p < 0.01$)主效应显著,二者之间的交互作用($F = 1.65$,$p > 0.05$)不显著。进一步进行事后检验发现:除教龄1—3年、4—6年教师之间无显著差异外,其他不同教龄教师都认为新课程要求过高,且差异显著;②三省区不同教龄教师新课程实施内容难度进行 $F$ 检验,发现三省区教师($F = 12.07$,$p < 0.01$)和不同教龄教师($F = 3.20$,$p < 0.01$)主效应显著,二者之间的交互作用($F = 1.253$,$p > 0.05$)不显著。进一步进行事后检验发现:与教龄较低教师相比,教龄越高教师,认为新课程内容偏难;③对三省区不同教龄教师新课程实施的教师负担进行 $F$ 检验,发现三省区教师($F = 16.850$,$p < 0.01$)与不同教龄教师($F = 2.91$,$p < 0.01$)主效应显著,二者之间的交互作用($F = 1.345$,$p > 0.05$)不显著。进一步进行事后检验发现:教龄16—20年教师认为新课程实施加重教师负担,三省(区)整体来说,甘肃、宁夏地区每个教龄段教师都较青海各教龄教师认同新课程的实施加重了教师负担;④对三省区不同教龄教师对新课程实施是否加重学生负担进行 $F$ 检验,三省区教师($F = 5.68$,$p < 0.01$)与不同教龄教师($F = 2.16$,$p < 0.05$)主效应显著,二者之间的交互作用($F = 2.49$,$p < 0.01$)也显著,因此进行简单效应分析,发现从教1—3年、7—10年甘肃教师较其他教龄教师更认同新课程加重学生负担;甘肃、宁夏4—6年教龄教师较青海各教龄段教师也认同这一点。

表4—1　　　三省（区）不同教龄教师对新课程实施态度及评价

| 新课程评价 | 省区 | 教龄 | | | | | | |
|---|---|---|---|---|---|---|---|---|
| | | 1—3年（M） | 4—6年（M） | 7—10年（M） | 11—15年（M） | 16—20年（M） | 21—30年（M） | 31年（M） |
| 要求过高 | 宁夏 | 3.17 | 3.62 | 3.62 | 3.63 | 3.86 | 3.67 | 3.57 |
| | 甘肃 | 3.48 | 3.66 | 3.70 | 3.49 | 3.71 | 3.55 | 4.00 |
| | 青海 | 2.88 | 2.72 | 3.29 | 3.24 | 3.81 | 3.40 | 3.47 |
| 内容偏难 | 宁夏 | 3.48 | 3.60 | 3.54 | 3.48 | 3.72 | 3.67 | 3.50 |
| | 甘肃 | 3.35 | 3.51 | 3.65 | 3.53 | 3.77 | 3.58 | 3.80 |
| | 青海 | 2.88 | 2.64 | 3.13 | 3.16 | 3.65 | 3.36 | 3.53 |
| 教师负担加重 | 宁夏 | 3.96 | 3.62 | 3.92 | 3.63 | 4.00 | 3.57 | 3.57 |
| | 甘肃 | 3.61 | 3.51 | 3.85 | 3.60 | 3.68 | 3.76 | 4.00 |
| | 青海 | 2.84 | 2.81 | 3.39 | 3.16 | 3.84 | 3.41 | 3.21 |
| 学生负担加重 | 宁夏 | 3.22 | 3.48 | 3.31 | 3.07 | 3.44 | 3.37 | 3.71 |
| | 甘肃 | 3.59 | 3.86 | 3.67 | 3.05 | 3.32 | 3.21 | 4.00 |
| | 青海 | 2.76 | 2.81 | 3.21 | 3.16 | 3.74 | 3.26 | 3.16 |

　　不同民族教师对新课程实施态度与评价比较看，见表4—2。通过方差分析发现，不同民族教师对新课程的要求、内容难度以及加重学生负担均存在显著差异。具体表现为：①总体上，汉族教师比回族、藏族教师明显认为新课程要求过高。汉族教师比回族教师认同新课程内容偏难加重学生负担；②宁夏、甘肃地区汉族教师比青海汉族教师更认同新课程要求过高；宁夏、甘肃回族教师比青海回族教师认为新课程要求过高；甘肃地区藏族教师比青海藏族教师认为新课程要求过高，内容偏难；③甘肃、宁夏地区汉族、回族教师比青海汉族、回族教师认为新课程内容偏难。三省区中藏族教师对新课程内容难易程度评价无显著差异；④甘肃与宁夏汉族、回族教师比青海汉族、回族教师认为新课程实施加重教师负担；⑤甘肃汉族教师与青海汉族教师相比认为新课程实施加重了学生的负担，其他省区不同民族教师对新课程是否会加重学生负担无明显差异。

表 4—2　　　　　三省（区）不同民族教师对新课程实施态度比较

| 新课程<br>评价 | 省区 | 汉族<br>（M） | 回族<br>（M） | 藏族<br>（M） |
|---|---|---|---|---|
| 要求过高 | 宁夏 | 3.66 | 3.60 | 3.00 |
|  | 甘肃 | 3.67 | 3.49 | 3.56 |
|  | 青海 | 3.39 | 2.88 | 3.07 |
| 内容偏难 | 宁夏 | 3.64 | 3.55 | 3.67 |
|  | 甘肃 | 3.62 | 3.56 | 3.29 |
|  | 青海 | 3.31 | 2.81 | 3.07 |
| 教师负担加重 | 宁夏 | 3.65 | 3.79 | 4.33 |
|  | 甘肃 | 3.74 | 3.76 | 3.44 |
|  | 青海 | 3.33 | 3.15 | 3.04 |
| 学生负担加重 | 宁夏 | 3.45 | 3.28 | 3.67 |
|  | 甘肃 | 3.58 | 3.33 | 3.33 |
|  | 青海 | 3.25 | 2.96 | 3.11 |

　　综上，三省（区）不同教龄、民族教师新课程实施态度已由最初热情转向常态化时期的平淡，且不同教龄段教师均认为新课程实施令教师教学工作量加大，负担加重；总体上，三省（区）汉族教师比回族、藏族教师更认同新课程要求过高，对因"新课程的内容偏难进而加重学生负担"这一点上，汉族教师较回族教师更认同此观点。

表 4—3　　　　　三省（区）不同学段教师对课程实施问题比较

| 新课改的问题 | 小学 | | | 中学 | | |
|---|---|---|---|---|---|---|
| | 宁夏 | 甘肃 | 青海 | 宁夏 | 甘肃 | 青海 |
| | 人数（%） | 人数（%） | 人数（%） | 人数（%） | 人数（%） | 人数（%） |
| 评价、考试制<br>度不变 | 113<br>80.7 | 69<br>65.7 | 128<br>76.2 | 56<br>84.8 | 73<br>58.9 | 104<br>84.6 |
| 师资培训跟不<br>上 | 90<br>64.3 | 70<br>66.7 | 82<br>48.8 | 48<br>72.7 | 71<br>57.3 | 59<br>48.0 |
| 教育资源不足 | 71<br>50.7 | 55<br>52.4 | 106<br>63.1 | 25<br>37.9 | 57<br>46.0 | 64<br>52.0 |

| 新课改的问题 | 小学 | | | 中学 | | |
|---|---|---|---|---|---|---|
| | 宁夏 | 甘肃 | 青海 | 宁夏 | 甘肃 | 青海 |
| | 人数(%) | 人数(%) | 人数(%) | 人数(%) | 人数(%) | 人数(%) |
| 缺乏专家引领 | 34 | 39 | 42 | 23 | 54 | 30 |
| | 24.3 | 37.1 | 25.0 | 34.8 | 43.5 | 24.4 |
| 教师能力不足 | 40 | 33 | 44 | 21 | 32 | 27 |
| | 28.6 | 31.4 | 26.2 | 31.8 | 25.8 | 22.0 |
| 领导工作不力 | 17 | 30 | 24 | 7 | 22 | 26 |
| | 12.1 | 28.6 | 14.3 | 10.6 | 17.7 | 21.1 |

问卷"新课程实施以来存在的问题",见表4—3。三省(区)教师认为课程改革存在诸多问题,根据其制约程度大小依次为:评价制度滞后,教师素质不高,农村课程资源缺乏,缺乏专家引领,领导工作不力这六个方面。其中,小学段教师对新课程实施消极态度低于中学段教师,三省(区)中学教师对新课程实施消极态度明显。

**(二)农村中小学教师教学观念与行为适应的艰难性**

新课程改革的成败关键在教学领域,新课程改革的基本精神与理念,最终要落实到参与改革的教师的课堂教学中,课堂教学改革是整个农村教学改革的重点。十年来,农村中小学教师教学观念与行为的适应与转变仍处于"困境"之中。

1. 教学内容缺乏农村地方特色与学生发展不相适应

农村中小学的课程设置应紧紧围绕农村地方和学校的实际,紧密结合当地农村生活,为我国社会主义新农村文化建设服务。与全国其他地方相比,西北农村地区由于民族众多,经济文化也具有地方的特点,且各个地区间文化习俗也有很大不同。在课程设置上更应注重地区特色,考虑不同环境下不同学生发展需要,即课程结构设置既要满足西北农村地区学生各方面的需要,又要紧密结合当地生产生活,培养适合当地经济和社会发展的文化人。在"您认为目前农村学校的教育目的是?"三省(区)教师认为学校教育目的就是培养学生具有综合素质,其次为升学做准备,见图4—1。

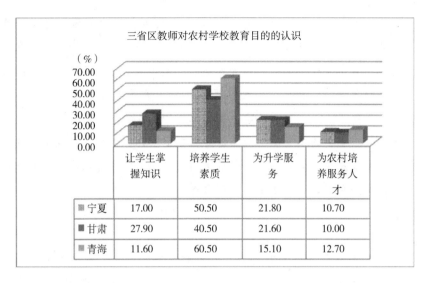

**三省区教师对农村学校教育目的的认识**

| （%） | 让学生掌握知识 | 培养学生素质 | 为升学服务 | 为农村培养服务人才 |
|---|---|---|---|---|
| 宁夏 | 17.00 | 50.50 | 21.80 | 10.70 |
| 甘肃 | 27.90 | 40.50 | 21.60 | 10.00 |
| 青海 | 11.60 | 60.50 | 15.10 | 12.70 |

**图4—1　三省（区）教师对农村学校教育目的的认识比较**

新课程改革中，学校教育教学内容缺乏农村及地方特色是课程改革的"软肋"之一。当前课程内容与农村当地生产与生活实际相脱离，不能教给学生适应农村生活相关的知识致使学校培养出的学生不能为发展农村经济、改善农村生活服务。

宁夏 W 市 X 学校吴老师：现在的《品德与社会》也要与时俱进，尽管课程改革以后有新的特点，但（教材）更新还是慢，相比较城市学生，更应该结合我们农村学生特点，例如《我要上学》（人教版五年级上册《品德与社会》）这课，要让学生了解、知道上学权是自己的合法权益，任何人不得剥夺，要懂得通过法律手段维护自己的合法权益，同学们应该怎样珍惜自己的权利。其实，现在我们农村辍学生已经很少了，近些年反而随着家长外出务工得增多，单亲家庭、留守家庭的学生越来越多，对于这些学生，我们学校管理是一方面；更重要的是加强这些学生的自我保护意识和安全防范意识，教会孩子遇到困难与危险时如何保护自己，新闻和我们身边已经发生了很多这样的事情，但我们的教材内容中这方面的内容太少，不利于农村留守在家孩子的发展与成长，这是个隐患。

（摘自 2014 年 4 月 22 日教师访谈）

　　甘肃 Z 市 X 中学索南多杰老师：我认为农村学生最主要在于培养其学习习惯和思维能力，现在初一教材，词汇太多，细小的语言关太多，对于农村尤其初一学生来说，门槛太高，孩子们有畏难情绪，容易过早厌学，放弃。在我们藏区，这（英语学习）对大部分学生以后用处不大，反而对于学生整体素质的提升有妨碍，相比学生一辈子发展很重要的体育课、音乐课等课程很轻视，学生在学校辛苦学到的不是最重要的知识，也不是最有用的。我们的教学太注重高考科目了，比如英语，占了学生大量的时间，还是用处不大。

（摘自 2014 年 6 月 16 日教师访谈）

　　青海 H 县 X 中学祁老师：政治教材图文并茂，教材选用资料与现实生活联系密切，但是有些内容理论过强，学生理解很困难，比如"社会主义精神文明建设"这一章节，内容太空，因此教学中我会选择社会中的正能量事例引导学生，有时候也会搜集我们当地的一些案例帮助学生理解。　　　　（摘自 2014 年 5 月 22 日教师访谈）

　　调查问卷"在教学过程中，您怎样选择安排教学内容?"见表 4—4。结果表明，农村中小学不同年龄教师在教学内容选择上，近 40% 教师基于升学考试要求选择教学内容，青年教师与中年教师严格按照课程标准和教材进行教学比例均至 30% 以上，而结合农村学生特点选择安排教学内容的比例相对较低。农村中小学课堂教学在很大程度上是以升学为目的和取向，其突出特点就是应试性、离农性，学校教学目的是为应试和离农做准备。

表4—4　　　三省（区）不同年龄教师对于课堂教学内容的选择安排　　　（单位:%）

| 年龄 | 省区 | 根据民族地区农村学生实际状况与特点 | 严格按照课程标准与教材 | 根据升学考试要求 | 依农村社会经济发展现实 |
|------|------|------|------|------|------|
| 25 岁以下 | 宁夏 | 15.0 | 33.3 | 41.0 | 10.7 |
| | 甘肃 | 9.6 | 37.2 | 48.8 | 4.3 |
| | 青海 | 11.1 | 33.3 | 44.4 | 11.1 |

续表

| 年龄 | 省区 | 根据民族地区农村学生实际状况与特点 | 严格按照课程标准与教材 | 根据升学考试要求 | 依据农村社会经济发展现实 |
|---|---|---|---|---|---|
| 25—35 岁 | 宁夏 | 12.5 | 30.9 | 43.4 | 13.1 |
| | 甘肃 | 9.4 | 37.7 | 44.6 | 8.3 |
| | 青海 | 12.9 | 30.1 | 41.3 | 15.7 |
| 36—45 岁 | 宁夏 | 10.7 | 27.0 | 47.7 | 14.6 |
| | 甘肃 | 6.8 | 32.3 | 51.9 | 9.0 |
| | 青海 | 12.1 | 27.3 | 47.4 | 13.2 |
| 46 岁以上 | 宁夏 | 10.0 | 30.0 | 42.0 | 18.0 |
| | 甘肃 | 8.1 | 30.7 | 50.0 | 10.2 |
| | 青海 | 12.6 | 32.0 | 43 | 12.4 |

2. 农村中小学教师教学方式转变"两难"困境凸显

传统教学方式基本以知识授受为主，在教学中重结论、轻过程，方法单一、封闭，这种教学方法多体现为教师照本宣科、学生死记硬背，课堂氛围呆板、沉闷，与新课程倡导的全新教学理念与要求存在巨大差异。

（1）农村中小学教师教学方式运用处"两难"境地。农村中小学教师通常运用的教育教学方法，见图4—2。宁夏地区教师课堂讲授比例为49.3%，甘肃为61.6%，青海为40.4%；学生小组合作学习形式分别为14.9%，13%，20.3%，青海地区教师更注重小组合作学习的形式。大多数农村中小学教师认为，课堂教学的目的还在于传授知识，因此课程实施中仍秉持"忠实"实施取向。现阶段农村中小学教师面对改革心态既复杂又矛盾，即教师既想采用不同方式方法进行教学革新，又担心完成不了教学任务，就只能从"理想"（探究式）又无可奈何地回到"现实"（讲授式），教师只能在时间、精力允许的情况下采取讨论、探究等教学方式，但"讲授"式仍占据"主位"。

　　　研究者：您在平时教学中，主要采取什么方法进行教学？

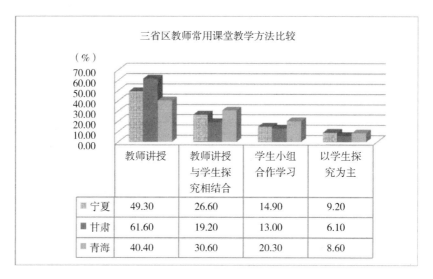

**图 4—2　三省（区）教师常用课堂教学方法比较**

　　宁夏 W 市 X 学校陈老师：应该都有，有时候根据课文（类型）定。有的时候要讨论，有的时候用讲授的，也没个准、不固定，主要是要根据课文的类型不同采取不同的形式，需要讨论就讨论，需要讲授就讲授。

（摘自 2014 年 4 月 22 日教师访谈）

　　研究者：平时上课的这几种方法，有没有比较更偏向的方式？

　　宁夏 W 市 X 学校陈老师：肯定是讲授多了，我听别人的课也是讲授多一些，我们农村老师都这样的，一下子改变过来很难。其实也有应试教育的影响，现在统一考试，为了考高分，教师被逼无奈只得把答案告诉学生。前几年，我也努力尝试运用新的教学方法，让学生喜欢语文课，爱上语文课。教学中，让学生找材料，分小组让学生总结进行汇报，上课时，我尽量少讲，重点设计一些关键性问题，引导学生探究，让他们自己总结，学生也喜欢，但就是成绩上不去，学校问我要成绩啊！我觉得我带出的学生，他们的能力和语文素养肯定会在初中时候才能显现出来，但是那个时候，谁又知道，在小学有我们这样的老师在铺垫……虽说学校（表）面上不拿成绩衡量，但这种倾向和习惯太强大了，老师真是有压力的。教育部门说不以成绩衡量教师，但是现在除了这个办法，也没有别的办法了。

（摘自 2014 年 4 月 22 日教师访谈）

学生调查表明，见表 4—5，三省（区）小学段教师教学方式变化明显高于中学段教师，其中甘肃地区教师教学方式中转变不大，58.7% 教师仍然遵循"讲述课本知识—课堂练习—巩固强化"的模式，在学生学习积极性、创造性调动上表现乏力。青海、宁夏分别有 44.4%、53.5% 教师尝试运用讨论等教学形式；课堂教学中让学生利用多种资源进行师生间交流、互动的方式比例仍较低。三省（区）中学段教师教学方式变化比例更低，新课程改革倡导合作、探究等方式进行教学，甘肃、宁夏仅为20%，青海为 21.1%，表明教师教学方式转化还有待深入，否则一部分教师教学转变会因此"前功尽弃"。

表 4—5 　　三省（区）中小学生对教师课堂教学方式评价 　　（单位:%）

| 学段 | 省区 | 先讲课本，后练习，布置作业 | 先看书，再讨论，完成练习 | 教师讲解与学生讨论穿插进行 | 其他 |
|------|------|------|------|------|------|
| 小学 | 宁夏 | 27.40 | 53.50 | 16.60 | 2.50 |
|      | 甘肃 | 58.70 | 23.20 | 14.70 | 3.40 |
|      | 青海 | 39.20 | 44.40 | 15.60 | 0.70 |
| 中学 | 宁夏 | 48.3 | 29.8 | 19.9 | 4.10 |
|      | 甘肃 | 51.8 | 22.0 | 19.1 | 7.0 |
|      | 青海 | 46.5 | 31.8 | 21.1 | 0.70 |

（2）农村中小学教师对新教学方式的探索与适应浅尝辄止。问卷针对农村中小学教师"自课改以来，您在教学中探索新的教学方法的做法是?"见图 4—3。当前，农村中小学教师课堂教学仍以强化训练为主，针对新教学方法探索，三省（区）多数中小学教师担心教学方法的改革会影响学生考试成绩，只有部分教师努力尝试革新。图 4—3 中，青海地区教师"偶尔尝试"比例为 32.9%，但仍有部分教师认为收获不大因此放弃，农村教师真正进行新教学方式革新的毕竟是少数。当下，一些农村中小学校仍牢牢遵循"书本中心"，课堂教学"题海战术"，教学的价值意

义被遮蔽与遗忘。

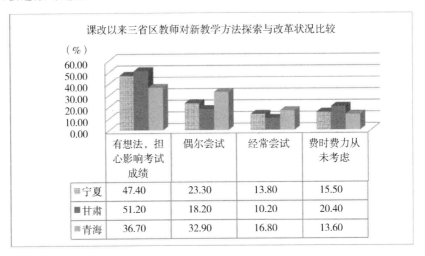

**图4—3 课改以来三省（区）教师对新教学方法探索与改革比较**

三省（区）学生问卷"课堂上，你最喜欢教师运用哪种形式上课？"见表4—6，52.1%宁夏中学生最喜欢和老师一起讨论，甘肃为42.7%，青海为42.8%。课堂上听教师讲授，甘肃小学生比例较高为23.9%。同时，学生也喜欢教师尽可能多地应用多媒体，满足其学习需求。

表4—6　　　三省（区）不同学段学生最喜欢教师教学方式　　　（单位:%）

|   | 省区 | 听老师讲 | 和老师一起讨论 | 自学 | 借助多媒体等 | 辅导学习 | 自由活动 |
|---|---|---|---|---|---|---|---|
| 小学 | 宁夏 | 13.7 | 32.0 | 35.5 | 16.8 | 2.0 | 0.0 |
|  | 甘肃 | 23.9 | 43.5 | 6.5 | 14.5 | 8.7 | 2.9 |
|  | 青海 | 15.6 | 50.4 | 3.5 | 17.7 | 11.6 | 1.2 |
| 中学 | 宁夏 | 19.9 | 52.1 | 1.4 | 19.2 | 6.2 | 0.0 |
|  | 甘肃 | 13.6 | 42.7 | 6.5 | 22.5 | 12.0 | 2.5 |
|  | 青海 | 17.1 | 42.8 | 5.8 | 15.6 | 17.1 | 1.5 |

**3. 学生学习方式转变显著性不高**

教师教学方式与学生学习方式是共存且互动的关系。学生学习方式的改变，要求教师必须转变自己观念。教师只有积极改变自身教学理念，才能促进学生学习方式的真正转变。

（1）学生座位形式变化。从学生座位形式变化看，青海小学、中学生课堂座位形式变化相比其他两省区较明显，见图4—4。在课堂上，学生经常小组围坐进行探讨、交流比例为29.8%、30.4%，间接表明青海地区教师教学方式转变力度较大，教师适应状况较好。甘肃中、小学生座位未发生变化比例45.7%、53.4%，表明教师教学仍固守"授受式"传统教学方式；宁夏小学生课堂座位形式变化较明显，中学段变化比例较低，表明小学教师教学方式改变较大，中学段教师教学方式转变迟缓。

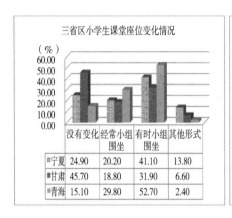

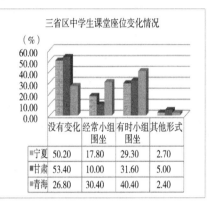

**图4—4　三省（区）不同学段学生课堂座位变化情况**

（2）学生学习方式转变显著性较低。新课程改革提倡和发展多样化的学生学习方式，让学生成为学习的主人，使学生主体意识、能动性和创造性不断增强，培养较强创新意识与实践能力。三省（区）调研发现，农村中、小学生学习方式转变显著性不高。

第一，小组讨论实效性低。小组合作探究式教学是新课程所倡导的教学形式。随堂听课中，许多教师没有真正理解合作探究教学的实质，在小组讨论过程中，将许多根本没有必要进行讨论的问题让学生讨论，在对学生分组、交流、讨论时，学生想说什么就说什么；教师的提问多冠以"是不是"、"对不对"等机械性提问；再者教师的问题设置缺乏思维深度，学生只需要看着课本就能够回答。知识分为陈述性知识和程序性知识两类，陈述性知识是关于"是什么"的知识，这类知识可以通过教师的讲授学生就可以内化和掌握。程序性知识是关于"为什么"和"怎么办"的知识，这类知识需要学生通过自己的操作、体验、探究等活动才能具体内化与掌握。就课堂教学呈现问题来看，一方面，表明教师对学生讨论问题缺乏精心准备，缺乏对问题内在思维逻辑的设置，致使学生小组讨论缺乏深度和实效；另一方面，合作探究的方式与教师讲授的方式各有其适用的知识类型，各有其存在的必要，哪些知识需要讨论和探究，哪些知识需要学习，都需要教师真正理解和接纳新课程的理念，才能做出合理精准的指导，否则小组合作探究只能流于形式化。

第二，小组合作讨论随意性大。在一些课堂上，学生刚刚进入讨论状态或进入正题，教师一声令下，学生也是草草结束了事。教师在课堂小组合作学习中的角色不是一个引导者而成为了裁判，教师们大多按照既定的教学计划和教学设计，将学生"赶进"事先设计好的教学框架中，究其实质则是典型的应付式讨论。小组讨论中，回答问题的往往是成绩好、思维敏捷的学生，其他学生的意见与想法则被"好"学生的思维与想法所替代，于是成绩较差、思考问题反应慢一些的学生无形中成为了小组讨论的陪衬。自主、合作、探究学习方式都是人在社会中生存的固有、内在的需要，自主是人的独立性和能动性的体现，合作是对个人有限性的弥补及基于人在社会中生存的需要，而探究则是人的本能。只有对此做出深刻把握才能真正理解新课程倡导的学习方式，教师才不会在不需要合作的时候让学生合作，在学生能够自主的时候不让自主，在学生有探究欲望的时候直接告诉结论。自主、合作、探究等学习方式的前提是教师尊重学生作为独立的生命个体的人的存在，没有这个观念前提，所有开展的自主、合作、探究学习就只能是"有形无神"的模仿。

### （三）农村地区课程资源紧缺

无论是课程改革还是教师专业发展都需要丰富的课程资源保障，这里的资源包括物质条件以及政策等多方面内涵。课程变革实施往往是在原有课程资源基础上进行，而改革恰恰需要新的课程资源。西北民族地区尤其是农村地区，办学条件简陋，经费紧张，严重制约着课程改革的推进。其一，甘肃、青海、宁夏部分农村学校普遍缺乏供教师和学生选择的信息资源、计算机网络教学的硬、软设备等现代化教学设施。一些偏远学校缺少实验室和实验物品，教师授课时无法做实验演示给学生，学生缺乏实践锻炼的机会，课堂教学效果大打折扣；还有一些农村学校多媒体设备数量不足，教师很少能运用课件、音像资料进行教学，学生信息素养的培养更无从谈起。其二，农村学校经费不足，有研究者就农村中小学办学经费状况调查发现：认为办公经费只能勉强应付日常开支的人数为 36.6%，认为比较困难的次之，占 27.4%，认为严重困难的为 20.4%。认为十分充足的人数最少，只占 4.4%。[①] 当前农村中小学经费十分匮乏，由于学校办学经费的匮乏，不少农村中小学校无力为教师提供教学参考资料和技能方面的培训致使教师使用现代化教学仪器、设备的能力明显不足。其三，西北农村地区学校现有教师学历偏低、年龄结构偏大，教师严重缺乏适应新课改的素质与能力。

教师是最重要的课程资源。农村地区缺乏课程资源另一个重要原因，是教师未能意识到自身就是重要的课程资源。首先，由于传统的国家制定课程、学校和教师执行的观念令教师缺乏开发课程资源的意识和能力；其次，一部分教师缺乏寻求社会资源的思想观念，他们既看不到学校和教师自身以外的资源更缺乏开发其他资源的动机和需要，甚至一些教师根本就没有开发课程资源的思维与习惯，教材、教参就是他们眼中的课程资源，教师不愿，也没有能力开发课程资源。

**案例：《北京的灯亮起来了》**

一、教师导课

9：40—9：45

今天要学习一篇新课文，上课之前，老师有话要说，第一，上课要遵守纪律；第二，不可以随便乱喊；第三，一定要积极回答问题。你们能做到吗？

生（齐）：能。

教师：好，现在看看谁的小手背在后面，坐得最端正（老师环视了一下，满意笑道，真不错，老师呀，要看今天这堂课谁的表现最好（以上三条），就给他奖品。

生1（好奇）：什么奖品？

---

① 肖正德：《冲突与调试——农村中小学教学改革的文化路向》，浙江大学出版社 2010 年版，第 201 页。

教师：看看，你们又开始乱喊了，学生又开始小手后背端坐。今天，老师带领大家学习一篇课文《北京的灯亮起来了》，同学们知道吗，北京不但白天很美，到了夜里更美，北京的夜景到底有多美，我们来学习一篇描写北京夜景美的课文《北京的灯亮起来了》。

有学生举手：老师，我没有去过北京呐，真的会有那么多的灯吗？

有的同学开始笑。

老师（怔住，随后强笑）：那正好啊，我们一起来学习这篇课文，感受一下北京的美。

9：46—10：00

二、初读识字

1. 引导学生借助拼音读通课文，力争把字音读正确。（3分钟）

2. 出示小黑板：夜幕降临　金碧辉煌　灯光闪烁　银光闪闪

　　　　　　　　光彩夺目　绚丽多彩　雄伟轮廓　从天而降

　　　　　　　　川流不息　道道彩虹

3. 请大家跟老师齐读：生齐读课件呈现词语。

老师：好的，大家读得不错，现在你们能不能用我们学过的词语来造个句子呢？要求是用词语，在什么时间，哪里，做了什么……句式造句（其实，学生还没有读懂课文，对于老师提问很茫然。教师应该先范读课文，让学生自己再读一遍，说说读懂了什么词语或句子，并读出有关语句）。

4. 好，请同学们从课文中找出上面的词语，并找出描写这个词语的句子，用波浪线画出来。请哪位同学来和大家说说？

板书：长安街天安门；广场四周；环形公路　立交桥；街道上；王府井、西单商业街；故宫

生2：长安街的夜晚，只有在晚上，灯光闪烁、华灯高照，比天上的银河还美丽。

生3：立交桥像彩虹，这在白天是见不到的。

生4：王府井、西单商业街的夜晚也很迷人，五光十色的霓虹灯就像调皮的孩子一样。

……

师：嗯，还不错，都找得很好，现在请你们把句子改成 有的……有的……

（摘自 2014 年 3 月 19 日 W 市 X 校听课记录）

[反思与评价] 教师是最重要的课程资源，更是兼具条件性课程资源与素材性课程资源两种性质的重要载体，教师不仅决定着课程资源的鉴别、开发、积累与利用，其自身就是首要的基本条件资源，多媒体等设备资源缺乏使得《北京的灯亮起来了》这样美好夜景的课文在农村学校的教学中显得极其生涩，而学生那句"没去过北京"和对北京的向往的这个"资源的价值"并没有被教师"化腐朽为神奇"地恰当利用，而是在老师"怔住"继而平常式的教学中被粗粗带过，北京的美永远成了课文中的"美"，并没有真正地在学生心中扎根。教师似乎并没有准备好在给能力、需要、经验（农村学生距离大城市较远，无法想象金碧辉煌、灯光闪烁北京夜晚）、学习方法各有不同的学生提供较优质、恰切的教学。这不能不说是当前农村教师资源意识缺乏的症结所在。

## （四）农村中小学校管理制度支持乏力

学校教育教学制度体现了学校个体特有的管理理念、人文精神和运行效度，也体现了学校组织中比较稳定的互动模式和交往关系，反映了学校组织中各种不同的社会地位和角色特征。教师在新课改中教学经验的积累与总结、教师教学习惯和特色的形成、教师精神面貌及其职业情绪，都受到学校组织的制度文化影响。

### 1. 学校管理行政色彩浓厚

校长的价值观、献身精神与工作能力是课程改革的成功保证。实地调研发现，一些农村中小学校校长，面对改革畏首畏尾，亦步亦趋，一味沉溺于日常事务的管理，缺乏为教师课程能力提升创造机会的能力与智慧，致使学校发展过程中缺失了上下互动、合作交流的学习机制；其次，作为校长的教育者角色缺失，部分农村学校管理行政色彩浓厚，专业治理精神淡薄，加之校长了解一线教学情况不够，严重脱离了教育者角色致使其自身教学领域的权威逐渐丧失，在学校教学管理中无法令普通教师信服。还有一些学校管理者过分强调学生成绩，尊重教育规律不够、管理的科学性差等致使学校缺乏有利于教师工作与成长的环境，尤其表现在对教师评价缺乏公平性和透明性，不能从根本上有效地调动教师工作的积极性。

2. 农村学校教学研究制度乏力

目前农村中小学校教学研究制度深化不足，流于表面形式化严重。课改实施初期重点在于转变教师观念，加强教师集中培训，处于摸索阶段的校本教研活动形式不够多样，参与教师少。现阶段校本教研活动关键在于让教师在教研活动中获得"充实感"（实效性）而不是感到"花架子"（形式主义）。调研中，很多教师谈道，校本教研参与多为骨干教师，普通教师参与度相对较少，教研内容几乎都是围绕教法、教材进行，诸如研究源于自己课堂中出现的问题较少。虽然校本教研是在"本校"展开的，是围绕"本校"的教育教学问题进行的，但是离不开专业人员的参与和引领，否则研究很难有大的提升和实质性的突破。调查显示，如图4—5，宁夏、青海地区经常得到专家或教研员帮助的比例仅14.8%，甘肃仅为10.3%，从未得到教研员或专家等帮助指导教师比例达68.6%，宁夏与青海地区"偶尔"得到专家指导分别为25.2%、28.7%。校本教研活动中专家、教研员引领作用不突出，农村教师渴望专业研究人员或教研员的专业指导，但是在现实中，教师获得的帮助还是十分有限。

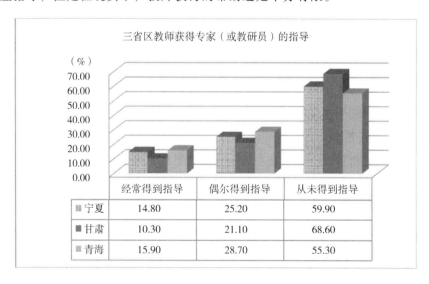

图4—5　三省（区）教师教研活动中获得专家指导情况

其次，学校为教师参与变革的制度保障不力。"学校场域是教师的专业生活环境，只要他们身处其中，总是自觉不自觉地受到场域的浸润……场域以其潜移默化的方式将其信念、态度、习惯的行为方式渗透到教师的身心中，赋予他们工作的意义、支持与身份。"① 一部分农村学校管理理念难以真正做到教师发展为本，在教师参与变革上，学校提供激励和关怀的制度环境保障不力致使教师在变革中制度安全感缺乏，不能充分发挥主动性、积极性进行卓有成效的改革。有教师谈道：教学改革是好，但其中总有许多不确定的影响因素，例如，教师因为改革在短时间难以有实质性效果致使教学质量有所下降，同时影响到教师的工作业绩。对此，学校管理者仍沿用以往教学制度管理督促教师，并未制定相应制度给予支持，教师们对改变以往的经验与做法心存疑虑，更不敢放开手脚大胆地尝试与创新，至多通过形式上的改变应付有关部门的检查。

3. 教师培训实效性不高

教师培训是实施新课程的前提和保障。教师必须理解新课程，接受新课程，才能应用到教学中去。现阶段，西北民族地区农村中小学教师对新课程培训的适应性整体不高。(1)"格式化"理论培训忽视了教师的个体经验。培训中专家根据自己的理解设定了一套教育理念，然后希望通过培训让教师接受并运用这套理念，这种培训强调内容、形式和标准的统一，没有考虑到教师个体的需求和教学实践多元化对教师发展的不同需求。培训中关乎教师的个体经验、自身特色和个性的东西则是少之又少。布迪厄认为，实践者在日常生活中的行动总是按照一种"合情合理"的策略进行的，这种策略既不是对外部环境的机械反映，也不是某种理性的盘算、自由的筹划，而是个体在特定的生活与实践环境中逐步形成的，它就是个体经验。② 民族地区中小学教师培训忽略了一个重要事实："其实，每一个教师都有一套自己独具特色的个人理论，只不过这种理论处于经验状态，如果我们能通过一定方式和策略，促使教师自觉地反思自己的教学经验，使他逐渐走向理性和自觉，那么不但能有效地促进教师发展，教师的

---

　　① 卢乃桂，操太圣主编：《中国教师的专业发展与变迁》，教育科学出版社 2009 年版，第 79 页。

　　② ［法］皮埃尔·布迪厄，华康德：《实践与反思：反思社会学导引》，李猛、李康译，中央编译出版社 1998 年版，第 165 页。

观念转变也会顺其自然地发生。"① 新课程的理论培训在一定程度上脱离了教育实际，致使一线中小学教师没能学到"真"东西，反而在种种陌生理论面前缺失自信。（2）培训内容脱离教学实际，中小学教师关注的是如何解决课堂教学中遇到的实际问题，而现有停留在"课程纲要和标准"解读层面上的培训远远不能满足一线教师们的需求，教师们急切需要教学实践案例分析和实际操作指导方面的培训内容；再次，教师培训名目繁多，教师岗位培训、学历培训、计算机培训等等，虽然培训主办单位有别却都以行政命令或红头文件的形式要求教师必须参加，否则将不予聘任、晋级、评优，教师奔波于各种培训之间，疲于应付；最后，培训的组织混乱，缺乏合理的规划，有的培训安排在学期中间，不少教师培训完以后又马上投入繁重的补课中，根本无暇对培训内容进行消化和再吸收。（3）培训部门自身能力不足。面对新课程更高的要求，教师提出了强烈的再学习要求，西北农村地区存在教育经费投入不足、学校经费紧张、教师缺编、设施不完善等一系列问题，培训部门自身在经费、时间和硬件设施等方面无法满足教师培训的真实需求，致使教师专业发展非常有限，这种情况在级别越低的培训中表现越明显。

## 二 西北民族地区农村中小学教师 适应新课改存在问题归因

### （一）农村中小学教师素质能力不足

教师是课程实施的主体，教师素质与能力是制约其适应课程改革的关键因素。有什么样的教师，就有什么样的课程实践效果，缺乏"与新课程同行"的教师是造成新课程改革中众多的偏颇、抵制、歪曲等现象的重要因素之一，从而使新课程改革中教师素质与能力不足问题暴露无遗，更激化了课程改革与教师专业发展的矛盾与冲突。

1. 新课程理念没有内化为农村教师的教学信念

当下，教师对新课程理念的高度认同以及对新课程改革不断深入的理解与认识固然非常重要，然而教师真正缺乏的是在此基础上所进行的心理

---

① 代建军：《教师教育智慧生成的价值辩护》，《天津市教科院学报》，2008 年第 4 期。

定式的调整与思维方式的转换。尽管三省（区）不同职称、教龄、民族教师认为新课程理念非常先进且表现出非常适应或比较适应的良好态势（表3—3、表3—4），然而教学实践中，教师教学行为仍然趋向"知识课堂"无法从传统教学教法的定式思维中摆脱出来。部分教师对新课程更多地停留于形式上的、浅层次的认识理解，诸如将新课程与以往课程及其教学完全对立起来：有教师认为，新课程理念强调的是能力，在教学实践中则完全抛弃基础知识的学习；新课程强调教学与社会生活的联系，在教学中一些教师则抛开抽象的课程内容的学习；在教学上只认同探究性学习的作用，完全否定接受式学习；在师生关系上，只强调学生在学习中的主体地位，漠视教师的指导与责任等。这种非此即彼的"二元对立"的思维方式在很大程度上干扰了教师正常的教学思维，表明新课程的理念并没有完全地内化为教师的教学信念。

2. 教师能力不支持，误导、扭曲新课程改革

任何新课程的改革和施行，都需要教师课程能力与之相适应。但由于我国基础教育领域对教师课程能力的认识、理解和运用还存在一定的误区，在实际教育活动中教师课程能力常常处于不支持状态，影响了农村地区新课改实施成效。

三省（区）不同学科、民族、教龄教师课程能力状况，见表4—7。学科上，宁夏42.1%语文教师认为自己最具备信息技术能力，其次为教学能力。其中教师较欠缺能力为资源整合能力、课程开发能力；青海34.7%、28.4%认为自身具备信息技术能力与资源整合能力，课程设计能力与课程开发能力具备的人数比例仅12.2%、8.2%；数学、英语学科上也呈现出大体现状。民族上，甘肃汉族、藏族教师信息技术能力缺乏，回族、藏族教师课程设计与研究反思能力缺乏；宁夏与青海汉族分别有17.5%与9.2%教师具备课程设计与开发能力，表现出课程开发能力与课程设计能力极度缺乏。

表4—7　三省（区）不同学科、民族、教龄教师课程能力适应现状　（单位：%）

| | | 省区 | 信息技术能力 | 资源整合能力 | 课程设计能力 | 课程实施 | 课程开发能力 | 课程研究与反思能力 |
|---|---|---|---|---|---|---|---|---|
| 学科 | 语文 | 宁夏 | 42.1 | 28.9 | 21.1 | 31.6 | 15.8 | 23.7 |

| | | 省区 | 信息技术能力 | 资源整合能力 | 课程设计能力 | 课程实施 | 课程开发能力 | 课程研究与反思能力 |
|---|---|---|---|---|---|---|---|---|
| 民族 | 数学 | 甘肃 | 32.0 | 22.0 | 13.3 | 6.7 | 3.3 | 3.3 |
| | | 青海 | 34.7 | 28.4 | 12.2 | 16.3 | 8.2 | 18.4 |
| | | 宁夏 | 38.7 | 38.7 | 29.0 | 25.8 | 25.8 | 25.8 |
| | 英语 | 甘肃 | 26.1 | 26.1 | 8.7 | 21.7 | 8.7 | 7.0 |
| | | 青海 | 34.9 | 16.3 | 23.3 | 20.9 | 9.3 | 34.8 |
| | | 宁夏 | 50.0 | 16.7 | 33.3 | 16.7 | 0.0 | 8.3 |
| | 汉族 | 甘肃 | 12.5 | 56.2 | 6.2 | 31.2 | 18.8 | 6.2 |
| | | 青海 | 64.7 | 35.3 | 35.3 | 23.5 | 5.9 | 11.8 |
| | | 宁夏 | 45.6 | 26.3 | 28.1 | 29.8 | 17.5 | 24.6 |
| | 回族 | 甘肃 | 21.4 | 31.0 | 14.3 | 11.9 | 9.5 | 12.2 |
| | | 青海 | 48.0 | 22.4 | 14.3 | 22.4 | 9.2 | 21.4 |
| | | 宁夏 | 42.3 | 30.8 | 26.9 | 17.3 | 7.7 | 17.3 |
| | 藏族 | 甘肃 | 44.8 | 31.0 | 3.4 | 6.9 | 3.4 | 10.3 |
| | | 青海 | 12.5 | 25.0 | 17.5 | 20.0 | 8.9 | 0.0 |
| 教龄 | 1—3 年 | 甘肃 | 10.0 | 40.0 | 10.0 | 20.0 | 5.0 | 5.0 |
| | | 青海 | 23.5 | 17.6 | 17.6 | 17.6 | 5.9 | 23.5 |
| | | 宁夏 | 17.5 | 20.0 | 37.5 | 25.0 | 12.5 | 17.5 |
| | 4—6 年 | 甘肃 | 17.6 | 22.9 | 11.8 | 11.8 | 11.8 | 0.0 |
| | | 青海 | 11.1 | 22.2 | 11.1 | 10.0 | 0.0 | 0.0 |
| | | 宁夏 | 36.0 | 24.0 | 24.0 | 20.0 | 16.0 | 12.0 |
| | 7—10 年 | 甘肃 | 37.5 | 25.0 | 12.5 | 15.0 | 12.5 | 3.0 |
| | | 青海 | 25.0 | 10.0 | 15.0 | 25.0 | 20.0 | 25.0 |
| | | 宁夏 | 42.5 | 32.5 | 30.0 | 12.5 | 25.0 | 20.0 |
| | 11—15 年 | 甘肃 | 26.7 | 26.7 | 6.7 | 33.3 | 6.7 | 26.7 |
| | | 青海 | 38.6 | 14.8 | 23.8 | 19.0 | 14.0 | 14.8 |
| | | 宁夏 | 40.0 | 35.0 | 35.0 | 20.0 | 5.6 | 20.0 |
| | | 甘肃 | 21.7 | 30.4 | 17.4 | 13.0 | 8.7 | 34.8 |

续表

| 省区 | | 信息技术能力 | 资源整合能力 | 课程设计能力 | 课程实施 | 课程开发能力 | 课程研究与反思能力 |
|------|------|------|------|------|------|------|------|
| 16—20 年 | 青海 | 63.2 | 21.1 | 21.1 | 21.1 | 10.5 | 10.5 |
| | 宁夏 | 68.4 | 36.8 | 42.1 | 21.1 | 5.3 | 21.1 |
| | 甘肃 | 20.5 | 25.0 | 14.0 | 10.0 | 4.6 | 3.1 |
| 21—30 年 | 青海 | 21.4 | 43.0 | 21.4 | 7.1 | 7.0 | 7.1 |
| | 宁夏 | 42.9 | 23.8 | 19.0 | 33.3 | 4.3 | 28.6 |
| | 甘肃 | 7.1 | 28.6 | 7.1 | 21.4 | 5.1 | 14.3 |
| 31 年 | 青海 | 48.6 | 22.9 | 5.7 | 17.1 | 7.9 | 5.7 |
| | 宁夏 | 22.2 | 22.2 | 22.2 | 33.3 | 4.3 | 33.3 |
| | 甘肃 | 11.5 | 20.4 | 15.7 | 15.0 | 5.3 | 13.0 |
| | 青海 | 30.0 | 20.0 | 26.7 | 40.0 | 5.3 | 33.3 |

随着新课改不断深化，课程改革对农村教师课程能力提出了更高要求，需要教师正视课程能力缺失的现状，三省（区）教师中认为自身能胜任新课程要求并具备课程能力的宁夏教师为 23.8%，青海 26.7%，甘肃 16.7%；教师感到力不从心、无法胜任的比例分别为 21%（宁夏）、30.1%（甘肃）、青海（20.1%），这在很大程度上影响了教师对新课改的胜任与适应，见图 4—6。

### （二）农村中小学校教学管理制度滞后

制度是要求成员共同遵守的规章或准则，体现的是意志和习惯，更是一种文化。所有活动的实施与开展都有赖于制度创新的积淀和持续激励，通过制度创新得以固化，并以制度化的方式持续发挥应有的作用。目前，科层制的管理体制是我国中小学教学管理组织的主要制度形式，即将学校教学管理组织内每一职位的工作程序、业务范围、行为标准，以及学校教学系统内各个科室的职责、科室与科室之间的关系，以规章制度的形式明确下来，使学校内的教学工作有法可依。随着当前学校教育教学改革的不断深化，农村中小学校科层教学管理组织的滞后性逐渐凸显出来。

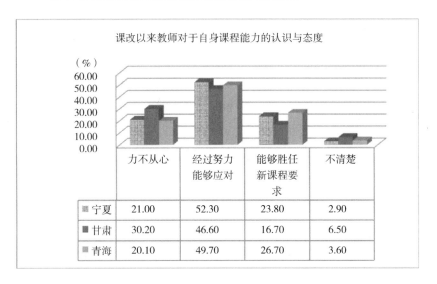

**图4—6 课改以来三省（区）教师对自身课程能力的认识比较**

1. "签到制"和"圈封制"管理方式钳制了教师教学改革主动性

科层化管理在一个侧面上就是一种"非人化"管理，它为了达到形式的合理性，而造成了"实质的非理性"，即要求人的一切行动都得听从某种命令，排除人的情感，内心精神需求等，使"人变成这架不停运转机器上的一个小小的齿轮，并按照机器制定的路线行动。"①

学校实行"签到制"与"圈封制"，"签到"是每天早晨7：30（有的小学8：00）之前，教师必须到（图片中两所学校签到点均设置于校长办公室门前）办公室门前的小桌前签到，过时按迟到论处，迟到两次以上就要罚款，一个月迟到超过5次以上，年终考核要扣除一部分奖金；同时，"圈封制"也是学校惯常管理形式，上班期间，所有教师、学生都不得随便出入。学校将教师"圈封"在教学区内，目的在于让教师安心工作，学校领导每天不定时地进行检查。

（摘自2014年3月20日教师"访谈记录"）

有教师谈道：每天上班感觉紧紧张张，心里很讨厌这种天天签到

---

① 苏国勋：《理性化及其限制——韦伯思想研究》，上海人民出版社1998年版，第216页。

形式，我如果认真上课了，再多的条条框框也管不住，有时候有事得赶着请假，碰上领导心情好，这周"推门课"效果能好一些还成（可以准假）。我们也知道这种管理是校长不得已，恨铁不成钢，希望我们能安心教学，好把我们学校的教学成绩抓上去，但是这让教师心里累。有一次，因为早晨"推门课"校长来听了，那天的课准备一般（比如没用多媒体），结果一顿乱批，假没有请到，反倒挨训，我都不知道哭了多少次了。其他同事也是，时间长了，觉得学校气氛紧张，哪里有心思在教学上，总是要有应付的时候。我就告诉自己的孩子，下辈子能不当老师就别当老师，太累，太辛苦。

（摘自 2014 年 5 月 14 日 H 县朱教师"访谈记录"）

　　教师的劳动有其自身的特殊性，学校管理中用上下班签到和上班时间将学校"圈封"的管理方式，将教师的工作限定在上班的时间里，限定在学校里，自以为是将教师管理住了，实际上往往事与愿违，在一定程度上伤害了教师的内心情感。教师是"全天制"工作，教师的劳动时间，很难用上下班来严格界定。[1]"签到制"和"圈封制"是一种非人化的管理形式的表现，它对教师的人生自由的束缚，让教师有事无事都必须待在学校，教师被"异化"为工作机器，失去了教学自主权和人身自由，而且在很大程度上浪费了教师的精力与时间。

　　2. 农村中小学校管理缺乏特色制约教师课程实施水平的提高

　　学校办学有特色，教师教学有特色，学生发展有特长是新课程改革精神内涵的集中体现。中小学办学特色的重点在于其与众不同，有着自己的独特风格。学校特色不是凭空产生的，也不是简单的模仿与移植，它是在长期的教育教学实践中，经过自我认识和优化本身独特资源而生长起来，基于学校，同时又发展于学校。[2]

　　甘、青、宁三省（区）的课程改革具有多元文化实施背景，在农村中小学校，由于每个学生先天素质和后天影响存在事实上的差别必然会影

---

　　① 崔静平：《教师上下班"签到"带来了什么》，《中国教育报》，2007 年 11 月 15 日，第 10 版。

　　② 姚永强：《我国义务教育均衡发展方式转变研究》，博士学位论文，华中师范大学，2014 年。

响其学习兴趣、学习动机、学习方法和学习能力，加之由于不同民族学生因家庭教育、社区文化以及社会影响等继而形成了不同的知识基础、认知特点与学习风格，教学对象的多元背景决定了民族地区农村中小学校教育不能趋同于一般学校教育，各个中小学校应根据自身的文化底蕴、所处地理环境、拥有教育资源，因校制宜、树立不同的发展理念，选择适宜发展模式，凸显自身的发展优势与特色。作为教师应树立因材施教理念，在教学设计上考虑学生差异，在教学过程中关注差异，在学习方式上尊重学生差异，使每一位学生都能得到充分发展。

　　研究者：目前，校本课程作为体现学校特色和丰富学生发展的一门课程受到广泛的认可，您学校的校本课程是什么，开设情况怎样？

　　宁夏 W 市 X 学校鲁主任：其实课改刚开始时，我们学校也搞了一阵子，原本我们学校是有一些学生非常爱好武术的，当时的 L 校长就把这个特色和校本课程开发结合起来，学区进行评比还得了奖。那几年还真是行，学生也喜欢。可现在，基本上没有了，现在的校长（原来的校长两年前调至另一所学校）那天去开会回来就说要抓我们学校的文化建设，其中一点就要把武术改为象棋（至于为什么是象棋，老师们也很困惑，但因为是校长定的，所以老师们也不好多说什么），认为这个象棋很能够体现我们学校的文化建设，还要让我们拿出个方案，我们老师会下象棋的有几个？再说有这个必要没，学校的考核终究还是看教师的教学成绩，升学率。前几年，学生家长也认为我们学校搞校本课程是教着学生玩，学生也学不到知识，很不配合。现在我们的校本课程也就（体现）在课程表中，实际上都是班主任兼任，这些课都被主科老师们用来上他们的课了。

　　　　　　　　　　　　　　（摘自 2014 年 3 月 20 日教师"访谈记录"）

　　当下，农村中小学校在学时学制管理上表现出明显的形式主义和功利色彩，突出表现在一部分学校片面化、形式化、绝对化地理解与执行课程标准、教学大纲、教材等：各个学校把是否开足课时作为是否"严格忠实"执行和实现国家课程的最主要的衡量标准：一方面，学校的课程表体现出的是国家课程、地方课程、校本课程的丰富多样；与此同时，学校又以是否对"应试"有利进而功利地对待课时，尽管有上级教育部门反复强调"开齐、上足、教好"课程，同时辅以检查、督导、评比和验收，但在"应试"标杆与主导下，有令不行、有禁不止的现象仍然屡屡发生。这两种近乎矛盾的行为取向，直接导致了农村学校"两张课程表"现象。其次，一部分农村学校标准化地执行无差异的课程标准和要求，对国家课程缺乏自主、灵活地变通处理以应对学校及学生的现实变化，忽视本校学生的实际发展需求，致使学校发展毫无特色与优势。

3. "推门课"监督色彩浓厚阻碍教师专业能力的提升

所谓"推门课"是学校中层以上领导可以随时推开正在上课的教室门并进入学科教师的课堂听课。这种突然袭击的听课方式，对教师平时教学习惯和基本教学素养以及随机应变能力的检查的确起到了很好的作用。与公开课相比，"推门课"就在于它的真实性和平常性。作为一项教学管理制度，"推门课"这种真实的剖析课堂的形式能让教师及时发现课堂中不易发现的问题，这些问题一旦得到解决，教师教学水平将提升至一个新的境界。

调研中，研究者与该校教导主任一起听课，期间一位教师原本准备要上作文课，但是因为领导来听"推门课"，她临时将课改成一节复习课（课后她急忙跑来给主任解释，急切的神情像是犯了错的孩子），通过小组合作等形式，让学生完成上节课已经学完的课堂内容。整个课堂教学很流畅，学生小组合作也较有效，但是因为是一节"复习课"，听课的结果是她的这堂课不符合要求。为此这位教师深深自责不已，她临时改课的出发点就在于"怎么能让领导干坐在那里，只是看学生写作文，课堂也太沉闷了"，不如上节日常课的内容，学生活动也有，更能体现新课改要求。日常课原本是教师自己的地盘，但是因为"推门课"，教师不得不时刻准备有人来听课，于是，教师讲课的内容开始从"以学生为本"转向以"听课人"为本。表面上，学生与听课人的评价标准是一样的，可事实上，学生只需要课堂教学能够帮助他们学习，至于教师采取什么样的方法并不重要；而就听课人看，课堂教学的评价不仅有特定标准而且还有其固定模式，例如：课堂上不能没有互动但又不得吵闹，课堂提问不能太多也不能太少，课堂上一定要运用多媒体，不管教师是讲古诗文还是三角函数。于是日常课，也是以听课人为标准的，为了达到这个固定模式的要求，于是乎一定要用到新课程的理念、一定要落实新课程的原则等。教师上课时不得不将重心放在关注自己的行为与固定模式间的匹配性上，而自身课堂教学与学生学习恰切与否则只好忽略。

在农村中小学随堂听课中，绝大部分教师从心里是不欢迎听"推门课"的。如上述案例中谈到，"推门课"对教师形成一种心理监督，无形中加重教师心理负担。其次，推门听课自从实行以来，基本上是校长和教导主任采取的一种听课方式，因此往往带有一定的行政色彩，教师们都认为听推门课是领导在检查工作。于是，领导一旦推门听课，教师都认为是在接受考核，课上好上坏，只能由领导说了算。无形之中，教师被剥夺了评课的话语权，抑制了自身对上课的理解与看法。这样，推门课的作用被限制，也掩盖了其本来的意义。

> 青海 H 县 X 镇中心学校雷校长：农村学校条件艰苦，作为领导应该为学校教师创造好的条件，否则我们的老师们就没法好好地教，我前几天在《人民教育》上看到一个评论员的一篇文章，说的就是我们中国人的这个自觉性，有自觉意识的人只占 25%，而其他 75% 人就要依靠制度进行管理，所以我们也要加强学校各方面的管理，上下班要签到，要让老师安心教学，尤其现在上面（教育局等），家长都盯着学校的成绩，这个学校里面要把这个成绩取掉了以后，这个老师好好教不教还是一个考虑的问题，就要不断促使教师提高教学水平，"推门课"就是个好的管理方式，我大概一周要听四五节，很多都是不满意，但这对老师也是督促。他们（老师）都对我（听）"推门课"是又怕又服，为什么呢？因为我无论听什么课都会从中听到点子上，因为我听课都不会从我的标准来判定，这个老师是什么性格我知道，然后我会根据这个老师的性格来衡量你的课上得怎么样，学校就是这样，我要说这周我去参加某个教研活动或者下周要"推门课"，这个活动或者课就绝对棒，但我一天忙的有些事顾不上，这个活动就不行了（实效性不强），所以，教师还是自觉性差，要好好管，什么时候我不去了，他们也搞得特有声色的时候，那这个就成功了。

（摘自 2014 年 5 月 20 日校长"访谈记录"）

教育绝不仅仅靠"检查"作为低层次的管理手段，更不能将教师作为监视对象，管理者更不能成为"包工头"似的监工。现代化学校应该从行政管理走向学术管理，从现状维持走向体系构建。学校管理者最重要的是要树立"以人为本"的人本主义管理理念，高水平的教学管理应该引导教师树立强烈的事业心，端正教学目的，让教师专业发展与学校改革"共赢"。

### （三）农村中小学教师教学评价方式陈旧

《基础教育课程改革纲要》明确提出"建立促进学生全面发展的评价体系。评价不仅要关注学生的学业成绩，而且要发现和发展学生在情感、态度、价值观等多方面的潜能，了解学生发展中的需求，帮助学生认识自我、发展自我，建立自信。目前，农村中小学校评价形式逐渐多样化，笔试、口试、作业分析、课堂观察、建立成长记录袋、小论文等综合评判逐渐展开，教师能根据不同的评价目的、具体学科的特点和评价实施的时间与地点等因素选择合适的评价方法，对学生做出较为客观、全面的评价，但评价问题始终是新课程实施中的最大"瓶颈"。

1. 教师对学生评价的内容较丰富，知识本位仍突出

多元智力理论提出，学生具有多种智能，学生的评价既要包括智力因素的评价也包括非智力因素的评价。新课改在学生评价目标上追求以促进学生的全面的发展为核心，这与素质教育的理念高度一致。学生、教师问卷有关学生评价内容，见表4—8，（1）教师对学生评价更多关注知识掌握，宁夏教师关注比例为51.5%，甘肃为50.2%，青海为46.6%。从学生反馈情况看，无论小学生、中学生对此项认可比例均在40%以上，部分农村中小学校对学生评价淡化过程的评价，学生的评价往往都是孤立地看待其结果，缺乏对评价的原因分析，无法做到动态看待学生的发展。（2）教师对学生学习内容评价从以往只注重知识掌握逐渐转向注重学生情感态度及创新精神等综合素质培养，充分照顾到学生的年龄及心理特点。但从表4—8中教师对"知识掌握"评价关注上，表明传统的评价观念仍无法消除，知识的记忆与掌握仍然占据教师对学生评价的主导，部分教师甚至存在将情感态度价值观与掌握知识与技能割裂开来的行为，三省（区）中教师对新课程倡导注重学生动手实践能力、创新精神培养评价人

数比例较低。三省（区）中小学教师对自身学业评价同样凸显了学生评价注重知识掌握，对学生学习方法、动手能力、创新精神、情感态度等有助于学生发展的选项内容比例则很低。

表4—8　　　　　　　三省（区）教师对学生评价内容以及学生
　　　　　　　　　　对教师评价自身的认识比较　　　　　　（单位：%）

| | 地区 | 实践或动手能力培养 | 学习方法更新 | 创新精神 | 情感态度 | 知识掌握 | 特长有效培养 |
|---|---|---|---|---|---|---|---|
| 教师 | 宁夏 | 47.6 | 42.1 | 17.6 | 39.8 | 51.5 | 20.1 |
| | 甘肃 | 26.2 | 24.0 | 19.2 | 27.4 | 50.2 | 19.7 |
| | 青海 | 39.0 | 36.6 | 28.5 | 37.3 | 46.6 | 16.4 |
| 小学生 | 宁夏 | 19.5 | 15.7 | 8.1 | 13.2 | 40.1 | 3.4 |
| | 甘肃 | 18.3 | 12.0 | 6.4 | 11.0 | 50.2 | 2.1 |
| | 青海 | 20.7 | 13.3 | 7.0 | 12.2 | 42.5 | 4.3 |
| 中学生 | 宁夏 | 17.5 | 14.0 | 5.5 | 8.2 | 54.1 | 0.7 |
| | 甘肃 | 14.4 | 15.5 | 6.4 | 10.4 | 53.5 | 0.3 |
| | 青海 | 15.2 | 19.5 | 6.7 | 9.8 | 47.3 | 1.5 |

　　甘肃Z市X学校杨老师：新课改的一些观念的确是好，但是最根本的评价方式没有变，一切还是以分数为中心，我们教师也是无可奈何。新课程改革这么多年来，一直要求我们一线教师搞素质教育，评价方式又让学生考试拿高分，这无形中就增加了老师们的负担和压力。新课程改革的确在很多方面改善了以前课堂死寂沉沉的局面，也在一定程度上促进了我们教师的发展，比如现在教材的改变，学习方式要变，教师要学着用多媒体，但最终还是那个问题，如果评价方式没有得到根本性改变的话，实际上还会一切都是老样子，课堂上扎扎实实地搞应试，课堂外在一阵一阵地进行课改，感觉这几年我们又回到老路上来了，我们也是左右为难，很难从课改中得到切实发展的。

（摘自2014年6月10日教师"访谈记录"）

**2. 教师对学生评价方法多样化,应试痕迹明显**

教学评价是整个教学工作的指挥棒,只有在教学评价中重视和突出学生的知识创新意识、素质能力,才能真正促进整个教育理念的转变。见图4—7,课改以来三省(区)教师教学评价观念有所转变,对于学生平时表现关注度明显提升,同时能够结合学生平时表现评价学生的各项发展,但从数据分析看来,三省(区)教师对于学生评价的方式更多聚焦学生考试成绩与升学率。新课程实施的瓶颈依然牢牢被捆绑在"应试教育的战车"之上。

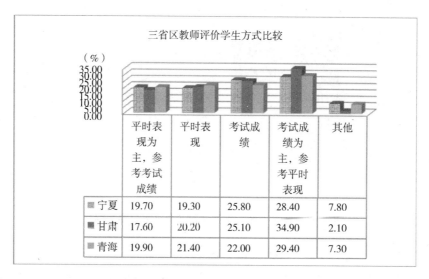

三省区教师评价学生方式比较

| | 平时表现为主,参考考试成绩 | 平时表现 | 考试成绩 | 考试成绩为主,参考平时表现 | 其他 |
|---|---|---|---|---|---|
| 宁夏 | 19.70 | 19.30 | 25.80 | 28.40 | 7.80 |
| 甘肃 | 17.60 | 20.20 | 25.10 | 34.90 | 2.10 |
| 青海 | 19.90 | 21.40 | 22.00 | 29.40 | 7.30 |

**图4—7　三省(区)教师教学评价方式比较**

研究者:新课程实施以来,您认为您对学生的评价方式有变化吗?

宁夏W市X学校陈老师:现在的评价就是跟那个时候的不一样,那时候评价仅仅是认为老师对学生成绩的一种评价,现在还有对学生回答问题态度的评价,就是说评价的方式发生了变化。现在大多数好孩子都是夸出来的,你就是要激励嘛。这样学生也有兴趣,学习主动性会好一点。

(摘自2014年4月6日教师"访谈记录")

新课程要求教师在教学评价时要树立学生都具独特性并有无限发展的

可能的意识，教师应善于运用不同的标准评价学生。教师对学生的评价要以鼓励、表扬为主，要让他们看到自己的优点和进步。如图4—8所示，教师对于好学生评价与标准认定上看，教师眼中的好学生仍然是考试成绩优秀的学生，间接表明知识教学在教师教学目标与学生学习目标中"举足轻重"，其中有相当一部分教师仍固守原来的应试技巧以应付升学压力，也折射出应试教育在教师与学生的思想意识中的"根深蒂固"。

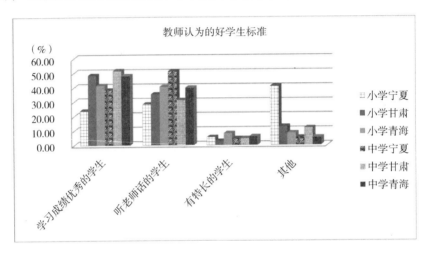

图4—8 三省（区）不同学段教师认为好学生标准

### 3. 评价主体仍单一，多元化不够

在我国以往的课程评价中，评价主体依次是政府部门评价学校，学校评价教师，教师评价学生，学生被排除在评价主体之外，成为被评价的对象。这种评价主体的直线式、单一化使得评价缺少全面性与民主性，所获得的评价往往是片面的、独断式的。调研中发现，以往由教师单独评价学生，现在的评价已逐渐从"他评"为主转向学生的"自评"为主以及自评与他评的结合。在学生问卷的调查中，在有关"在你们学校，对学生学习成绩与表现进行评价的人是？"三省（区）学生的选择如图4—9所示，仅由教师评价学生的比例已经降低，表明教师改变了以往只是由教师评价学生这一单一的评价方式，采用了学生自评、同学互评、教师评定与家长参与的综合化的方式进行。三省区小学、中学生认为自身学业成绩最主要的评判者来自教师、家长和同学。发展性评价体系强调学生要自评，给予学生充分的机会进行自我评价，促使学生对自己的学习能够进行反思

和评价，培养学生思维主动性和对学习负责的态度，使评价成为学生认识自我、发展自我的过程。图中，学生自评比例最低，表明学生在评价中地位仍然较被动，学生参与学习意识比较弱，评价对于学生发展、完善的功能并没有真正建立起来。

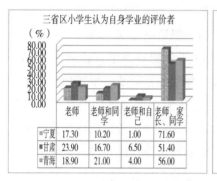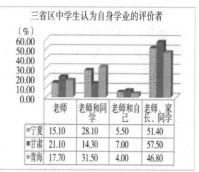

| 三省区小学生认为自身学业的评价者（%） | 老师 | 老师和同学 | 老师和自己 | 老师、家长、同学 |
|---|---|---|---|---|
| 宁夏 | 17.30 | 10.20 | 1.00 | 71.60 |
| 甘肃 | 23.90 | 16.70 | 6.50 | 51.40 |
| 青海 | 18.90 | 21.00 | 4.00 | 56.00 |

| 三省区中学生认为自身学业的评价者（%） | 老师 | 老师和同学 | 老师和自己 | 老师、家长、同学 |
|---|---|---|---|---|
| 宁夏 | 15.10 | 28.10 | 5.50 | 51.40 |
| 甘肃 | 21.10 | 14.30 | 7.00 | 57.50 |
| 青海 | 17.70 | 31.50 | 4.00 | 46.80 |

**图4—9　三省（区）不同学段学生认为自身学业的评价比较**

学生问卷中"你认为教师常用的测验或考试成绩能够准确反映学生的学习情况吗？"见图4—10。

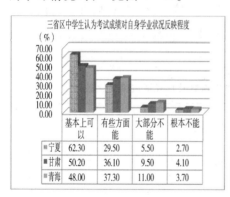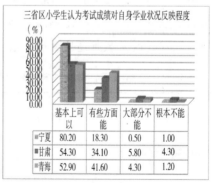

| 三省区中学生认为考试成绩对自身学业状况反映程度（%） | 基本上可以 | 有些方面能 | 大部分不能 | 根本不能 |
|---|---|---|---|---|
| 宁夏 | 62.30 | 29.50 | 5.50 | 2.70 |
| 甘肃 | 50.20 | 36.10 | 9.50 | 4.10 |
| 青海 | 48.00 | 37.30 | 11.00 | 3.70 |

| 三省区小学生认为考试成绩对自身学业状况反映程度（%） | 基本上可以 | 有些方面能 | 大部分不能 | 根本不能 |
|---|---|---|---|---|
| 宁夏 | 80.20 | 18.30 | 0.50 | 1.00 |
| 甘肃 | 54.30 | 34.10 | 5.80 | 4.30 |
| 青海 | 52.90 | 41.60 | 4.30 | 1.20 |

**图4—10　三省（区）中小学生认为考试成绩对自身学业状况反映程度比较**

**4. 学校对教师评价束缚了教师创造力**

《教育部关于积极推进中小学评价与考试制度改革的通知》指出，中小学教师评价要利于加强教师职业道德建设，促进教师业务水平的提高，建立有利于实施素质教育、发挥教师创造性的多元的、新型中小学教师评价体系；评价的内容应该包括教师的职业道德、教师与学生相互尊重关系、教师教学方案的设计及实施、教师间的交流与反思等方面；形成以教师自评为主，学校领导评议、教师自评与同事评议四种方式。在评价内容上，要改变以往只注重学生成绩的评价内容，还应依据教师日常工作表现，新课程改革中的突出成果以及教师科研能力等情况。

见表4—9，①从评价形式上看出学校对教师评价有领导评议、同事评议，也通过学生的反馈进行评价，教师对于这几种评价形式非常适应人数比例很低，适应程度介于比较适应与一般适应之间。27.1%甘肃教师较适应领导评议，宁夏20.4%、19.4%教师分别对同事评价和学生评价表现非常适应。青海教师对于同事评议、师生关系以及学生评价形式适应程度一般。三省（区）中对于领导评议不适应比例则整体稍高于同事与学生的评价形式；②在评价内容适应上，学校以学生考试成绩评价教师，宁夏和青海教师处于一般适应程度，甘肃教师适应程度比较高；宁夏、青海教师对通过参加课改进行评价适应介于适应与一般适应之间，甘肃教师不适应比例36.6%；③校本课程开发是目前三省（区）三省区教师最不适应的一项评价内容，许多农村学校由于师资、经费、资源等一系列问题，校本课程开发基本属于"有名无实"。学校对教师的评价标准仍然是考试成绩和升学率，致使很大一部分教师不得不放弃校本课程的开发建设而努力为分数奋斗，不适应比例最高也是必然；④教师科研论文发表评价适应，三省（区）教师适应程度一般。

表4—9　三省（区）教师对学校教师评价内容及形式适应情况比较　　（单位:%）

| 内容 | 地区 | 非常适应 | 比较适应 | 一般适应 | 比较不适应 | 非常不适应 |
|---|---|---|---|---|---|---|
| 学校领导评议 | 宁夏 | 16.7 | 39.0 | 31.8 | 11.5 | 1.0 |
|  | 甘肃 | 27.1 | 38.0 | 21.0 | 10.0 | 3.9 |
|  | 青海 | 10.6 | 34.2 | 37.3 | 11.0 | 6.8 |
| 根据学生的考试成绩 | 宁夏 | 7.1 | 42.9 | 44.2 | 4.9 | 1.0 |
|  | 甘肃 | 16.2 | 48.9 | 25.3 | 7.9 | 1.7 |
|  | 青海 | 8.9 | 29.1 | 45.9 | 9.9 | 6.2 |
| 参加课改的积极性 | 宁夏 | 15.9 | 39.0 | 30.1 | 11.9 | 3.0 |
|  | 甘肃 | 11.4 | 21.5 | 27.9 | 36.6 | 2.6 |
|  | 青海 | 9.6 | 35.6 | 39.4 | 12.3 | 3.1 |

| 内容 | 地区 | 非常适应 | 比较适应 | 一般适应 | 比较不适应 | 非常不适应 |
|------|------|---------|---------|---------|-----------|-----------|
| 课改中的突出成果 | 宁夏 | 13.6 | 48.1 | 35.0 | 2.9 | 0.5 |
| | 甘肃 | 11.4 | 44.5 | 33.2 | 7.0 | 3.9 |
| | 青海 | 9.6 | 39.0 | 41.1 | 7.9 | 2.4 |
| 通过同事评议 | 宁夏 | 20.4 | 44.2 | 32.0 | 2.9 | 0.5 |
| | 甘肃 | 10.0 | 45.4 | 30.6 | 8.7 | 5.2 |
| | 青海 | 7.2 | 39.0 | 44.9 | 6.8 | 2.1 |
| 师生关系以及学生的反馈评价 | 宁夏 | 19.4 | 51.0 | 27.2 | 2.4 | 0.0 |
| | 甘肃 | 13.5 | 44.5 | 27.5 | 12.7 | 1.7 |
| | 青海 | 10.6 | 26.4 | 51.7 | 9.9 | 1.4 |
| 校本课程开发情况 | 宁夏 | 12.6 | 7.3 | 44.2 | 34.5 | 1.5 |
| | 甘肃 | 11.8 | 7.4 | 36.7 | 41.9 | 2.2 |
| | 青海 | 7.2 | 17.1 | 39.7 | 30.8 | 5.1 |
| 论文发表数量、参与课题研究 | 宁夏 | 9.7 | 20.8 | 35.0 | 11.7 | 22.9 |
| | 甘肃 | 9.2 | 34.9 | 36.2 | 10.5 | 9.2 |
| | 青海 | 7.5 | 12.3 | 37.7 | 21.6 | 20.9 |

目前农村中小学教师除了日常教学活动之外，撰写教学论文仍然相对少，尽管学校明确将这一项作为评价重要内容，然而由于农村各方面资料缺乏，加之教师教学任务重，此项内容教师适应程度一般。

研究者：学校对教师评价中，要以校本课程开发作为一项考核内容，您对于开发校本课程的看法与态度是什么？

青海 H 县 X 学校祁老师：校本课程是好，但在我们学校开不起来，说起来我们农村学校好像资源挺丰富的，但是开发课程本身是很难的，一是学校没有经费，总不能让教师自己搭钱去搞吧；二是教师们要开发课程，可是我们老师哪有时间，教学任务那么重，能力上也欠缺，没有专家的指导，不知道怎么去开发，如果学校能够减轻我的教学课时，我也愿意尝试。（摘自 2014 年 5 月 21 日教师"访谈记录"）

目前农村中小学校校本课程开发的"失真"现象，一些学校将学校的某些特点当成有"特色"，进行所谓的校本课程开发，而农村学生的真正需要是什么则被忽略放置一边。农村教师课时多，任务重，同时，校本课程开发需要有具备相应的课程能力及资金等外部条件支持保障，而中小学校传统教学评价制度以"分数"和"率"为主的评价方式，无比"鲜明"地决定了分数才是"制胜"法宝。因而，教师对于校本课程开发的评价是最无法也最无力适应的。

> 研究者：您对教师做科研态度？您学校对教师科研及论文的考核如何？
>
> 青海 H 县 X 学校祁老师：教师的本职工作是教学，对我们来说，写论文、做科研是装门面的事情，一般校长也在会上强调要科研教学，可是这么多年了，有些老师不写论文，不也一样教书好好的吗，再说了，学校教学任务重，哪里有时间和精力从事科研，我每周十五六节课，加上早自习、晚自习，学生辅导，批改作业，班主任工作，政治学习和各种会议，每天连三分之一时间不到用来备课，每天工作超过十个小时，正常的教学都让我们应付不过来，还哪里有时间写科研论文，尽管学校也把科研论文的发表纳入到教师考核中，说来说去，也不占多大影响，发了论文和没发论文的激励措施也是有一些差距，可（写论文）还不如踏踏实实地在短时间里就能见着效果的教学来得便捷、容易（相对写论文需要时间长，见效慢），科研论文啥的，对我们没多少用处的。
>
> （摘自 2014 年 5 月 21 日教师"访谈记录"）

总体上，受应试教育的功利性影响，农村中小学校教师教学评价，从内容、形式及标准仍依据教师教学工作的及格率、升学率进行评判，从三省（区）教师整体对学校教师教学评价来看，宁夏、甘肃教师适应状况较好的均为以学生考试成绩为最高目标的评价，"适应良好"源于应试教育的功利性，教师已经不得不适应此种评价方式。相对而言，青海地区教师对于以发表论文数量、领导参与评议及以学生考试成绩评议"最不适应"比例均高于其他两省区，进一步表明"最不适应"的源头在于教师评价的明确性与教师工作创造性之间的矛盾。现实中，由于教师评价往往不得不采用量化的方式，这使得教师在发展中更加关注评价的内容，而对评价背后的理念很少关注。教师的实际付出有时无法用量化的评价方式得到承认，因而教师发展的主动性也受到影响。同时因教师处于学校科层体制中的最底层，这与教师职业本质上要求的专业自主也有相互矛盾的地方。

### （四）农村中小学办学条件有限，资源闲置现象突出

国家财政及经费投入是课程改革不断深化推进的有力保障。现阶段，受地方财力与经济发展水平制约，农村学校经费普遍比较紧张，现有的办学条件距离新课改的要求相距甚远，严重制约着课程改革的推进。三省（区）一些农村中小学校，校外课程资源极度匮乏，信息化资源严重不足，即使是一些学校购置了电脑等设备，但使用情况不是很好，有一部分学校实验室、信息化以及电脑等设备的用途只是为了应付上级的种种检查。因此，课程资源的匮乏与不足是农村地区课程改革推进中的一大障碍；另外，农村地区学校和教师课程资源开发意识较淡薄，相应地，对课程资源的作用及其价值重视不够，未能及时地对现有课程资源进行加工和转化进入课程，致使大量课程资源闲置，这都在客观上加剧了农村教师的适应困难。

目前，农村各个中小学校普遍存在着办学条件的差异，在课程资源利用上存在着两方面问题：一方面，这部分课程资源只有能真正被纳入到教学计划中，为实现课程目标而发挥作用时，它才能成为现实的课程资源；另一方面，尽管客观上存在着课程资源的差异，但是这些差异可以通过教师有效的开发与利用而加以不同程度的消除。也就是说，课程资源的作用不取决于客观的课程资源的存在状态，而是取决于教师对课程资源开发利用的程度。

学校现有课程资源的利用情况究竟如何，见图4—11。调研发现，农村中小学校除个别学校资源严重匮乏外，其余均配置计算机及多媒体教室，学校图书室或阅览室，并附带有各个学科视听光盘等资料，教学教辅资料如仪器、挂图、教具等。就学校现有的条件性课程资源的利用情况看，三省（区）中小学校校内课程资源闲置或利用不当的依次为：实验室

或专用教室、校园环境、教学教辅类的教学仪器、挂图等、视听光盘等资料、图书室及其他等。上述课程资源的利用分布离散程度较大，表明当前学校在已有条件性课程资源利用上也存在诸多问题，这些有教育价值的课程资源处于闲置状态，课程资源开发利用的范围进一步缩小，表明现阶段农村中小学课程资源开发仍然滞后。课程资源的价值只有真正进入课堂，融进师生教学活动过程，与学习者发生互动才能得以体现。但实际上，许多教师对已经开发的课程资源却未能很好地利用，在很大程度上造成了课程资源的闲置与浪费。

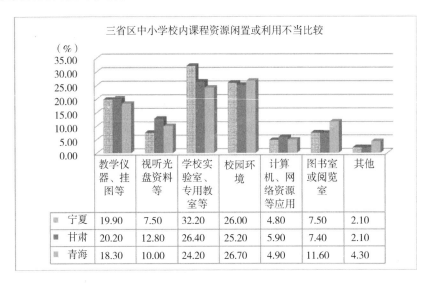

图4—11　三省（区）中小学校内课程资源利用不当比较

### （五）教师课程资源开发利用水平及能力有待提高

本土性课程资源的开发既是课程改革的一项重要任务，也是课程资源开发具有方向性的目标。甘、宁、青是我国民族众多，文化多样性资源最为丰厚的地区之一，调研地区宁夏 W 市、甘肃 Z 市和青海 H 县，都蕴藏有丰富的民俗、人文等课程资源，如对其进行有效的开发和利用，其意义不言而喻。

农村学校课程资源开发必须要关注学生的需要和兴趣。学生问卷中，见图4—12，"你对于你们当地的民俗、人文等自然景观是否了解？"三省（区）中60%中小学生表示有一点了解，很了解的比例只有20%多一点。"教师课堂教学中运用当地民俗及风土人情的事例讲解，你对此的态度是?"学生对于当地熟悉课程资源则表现出浓厚的兴趣,希望教师能在教学中加以涉猎,对于身边熟悉的课程资源表现出极大渴求。

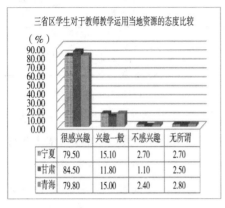
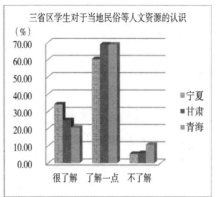

**图4—12　三省(区)学生对于教师教学运用当地资源态度**

教师问卷中"在教学中,您认为当地农村哪些资源能派上用场利于教师的教学活动的开展",见表4—10。整体看来,教师对于农村当地课程资源运用频率不高,教师对农村地区"原生态"的、隐性的、素材性课程资源诸如丰富自然资源、民俗等乡土资源等利用和认识不够,而这一类资源更能贴近农村学生生活,开发和利用的成本也较低,中小学教师应该追求课程资源对于当前农村课堂教学目标的适应性,而不是一味地与城市相比较。

**表4—10　三省(区)教师结合农村当地资源进行教学状况比较**

| | 宁夏<br>(人数 %) | 甘肃<br>(人数 %) | 青海<br>(人数 %) | 总计人数 |
|---|---|---|---|---|
| 当地较丰富的自然资源 | 124<br>60.5 | 105<br>46.1 | 150<br>51.5 | 379 |
| 民俗等乡土资源 | 131<br>63.9 | 109<br>47.8 | 130<br>44.7 | 370 |
| 农村当地遇到的现实问题<br>(生态发展及保护等) | 97<br>47.3 | 87<br>38.2 | 125<br>43.0 | 309 |
| 当地人物或先进事迹 | 89<br>43.4 | 70<br>30.7 | 117<br>40.2 | 276 |

续表

| | 宁夏<br>（人数 %） | 甘肃<br>（人数 %） | 青海<br>（人数 %） | 总计人数 |
|---|---|---|---|---|
| 宽阔的实践场地 | 84<br>41.0 | 43<br>18.9 | 77<br>26.5 | 204 |

　　研究者：在教学中，您是否经常运用日常生活中的事例来帮助学生加深所学内容？你们这个地方有很多丰富的资源，在您课堂上经常结合这些资源进行教学吗，能够用到课堂教学中资源多不多？

　　宁夏 W 市 X 小学陈老师：当然有啊，比如在学习年月日的认识时，要让学生认识时间单位年、月、日，知道大月、小月、平年、闰年的知识，因为"年月日"，学生有一定的生活经验，但对闰年、平年的有关知识比较又陌生，而且农村孩子，有的家里也没有日历，这要是在城市，学生随处可见，所以上课时先让学生认识 2010、2011、2012 等年历，然后让他们计算全年的天数，记住大月、小月的知识，在学习了这些内容后，我就让学生学习制定 2015 年的日历，回去可以挂在自家的墙上，算是学以致用吧，有的学生做得真不错。

　　我们农村是没法和城市（资源较多）相比的，说到农村资源能够用到课堂上的也不多，有些东西能拿来用，但是真正用到课堂上又不是那么回事，主要是觉得缺乏专家的指导，也没有能力，怎么样去开发资源，也没有个参考，这些资源怎么才能用到教学中来都是个问题。

　　（摘自 2014 年 4 月 8 日教师"访谈记录"）

　　当前，西北民族地区农村教师课程资源开发能力不高，一方面源于"城市化"取向致使农村基础教育条件性资源严重匮乏。在我国，农村文化一直以来被视为城市文化的附庸，决定了与城市相比农村学校无论是在教育经费、师资保障、教育政策等都处于弱势地位；另一方面，农村学校课程资源开发中的"仆从"心态致使有价值的素材性教育资源被闲置与浪费。在农村中小学校，人们不仅不注重开发自身所拥有的独特的素材性课程资源，相反却一味地以城市为参照对象去改造、同化这些资源以求与城市趋同，因而形成了虽然农村素材性课程资源丰富，但是农村中小学课程资源却陷入无课程资源可供开发的怪圈。

**（六）教师培训方式与内容有待切合农村教师专业发展的真实需求**

教师培训的最终目的在于转变教师观念，提高教师的专业发展水平，从根本上提高广大农村中小学教育教质量与效益。调研发现，课改以来三省（区）大部分学科教师认为教师培训在一定程度上转变了教师教育教学观念，提高了课堂教学的效率。同时，三省（区）教师对参加不同级别培训效能感也不一，见图4—13。三省区教师对于不同级别教师培训的认可度看出不同级别教师培训的效能感不同，宁夏26.7%教师认为国家级培训收获更多，对自身专业发展更有益，甘肃30.6%教师认为省级教师培训效果更好，青海38%教师则认为区、县级别培训实效更高。

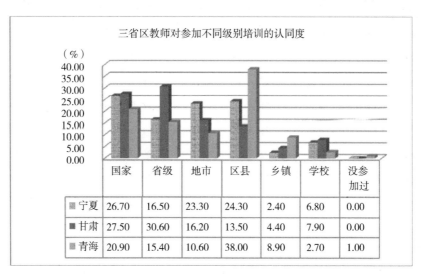

| 三省区教师对参加不同级别培训的认同度 | | | | | | |
|---|---|---|---|---|---|---|
| | 国家 | 省级 | 地市 | 区县 | 乡镇 | 学校 | 没参加过 |
| 宁夏 | 26.70 | 16.50 | 23.30 | 24.30 | 2.40 | 6.80 | 0.00 |
| 甘肃 | 27.50 | 30.60 | 16.20 | 13.50 | 4.40 | 7.90 | 0.00 |
| 青海 | 20.90 | 15.40 | 10.60 | 38.00 | 8.90 | 2.70 | 1.00 |

**图4—13　三省（区）教师对参加不同级别教师培训认可度比较**

课改以来，三省（区）教师对于培训中存在问题主要集中以下方面，见表4—11，三省（区）教师培训存在问题依次是：缺少与专家沟通、交流机会；部分培训收费太高；教师培训一刀切，不能因"材"施训，针对农村教师需求的培训相对较少；"灌输"式培训方式不能被教师接受等问题。对农村中小学教师培训，应更注重教师实际需求，才能令教师培训具有针对性和实效性。尽管新课程理念以及教育教学理论的学习固然重要，但能够在培训过程中给予一线教师更多交流与互动则更能促动教师专业发展。

表4—11　　　三省（区）教师对教师培训中存在问题的认识　　　（单位：%）

| 培训方式 | 省区 | 非常符合 | 比较符合 | 一般符合 | 不符合 | 非常不符合 |
|---|---|---|---|---|---|---|
| （1）对一线教学的指导意义不大 | 宁夏 | 16.0 | 50.0 | 23.8 | 7.8 | 2.4 |
| | 甘肃 | 23.1 | 41.0 | 27.9 | 4.8 | 3.1 |
| | 青海 | 12.0 | 36.3 | 30.8 | 11.6 | 9.2 |
| （2）缺少针对性较强的案例分析 | 宁夏 | 17.0 | 52.9 | 24.3 | 2.9 | 2.9 |
| | 甘肃 | 24.9 | 39.3 | 29.3 | 4.4 | 2.2 |
| | 青海 | 14.0 | 27.7 | 34.2 | 13.0 | 10.3 |
| （3）缺少学员间的交流与研讨 | 宁夏 | 21.4 | 42.2 | 29.6 | 4.4 | 2.4 |
| | 甘肃 | 16.2 | 48.9 | 24.0 | 8.7 | 2.2 |
| | 青海 | 12.0 | 34.6 | 32.2 | 18.2 | 3.1 |
| （4）缺少与专家直接沟通的机会 | 宁夏 | 23.3 | 42.2 | 29.1 | 4.9 | 0.5 |
| | 甘肃 | 28.4 | 39.7 | 24.5 | 4.8 | 2.6 |
| | 青海 | 14.4 | 30.5 | 41.8 | 11.0 | 2.4 |
| （5）缺少对教师综合素质提高的课程 | 宁夏 | 25.7 | 49.0 | 20.9 | 1.5 | 2.9 |
| | 甘肃 | 21.4 | 42.4 | 29.3 | 5.2 | 1.7 |
| | 青海 | 10.6 | 32.9 | 42.1 | 12.0 | 1.7 |
| （6）"你听我讲"的培训方式 | 宁夏 | 26.7 | 43.2 | 24.8 | 3.9 | 1.5 |
| | 甘肃 | 20.1 | 47.2 | 25.3 | 4.8 | 2.6 |
| | 青海 | 12.0 | 34.9 | 38.4 | 10.3 | 4.5 |
| （7）收费太高应该免费 | 宁夏 | 27.2 | 37.9 | 26.2 | 8.3 | 0.5 |
| | 甘肃 | 23.1 | 46.7 | 20.5 | 8.3 | 1.3 |
| | 青海 | 22.9 | 30.1 | 23.3 | 19.5 | 4.1 |
| （8）搞一刀切，不能因材施教 | 宁夏 | 28.2 | 35.0 | 30.1 | 3.4 | 3.4 |
| | 甘肃 | 26.2 | 37.6 | 27.5 | 2.2 | 6.5 |
| | 青海 | 17.5 | 34.9 | 23.6 | 10.3 | 13.7 |

青海 H 县 X 学校祁老师：来这儿给我们培训的专家水平确实很高，"后现代主义"、"有效学习"、"研究性学习"等等，讲着听着，我们真就"晕乎"了，专家讲他们擅长的理论，但我们实际上更希望专家指导我们如何做，怎样做，结果听了一堆的理论，对我们的课堂教学实质性的指导很有限；还有的专家，滔滔不绝讲了两个多小时，我们的理论基础本来就差，底子薄，有些问题还没想明白，就又讲到了另一个问题，心里的疑团越来越多，课后也没有安排专家和我们老师的交流，其实，这个时候也是我们最想和专家请教问题的时候，有的专家自己讲了很长时间，就留给我们几分钟的时间，根本没机会问问题嘛。结果下午又安排了另一位专家的讲座，专家讲的理论固然要学习，但是，我们来学习培训也不容易，也希望有大的收获，可每次都是这样，匆匆都走了过场，回到自己学校，没几天就又回到了老样子……

（摘自 2014 年 4 月 16 日教师"访谈记录"）

### （七）西北民族地区传统文化惰性影响

西北民族地区传统地域文化作为农村中小学教师生长的文化土壤，对农村中小学教师适应新课程有潜移默化的影响。

1. 民族地区传统文化保守性制约了农村中小学课程改革

在课程改革推进中，西北民族地区一部分教师总是习惯于旧有经验，甚至总是按照自身习惯对外界事物做出反应，"很多人宁愿留在自己的'舒适地带'中，不理会外部环境的变迁，期望能够平安、稳当地生活"。[①] 由于长期生活在相对稳定、变化不大的学校环境中，民族地区农村教师已经习惯于按部就班，一旦走出"舒适地带"，意味着改变了原来的生活方式和工作方式，需要获得新的技能，这就需要教师不断投入和付出更多的时间和精力，难免产生不安全感，出现抵触情绪。因此，新课程改革的要求与教师文化的保守性便产生某种程度上的冲突与对立，加之新课程改革并非一蹴而就，而是一个复杂的曲折前进的过程，不一定能为教师带来更好教学成绩。故一部分农村教师宁愿固守之前的套路，只是

---

① 赵中建：《学校文化》，华东师范大学出版社 2004 年版，第 383 页。

"忠实地"接受与传递教学内容。还有一部分教师认为新课程改革的精神都是法定法规，即使在新课程改革中存在问题与困惑，他们也是本着"只认同而不批判、只学习而不思考"的墨守成规的法则，在实践中严格忠实地执行，这种缺乏学习新知识、接受新事物的意识与行为致使教师对新课程产生认识偏差，进而表现出心有余而力不足的状态，在一定程度上影响和制约了教师对新课程改革的适应。

2. 民族地区农村贫困文化影响致使新课程改革缺乏有利环境支持

农村贫困文化是与农村贫困经济相联系的一种负面的农村文化。其一，西北农村地区的贫困文化使得农村中小学校改革缺乏必需的文化动力。调研中，甘肃 Z 市第三中学，青海 H 县鲁沙镇 G 家小学、马场地区 M 中学，宁夏 W 市崇兴镇 D 小学、H 民族中学，这些学校所处地理位置非常偏僻，周围自然环境非常恶劣，民族贫困地区经济发展十分落后，基础教育设施建设缓慢迟效。课程实施十多年来，民族地区长期积淀下来的农村贫困文化无法为农村中小学课程改革的发展提供一种必需的动力。主要表现在，首先，（1）贫困文化不能形成农村中小学教学改革所要求的人文环境，消极的思想和观念因素时时处处制约着农村中小学课程改革；（2）西北民族地区经济环境的贫困在一定程度上支持了贫困文化的独立存在，而不能与现代文化产生直接的撞击与交流，使得农村中小学教学改革缺乏文化刺激与影响的推动。① 再者，民族地区农村社会的氛围仍然是"学而优则仕"的传统观念，学生"成功"与"失败"的标准是考试分数的高低。在农村，中小学校课程教学改革缺乏农村周围社区的有效参与与支持，贫困文化的教育惯习如同紧箍咒，使得贫困文化影响下的农村家长认为学校是政府的职责，教学改革是校长和教师的责任。由此，贫困经济与贫困文化的双重制约影响到了农村地区课程改革的推进与教师的适应。

3. 民族地区缺乏竞争性的文化传统钳制了农村中小学校教师发展

在经济欠发达的一些农村学校，许多教师表现出对现有工作的满足态度，正是因为教师工作的稳定性继而导致教师态度的满足感，从根本

---

① 肖正德：《冲突与调试——农村中小学教学改革的文化路向》，浙江大学出版社 2010年版，第 214 页。

上制约了教师业务能力的提高与发展，农村小学教师的课程观念窄化且封闭，生成与创新意识缺乏。同时，农村教师间竞争不强，竞争性环境的缺乏弱化了学校教育改革的力度与深度，从而影响到学校教学质量的提升与教师的专业发展。在一些农村学校，教师教学负担重，很多教师同时承担几个科目的教学，根据不同的科目运用不同的教学方式、方法对于教师来说非常困难。加之学校有些科目如同虚设，即使有教师能够把所有科目教完也是应付居多，距离新课程的要求差距大。西北民族地区教师课程观念封闭化使得农村教师在课程改革中只模仿而不生成、只改造而不创造。

### （八）"应试教育"侵蚀农村课程改革的部分成果

当下"应试教育"不仅普遍存在，而且成为阻碍新课程改革的根本性、根源性因素。在西北民族地区，农村基础教育中"应试教育"信念与机制也在不断地被强化，为考试而教、为考试而学的片面追求升学率的风气愈演愈烈，乃至形成了一种顽固的思维与行为方式。课程实施十多年来的一些成果，正逐渐被侵蚀于"应试教育"的强势冲击下。

1. 应试教育时期形成的教师评价机制成为制约新课程推进的"瓶颈"

从当前西北农村中小学校的改革实践来看，改革中的诸多环节还没有很好地实现相互配套和互为保障，教育行政部门仍然使用升学率和学生的成绩来评估学校和教师的工作，一些地区在评职称、评先进教师的标准中，学生的成绩和升学率仍然是最重要的指标。因此，必须改革这种滞后的评价方式，保护教师实施新课程的积极性，使课堂教学展现出新气象。

2. "应试教育"的文化传统致使学校、家长以及社会奉"榜上无名，脚下无路"为信条，使教育活动与学生的学习生活变得十分异常

在学校教育教学中，为了保证"分数"的只升不降，似乎一切手段、措施都是有"教育性"的，都是为着"教育"的，为考试而教、为考试而学、片面追求升学率似有愈演愈烈之势。新课改过程中"应试教育"文化传统明显成为一种阻碍因素，不仅造成新改革过程中的诸多难题，而

且使新课程改革步履维艰。钟启泉先生曾不无感慨地指出："21 世纪是'课堂革命'的世纪，新课程改革已经 10 年了，有人还在振振有词地坚持'教师讲解、学生听讲的教学模式'。"① 无疑，不打破这种"应试教育"文化心理与思维定式，新课程改革便无从谈起。

---

① 钟启泉：《从课堂失范走向课堂规范——兼评〈学校的挑战：创建学习共同体〉》，《全球教育展望》，2011 年第 1 期。

# 第五章　西北民族地区农村教师适应
# 新课改的策略与建议

教育大计，教师为本。教师是课程改革顺利推进的关键，提升教师课改适应性根本在于教师自身的主动适应与变化发展、内心对改革的认同与追求以及专业行为的改变与创生。同样，课程改革的推进还需要良好外部资源、条件保障及支持系统作为支撑，涉及到学校自身办学条件与教学设施改善、师资专业水平的提升、评价体系的同步、课程资源的丰富以及配套制度的保障等，只有在这样的支持与保障下，课程改革的理念才能高水平地落实和推进，进而真正提升教师课程改革的适应性。

## 一　转变教师教育观念

课程改革有效实施的内在根本动力是教师教育观念转变，这也是农村中小学教师新课程改革适应的前提条件。教师知识的更新与能力的完善，只有在教育观念的统领下才能充分发挥出它的功效，课程改革需要教师转变教育观念，教师要努力打破传统教育观念与教育模式的束缚以新的观念实现自身专业的成长。

### （一）更新教育观念

教师是课程改革的主体，在变革过程中，教师既要适应改革中的"变化"，又要在"变化"中适应改革，这都决定了教师必须对其教育观念进行反思并不断加以调整更新。顾明远先生谈到 21 世纪教师的观念："要树立培养个性的观念；要树立终身教育、终身学习的观念；要树立教育国际化观念；要树立网络教育观念。"① 这些观念不仅为提升教师素质，进一步深化课程改革，促进教师专业发展提供宏观指导，更是新课程竭力倡导与真正践行的观念主旨。新课程改革的核心理念与目标"一切为了学生，为学生的一切"精神内涵要求教师必须转变教育观念，关注学生、关注个性发展。

1. 教师要树立教育创新意识

新课程改革呼唤智慧型、创新型教师，创新是教育发展的不竭动力，教师成长与发展离不开创新的过程。鼓励教师进行创造性教育教学的实践，允许教师在教育、教学理念中百家争鸣，力争让教师在教学模式、教学方法上推陈出新是学校变革与新课程改革的精要所指。教师的创新表现在对学科知识、教学心理及其规律的科学探究上，在教学实践中，教师必须努力钻研学科知识，深挖教学内容，并不断提高自身驾驭能力；其次，教师应涉猎并积淀有关教育学、心理学知识，能运用这些知识熟练、智慧地应对课堂教学中的各种情境；再次，教师应钻研如何运用具体的教育教学规律进行有效教学，这才能为树立创新观念奠定坚实基础。

2. 教师要树立终身学习的意识

课程要随着时代的变革而变化，教师适应是一项没有终点的活动。在频繁而剧烈的变革时代，教师会遇到各种各样的严峻挑战，以适应课程不断变革的特点。今天的优秀教师未必能够成为"明天"的合格教师。为适应社会发展以及学校变革的现实需要，无论是教师个人，还是教师群体，都必须具备"终身学习"的思想意识和行为。教师发展是教师学习的过程，教师自身持续不断地学习是教师适应能力得以提升的基础。因而教师需要精进自身教学、反思教学，才能不断吸收新的教育理论，学习先进信息技能，参与到改革实践中。只有树立终身学习、不断自我更新发展能力的教师，才能在新课程的不断推进中不断超越自我增强自我适应能力。

3. 教师树立教育科研的意识

在学校教学改革的实践中，实现教师专业发展的根本途径在于"科研兴校"、"科研兴教"、"科研兴师"。教师从事科研工作，是保证教育教

① 顾明远：《教师的职业特点与教师专业化》，《教师教育研究》，2004 年第 6 期。

学质量不断提高，实现教师自身理论知识素养与能力不断深化与更新的重要手段与途径。三省（区）调研表明，课改以来，教师发表学术论文与参与课题研究逐渐增多，且教师科研发展也呈现出新的发展趋向。教师从事科研，不仅有效地挖掘了教师的智力潜能，而且教师科研也吸收、转化了一切有可能利用的优秀的智力成果，更辐射、带动了一些农村薄弱学校的发展，实现了优势教育教学科研资源与成果的共享，有力地推动了素质教育的深化与实施。

**（二）加强专家引领，明确教师专业发展方向**

有研究表明，教师在参加学习的同时，如参与校内同事间的互助指导，可有75％的人能在课程实践中有效应用所学内容，然而如果缺乏纵向的专业指导，仅有横向的来自同事间的支援，缺乏先进理念的引导，就会造成低水平的重复。三省区调研中，宁夏、青海教师获得教研员帮助的比例仅为15％，甘肃地区仅为10.3％，从未得到专家等帮助指导的教师比例达到68.6％，宁夏、青海地区"偶尔"得到专家指导比例分别为25.2％、28.7％，表明一线农村教师接受专业研究人员和教研员的专业指导非常有限。与课程改革初期相比，目前无论是教研员还是专家，他们到学校专业活动及频次都有大幅度的下滑甚至蜕变。因此，注重校外专家引领，借助相关教育科研机构及专家力量，及时调整与跟进教师间合作学习是促进教师专业成长并主动适应新课改的重要形式。

1. 农村中小学校要充分发挥教研员的专业引领作用

现阶段，在课程改革常态化推进中，对中小学的教育教学工作进行研究、指导与服务是教研员工作的重心所在，"尊重教研工作的独立性和专业特点；要保证教研员把主要时间和精力都投入到教研工作中去"。[①] 教研员工作职能的发挥从三方面着手，一是教研员"要在课程与课堂之间发挥中介作用，将'课堂教学实践与研究'作为组织教师开展研修活动的主题，在研修中和教师一起围绕新课程实施中的困惑与难题，共同寻找

---

① 梁歆，黄显华：《学校改进：理论和实证的研究》，华东师范大学出版社2010年版，第259页。

解决问题的方法"。① 二是，教研员要促进基层学校与各级各类教育、教学研修机构合作互助，建构多方结合的实践型学习共同体，切实发挥研究者与实践者之间的桥梁作用。三是，教研员要转变自身角色意识，以平等参与身份在合作平台上对基层教师的教学行动导之以专业引领，与一线老师结成合作伙伴，面对观察课堂教学中新问题的出现，共同接受课堂教学的成败得失并深入探寻其得失原因，在相互反思、切磋、省悟中展现教师的实践智慧，在教研员与一线教师的相互激发中形成群体合作的学习型组织和行为改善的实践共同体。

2. 加强与课程专家的交流与合作

课程专家更应当从自身的优势出发，充分发挥理论研究和学术支撑的作用，帮助地方和学校开展教学研究工作，由此，一线教师也可获得理论上的支持。例如，专家可根据教师合作活动的内容，开设有针对性的专题讲座；还可以对教师进行评课，即借助专家的教育智慧反思教师教育行为及其背后的教育理念，提出问题的关键所在，并提供适合于当时场景的可供选择的行动方式。"专家的评课过程不仅向教师展示了具体的'教育智慧'，同时给教师提供了一种评价的示范。在这一模式中，教师的收获是双重的，一方面教师明确如何改进自己的行为；另一方面也学会了如何评价自己的教育行为，有助于教师在日常教学中不断反思改进自身教学观念与行为。"②

3. 增强教师专业认同感

课程改革为教师专业发展提供了极大发展空间，教师专业发展的机遇就在于课程改革中要敢于大胆创新、突破自我，努力克服变革中的惯有惰性以及压力等不良情绪，客观、理性地看待来自于社会、家长等外界的种种期望。首先，教师要树立自信，肯定自身的专业素养与专业水平。其次，教师要加强自身专业情意的培养。教师的专业情意是指教师对教育事业的理解，对自身职业道德与行为规范的认同，对工作团队的向心力以及对自己本职工作的奉献精神等。教师只有在课程改革过程中加强自身专业

---

① 王洁：《教研员：断层间的行者——基于实践角度的分析》，《人民教育》，2008 年第 19 期，第 46、47 页。

② 耿秀丽：《论教师课程能力的提升》，硕士学位论文，河南大学，2009 年。

情意的培养，才能够深入理解和把握新课程改革的本质与核心价值，关注和审视自己在课程改革中的角色使命以及所获得的职业生活的内在体验，以更加坚定的信念，主动适应、积极参与的心态投身到课程改革的实践当中，最终，实现教师自身发展与新课程改革实施的和谐统一。

### （三）改革教师教育，构建体现教师专业教育的培养模式

长期以来，我国教师教育深受苏联教育学思想影响，形成偏重理论知识讲授的传统。民族地区教师教育亦存在重理论知识讲授，轻实践的问题，尤其体现在教师培养的理念、课程设置方面都凸显了"知识本位"，在教师能力培养方面明显不足。借此必须改革现有的教师教育制度，渗透素质教育和新课程的基本理念，灵活设置课程，增加有利于教师专业能力培养的实践课程，"针对以往教师教育课程结构中存在教育理论课时偏少，必修课比例较大，选修课比例偏少的问题，要根据社会发展并结合新课程改革生境，调整课程结构，增加前沿性知识，增加专题性、操作性的课程；其次，加强教师教育课程内容整合，构建反映教师专业特有的知识技能体系，形成较有特色的专业教育体系：其一，教育专业课程与学科专业课程的整合，使学科课程统一于实际的教学情境；其二，加强教育专业课程本身的内在整合；其三，强化实践性课程，针对以往教育见习时间短、教师指导力量明显弱化等弊端，可延长教育见习时间，积极建立大学与中小学的伙伴关系。"[①] 同时，教师培养目标要明确，改变知识授受模式，采用多种教学模式教学；教材内容需灵活多样，并且随着教育实践变化而不断更新。通过改革旧的教师教育制度，奠定适合新环境、新要求的教师专业能力养成的教育基础。

## 二　完善教师知识结构

现阶段，具有较强专业意识、改革意识和开展教育教学能力的教师是新课程改革深化推进的重要保证。教师自身知识结构与能力水平的匹配与

---

① 马晓凤：《教学智慧：民族地区课程改革的现实呼唤》，《西北成人教育学院学报》，2015 年第 2 期。

建构是适应新课程改革的必要条件。调研发现，尽管课程改革实施十二年，教师自身知识、能力水平还远未达到课改的要求。对此，教师应努力完善自身知识结构，由传统"学科知识＋教育学知识"的知识结构向多层复合的知识结构转变。教师复合型的知识结构包括：本体知识、实践性知识以及条件性的知识。目前，农村中小学教师专业的学科知识，也即本体性知识在课程改革和实践教学中并没有表现出明显不足，绝大部分教师都具备较为丰富的学科知识储备。但从三种知识结构之间比例看，农村中小学教师知识结构中明显体现出教师实践知识和条件知识的汲取不足，而这也是致使许多教师的知识水平无法适应课程改革的根本原因所在。"每位教师都具有独特的实践知识，而且这种独有的实践知识构成了教师专业发展的重要知识基础"①。随着课改的深入推进，农村中小学校教育教学改革正进入攻坚阶段，艰巨性、复杂性以及教学活动自身的多变性、不确定性和特异性是改革进入攻坚阶段后农村中小学校呈现出的复杂特点，中小学教师仅仅依赖已有教学常规或接受短期理论培训是无法应对其复杂局面的。教师要从传统教学中走出来，从容地应对新课程带来的挑战，就需要经常分析、洞察具体教育教学实际，不断丰富自己的理论知识，更需要在实践中不断生成教育智慧，以智慧驾驭自己的知识、情感、能力。例如，在课程改革实践中充分运用案例研究的方法，对教师来说，案例研究中获得的知识，是基于教师真实背景和个人经验的知识，这种通过"做中学"而获得的知识教师理解、接受起来更容易，而且这些知识也更容易内化成为教师全新的本体知识，为以后的课程改革实践和解决教育教学中的困境奠定基础。其次，教师要善于学习，积极思考，通过阅读教育名著和相关教育理论学习，听取专家报告，加强教师自身理论素养。

其次，教育部门及学校组织的各种培训中应加强农村教师的知识培训。培训内容主要以学科知识、一般教学法知识和学科教学知识为主。新课程更注重强调学科间的融合，但目前我国分科的教师教育模式使得一部分农村教师面对新课程时胜任感不足，就目前看来，新课程强调现代化教育技术的运用以及对学生信息能力的培养也使得农村教师力不从心，新课

① 卢维兰：《中小学教师专业自主发展意识研究》，博士学位论文，华东师范大学，2009年。

程倡导教师行动研究的专业发展，而西北农村教师教学研究能力仍然与新课程要求有差距，因此，要转变教师教育观念，就要不断加强教师学科知识、现代教育技术和教学方式、基本教学研究方法等内容的培训。

## 三　提高教师课程能力

新课程改革的启动需要教师的热情参与，新课程改革的实施需要教师的自主创造，而新课程改革的深化和推进，则更需要教师课程能力的全面提升，这是新课程改革成功突破的关键。三省（区）调研发现，在西北农村学校，尤其偏远和少数民族地区学校教师的知识状况与课程能力与新课程的要求相距甚远，这成为阻碍教师适应新课改的一个重要因素。宁夏教师认为自身能力能够胜任新课程教学为 23.8%，甘肃教师只有 16%，青海为 26.7%。仅以新课程中不同学科教师课程能力为例（见表4—7），语文学科上，甘肃 13.3%、青海 12.2% 教师仅具备课程设计能力，而课程开发能力的人数比例则仅为 3.3% 与 8.2%，数学、英语学科教师认为自身课程设计能力、课程开发能力以及研究与反思能力严重缺乏。教师课程能力的不支持，造成了农村中小学教师在新课程实施中的机械模仿、浅层适应等现象，在很大程度上影响了教师对新课改的胜任。

### （一）教师需深化课程理论学习，增强课程意识

"明确的课程意识支配着教师的教育理念、教育行为方式、教师角色乃至教师在教育中的存在方式与生活方式。"[1] 教师课程意识是"教师在课程实施中在对课程价值认同和课程目标体认明晰的基础上，自觉地将课程目标细化为教学目标且在教学过程中不断审视教学目标的合理性，根据教学情境的变化灵活地选择教学方法实施教学，在课程情境中寻求教育意义，致力于课程'成人'本体功能的现实化，从而真正走向课程实践的自觉。"[2] 调研中，教师在新课程实施中的不适应表现出其课程意识缺失、

---

① 郭元祥：《教师的课程意识及其生成》，《教育研究》，2003 年第 6 期。
② 钟启泉：《课堂教学中教师课程意识的回归》，《中国民族教育》，2004 年第 2 期。

思维方式僵化，教师课程意识的增强是其专业意识觉醒的标志。"一方面，教师开始反思自己的课程实践并对课程设计及课程实施负责；另一方面，教师逐渐领悟到课程的终极目的是为了促进学生的发展。教师作为课程设计者，在教学中如何充分调动和利用自己能够获取的课程资源为增进学生的发展服务，是教师设计课程时首要考虑的问题；其次，教师作为课程实施者，对可能面临的课堂情境进行大胆预测而不是预定，并在此基础上拟定可行的课程方案。"① 后现代主义强调"每一个实践者都是课程创造者和开发者，而不仅仅是实施者。如果课程真正成为协作活动和转变的过程，那么'创造者'和'开发者'便比'实施者'更适合于讨论后现代教师的作用。"② 新课程改革实践要求教师根据自身对课程标准的理解，结合具体教育情境以及学生学习的实际需要，创造性地实施课程，而不是"忠实"地"复制"课程计划，进而逐步增强其主体意识。具有强烈课程意识的教师会对课程实践中生成的经验、教训进行及时总结和反思，这是一种有利于课程问题解决的科学态度，更是有利于课程能力提升的前提。

### （二）教师自身要积极寻找提升课程能力的有效途径

课改十多年来，三省（区）许多一线教师的教育研究在教育教学中已不难找寻，这实质上已经表明教师在由教育者逐渐向研究者转变，例如，农村中小学教师可以借助课题等研究项目自觉开展课程研究，既可以提高教师教育活动的有效性，还可以提升课程研究与创新能力。其次，教师课程实施的过程其本质上也是教师不断实践、反思与研究的过程。教师的教学反思在很大程度上提高了教师的课程能力，及时的反思不仅是教师对以往经验的反思，而且是产生新的课程计划与实施行为的依据，因而要切实加强教师基于实践的课程反思，提高课程反思与批判能力；努力改变日常的教学习惯，让反思成为教师职业的生活方式；努力践行素质教育理念，促进课程能力的全面提升。教师课程能力的提升是一个不断改革与创

---

① 钟启泉：《课堂教学中教师课程意识的回归》，《中国民族教育》，2004 年第 2 期。

② 小威廉姆·E. 多尔著：《后现代课程观》，王红宇译，教育科学出版社 2000 年版，第 23 页。

新的过程，需要教师在教学活动中不断探索，这种探索是一个长期的过程，不可能一蹴而就。

## 四　革新学校教学制度

课程变更必定有风险，除非学校抱支持的态度，教师才有可能毫无顾忌地去冒险，否则课程变更便不可能有机会产生。[①] 新课程实施中，农村中小学校教育教学制度与教师教学实践创新的冲突日益凸显，学校制度的革新与重建需要从教学管理、组织、评价、教学常规等方面进行。

### （一）加大教师的专业赋权

教师专业自主权是衡量教师专业化成败和教师专业发展水平的重要标志。在我国，由于传统文化和计划经济体制下的教育管理决定了学校的任何活动都是由上级主管部门所制定，学校的各项活动都被形形色色的条文所"规训"，学校内部实施层层监督和控制，条文规章上墙和成册。新课程改革从某种意义上正是一次教育民主化的运动，这就要求"学校管理方式应该以参与式的民主管理为主，赋予基层一线教师充分的自主权，教师与校长同样为学校发展的主人，对学校的发展赋予直接的责任，教师有分享和参与决策学校重大事务的权利。"[②] 同样，"专业发展自主是针对专业人员的必然要求，也是专业的最基本特征之一。对于教学专业来说，教师专业发展自主是教学专业的一个基本特征。教师专业发展自主意味着教师对自身专业发展负责，即教师从事教学工作时依其专业智能来自由决定、不受他人干扰控制的内容，独立于外在的压力制定适合自己的专业发展的目标、计划，选择自己需要的学习内容，有意愿和能力将制定的目标和计划付诸实施。"[③]课程改革中，教师通常被定为改革的接受者、执行者，而不是改革者。这种对于教师不恰切的定位，造成教师严重缺乏有关

---

① ［美］海克·威廉斯：《教师角色》，康华编译，甘肃文化出版社2005年版，第110页。

② 中国教育科学研究院课程教学研究中心编著：《中国基础教育课程改革十年》，湖北教育出版社2013年版，第104页。

③ 郭元婕，鲍传友：《实现教师专业自主发展的路径探讨》，《中国教育学刊》，2006年第12期。

改革方面的职业权利，教师无论在参与学校教学管理、处理班级事务上，还是选择教材和教学方法、评价学习成绩等方面的权利都未能受到的尊重。对此，学校行政应真正做到权力下放，让学校实行校本管理；在学校层面，要以教师为中心，建立以"自我主导"为特征的"教师本位"的教师专业发展，在专业赋权中，教师获得了更大的专业自由，创造性得到了发挥的空间，教师教学创新才有生发和展现的现实田野。

### （二）营造"学习型"的学校文化氛围

"重大的改革不是在实施单项的革新，它是在变革学校的文化和结构"。① 课程改革究其根本是一场深刻的文化变革，它的顺利实施需要形成新的学校文化作为保障。良好的学校文化必然注重教师的发展，始终为教师的专业发展创造条件，新课程倡导的培养学生分析问题、解决问题等创新能力，强调课程内容贴近学生生活实际，注重教材开发的多样性，鼓励教师课程创生并积极主动开发课程资源，倡导发展性评价以及评价主体的多元化等等，这些新课程的理念亟待我们的中小学校确立一种开放、民主的"学习型"文化，才能最终形成人人支持课程改革、人人主动适应课程改革的学校文化氛围。

1. 营造学校共同发展愿景

愿景是我们想要达成或关心的未来境界。学校共同愿景是学校师生对学校发展共同持有的愿望和设想，也就是学校成员多憧憬的学校理想未来的整体图像，它产生于成员间的沟通、学习、实验等过程中。② 这里的共同愿景是学校领导与教师一起通过对话与协商所营造的，新课程改革背景下，学校的发展愿景应该是与新课程改革的理念保持一致，同时顾及到学校的特色。

2. 营造支持性的学校文化

首先，学校管理者要善于倾听教师心声，调研发现，三省（区）适应较好的教师其所在学校管理者对于改革持大胆创新和积极鼓励的态度与

---

① ［加］迈克尔·富兰：《变革的力量：透视教育改革》，中央教育科学研究所，加拿大多伦多国际学院译，教育科学出版社 2000 年版。

② 郑燕祥：《教育领导与改革新范式》，上海教育出版社 2005 年版。

视野。因而，农村中小学校管理者应对新课程改革的实践需富于创建与智慧，只有这样才能及时帮助教师排除改革中的困惑与难题，给予教师安全的心灵空间；其次，鼓励教师间的竞争与合作。人不能脱离关系而存在，人就本质而言是一种关系性存在，人与人之间彼此交往、依赖、需要的关系是我们必须要考虑的。其实"个人对他人的意义，通过合作来体现并在合作中发展。合作非但不降低自己的重要性，相反可以促进自我价值的实现。"① 对于农村中小学校而言，要以校本教研作为依托与平台，建立专业合作的机制，整合利用传统资源，结合集体备课、同课异构、送课指导等形式，在师生互动、同伴互助、专家引领中实现教师知识技能、理念等全方位的发展。再者，打破年龄、年级、任教学科界限，依靠教师集体智慧的力量完成教学任务，实现由以往个人独立自主完成教学任务转变为教师间交流合作、集思广益。教师个人应努力提升个人的教学理念，改变保守、封闭的文化心态，积极主动地与他人进行教学互动与合作，在合作中汲取他人教学"亮点"，以此润泽自身专业发展。

### （三）努力探索和改革与新课程匹配的评价体系

新课程实施以来，教师评价制度也进行了一系列较积极而富有成效的改革，中小学教师就新课改所倡导的评价观念能理解并说出很多，但这些都仅仅作为了一种知识存在，教育实践中教师并没有真正运用。如图5—1中，三省（区）教师期待的评价方式依次为：根据教师日常工作表现及课堂教学进行评价，学生自己评价教师，教师自评，教师自评、领导评价、学生及家长评价多渠道评价，同事评价，师生关系质量以及科研论文发表以及课题研究。因此，探索与新课程改革相匹配的评价体系的建立迫在眉睫。

1. 摒弃"唯分数论"的应试教育观念

教育并不是孤立的事件，它与许多社会活动息息相关，并深受影响与制约。首先，摒弃应试教育观念。农村自然条件差，就业竞争压力大这些都是农村学生的先天不足，在成长发展过程中，我们的家长、教师、社会

---

① 陈根法，汪堂家：《人生哲学》，复旦大学出版社2004年版，第95页。

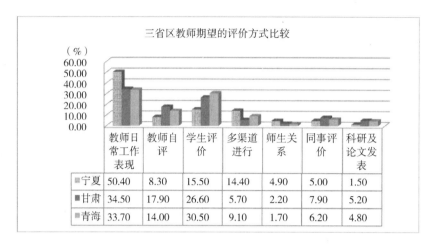

三省区教师期望的评价方式比较

| | 教师日常工作表现 | 教师自评 | 学生评价 | 多渠道进行 | 师生关系 | 同事评价 | 科研及论文发表 |
|---|---|---|---|---|---|---|---|
| 宁夏 | 50.40 | 8.30 | 15.50 | 14.40 | 4.90 | 5.00 | 1.50 |
| 甘肃 | 34.50 | 17.90 | 26.60 | 5.70 | 2.20 | 7.90 | 5.20 |
| 青海 | 33.70 | 14.00 | 30.50 | 9.10 | 1.70 | 6.20 | 4.80 |

**图5—1　三省（区）教师期望的评价方式比较**

都一直灌输要想"跳出农门"唯有读好书的功利的狭隘观念。对农村中小学生来说，读好书就是考取好的成绩。由此追求高分数、好成绩的怪圈越滚越大。因而，评价要从改变我们社会观念入手，同时应努力改善农村生活发展条件，增加农村就业机会等为学校教育减压。其次，家长和社会的评价观念的改变至关重要。观念的转变不仅仅在教师，家长和社会的观念更应该转变，且家长和社会的观念转变更难。

2. 建立和完善发展性评价体系

"为发展而评"应成为教师评价改革的指导思想和评价实践的行动指南，发展性评价的理念必须体现在整个评价体系的始终。第一，从教师个人来说，评价必须充分发挥教师本人的作用，突出教师在整个评价过程中的主体地位，教师自身最了解、清楚自己的工作背景与教学对象，懂得工作中的优势与困难。教师不仅是评价的对象，更是评价活动的参与者。第二，评价不是为了制定教师的奖惩标准，而是使教师得到充分发展，为教师的发展提供建议和帮助。第三，倡导自评为主，多元互动，突出教师的主体地位。鼓励教师本人主动参与评价，以自评为主，学校领导、同事、学生、家长也应该成为评价的主体，从而使评价更加全面、客观和公正，使被评教师能够从多种渠道获得反馈信息，更好地改进自己教学和学习活动。第四，评价的内容上，课程评价不仅要考察教师的教学成绩，还要评估教师的教育理念、教学方法、教学技能和自我发展能力，让他们明确今后努力的方向。第五，从评价方法看，应整合定性评价和定量评价。僵化的数字根本无法全面反映人的丰富个性，应当改变过去单一的定量评价方法，引入档案袋评价、评价日程表、反思日记、成果展示等定性评价方法，以更加全面真实地反映教师的情况，促使教师不断充实自己改进自身教学。

## 五　教师自身应不断提高教育改革的自觉意识

作为新课程改革的主体，教师必须提高自身改革意识，成为真正意义上的自主自觉的改革主体，承担起教育改革的重任，方能促动改革有效推进与成功，并在改革过程中提升自身的智慧与能力。

### （一）尊重教师已有经验，让教师成为理解改革和专业发展的主体

教师是学校教育价值的真正体现者和实践者，教师应拥有对新课程理解以及专业发展的权利。在新课程实施中，任何教师都不可能是单纯的执行者，他总要根据自己的经验、价值观念、知识体系等对课程进行研究并诠释。在长期的教育教学实践中，教师形成了一套独特的教学理论和教学范式。这些教学理论与范式是建立在教师长期的教学生活和实践经验基础上的，不管是有经验的教师还是经验不足的教师，每一位教师在其职业生涯中都积累了一定的经验，这些经验成为许多教师教学赖以实施的理论基础。不同的教师基于不同的文化背景、价值观和思维方式对新课程理念、课程标准、教学计划有着不同的诠释与解读，因而只有充分尊重教师经验，才能更好地实现新课程的本土化，才能不断增强新课程的适应性。因此，让教师投入到新课改之中增强其适应性，必须确立其教师在新课程解读以及专业发展中的主体地位，让新课程的理念与方法与教师已有的经验结合起来，建立"以教师实践为本"的培训和专业发展体系，进而认识到改革是解决课程与教学问题的现实途径而非外在的任务，最终成为改革的发起者，才能激发教师的专业成长，提高教师对新课程改革的投入。

### （二）教师要善于审视教学生活

日常教学生活的重复性和循环性使得教师教学生活呈现出一种封闭的

连续性，日复一日，年复一年。正是在这样一种"舒适地带"里，教师失去了自我审视、自我反思、自我创新的勇气和机会。教师应通过对其教学经验的反思改进自身的教学，不加反思的经验不仅不能提高教师的工作绩效，反而会成为教师处理教学问题的包袱。由此可见，反思对于教师的成长与发展具有重要的意义与价值。具有专业自主权的教师，往往更能产生强烈的自主意识和能力，会对自己的专业发展保持一种自觉的状态，有意识地去寻找学习的机会，并且及时调节自己的专业发展方向和行为方式。教师要想在自己的职业生活中更有发言权，获得专业自主，就应该从自身做起，不仅要成为教学的主体，而且要成为科研的主体，把自己作为研究对象，研究自己的教学观念与教学实践。在反思与研究中，不断更新教学观念、改善教学行为、提升教学水平，同时形成自己对教学现象和问题的独立思考与见解，强化教师的专业效能。

### （三）自主发展是教师适应课程改革的源泉和动力

唯物辩证法认为，任何事物的产生、发展和消亡都是内因与外因共同作用的结果。内因是事物的内部矛盾，是事物发展的源泉和动力，它规定着事物发展的方向；外因是事物与其他事物的对立统一，是事物存在和发展的外部条件，外因必须通过内因作用于事物，对事物的存在和发展起加速或延缓作用。课程改革为教师的专业发展创造了诸多机遇，成为教师专业发展的新生长点。对于课程改革和教师发展的关系，台湾学者欧用生认为：课程改革是教师再社会化、再学习的过程，课程发展就是教师的专业发展，甚至说，没有教师发展，就没有课程发展。在课程变革的过程中，人们逐渐认识到，课程改革归根结底是需要教师自我的改革，正如有人总结维特根斯坦的思想时说：改变自我成为一切变化的前提。[①]

对于教师而言，专业发展需要外部的保障支持，关键还在于自身的主观努力和自我更新。教师发展的本质是发展的自主性，发展是教师不断超

---

① 皮埃尔·布迪厄：《实践与反思》，中央编译出版社 1998 年版，第 91 页。

越自我的过程。① 在新课程实施逐步深化的背景下，教师逐渐认同并深化新课程的教育教学理念，在吸收和接纳新观念的同时，教师自主性的确证也在慢慢地由外部的"给予"走向内部的、自我的确证。"教师们越来越意识到自己在教学中所扮演的不是被动的施教者、不是没有自我的受控者，而是主动的教育者、不受束缚的自我掌握者。"② 也即，教师的专业发展最终会由外在的发展走向自我更新发展，也即内在的自我实现发展，诚如马斯洛所说："我们有充分的理由假设，人有一种内在的或先天的趋向自我实现的成长需要。"③ 教师自我更新包括自我审视、自我反思，自我学习、自我超越。这种自我的实现，依赖于教师日常的积累与完善，是教师在个人教育经验、教育实践知识的基础上进行的改变。柏拉图说，"凡是自动的才是动的初始"。④ 因此，教师对新课程改革适应究其实质就是一种自我再生、自我更新和自我完善的能力。

## 六　进一步深化、健全农村教师培训工作

教师培训永远都是课程改革中的最根本性的环节。⑤ 随着《国家中长期教育改革和发展规划纲要（2010—2020 年）》的颁布，全员培训的教育思想和教育理念在我国逐渐变为现实，教师培训经费已列入政府预算，每五年一周期的全员培训既是教师的权利，也是教师必须履行的义务。全员培训的实施，在很大程度上淡化了教师培训中名额分配的泛行政化和排资论辈现象。当前农村中小学教师培训的深化与健全，应从以下方面着力。

### （一）建立健全教师培训体系
西北农村地区要打造高素质教师队伍，必须健全教师培训体系。首

---

① 姜勇，洪秀敏，庞丽娟：《教师自主发展及其内在机制》，北京师范大学出版社 2009 年版，第 210 页。

② 庞娟：《超越教科书——教师对教科书的抵制与创生》，硕士学位论文，华东师范大学，2012 年。

③ 马斯洛：《人性能达的境界》，林方译，云南人民出版社 1987 年版，第 3 页。

④ 《柏拉图文艺对话集》，人民文学出社 1983 年版，第 119 页。

⑤ 杨启亮：《课程改革中的教学问题思考》，《教育研究》，2002 年第 6 期。

先，面对培训机构能力不足问题，需要建立国家、地方和学校三级培训体系，尽可能聘请专家、学者以及学科带头人等担任培训教师，打造优秀培训者队伍，同时，为避免教师重复培训应提前做好相关调研工作，加强教师培训的针对性；其次，教师培训中应注重随时收集信息，根据培训教师的反馈信息不断改进并完善培训工作。

### （二）提高教师培训内容、形式及手段的科学化程度

教师培训，首先从培训内容上，应体现新课程改革的方向，具有超前性和先进性，结合本地区本民族的实际，开发出发挥教师主观能动性，有利于培养教师创造力的课程，切实促进教师知识与能力的发展提高。其次，调研发现许多教师极其不适应单一的"讲授式"培训方式，因此，要教师参与培训的积极性，应改变培训形式，开展案例讲座、观摩研讨、课改研讨会等互动活动，在活动中促动教师有实质性的发展。最后，西北民族地区教师队伍庞大，地域分布辽阔，远程教育大有可为，充分利用卫星电视、广播、互联网等远程教育资源进行教师培训，一方面能够拓展教师培训的资源；另一方面也能缓解贫困地区师资培训能力不足的矛盾。

### （三）积极开展校本培训，促进教师专业发展

"校本培训"是与学校的教学实践联系紧密，避免理论与实践的脱节，能够实现培训连贯性、经常化的一种培训方式。教师专业发展离不开教育教学实践活动，教师的专业化除了提供知识、技能和资格之外，还应该关注教师的教学行为与教学技能的改善和提高。农村中小学应根据自身发展状况和本校教师专业发展水平，制订校本培训活动和教师专业发展计划。校本培训可以充分利用学校现有教育资源，不仅节约经费，同时也解决了教师离职进修困难的问题，这对于民族地区农村中小学教师专业发展具有特别重要的现实意义。

在校本培训中，首先，要求要对本校教师进行各种教育教学的基本功训练，例如，信息技术、教学技能的培训，活动课技能的培训，"说课"训练等，让教师掌握操作要点，培养教师的基本功是培训的主旨所在；其次，提高教师教育教学实践能力的培训，这种实践性培训由导师带教、校际教师之间交流，并进行教学案例分析等，对教师专业发展颇具实践意

义；再次，注重教师教师科研能力加强与培养，组织教师在学校真实情境中开展课题研究，学会选题、设计研究方案并进行调查研究；最后，通过开展听课、评课、课堂教学评优等评价培训，帮助广大教师认清自己，进而提出改进建议，同时也要多收集家长、社会多方面意见和建议，共同谋求学校的进步。

## 七　适当调整课程方案及其实施进程，加强民族地区相关政策与配套制度保障

现阶段，西北民族地区教育发展重点是提高教育质量，而教育质量的提高与课程、教学息息相关。面对新课程改革，西北民族地区广大中小学校与教师更好适应课程改革在很大程度上决定着教师取得什么样的教育教学成效，同时更制约着义务教育均衡发展和教育公平的实现，对于提高西北地区教育水平，缩小东西部差距，具有基础性、先导性和全局性的作用。民族地区的课程实施是一个相互调试的过程，一方面，广大农村中小学教师要主动适应新的课程要求，提高自身应对课程改革的各项能力；另一方面，课程的设计者与推进者更应通过对课程实施进程中涌现出的复杂问题进行深入分析与研究审视，进而对课程方案与实施进程进行调整、规划，只有通过课程设计者与基层教师的"上下"良性互动，才能使课程改革更加完善。

### （一）加强民族地区课程、教材的适切性建设

教材多样化是我国中小学教材建设的一项基本方针，也是此次基础教育课程改革的重要任务。教材的多样化提倡每一套教材都应有自己的特色和风格，有独特的价值和功能，而不是雷同重复的"多本化"，比如"有特定的适用对象，不同的学习素材，在框架结构的安排、教学活动的设计、知识内容的选择和阐述以及活动形式等方面有独到之处，能为教师和学生提供多种多样的方法和活动案例。"[1] 西北民族地区社会经济发展不平衡，基础教育的师资与学生学习经验和条件差异很大，这就更需要适合

---

① 吕建生：《我国基础教育教材多样化建设的思考》，《基础教育课程》，2009 年第 3 期。

不同地域的多样化教材的出现，但目前农村地区教材在质上都是大同小异，部分教材低层次重复，显露出"多本化"取代"多样化"的风险，这既不符合西北地区社会环境、经济与文化状况、教育条件与水平等方面存在差异的现实，也不符合在多元文化背景下成长起来的教育对象存在个性差异的实际。再者，教材的灵活性仍不足，教材在针对学生需要设置启发性问题、体现知识生成过程以及促使学生合作交流等方面仍明显不足，"对于教材主要使用者教师来说，参与选择教材的机会不多。"① 因此，今后"教材建设应严格其准入教科书选用目录的门槛标准，真正将那些'经典的、精品'教材推进给教师与学生；加强教材编写针对性，使教材真正适合本地域学生的使用"。② 其次，三省（区）调研发现，农村地区校本课程与综合实践活动课程开设有"落空"嫌疑，尤其一些偏远的农村薄弱学校，课程开设差强人意，教师课程能力不足为其一，教师教学负担过重，根本无暇也无力顾及也是课程开设效果不佳的重要原因，因此可适当考虑西北农村地区特殊境遇，对于这两门课程的开设待条件成熟后再进行。

**（二）各级政府与新课程相配套的政策措施及时保障到位，构建有利于新课程深入推行的支持系统**

课程改革是一项系统工程，也是一项社会性工程，它所关涉的因素超越了教育本身。"我们已经从过去的 10 年中获得了这样的教训，即教育改革过程的复杂程度要远远超出我们所预期的，即使是那些显著的成就也存在基本的缺陷。"③ 教育改革，包括课程改革的复杂性和不确定性远远超过课程专家们的预期，更非一般人所能想象和把握。与全国其他地区相比，西北民族地区经济和文化发展相对落后，地域较封闭，少数民族居多。自 2001 年课改以来，新课程改革突破了传统学校、课堂、课本的限制，实现了课程与教学理念质的飞跃，使广大少数民族地区与全国其他地区同步进行，并促使其在课程理念、课程结构、课程内容、课程实施和评

---

① 裴嵘军：《我国教材中存在的问题研究》，《太原大学教育学院学报》，2011 年第 4 期。

② 中国教育科学研究院课程教学研究中心编著：《中国基础教育课程改革十年》，湖北教育出版社 2013 年版，第 108 页。

③ 富兰：《教育变革新意义》，赵中建译，教育科学出版社 2005 年版，第 18 页。

价体系不断更新，尽管在很大程度上改善了西部地区基础教育水平较低的状况，但还远远未达到其既定目标，这就需要各级教育行政部门、各级各类学校教育理念、教育体制、管理模式等配套制度及时到位，促进课改在民族地区高水平落实与推进。

现阶段，西北民族地区各级政府与新课程相配套的政策措施保障不到位，推进课改工作的机制不健全，各个学校教育教学设施、教学资源、经费等保障推进还不充分致使课程改革遭遇条件性、制度性的障碍，严重制约了课程改革深入推进的步伐，进而影响到教师对课程改革的适应性。三省（区）调查发现，课改推进的过程中，理解、参与并支持课程改革的社会氛围还未形成，表现在课程改革进程中，三省（区）课程改革推进力度与实施程度不一，对于课程改革重视程度不够，一些教育行政部门甚至采取应付态度，形式化倾向突出；应试教育仍有市场，无论是"政府、社会对学校的评价，还是家长、校长对教师的评价，均以考试分数、升学率为主要尺度，教师在课程改革中即使取得了成绩，但是如果学生的考试分数没有提高，那就会收到方方面面的压力"①，乃至一些偏远农村地区出现"穿新鞋、走老路"状况，势必影响到新课程目标的实现与人才质量的培养，继而出现教学质量的下滑，这意味着：西部地区的人们可能不得不为改革付出比其他地区要大得多的代价。"对于整个教育改革大局而言，这些代价也许只是微不足道的局部，只是非主流的枝节，但对于这些地区（社群）来说，这些代价则意味着他们自身的'全局性牺牲'。"②

"教育是全社会的事业，课程是全社会的工程，教育内外部需要集成一个密集关联的系统，彼此相互影响、相互支持、相互促进，建立专家和专业团体以此提高课程、教学质量。教师、学生、教育专家、科学家等紧密合作，构建先学习和研究共同体，促进课程与教学改革的深入推进。"③再者，专家、专业团体、机构的参与、合作等还将促使教师以更广阔视角、理解并掌握更广泛的多学科知识，逼近学科前沿和社会现实，从而提

① 张新海：《反对的力量——新课程实施中的教师阻抗》，科学出版社2011年版，第236页。

② 吴康宁：《制约中国教育改革的特殊场域》，《教育研究》，2008年版第12期。

③ 杨九俊：《中国基础教育课程改革推进研究》，江苏教育出版社2012年版，第318页。

高其应对变化的能力，逐渐增强教师进行课程研究和开展有效教学的技能。就学校层面来讲，学校则应通过多种形式向家长宣传课程改革的重大意义，推进课程改革纵深发展，让社会、社区和家庭支持学校进行的各项课程改革工作，形成课程改革与发展的良好社会环境。

## 八 加强农村地区本身的课程资源开发与利用

农村学校课程资源的开发与利用应立足农村本身。课程资源是学生成长的"食粮"，课程资源的丰富与否决定着学生能否获得最大限度、最全面的发展。调查发现，教师反映较集中突出问题：农村课程资源匮乏，究其根源在于许多教师缺乏课程资源意识。与城市学校办学条件相对较好，有图书馆、科技馆等蕴藏丰富、便利的课程资源相比，许多教师认为农村没有课程资源可以开发，显然，教师的这种观念是欠科学考虑的。尽管农村没有科技馆等资源，办学条件也较城市差很多，但农村蕴藏着丰富的独特课程资源，是城市不具备的。因而，开发和利用农村课程资源可以下面三方面进行。

### （一）积极开发和利用农村乡土自然资源

乡土自然资源是农村地区独特而重要的课程资源。三省（区）调研中所处地域广阔，地形地貌较复杂，人文景观，民俗文化等都可以作为学生学习的重要素材和资源，农村中小学校恰恰不能忽视的独特而重要的课程资源就是这些乡土资源的开发与利用。这些资源具有重要独特的价值，一方面，各学科联系乡土自然资源，可以使学生觉得更亲近，更有学习的兴趣，而且这些资源是学生所熟悉的，学习起来也觉得更容易；另一方面，融合乡土自然资源的教育，可以培养学生热爱家乡的观念，激发学生关心家乡建设，唤醒保护家乡生态环境的意识。

### （二）积极开发和利用农村民间文化资源

西北地区民族众多，少数民族地区蕴藏着丰富的人文资源，如少数民族的传统习俗、宗教信仰、服装配饰、工艺品制造、建筑风格、历史人物、饮食、传统节日等等，这些都是极其重要的课程资源，具有极大的课程挖掘潜力。同时，这些资源也是城市地区学校所不具备的。学校课程融入丰富地民间文化资源，一方面可以弘扬民族文化；另一方面丰富了学生的精神文化生活，更是许多其他课程材料所无法替代的。

### （三）加快农村地区教育信息化进程，开发利用网络信息课程资源

西北农村地区有其独特的课程资源，但随着整个世界向城市化、现代化迈进，农村学校教育不能仅仅停留在狭小的农村空间，必须与城市对接，逐步实现信息化、现代化。已有研究成果表明，在农村现有办学条件下，能尽快实现城乡教育均衡、一体化发展的有效方式是通过教育信息化来保障。[①] 由此，西北农村学校为实现教育的跨越发展，教育信息化是解决农村课程资源不足的一条有效路径。当然，教育信息化并不是一句口号，它需要大量的经费投入才能实现，而我国的教育经费，尤其是西部地区的经费比较缺乏。现阶段，农村学校的教育信息化还有很长的路要走：一是经费投入不足；二是教师的信息素养和能力不高。目前，经费投入可以借助当前针对农村地区的教育扶贫项目，如"国家贫困地区义务教育工程"、"教育部中小学现代远程教育项目"、"福特基金"、"中西部中小学校园网建设和师资培训示范项目"等，这些都提供了很好的经费解决途径。同时，推进农村网络资源建设，还需要注意各种网络资源的分类建设，综合利用。有学者指出，当前应注重"农村学校三种网络资源建设：一是注重计算机网络系统资源建设。这主要是立足于学校的网络教学，打造多功能网络多媒体教室，实现学校课堂教学的网络化、多媒体化，这应该是未来课堂教学的主流模式。二是注重闭路电视系统资源建设。虽然网络多媒体是发展趋势，但电视在教育教学中还是具有不可替代的作用……"[②]除此之外，农村学校还应加强本地区的特色网络资源库建设，这一方面可以不断积累本地区的课程资源，还可以实现资源与其他地区共享。

---

① 宋乃庆，杨欣，李玲：《以教育信息化保障城乡教育一体化》，《电化教育研究》，2013年第2期。

② 刘自新：《农村中小学也要"三网合一"——谈农村中小学校园网络资源平台的建设与管理》，《教育信息化》，2006年第7期。

# 结　语

　　十年树木，百年树人。新课程改革从 2001 年颁布伊始，至今已走过十四个春秋，这十多年来，新课程改革经历了风风雨雨和各种坎坷，伴随着各种曲折与反复，与我国经济开放 30 多年时间历程相比，十四年新课程改革的历程还远远只是改革的初级阶段。西北农村地区课程改革的深入推进与实施表明，课程改革的方向与路径是正确的，也是可行的。任何改革都需要一定时间来让人们逐渐接受和适应，更何况是教育事业。

　　新课程改革是一次大规模的"破"与"立"的变革，我国民族数量之多，分布范围之广，国情之复杂，都意味着这次改革的深入将经历长时间的磨合和适应阶段。十四年的改革带来了农村中小学课堂的革新，教师教育观念的新转折，学校发展的新气象，更是积累了许多实践性、个性化、创造性的经验；也引发了诸多理论反思与思想争论，但从甘肃、青海、宁夏农村中小学校教育现状看，农村地区新课改的成果需要进一步巩固与保持。在中小学课堂中，与农村学生生活断裂而抽象的教学内容仍在割裂着学生的身心发展，机械、单一的教学方式仍压抑学生的内在活力，教师按部就班的现象仍屡见不鲜。农村地区新课程改革深化、推进任重道远，课程改革是学校改革始终进行的教育活动，教师对课程改革的"适应"永远在路上。

　　三省（区）实地调研，历经各种复杂状况同时收集的资料还是相对有限，加之个人能力等原因，研究如盲人摸象，无法为十二年来西北民族地区农村教师新课改适应提供较为详细、全面的参考。论文的研究深度还远远不够，希望后续研究能深挖、细耕，学术研究永远在路上。

# 参考文献

一 著作类

（一）外文著作

1. ［加］迈克尔·富兰：《变革的力量：透视教育改革》，北京：教育科学出版社 2004 年版。

2. ［加］莱文（Levin，B.）著：《教育改革——从启动到成果》，项贤明，洪成文译，北京：教育科学出版社 2004 年版。

3. 小威廉姆·E. 多尔著：《后现代课程观》，王红宇译，北京：教育科学出版社 2000 年版。

4. ［日］佐藤学著：《课程与教师》，钟启泉译，北京：教育科学出版社 2003 年版。

5. ［美］雷诺兹，［美］韦伯主编：《课程理论新突破——课程研究航线的解构与重构》，张文军译，杭州：浙江教育出版社 2008 年版。

6. ［美］奥克斯，［美］利普顿著：《教学与社会变革》，钟启泉，赵中建译，上海：华东师范大学出版社 2011 年版。

7. ［美］帕尔默著：《教学勇气：漫步教师心灵》，吴国珍等译，上海：华东师范大学出版社 2005 年版。

8. ［美］约瑟夫等著：《课程文化》，余强译，杭州：浙江教育出版社 2008 年版。

9. ［英］米尔顿著：《环境决定论与文化理论：对环境话语中的人类学角色的探讨》，袁同凯，周建新译，北京：民族出版社 2007 年版。

10. Bruner, J. The Culture of Education. Cambridge, MA：Harvard University Press，1996.

11. Rose，A. Curriculum – Construction and Critique. London：Falmer

Press, 2000.

12. Ellis. R. Understanding second language Acquisition. Oxford university press, 1985.

13. Nussbaum, M. C. Cultivating humanity: A classical defense of reform in liberal education. Cambridge, MA: Harvard University Press, 1997.

（二）中文著作

1. 瞿葆奎：《教育学文集·教师》，北京：人民教育出版社 1991 年版。

2. 钟启泉：《基础教育课程改革纲要——为了中华民族的复兴，为了每位学生的发展》，长春：东北师范大学出版社 2002 年版。

3. 陆有铨：《躁动的百年——20 世纪的教育历程》，济南：山东教育出版社 2000 年版。

4. 郝文武：《教育哲学研究》，北京：教育科学出版社 2009 年版。

5. 钟启泉，崔允漷，张华主编：《基础教育课程改革纲要（试行）解读》，上海：华东师范大学出版社 2001 年版。

6. 劳凯声：《中国教育改革 30 年（政策与法律卷)》，北京：北京师范大学出版社 2009 年版。

7. 雷万鹏：《中国农村教育焦点问题的实证研究》，武汉：华中科技大学出版社 2007 年版。

8. 李进：《教师教育概论》，北京：北京大学出版社 2009 年版。

9. 朱幕菊主编：《走进新课程——与课程实施者对话》，北京：北京师范大学出版社 2002 年版。

10. 郝文武主编：《西部教育报告·2013 总第 3 卷》，北京：教育科学出版社 2013 年版。

11. 刘旭东，许邦兴等：《青藏地区义务教育公平发展研究（西北民族教育研究丛书)》，北京：民族出版社 2012 年版。

12. 司晓宏：《义务教育均衡发展论纲——以西部农村为研究对象》，北京：人民出版社 2013 年版。

13. 施良方：《课程理论——课程的基础、原理与问题》，北京：教育科学出版社 1996 年版。

14. 傅道春编著：《新课程中教师行为的变化》，北京：首都师范大学出版社 2001 年版。

15. 靳玉乐：《新课程改革的理念与创新》，北京：人民教育出版社 2003 年版。

16. 陈向明：《质的研究方法与社会科学研究》，北京：教育科学出版社 2000 年版。

17. 王嘉毅，吕国光：《西北少数民族基础教育发展现状与对策研究》，北京：民族出版社 2006 年版。

18. 王嘉毅：《多维视角中的农村教师》，北京：北京师范大学出版社 2011 年版。

19. 司晓宏：《面向现实的教育关怀》，安徽：安徽教育出版社 2008 年版。

20. 李艳，李双名：《农村义务教育制度选择论》，北京：北京师范大学出版社 2009 年 8 月版。

21. 刘凤军著：《课堂突围：一所农村中学的课改探索》，济南：山东文艺出版社 2014 年版。

22. 庞朴：《文化的民族性与时代性》，北京：中国人民大学出版社 1990 年版。

23. 土策三：《教学论稿》，北京：人民教育出版社 1994 年版。

24. 杨九俊主编：《中国基础教课程改革推进研究》，南京：江苏教育出版社 2012 年版。

25. 崔允漷，沈毅，吴江林著：《课堂观察：走向专业的听评课》，上海：华东师范大学出版社 2012 年版。

26. 崔允漷主编：《有效教学》，上海：华东师范大学出版社 2009 年版。

27. 崔允漷著：《课程理论研究：一种实践的旨向》，上海：华东师范大学出版社 2007 年版，第 252—260 页。

28. 李少元：《农村教育论》，南京：江苏教育出版社 2000 年版。

29. 邓友超著：《教师实践智慧及其养成》，北京：教育科学出版社 2007 年版。

30. 董毅，邬旭东著：《新课程理论与实践的反思》，合肥：合肥工业大学出版社 2005 年版。

31. 段兆兵等著:《课程资源开发与利用:原理与策略》,芜湖:安徽师范大学出版社 2011 年版。

32. 冯苗著:《教育场域中的对话:基于教师视角的哲学解释研究》,北京:教育科学出版社 2010 年版。

33. 高金岭等著:《文化学观照下的教育变革》,桂林:广西师范大学出版社 2007 年版。

34. 葛金国,吴玲,周元宽编著:《课程改革与学校文化重建》,合肥:安徽教育出版社 2007 年版。

35. 郭元祥著:《生活与教育——回归生活世界的教育基础论纲》,武汉:华中师范大学出版社 2002 年版。

36. 郝德永著:《超越左与右:课程改革的第三条道路》,北京:教育科学出版社 2013 年版。

37. 吴刚平:《校本课程开发》,成都:四川教育出版社 2002 年版。

38. 黄书光,王伦信,袁文辉著:《中国基础教育改革的文化使命》,北京:教育科学出版社 2001 年版。

39. 黄小莲著:《教师课程实施之旅:决策与执行》,杭州:浙江大学出版社 2012 年版。

40. 姜勇,洪秀敏,庞丽娟著:《教师自主发展及其内在机制》,北京:北京师范大学出版社 2009 年版。

41. 经柏龙著:《教师专业素质:形成与发展》,北京:中国社会科学出版社 2012 年版。

42. 高伟著:《回归智慧,回归生活——教师教育哲学研究》,北京:教育科学出版社 2010 年版。

43. 柯政著:《理解困境:课程改革实施行为的新制度主义分析》,北京:教育科学出版社 2011 年版。

44. 黎琼锋著:《教学价值与美好生活》,北京:人民教育出版社 2012 年版。

45. 李家成著:《关怀生命:当代中国学校教育价值取向探》,北京:教育科学出版社 2006 年版。

46. 李庆霞著:《社会转型中的文化冲突》,哈尔滨:黑龙江人民出版社 2004 年版。

47. 李政涛，李云星著：《百年中国基础教育改革的方法论探析》，北京：教育科学出版社 2011 年版。

48. 联合国教科文组织国际教育委员会：《教育——财富蕴藏其中》，北京：教育科学出版社 1996 年版。

49. 林正范等著：《课程更新与教师行为的改变》，杭州：浙江大学出版社 2005 年版。

50. 刘旭东著：《现代课程的价值取向研究》，兰州：甘肃教育出版社 2002 年版。

51. 骆桂花著：《甘青宁回族女性传统社会文化变迁研究》，北京：民族出版社 2007 年版。

52. 马健生著：《教育改革论》，合肥：安徽教育出版社 2007 年版。

53. 马伟华著：《生态移民与文化调适：西北回族地区吊庄移民的社会文化适应研究》，北京：民族出版社 2011 年版。

54. 唐松林著：《教师行为研究》，长沙：湖南师范大学出版社 2002 年版。

55. 汪霞著：《课程理论与课程改革》，合肥：安徽教育出版社 2007 年版。

56. 王守恒，姚运标编著：《课程改革与教师专业发展》，合肥：安徽教育出版社 2007 年版。

57. 王有升著：《理念的力量：基于教育社会学的思考》，北京：教育科学出版社 2007 年版。

58. 吴亚萍，庞庆举著：《学校转型中的教学改革》，北京：教育科学出版社 2011 年版。

59. 肖正德著：《冲突与调适：农村中小学教学改革的文化路向》，杭州：浙江大学出版社 2010 年版。

60. 阎亚军著：《新课程改革的哲学审视：寻求恰当的改革之路》，北京：光明日报出版社 2010 年版。

61. 颜明仁，李子健编著：《课程与教学改革：学校文化、教师转变与发展的观点》，北京：教育科学出版社 2010 年版。

62. 陈柏华著：《教师教材观研究》，杭州：浙江大学出版社 2012 年版。

63. 杨东平主编：《中国教育发展报告》，北京：社会科学文献出版社2013年版。

64. 张荣伟：《我们需要怎样的教育：中国基础教育改革概论》，北京：教育科学出版社2012年版。

65. 顾燕萍，李政涛编著：《课程文化转型中教研共同体建设的校本研究》，同济大学出版社2011年版，第20页。

66. 杨明全著：《革新的课程实践者——教师参与课程变革研究》，上海：上海科技教育出版社2003年版。

67. 易凌云著：《教师个人教育观念》，北京：教育科学出版社2010年版。

68. 张霜著：《民族学校教育中的文化适应研究：贵州石门坎苗族百年学校教育人类学个案考察》，北京：民族出版社2012年版。

69. 钟启泉著：《课程的逻辑》，上海：华东师范大学出版社2007年版。

70. 钟启泉著：《现代课程论（新版）》，上海：上海教育出版社2003年版。

71. 周彬著：《叩问课堂》，上海：华东师范大学出版社2011年版。

72. 周兴国，朱家存，李宜江著：《基础教育改革研究》，芜湖：安徽师范大学出版社2010年版。

73. 教师专业发展编写组：《教师专业发展》，北京：高等教育出版社2005年版。

74. 翁乃群：《村落视野下的农村教育——以西南四村为例》，北京：社会科学文献出版社2009年版。

75. 吴德刚：《西部教育》，北京：中共中央党校出版社2001年版。

76. 邬志辉：《中国农村教育发展报告2011》，北京：北京师范大学出版集团2012年10月版。

77. 杨东平：《中国教育公平的理想与现实》，北京：北京大学出版社2006年版。

78. 卜玉华：《"新基础教育"课堂教学改革的深化研究》，福州：福建教育出版社2014年版。

79. 中国教育科学研究院课程教学研究中心编著：《中国基础教育课

程改革十年》，武汉：湖北教育出版社 2013 年版。

80. 教育部财务司：《中国教育经费统计年鉴》，北京：中国统计出版社 2011 年版。

二 论文期刊类

（一）中文期刊论文

1. 张新海：《农村课程改革十年：问题、成因与对策》，《教育发展研究》，2012 年第 22 期。

2. 叶波，范蔚：《课程改革十年：校本课程开发的进程、问题与展望》，《教育科学与研究》，2012 年第 4 期。

3. 纪德奎：《新课改十年：争鸣与反思——兼论新课改如何穿新鞋走出老路》，《课程·教材·教法》，2011 年第 3 期。

4. 刘志军：《农村基础教育课程改革：问题与展望》，《教育发展研究》，2008 年第 15 期。

5. 肖正德：《农村课程改革文化阻隔与突围》，《中国教育学刊》，2009 年第 4 期。

6. 靳玉乐，于泽元：《文化——个人视角下教师对新课程改革的适应性探讨》，《西南大学学报》（社会科学版），2009 年第 2 期。

7. 朱新卓，裴亚丁等：《新课改中的中年教师困境——基于 A 小学中、青年教师新课改适应性的比较研究》，《教育研究与实验》，2015 年第 1 期。

8. 白中军：《农村课程改革之现状》，《中国教育学刊》，2008 年第 11 期。

9. 赵强：《桂东南地区教师对新课程的教学适应性调查研究》，《广西科学院学报》，2006 年第 22 期。

10. 钟启泉：《中国课程改革：挑战与反思》，《比较教育研究》，2005 年第 12 期。

11. 冯生尧，李子建：《香港课程实施影响因素之分析》，《全球教育展望》，2001 年第 5 期。

12. 操太圣，卢乃桂：《抗拒与合作：课程改革情境下的教师转变》，《课程·教材·教法》，2003 年第 1 期。

13. 陈慧，车宏生：《跨文化适应影响因素研究述评》，《心理科学进展》，2003 年第 11 期。

14. 钟启泉：《中国基础教育课程改革：问题与行动》，《全球教育展望》，2004 年第 1 期。

15. 丁钢：《课程改革的文化处境》，《全球教育展望》，2004 年第 1 期。

16. 万明钢，王平：《教学改革中的文化冲击与文化适应问题》，《教育研究》，2005 年第 10 期。

17. 彭虹斌：《新课程改革的突破口：改变教师》，《教育理论与实践》，2007 年第 1 期。

18. 范兆雄：《新课程培训是否改变了小学教师的观念与行为》，《教育科学研究》，2007 年第 2 期。

19. 尹弘飚，李子建：《课程改革中的教师改变》，《教育研究》，2007 年第 3 期。

20. 傅道春：《新课程与教师行为的变化》，《人民教育》，2001 年第 12 期。

21. 黄忠敬：《课程文化释义：一种分析框架》，《学术探索》，2002 年第 1 期。

22. 邹强：《近十年我国基础教育师资均衡配置研究回顾与思考》，《教学与管理》，2013 年第 4 期。

23. 尹弘飚，李子建：《基础教育新课程实施的影响因素分析》，《南京师大学报》（社会科学版），2004 年第 2 期。

24. 靳玉乐，张丽：《我国基础教育新课程改革的回顾与反思》，《课程·教材·教法》，2004 年第 10 期。

25. 谢泽源，舒小平，廖太春：《新课程实施下农村教师的适应性问题》，《江西教育科研》，2004 年第 11 期。

26. 巩子坤，李忠如：《数学教师对新课程理念的适应性研究》，《数学教育学》，2005 年第 8 期。

27. 贾旭杰，孙晓天，何伟：《关于民族地区数学课程难度问题的研究与思考》，《数学教育学报》，2013 年第 4 期。

28. 中央教育科学研究所课程教学研究中心课题组：《深化农村基础

教育课程改革面临的困难与对策》，《课程·教材·教法》，2010 年第 10期。

29. 余瑶：《农村教师参与课程开发的困境及其对策》，《教育导刊》，2015 年第 3 期。

30. 惠中，韩苏曼：《论我国中小学教师队伍建设中的性别结构失衡问题》，《全球教育展望》，2011 年第 10 期。

31. 谢华，段兆兵：《农村小学教师流失问题与补充机制研究》，《教育理论与实践》，2011 年第 10 期。

32. 徐兆洋，廖晓衡，宋乃庆：《提高西南农村地区义务教育质量研究》，《中国教育学刊》，2010 年第 1 期。

33. 昂巴，伦珠旺姆：《甘南州民族教育的回顾与思考》，《西北民族学院学报》（哲学社会科学版），2000 年第 2 期。

34. 华东师范大学课程与教学研究所：《教育课程改革的意义、进展及问题》，《全球教育展望》，2006 年第 1 期。

35. 汪红烨：《城乡数学教师在新课程标准实验过程中的适应性研究》，《西南师范大学学报》，2006 年第 12 期。

36. 操太胜，卢乃桂：《挑战、支持与发展：伙伴协作模式下的教师成长》，《教育研究》，2006 年第 10 期。

37. 鱼霞，毛亚庆：《论有效的教师培训》，《教师教育研究》，2004 年第 1 期。

38. 冉隆锋：《对基础教育课程改革中存在问题的反思》，《天津师范大学学报》，2008 年第 3 期。

39. 范兆雄：《论新课程文化》，《湛江师范学院学报》，2008 年第 2 期。

40. 李宝忠，徐文友：《农村小学教师老龄化亟待解决》，《现代教育课程》，2014 年第 1 期。

41. 李政涛：《论当代中国基础教育改革的思维方式》，《基础教育》，2009 年第 10 期。

42. 马云鹏：《基础教育课程改革：实施进程、特征分析与推进策略》，《课程·教材·教法》，2009 年第 4 期。

43. 杨慧娟：《青岛 10 年来农村小学课程改革反思：现状、问题与对策——基于新课程实施的调查研究》,《青岛职业学院学报》,2011 年第 2 期。

44. 张丹枫,张立:《论新课改对教师素养的要求》,《教育与教学研究》,2009 年第 9 期。

45. 苏强:《发展性课程观:课程价值取向的必然选择》,《教育研究》,2011 年第 5 期。

46. 苏强,罗生全:《教师课程哲学观的生成及其实践功能》,《课程·教材·教法》,2011 年第 2 期。

47. 钟启泉:《课堂转型:静悄悄的革命》,《上海教育科研》,2009 年第 3 期。

48. 郝文武:《层类教育公平与城乡教育公平相互促进的关系状态及其形成》,《教育理论与实践》,2011 年第 12 期。

49. 程建荣,白中军:《深化农村课程改革的思考》,《当代教育科学》,2011 年第 14 期。

50. 朱旭东:《论我国农村教师培训系统的重建》,《教师教育研究》,2011 年第 11 期。

51. 王标,宋乃庆:《教师开发利用少数民族文化课程资源现状调查与思考》,《民族教育研究》,2013 年第 2 期。

52. 教育部、"新课程实施与实施过程评价"课题组:《基础教育课程改革的成就、问题与对策》,《中国教育学刊》,2003 年第 12 期。

(二) 外文期刊

1. Berry, J. W. Socio - psychological Costs and Benefits of Multiculturalism: A view from Canada. Stockholm University, 2000 (3).

2. Berry, J. W. Acculturation: Living successfully in two cultures. International Journal of Intercultural Relations, 2005 (29).

3. Birman, D. Biculturalism and Ethnic Identity: An Integrated Model . Focus: Notesfrom the Society for The Psychological Study of Ethnic Minority Issues, 1984, 8 (1).

4. Berry, J. W. Acculturation as varieties of adaptation. In A. Padilla ( Ed. ), Acculturation: Theory, models and findings. Boulder: Westview, 1980.

5. Burtonwood N. Culture, Identity and the Curriculum. Education review, 1996 (3).

6. Berry, J. W. Acculturation and Adaptation in a New Society. International Migration, 1992.

7. Staessens, K., & Vandenberghe, R. Vision as a core component in school culture. Curriculum studies, 1994.

8. Redfied. R, Linton. R. Herskovits, M. J. Momorandum On the study of acculturation. American Anthropologist, 1936.

9. John. W. Berry. Sociopsychological Costs and Benefits of Multiculturalism: A view from Canada. Stockholm University, Sweden 2002.

10. Ward. C, Kennedy. A. Locus of control, mood disturbance and social difficulty during cross – cultural transitions. International Journal of Intercultural Relations, 1992, 16 (3): 175—194.

11. John, Chi – KinLee (2000). Teacher Receptivity to Curriculum Change in the Implementation Stage: the case of environmental education in Hong Kong [J]. Journal of Curriculum Studies, Vol. 32, No. 1.

12. Rubina Hanif & Seema Prever. Translation and Adaptation of Teacher Stress Inventory [J]. Pakistan Journal of Psychological, 2008 (2).

## 三　学位论文类

1. 王标:《西南农村义务教育三级课程实施研究》, 博士学位论文, 西南师范大学, 2013 年。

2. 李泽宇:《我国基础教育课程改革的适切性研究》, 博士学位论文, 东北师范大学, 2010 年。

3. 曹俊军:《反思与构想: 我国基础教育新课程改革研究》, 博士学位论文, 湖南师范大学, 2008 年。

4. 王平:《课程改革中的文化适应问题研究》, 博士学位论文, 西北师范大学, 2006 年。

5. 郑家福:《新中国基础教育课程改革的文化检讨》, 博士学位论文, 西南师范大学, 2003 年。

6. 雷蕾:《民族地区农村小学英语课程实施中的适应性研究》, 硕士学位论文，西南大学，2013 年。

7. 向红：《民族地区高中教师新课程适应性研究——以重庆市石柱土家族自治县民族中学为例》，硕士学位论文，广西民族大学，2012 年。

8. 唐婷：《少数民族基础教育新课改实施情况研究以云南省芒市风平镇为个案》，硕士学位论文，中央民族大学，2012 年。

9. 林唐广：《民族贫困地区农村中小学新课改困境之博弈分析》，硕士学位论文，广西师范大学，2011 年。

10. 赵凌宙：《喀什地区高中教师新课程适应性研究》，硕士学位论文，喀什师范学院，2010 年。

11. 胡艳芳：《农村与城市教师对课程改革适应性的比较研究》，硕士学位论文，西南大学，2010 年。

12. 祁海英：《农村小学教师在教材处理过程中存在的问题及对策研究——以数学为例》，硕士学位论文，辽宁师范大学，2010 年。

13. 杨娜：《新课程实施中的教师文化适应研究》，硕士学位论文，西南大学，2009 年。

14. 余航：《西南民族地区新课程改革与教师适应的比较研究》，硕士学位论文，西南大学，2006 年。

15. 郝双美：《新课程改革中小学教师适应性研究》，硕士学位论文，辽宁师范大学，2004 年。

# 附 录 1

三省（区）调研学校分布情况

| 地区 | 学校 | 学校情况及现状说明 |
|---|---|---|
| 宁夏 W 市 | W 市回民中学 | 一般农村初级中学；40 个教学班；学生总人数 1921 人；其中汉族学生：1027 人，回族：503 人，其他 89 人<br>教师人数 136 人：汉族 70 人，回族 57 人，其他 9 人 |
| | W 市第 20 中学 | 城乡结合部一般中学；15 个教学班；学生总人数：756 人<br>教师总人数：48 人 |
| | W 市 DT 回民小学 | 一般农村小学，11 个教学班，学生总数 572 人，其中汉族：372 人；回族：200<br>教师人数：31 人；汉族 12 人，回族 19 人 |
| | W 市 M 回民小学 | 一般农村小学，12 个教学班，学生总数 390 人，其中汉族：180；回族：210 人<br>教师人数 33 人，汉族：10 人，回族 23 人 |
| | YC 市 X 区第五小学 | 城乡结合部小学，12 个教学班，学生总数 453 人；汉族：303 人，回族：150 人<br>教师人数：35 人，汉族 22 人，回族 8 人，其他 5 人 |
| 青海省 H 县 | H 县上新庄镇 JQ 小学 | 农村一般小学，5 个教学班，学生总数 291 人，其中汉族学生：102 人，藏族：30 人，回族学生：59 人<br>教师人数 15 名，汉族：13 人，藏族 2 人 |
| | H 县鲁沙尔镇 GJ 小学 | 农村薄弱小学，9 个教学班，学生总数 332 人，<br>教师人数 21 人，全部为汉族 |

续表

| 地区 | 学校 | 学校情况及现状说明 |
|---|---|---|
| 青海省H县 | H县鲁沙尔镇YJ小学 | 农村薄弱小学，7个教学班，学生总数321人，教师人数24人：汉族20人，藏族2人，土族2人 |
| | H县上新庄镇DT小学 | 农村薄弱小学，12个教学班，学生总数504人，教师人数38人，全部为汉族 |
| | H县上新庄镇SX中心小学 | 农村一般小学，12个教学班，学生总数603人，教师人数37人：汉族30人，回族4人，藏族3人 |
| | H县上新庄镇上新庄中学 | 农村重点中学，16个教学班，学生总数890人，教师人数62人：汉族38人，回族5人，藏族19人 |
| | H县鲁沙尔镇X学校 | 农村九年一贯制学校，学生总数1016人；汉族学生：997人，回族：8人，其他11人<br>教师人数58人：汉族52人，回族3人，土族1人，藏族2人 |
| | H县上新庄镇MC民族中学 | 农村初级中学，16个教学班，726人，教师人数54人：汉族40人，回族2人，藏族12人 |
| 甘肃省 | Z市第一小学 | 城乡结合部小学，24个教学班；总学生人数1382人，汉族学生576人，藏族学生676人，回族124人；教师76人：汉族47人，藏族21人，回族8人 |
| | Z市第三中学 | 28个教学班；总学生人数1893人，教师人数134：汉族46人，藏族67人；回族21人 |
| | Z市第二中学 | 农村中学，38个教学班；总学生人数2236人。教师人数152人：其中汉族113人；藏族20人，回族13人，其他6人 |
| | LX市马集学区长坡沿小学 | 农村薄弱小学，4个教学班，学生总数102人：汉族学生50人，回族48人，其他4人<br>教师6人：其中汉族3人，回族3人 |
| | LX市甘光小学 | 农村一般小学，6个教学班，学生总数235人；教师21人，其中汉族16人，回族6人 |

| 地区 | 学校 | 学校情况及现状说明 |
|---|---|---|
| 甘肃省 | Z市师范附小 | 10个教学班，学生总数408人：其中汉族学生289人，回族学生：110人，其他9人<br>教师人数38人：汉族18人，回族10人，其他10人 |
| | Z市花园阁小学 | 城乡结合部一般小学，12个教学班，学生总数600人，其中汉族学生360：回族学生：240人<br>教师人数33人：汉族：16人，回族：17人 |

# 附录 2

三省（区）教师新课程教学观念认同状况

（单位：%）

| 项目 | | | 学习方式理念 | | | | | 教学方式理念 | | | | | 教学评价理念 | | | | |
|---|---|---|---|---|---|---|---|---|---|---|---|---|---|---|---|---|---|
| 学段 | 内容 | | 非常认同 | 比较认同 | 一般认同 | 不认同 | 非常不认同 | 非常认同 | 比较认同 | 一般认同 | 不认同 | 非常不认同 | 非常认同 | 比较认同 | 一般认同 | 不认同 | 非常不认同 |
| 小学 | 宁夏 | | 51.4 | 35.7 | 9.3 | 1.4 | 2.2 | 42.1 | 42.1 | 15.7 | 0.0 | 0.0 | 16.4 | 48.6 | 26.4 | 5.0 | 3.6 |
| | 甘肃 | | 18.1 | 44.8 | 31.4 | 5.7 | 0.0 | 25.7 | 50.3 | 20.0 | 4.0 | 0.0 | 16.2 | 47.6 | 30.5 | 3.8 | 1.9 |
| | 青海 | | 36.7 | 50.9 | 8.8 | 3.0 | 0.6 | 32.5 | 47.3 | 18.3 | 1.8 | 0.0 | 28.4 | 34.9 | 30.8 | 4.7 | 1.2 |
| 中学 | 宁夏 | | 28.7 | 56.1 | 9.1 | 6.1 | 0.0 | 42.4 | 43.9 | 13.6 | 0.0 | 0.0 | 15.2 | 56.1 | 24.2 | 4.5 | 0.0 |
| | 甘肃 | | 18.5 | 48.0 | 18.5 | 11.3 | 3.7 | 21.8 | 51.6 | 20.2 | 5.6 | 0.8 | 18.5 | 50.8 | 21.0 | 6.5 | 3.2 |
| | 青海 | | 22.0 | 63.0 | 11.4 | 2.8 | 0.8 | 22.8 | 57.7 | 18.7 | 0.8 | 0.0 | 24.4 | 38.2 | 29.3 | 7.3 | 0.8 |

续表

| 项目 | 内容 | | 学习方式理念 | | | | | 教学方式理念 | | | | | 教学评价理念 | | | | |
|---|---|---|---|---|---|---|---|---|---|---|---|---|---|---|---|---|---|
| | | | 非常认同 | 比较认同 | 一般认同 | 不认同 | 非常不认同 | 非常认同 | 比较认同 | 一般认同 | 不认同 | 非常不认同 | 非常认同 | 比较认同 | 一般认同 | 不认同 | 非常不认同 |
| 性别 | 男 | 宁夏 | 43.2 | 39.8 | 10.2 | 3.4 | 3.4 | 51.1 | 37.5 | 11.4 | 0.0 | 0.0 | 18.2 | 52.3 | 26.1 | 2.3 | 1.1 |
| | | 甘肃 | 32.6 | 45.3 | 11.6 | 8.2 | 2.3 | 23.3 | 57.0 | 11.6 | 8.1 | 0.0 | 19.8 | 45.3 | 24.4 | 5.8 | 4.7 |
| | | 青海 | 31.3 | 54.9 | 10.4 | 2.7 | 0.7 | 28.5 | 50.7 | 20.1 | 0.7 | 0.0 | 25.7 | 38.2 | 28.5 | 5.6 | 2.1 |
| | 女 | 宁夏 | 44.9 | 44.1 | 8.5 | 2.5 | 0.0 | 47.5 | 46.6 | 5.9 | 0.0 | 0.0 | 14.4 | 50.0 | 25.4 | 6.8 | 3.4 |
| | | 甘肃 | 9.8 | 49.0 | 32.2 | 9.1 | 0.0 | 23.8 | 50.3 | 25.2 | 0.0 | 0.7 | 16.1 | 51.7 | 25.9 | 4.9 | 1.4 |
| | | 青海 | 29.7 | 58.8 | 9.5 | 1.4 | 0.7 | 28.4 | 52.7 | 16.9 | 2.0 | 0.0 | 27.7 | 34.5 | 31.8 | 6.1 | 0.0 |
| 民族 | 汉族 | 宁夏 | 38.2 | 52.9 | 6.9 | 2.0 | 0.0 | 47.1 | 46.1 | 6.9 | 0.0 | 0.0 | 13.7 | 54.9 | 23.5 | 5.9 | 2.0 |
| | | 甘肃 | 18.5 | 50.0 | 21.3 | 9.3 | 0.9 | 20.4 | 52.8 | 25.9 | 0.9 | 0.0 | 14.8 | 52.8 | 27.8 | 4.6 | 0.0 |
| | | 青海 | 36.4 | 49.1 | 11.4 | 2.3 | 0.9 | 32.3 | 45.5 | 20.5 | 1.8 | 0.0 | 20.5 | 38.6 | 33.2 | 6.8 | 0.9 |
| | 藏族 | 甘肃 | 11.1 | 40.0 | 40.0 | 8.9 | 0.0 | 15.6 | 55.6 | 26.7 | 0.0 | 2.2 | 26.7 | 40.0 | 22.2 | 6.7 | 4.4 |
| | | 青海 | 21.4 | 64.3 | 10.7 | 3.6 | 0.0 | 25.0 | 64.3 | 10.7 | 0.0 | 0.0 | 39.3 | 35.7 | 17.9 | 3.6 | 3.6 |
| | 回族 | 宁夏 | 49.5 | 31.7 | 11.9 | 4.0 | 3.0 | 49.5 | 40.6 | 9.9 | 0.0 | 0.0 | 16.8 | 48.5 | 27.7 | 4.0 | 3.0 |
| | | 甘肃 | 21.8 | 45.5 | 20.0 | 10.9 | 1.8 | 29.1 | 50.9 | 9.1 | 10.9 | 0.0 | 12.7 | 49.1 | 27.3 | 3.6 | 7.3 |
| | | 青海 | 11.5 | 65.5 | 18.0 | 5.0 | 0.0 | 16.5 | 63.1 | 15.4 | 5.0 | 0.0 | 46.2 | 19.2 | 34.6 | 0.0 | 0.0 |

续表

| 职称 | 内容 | 学习方式理念 | | | | | | 教学方式理念 | | | | | | 教学评价理念 | | | | | |
|---|---|---|---|---|---|---|---|---|---|---|---|---|---|---|---|---|---|---|---|
| | | 1年 | 2—3年 | 4—5年 | 6—7年 | 8—9年 | 10年 | 1年 | 2—3年 | 4—5年 | 6—7年 | 8—9年 | 10年 | 1年 | 2—3年 | 4—5年 | 6—7年 | 8—9年 | 10年 |
| 没定级 | 宁夏 | 44.5 | 36.4 | 14.5 | 4.5 | 0.0 | 0.0 | 50.0 | 13.6 | 18.2 | 9.1 | 0.0 | 9.1 | 24.5 | 37.5 | 36.4 | 1.5 | 0.0 | 0.0 |
| | 甘肃 | 33.3 | 33.3 | 25.0 | 4.2 | 4.2 | 0.0 | 29.2 | 50.0 | 20.8 | 0.0 | 0.0 | 0.0 | 38.3 | 32.5 | 25.0 | 4.2 | 0.0 | 0.0 |
| | 青海 | 45.5 | 27.3 | 27.3 | 0.0 | 0.0 | 0.0 | 27.3 | 27.3 | 18.2 | 0.0 | 18.2 | 9.1 | 27.3 | 27.3 | 45.5 | 0.0 | 0.0 | 0.0 |
| 三级 | 宁夏 | 30.8 | 59.2 | 10.0 | 0.0 | 0.0 | 0.0 | 38.5 | 30.8 | 15.4 | 7.7 | 0.0 | 7.7 | 17.7 | 30.8 | 41.5 | 10.0 | 0.0 | 0.0 |
| | 甘肃 | 33.3 | 44.4 | 11.1 | 11.1 | 0.0 | 0.0 | 22.2 | 33.3 | 33.3 | 0.0 | 0.0 | 11.1 | 20.0 | 33.3 | 35.6 | 11.1 | 0.0 | 0.0 |
| | 青海 | 35.0 | 20.0 | 15.0 | 5.0 | 25.0 | 0.0 | 5.0 | 65.0 | 15.0 | 5.0 | 10.0 | 0.0 | 25.0 | 40.0 | 10.0 | 25.0 | 0.0 | 0.0 |
| 二级 | 宁夏 | 31.3 | 35.9 | 20.3 | 6.3 | 3.1 | 3.1 | 21.9 | 42.2 | 21.9 | 7.8 | 1.6 | 4.7 | 19.4 | 20.6 | 38.4 | 20.0 | 0.0 | 1.6 |
| | 甘肃 | 20.7 | 51.7 | 22.4 | 3.4 | 1.7 | 0.0 | 20.7 | 36.2 | 19.0 | 5.2 | 10.3 | 8.6 | 38.6 | 19.2 | 25.2 | 10.0 | 3.2 | 3.8 |
| | 青海 | 16.7 | 38.5 | 28.2 | 10.3 | 2.6 | 3.8 | 20.5 | 20.5 | 44.9 | 6.4 | 3.8 | 3.8 | 31.2 | 25.6 | 21.1 | 21.8 | 0.0 | 1.3 |
| 一级 | 宁夏 | 13.2 | 38.5 | 20.9 | 8.8 | 5.5 | 13.2 | 12.1 | 42.9 | 26.4 | 6.6 | 2.2 | 9.9 | 5.5 | 30.8 | 51.6 | 4.4 | 3.3 | 4.4 |
| | 甘肃 | 16.3 | 44.6 | 26.1 | 6.5 | 5.4 | 1.1 | 10.9 | 50.0 | 20.7 | 8.7 | 2.2 | 7.6 | 12.0 | 31.5 | 46.7 | 5.4 | 3.3 | 1.1 |
| | 青海 | 8.3 | 43.8 | 22.3 | 13.2 | 7.4 | 5.0 | 9.9 | 24.8 | 34.7 | 14.9 | 5.0 | 10.7 | 16.5 | 19.0 | 52.1 | 3.3 | 5.0 | 4.1 |
| 高级 | 宁夏 | 26.7 | 53.3 | 6.7 | 0.0 | 0.0 | 13.3 | 26.7 | 46.7 | 13.3 | 0.0 | 0.0 | 13.3 | 6.7 | 46.7 | 46.7 | 0.0 | 0.0 | 0.0 |
| | 甘肃 | 18.6 | 25.6 | 32.6 | 14.0 | 7.0 | 2.3 | 16.3 | 39.5 | 16.3 | 11.6 | 7.0 | 9.3 | 25.6 | 32.6 | 27.9 | 4.7 | 7.0 | 2.3 |
| | 青海 | 7.0 | 40.4 | 28.1 | 10.5 | 1.8 | 12.3 | 3.5 | 26.3 | 29.8 | 7.0 | 19.3 | 14.0 | 26.3 | 26.3 | 36.8 | 5.3 | 3.5 | 1.8 |

项目　职称

续表

| 教龄 | 内容 | 项目 | 学习方式理念 | | | | | | 教学方式理念 | | | | | | 教学评价理念 | | | | | |
|---|---|---|---|---|---|---|---|---|---|---|---|---|---|---|---|---|---|---|---|---|
| | | | 1年 | 2—3年 | 4—5年 | 6—7年 | 8—9年 | 10年 | 1年 | 2—3年 | 4—5年 | 6—7年 | 8—9年 | 10年 | 1年 | 2—3年 | 4—5年 | 6—7年 | 8—9年 | 10年 |
| 1—3年 | 宁夏 | | 60.9 | 39.1 | 0.0 | 0.0 | 0.0 | 0.0 | 39.1 | 13.0 | 21.7 | 0.0 | 0.0 | 26.1 | 1.3 | 43.5 | 55.2 | 0.0 | 0.0 | 0.0 |
| | 甘肃 | | 34.8 | 47.8 | 15.2 | 2.2 | 0.0 | 0.0 | 32.6 | 43.5 | 17.4 | 4.3 | 2.2 | 0.0 | 6.5 | 58.7 | 34.8 | 0.0 | 0.0 | 0.0 |
| | 青海 | | 28.0 | 40.0 | 16.0 | 0.0 | 16.0 | 0.0 | 8.0 | 44.0 | 44.0 | 0.0 | 4.0 | 0.0 | 12.0 | 32.0 | 52.0 | 4.0 | 0.0 | 0.0 |
| 4—6年 | 宁夏 | | 35.7 | 50.0 | 9.5 | 2.4 | 0.0 | 2.4 | 31.0 | 42.9 | 11.9 | 4.8 | 2.4 | 7.1 | 7.1 | 45.2 | 45.2 | 0.0 | 0.0 | 2.4 |
| | 甘肃 | | 25.7 | 54.3 | 14.3 | 5.7 | 0.0 | 0.0 | 17.1 | 60.0 | 17.1 | 2.9 | 0.0 | 2.9 | 8.6 | 40.0 | 48.6 | 2.9 | 0.0 | 0.0 |
| | 青海 | | 19.4 | 50.0 | 22.2 | 2.8 | 5.6 | 0.0 | 11.1 | 47.2 | 30.6 | 0.0 | 11.1 | 0.0 | 25.0 | 47.2 | 25.0 | 2.8 | 0.0 | 0.0 |
| 7—10年 | 宁夏 | | 7.7 | 46.2 | 30.8 | 15.4 | 0.0 | 0.0 | 0.0 | 61.5 | 23.1 | 15.4 | 0.0 | 0.0 | 7.7 | 30.8 | 53.8 | 0.0 | 0.0 | 7.7 |
| | 甘肃 | | 10.0 | 42.5 | 40.0 | 7.5 | 0.0 | 12.5 | 22.5 | 32.5 | 22.5 | 2.5 | 7.5 | 2.6 | 15.0 | 35.0 | 47.5 | 2.5 | 0.0 | 0.0 |
| | 青海 | | 23.7 | 36.8 | 21.1 | 13.2 | 2.6 | 2.6 | 21.1 | 23.7 | 42.1 | 2.6 | 7.9 | 7.4 | 18.4 | 18.4 | 63.2 | 0.0 | 0.0 | 0.0 |
| 11—15年 | 宁夏 | | 22.2 | 33.3 | 25.9 | 11.1 | 9.3 | 7.4 | 22.2 | 25.9 | 29.6 | 14.8 | 4.7 | 16.3 | 22.2 | 29.6 | 48.1 | 0.0 | 7.0 | 0.0 |
| | 甘肃 | | 16.3 | 46.5 | 20.9 | 4.7 | 2.0 | 2.3 | 11.6 | 39.5 | 18.6 | 9.3 | 3.9 | 3.9 | 14.0 | 27.9 | 44.2 | 7.0 | 0.0 | 2.0 |
| | 青海 | | 7.8 | 54.9 | 25.5 | 7.8 | 8.3 | 2.0 | 15.7 | 19.6 | 51.0 | 5.9 | 2.8 | 8.3 | 17.6 | 33.3 | 45.1 | 2.0 | 0.0 | 5.6 |
| 16—20年 | 宁夏 | | 16.7 | 27.8 | 30.6 | 5.6 | 19.4 | 11.1 | 13.9 | 41.7 | 30.6 | 2.8 | 16.1 | 6.5 | 5.6 | 36.1 | 50.0 | 2.8 | 0.0 | 3.2 |
| | 甘肃 | | 0.0 | 29.0 | 41.9 | 9.7 | 6.5 | 0.0 | 6.5 | 48.4 | 19.4 | 3.2 | 9.7 | 16.1 | 19.4 | 16.1 | 48.4 | 3.2 | 9.7 | 5.6 |
| | 青海 | | 16.1 | 29.0 | 29.0 | 9.7 | | 9.7 | 3.2 | 22.6 | 19.4 | 29.0 | | | 16.1 | 22.6 | 48.4 | 0.0 | 12.9 | 0.0 |

续表

| 教龄 | 项目内容 | 学习方式理念 | | | | | | 教学方式理念 | | | | | | 教学评价理念 | | | | | |
|---|---|---|---|---|---|---|---|---|---|---|---|---|---|---|---|---|---|---|---|
| | | 1年 | 2—3年 | 4—5年 | 6—7年 | 8—9年 | 10年 | 1年 | 2—3年 | 4—5年 | 6—7年 | 8—9年 | 10年 | 1年 | 2—3年 | 4—5年 | 6—7年 | 8—9年 | 10年 |
| 21—30年 | 宁夏 | 17.6 | 43.1 | 11.8 | 5.9 | 7.8 | 13.7 | 17.6 | 51.0 | 21.6 | 3.9 | 2.0 | 3.9 | 3.9 | 37.3 | 56.9 | 2.0 | 0.0 | 0.0 |
| | 甘肃 | 31.0 | 27.6 | 24.1 | 13.8 | 0.0 | 3.4 | 13.8 | 31.0 | 27.6 | 20.7 | 0.0 | 6.9 | 10.3 | 44.8 | 34.5 | 6.9 | 0.0 | 3.4 |
| | 青海 | 5.5 | 37.0 | 27.4 | 19.2 | 5.5 | 5.5 | 13.7 | 27.4 | 27.4 | 6.8 | 11.0 | 13.7 | 21.9 | 26.0 | 38.4 | 4.1 | 2.7 | 6.8 |
| 31年以上 | 宁夏 | 7.1 | 42.9 | 14.3 | 14.3 | 0.0 | 21.4 | 21.4 | 21.4 | 21.4 | 21.4 | 0.0 | 14.3 | 7.1 | 28.6 | 35.7 | 14.3 | 0.0 | 14.3 |
| | 甘肃 | 20.0 | 40.0 | 20.0 | 20.0 | 0.0 | 0.0 | 0.0 | 80.0 | 0.0 | 20.0 | 0.0 | 0.0 | 30.0 | 10.0 | 40.0 | 20.0 | 0.0 | 0.0 |
| | 青海 | 7.9 | 28.9 | 23.7 | 13.2 | 7.9 | 18.4 | 2.6 | 18.4 | 26.3 | 26.3 | 7.9 | 18.4 | 31.6 | 15.8 | 36.8 | 7.9 | 5.3 | 2.6 |

三省（区）不同学段、性别、民族、职称教师新课程理念适应过程状况

（单位：%）

| 项目 | | 地区 | 学习方式理念 | | | | | | 教学方式理念 | | | | | | 教学评价理念 | | | | | |
|---|---|---|---|---|---|---|---|---|---|---|---|---|---|---|---|---|---|---|---|---|
| | | | 1年 | 2—3年 | 4—5年 | 6—7年 | 8—9年 | 10年 | 1年 | 2—3年 | 4—5年 | 6—7年 | 8—9年 | 10年 | 1年 | 2—3年 | 4—5年 | 6—7年 | 8—9年 | 10年 |
| 学段 | 小学 | 宁夏 | 26.4 | 39.3 | 15.7 | 4.3 | 4.3 | 10.0 | 20.7 | 39.3 | 22.1 | 7.1 | 0.0 | 10.7 | 23.6 | 34.3 | 25.7 | 12.9 | 0.0 | 3.6 |
| | | 甘肃 | 15.2 | 44.8 | 28.6 | 8.6 | 2.9 | 0.0 | 18.1 | 43.8 | 15.2 | 9.5 | 3.8 | 9.5 | 23.3 | 26.7 | 22.4 | 14.8 | 1.9 | 1.0 |
| | | 青海 | 11.2 | 37.3 | 25.4 | 10.1 | 8.3 | 7.7 | 9.5 | 29.0 | 27.2 | 10.1 | 11.2 | 13.0 | 14.9 | 35.0 | 30.7 | 13.6 | 3.6 | 2.4 |
| | 中学 | 宁夏 | 22.7 | 42.4 | 18.2 | 10.6 | 1.5 | 4.5 | 24.2 | 37.9 | 22.7 | 6.1 | 4.5 | 4.5 | 25.5 | 22.4 | 30.6 | 15.0 | 5.0 | 1.5 |
| | | 甘肃 | 24.2 | 40.3 | 22.6 | 5.6 | 5.6 | 1.6 | 17.7 | 42.7 | 23.4 | 4.8 | 5.6 | 5.6 | 20.3 | 29.5 | 12.9 | 23.2 | 13.2 | 0.8 |
| | | 青海 | 16.3 | 43.9 | 22.8 | 12.2 | 2.4 | 2.4 | 14.6 | 26.0 | 43.9 | 8.9 | 4.1 | 2.4 | 15.2 | 34.2 | 31.1 | 12.4 | 4.6 | 2.4 |
| 性别 | 男 | 宁夏 | 25.0 | 29.5 | 21.6 | 10.2 | 3.4 | 10.2 | 13.6 | 38.6 | 27.3 | 8.0 | 3.4 | 9.1 | 27.6 | 25.5 | 28.0 | 14.5 | 1.0 | 3.4 |
| | | 甘肃 | 27.9 | 40.7 | 17.4 | 8.1 | 4.7 | 1.2 | 17.4 | 45.3 | 19.8 | 7.0 | 1.2 | 9.3 | 20.0 | 28.4 | 32.8 | 13.5 | 5.3 | 0.0 |
| | | 青海 | 15.3 | 34.7 | 28.5 | 12.5 | 6.3 | 2.8 | 11.1 | 32.6 | 28.5 | 11.1 | 7.6 | 9.0 | 25.7 | 32.4 | 22.9 | 14.2 | 2.8 | 2.1 |
| | 女 | 宁夏 | 25.4 | 48.3 | 12.7 | 3.4 | 3.4 | 6.8 | 28.0 | 39.0 | 18.6 | 5.9 | 0.0 | 8.5 | 26.4 | 28.2 | 26.8 | 20.0 | 6.0 | 2.5 |
| | | 甘肃 | 15.4 | 43.4 | 30.1 | 6.3 | 4.2 | 0.7 | 18.2 | 42.0 | 19.6 | 7.0 | 7.0 | 6.3 | 19.4 | 29.7 | 32.6 | 14.2 | 2.8 | 1.4 |
| | | 青海 | 11.5 | 45.3 | 20.3 | 9.5 | 5.4 | 8.1 | 12.2 | 23.0 | 39.9 | 8.1 | 8.8 | 8.1 | 24.3 | 38.3 | 19.9 | 12.0 | 2.7 | 2.7 |
| 民族 | 汉族 | 宁夏 | 25.5 | 43.1 | 16.7 | 3.9 | 2.9 | 7.8 | 25.5 | 41.2 | 22.5 | 4.9 | 2.0 | 3.9 | 21.2 | 20.0 | 36.8 | 10.0 | 10.0 | 2.0 |
| | | 甘肃 | 25.0 | 46.3 | 19.4 | 6.5 | 2.8 | 0.0 | 22.2 | 47.2 | 14.8 | 6.5 | 1.9 | 7.4 | 22.7 | 21.5 | 22.5 | 19.0 | 10.3 | 4.0 |
| | | 青海 | 10.5 | 40.0 | 25.5 | 11.8 | 5.5 | 6.3 | 11.4 | 23.6 | 35.0 | 10.9 | 8.6 | 10.5 | 33.3 | 23.5 | 26.7 | 13.7 | 1.9 | 0.9 |

续表

| 项目 | | 内容 | 学习方式理念 | | | | | | 教学方式理念 | | | | | | 教学评价理念 | | | | | |
|---|---|---|---|---|---|---|---|---|---|---|---|---|---|---|---|---|---|---|---|---|
| | | | 1年 | 2—3年 | 4—5年 | 6—7年 | 8—9年 | 10年 | 1年 | 2—3年 | 4—5年 | 6—7年 | 8—9年 | 10年 | 1年 | 2—3年 | 4—5年 | 6—7年 | 8—9年 | 10年 |
| 民族 | 藏族 | 甘肃 | 6.7 | 40.0 | 33.3 | 4.4 | 13.3 | 2.2 | 17.8 | 33.3 | 26.7 | 2.2 | 17.8 | 2.2 | 15.7 | 18.2 | 25.5 | 30.4 | 10.2 | 0.0 |
| | | 青海 | 17.9 | 35.7 | 28.6 | 10.7 | 3.6 | 3.6 | 10.7 | 46.4 | 17.9 | 7.1 | 10.7 | 7.1 | 26.7 | 20.0 | 18.5 | 23.7 | 8.9 | 2.2 |
| | | 宁夏 | 25.7 | 35.6 | 16.8 | 8.9 | 4.0 | 8.9 | 17.8 | 37.6 | 22.8 | 7.9 | 1.0 | 12.9 | 21.8 | 20.5 | 28.6 | 23.2 | 2.7 | 3.2 |
| | 回族 | 甘肃 | 23.6 | 34.5 | 27.3 | 12.7 | 0.0 | 1.8 | 10.9 | 45.5 | 23.6 | 7.3 | 1.8 | 10.9 | 15.4 | 25.4 | 31.6 | 23.8 | 3.8 | 0.0 |
| | | 青海 | 19.2 | 57.7 | 11.5 | 11.5 | 0.0 | 0.0 | 11.5 | 19.2 | 53.8 | 7.7 | 7.7 | 0.0 | 22.9 | 20.9 | 20.6 | 30.0 | 3.6 | 2.0 |
| | | 宁夏 | 44.5 | 36.4 | 14.5 | 4.5 | 0.0 | 0.0 | 50.0 | 13.6 | 18.2 | 9.1 | 0.0 | 9.1 | 24.5 | 37.5 | 36.4 | 1.5 | 0.0 | 0.0 |
| 职称 | 没定级 | 甘肃 | 33.3 | 33.3 | 25.0 | 4.2 | 4.2 | 0.0 | 29.2 | 50.0 | 20.8 | 0.0 | 0.0 | 0.0 | 38.3 | 32.5 | 25.0 | 4.2 | 0.0 | 0.0 |
| | | 青海 | 45.5 | 27.3 | 27.3 | 0.0 | 0.0 | 0.0 | 27.3 | 27.3 | 18.2 | 0.0 | 18.2 | 9.1 | 27.3 | 27.3 | 45.5 | 0.0 | 0.0 | 0.0 |
| | | 宁夏 | 30.8 | 59.2 | 10.0 | 0.0 | 0.0 | 0.0 | 38.5 | 30.8 | 15.4 | 7.7 | 0.0 | 7.7 | 17.7 | 30.8 | 41.5 | 10.0 | 0.0 | 0.0 |
| | 三级 | 甘肃 | 33.3 | 44.4 | 11.1 | 11.1 | 0.0 | 0.0 | 22.2 | 33.3 | 33.3 | 0.0 | 0.0 | 11.1 | 20.0 | 33.3 | 35.6 | 11.1 | 0.0 | 0.0 |
| | | 青海 | 35.0 | 20.0 | 15.0 | 5.0 | 25.0 | 0.0 | 5.0 | 65.0 | 15.0 | 5.0 | 10.0 | 0.0 | 25.0 | 40.0 | 10.0 | 25.0 | 0.0 | 0.0 |
| | 二级 | 宁夏 | 31.3 | 35.9 | 20.3 | 6.3 | 3.1 | 3.1 | 21.9 | 42.2 | 21.9 | 7.8 | 1.6 | 4.7 | 19.4 | 20.6 | 38.4 | 20.0 | 0.0 | 1.6 |
| | | 甘肃 | 20.7 | 51.7 | 22.4 | 3.4 | 1.7 | 0.0 | 20.7 | 36.2 | 19.0 | 5.2 | 10.3 | 8.6 | 38.6 | 19.2 | 25.2 | 10.0 | 3.2 | 3.8 |
| | | 青海 | 16.7 | 38.5 | 28.2 | 10.3 | 2.6 | 3.8 | 20.5 | 20.5 | 44.9 | 6.4 | 3.8 | 3.8 | 31.2 | 25.6 | 21.1 | 21.8 | 0.0 | 1.3 |

续表

| | | | 学习方式理念 | | | | | | 教学方式理念 | | | | | | 教学评价理念 | | | | | |
|---|---|---|---|---|---|---|---|---|---|---|---|---|---|---|---|---|---|---|---|---|
| | | | 1年 | 2—3年 | 4—5年 | 6—7年 | 8—9年 | 10年 | 1年 | 2—3年 | 4—5年 | 6—7年 | 8—9年 | 10年 | 1年 | 2—3年 | 4—5年 | 6—7年 | 8—9年 | 10年 |
| 职称 | 一级 | 宁夏 | 13.2 | 38.5 | 20.9 | 8.8 | 5.5 | 13.2 | 12.1 | 42.9 | 26.4 | 6.6 | 2.2 | 9.9 | 5.5 | 30.8 | 51.6 | 4.4 | 3.3 | 4.4 |
| | | 甘肃 | 16.3 | 44.6 | 26.1 | 6.5 | 5.4 | 1.1 | 10.9 | 50.0 | 20.7 | 8.7 | 2.2 | 7.6 | 12.0 | 31.5 | 46.7 | 5.4 | 3.3 | 1.1 |
| | | 青海 | 8.3 | 43.8 | 22.3 | 13.2 | 7.4 | 5.0 | 9.9 | 24.8 | 34.7 | 14.9 | 5.0 | 10.7 | 16.5 | 19.0 | 52.1 | 3.3 | 5.0 | 4.1 |
| | 高级 | 宁夏 | 26.7 | 53.3 | 6.7 | 0.0 | 0.0 | 13.3 | 26.7 | 46.7 | 13.3 | 0.0 | 0.0 | 13.3 | 6.7 | 46.7 | 46.7 | 0.0 | 0.0 | 0.0 |
| | | 甘肃 | 18.6 | 25.6 | 32.6 | 14.0 | 7.0 | 2.3 | 16.3 | 39.5 | 16.3 | 11.6 | 7.0 | 9.3 | 25.6 | 32.6 | 27.9 | 4.7 | 7.0 | 2.3 |
| | | 青海 | 7.0 | 40.4 | 28.1 | 10.5 | 1.8 | 12.3 | 3.5 | 26.3 | 29.8 | 7.0 | 19.3 | 14.0 | 26.3 | 26.3 | 36.8 | 5.3 | 3.5 | 1.8 |
| 教龄 | 1—3年 | 宁夏 | 60.9 | 39.1 | 0.0 | 0.0 | 0.0 | 0.0 | 39.1 | 13.0 | 21.7 | 0.0 | 0.0 | 26.1 | 1.3 | 43.5 | 55.2 | 0.0 | 0.0 | 0.0 |
| | | 甘肃 | 34.8 | 47.8 | 15.2 | 2.2 | 0.0 | 0.0 | 32.6 | 43.5 | 17.4 | 4.3 | 2.2 | 0.0 | 6.5 | 58.7 | 34.8 | 0.0 | 0.0 | 0.0 |
| | | 青海 | 28.0 | 40.0 | 16.0 | 0.0 | 16.0 | 0.0 | 8.0 | 44.0 | 44.0 | 0.0 | 4.0 | 0.0 | 12.0 | 32.0 | 52.0 | 4.0 | 0.0 | 0.0 |
| | 4—6年 | 宁夏 | 35.7 | 50.0 | 9.5 | 2.4 | 0.0 | 2.4 | 31.0 | 42.9 | 11.9 | 4.8 | 2.4 | 7.1 | 7.1 | 45.2 | 45.2 | 0.0 | 0.0 | 2.4 |
| | | 甘肃 | 25.7 | 54.3 | 14.3 | 5.7 | 0.0 | 0.0 | 17.1 | 60.0 | 17.1 | 2.9 | 0.0 | 2.9 | 8.6 | 40.0 | 48.6 | 2.9 | 0.0 | 0.0 |
| | | 青海 | 19.4 | 50.0 | 22.2 | 2.8 | 5.6 | 0.0 | 11.1 | 47.2 | 30.6 | 0.0 | 11.1 | 0.0 | 25.0 | 47.2 | 25.0 | 2.8 | 0.0 | 0.0 |
| | 7—10年 | 宁夏 | 7.7 | 46.2 | 30.8 | 15.4 | 0.0 | 0.0 | 0.0 | 61.5 | 23.1 | 15.4 | 0.0 | 0.0 | 7.7 | 30.8 | 53.8 | 0.0 | 0.0 | 7.7 |
| | | 甘肃 | 10.0 | 42.5 | 40.0 | 7.5 | 0.0 | 0.0 | 22.5 | 32.5 | 22.5 | 2.5 | 7.5 | 12.5 | 15.0 | 35.0 | 47.5 | 2.5 | 0.0 | 0.0 |
| | | 青海 | 23.7 | 36.8 | 21.1 | 13.2 | 2.6 | 2.6 | 21.1 | 23.7 | 42.1 | 2.6 | 7.9 | 2.6 | 18.4 | 18.4 | 63.2 | 0.0 | 0.0 | 0.0 |

续表

| 内容<br>项目 | | | 学习方式理念 | | | | | | 教学方式理念 | | | | | | 教学评价理念 | | | | | |
|---|---|---|---|---|---|---|---|---|---|---|---|---|---|---|---|---|---|---|---|---|
| 教龄 | | 1年 | 2—3年 | 4—5年 | 6—7年 | 8—9年 | 10年 | 1年 | 2—3年 | 4—5年 | 6—7年 | 8—9年 | 10年 | 1年 | 2—3年 | 4—5年 | 6—7年 | 8—9年 | 10年 |
| 11—15年 | 宁夏 | 22.2 | 33.3 | 25.9 | 11.1 | 0.0 | 7.4 | 22.2 | 25.9 | 29.6 | 14.8 | 0.0 | 7.4 | 22.2 | 29.6 | 48.1 | 0.0 | 0.0 | 0.0 |
| | 甘肃 | 16.3 | 46.5 | 20.9 | 4.7 | 9.3 | 2.3 | 11.6 | 39.5 | 18.6 | 9.3 | 4.7 | 16.3 | 14.0 | 27.9 | 44.2 | 7.0 | 7.0 | 0.0 |
| | 青海 | 7.8 | 54.9 | 25.5 | 7.8 | 2.0 | 2.0 | 15.7 | 19.6 | 51.0 | 5.9 | 3.9 | 3.9 | 17.6 | 33.3 | 45.1 | 2.0 | 0.0 | 2.0 |
| 16—20年 | 宁夏 | 16.7 | 27.8 | 30.6 | 5.6 | 8.3 | 11.1 | 13.9 | 41.7 | 30.6 | 2.8 | 2.8 | 8.3 | 5.6 | 36.1 | 50.0 | 2.8 | 0.0 | 5.6 |
| | 甘肃 | 0.0 | 29.0 | 41.9 | 9.7 | 19.4 | 0.0 | 6.5 | 48.4 | 19.4 | 3.2 | 16.1 | 6.5 | 19.4 | 16.1 | 48.4 | 3.2 | 9.7 | 3.2 |
| | 青海 | 16.1 | 29.0 | 29.0 | 9.7 | 6.5 | 9.7 | 3.2 | 22.6 | 19.4 | 29.0 | 9.7 | 16.1 | 16.1 | 22.6 | 48.4 | 0.0 | 12.9 | 0.0 |
| 21—30年 | 宁夏 | 17.6 | 43.1 | 11.8 | 5.9 | 7.8 | 13.7 | 17.6 | 51.0 | 21.6 | 3.9 | 2.0 | 3.9 | 3.9 | 37.3 | 56.9 | 2.0 | 0.0 | 0.0 |
| | 甘肃 | 31.0 | 27.6 | 24.1 | 13.8 | 0.0 | 3.4 | 13.8 | 31.0 | 27.6 | 20.7 | 0.0 | 6.9 | 10.3 | 44.8 | 34.5 | 6.9 | 0.0 | 3.4 |
| | 青海 | 5.5 | 37.0 | 27.4 | 19.2 | 5.5 | 5.5 | 13.7 | 27.4 | 27.4 | 6.8 | 11.0 | 13.7 | 21.9 | 26.0 | 38.4 | 4.1 | 2.7 | 6.8 |
| 31年以上 | 宁夏 | 7.1 | 42.9 | 14.3 | 14.3 | 0.0 | 21.4 | 21.4 | 21.4 | 21.4 | 21.4 | 0.0 | 14.3 | 7.1 | 28.6 | 35.7 | 14.3 | 0.0 | 14.3 |
| | 甘肃 | 20.0 | 40.0 | 20.0 | 20.0 | 0.0 | 0.0 | 0.0 | 80.0 | 0.0 | 20.0 | 0.0 | 0.0 | 30.0 | 10.0 | 40.0 | 20.0 | 0.0 | 0.0 |
| | 青海 | 7.9 | 28.9 | 23.7 | 13.2 | 7.9 | 18.4 | 2.6 | 18.4 | 26.3 | 26.3 | 7.9 | 18.4 | 31.6 | 15.8 | 36.8 | 7.9 | 5.3 | 2.6 |

# 附 录 3

三省（区）农村不同学段教师对课程资源适应情况比较　（单位:%）

| 内容 | 地区 | 学段 | 非常适应 | 比较适应 | 一般适应 | 不适应 | 非常不适应 |
|------|------|------|---------|---------|---------|--------|-----------|
| 课件与教案 | 宁夏 | 小学 | 35.0 | 42.1 | 21.4 | | |
| | | 中学 | 30.3 | 53.0 | 16.7 | 0.0 | |
| | 甘肃 | 小学 | 24.8 | 41.9 | 30.5 | 1.0 | 1.9 |
| | | 中学 | 29.8 | 40.3 | 28.2 | 1.6 | |
| | 青海 | 小学 | 13.0 | 53.3 | 30.8 | 2.4 | 0.6 |
| | | 中学 | 17.1 | 55.3 | 20.3 | 7.3 | |
| 教学设施资源 | 宁夏 | 小学 | 22.9 | 46.4 | 20.7 | 10.0 | |
| | | 中学 | 6.1 | 44.5 | 31.8 | 17.6 | |
| | 甘肃 | 小学 | 21.0 | 33.8 | 23.3 | 10.0 | 10.0 |
| | | 中学 | 12.9 | 35.6 | 25.6 | 13.4 | 12.4 |
| | 青海 | 小学 | 12.4 | 39.1 | 37.3 | 10.1 | 1.2 |
| | | 中学 | 14.6 | 28.5 | 37.4 | 19.5 | 0.0 |
| 学习辅导资料 | 宁夏 | 小学 | 10.0 | 11.4 | 17.9 | 30.7 | 20.0 |
| | | 中学 | 12.7 | 14.5 | 22.3 | 33.0 | 17.4 |
| | 甘肃 | 小学 | 11.0 | 20.0 | 33.3 | 27.1 | 18.1 |
| | | 中学 | 13.2 | 10.5 | 17.6 | 29.0 | 20.2 |
| | 青海 | 小学 | 18.4 | 24.3 | 13.6 | 32.5 | 11.2 |
| | | 中学 | 16.6 | 26.0 | 12.3 | 30.1 | 15.0 |
| 乡土资源 | 宁夏 | 小学 | 14.3 | 30.6 | 20.7 | 28.4 | 6.0 |
| | | 中学 | 13.0 | 31.5 | 22.7 | 21.2 | 11.5 |
| | 甘肃 | 小学 | 21.0 | 23.8 | 25.5 | 14.8 | 15.0 |

续表

| 内容 | 地区 | 学段 | 非常适应 | 比较适应 | 一般适应 | 不适应 | 非常不适应 |
|---|---|---|---|---|---|---|---|
| 乡土资源 | | 中学 | 15.3 | 21.1 | 33.1 | 15.6 | 14.8 |
| | 青海 | 小学 | 27.2 | 29.1 | 27.2 | 6.5 | 10.0 |
| | | 中学 | 21.0 | 25.2 | 36.6 | 6.5 | 10.7 |
| 教学仪器、教具视听资料 | 宁夏 | 小学 | 30.0 | 50.7 | 17.9 | 1.4 | |
| | | 中学 | 22.7 | 50.0 | 22.7 | 4.5 | |
| | 甘肃 | 小学 | 21.0 | 38.1 | 33.3 | 7.6 | |
| | | 中学 | 23.4 | 37.1 | 29.0 | 10.5 | |
| | 青海 | 小学 | 28.4 | 34.3 | 32.5 | 3.6 | 1.2 |
| | | 中学 | 36.6 | 26.0 | 30.1 | 7.3 | 0.0 |
| 实践活动资源 | 宁夏 | 小学 | 20.4 | 14.3 | 24.7 | 23.6 | 17.0 |
| | | 中学 | 18.2 | 13.0 | 22.7 | 31.5 | 14.5 |
| | 甘肃 | 小学 | 11.0 | 27.8 | 14.8 | 30.5 | 15.0 |
| | | 中学 | 15.3 | 21.1 | 13.6 | 25.1 | 24.8 |
| | 青海 | 小学 | 17.2 | 26.1 | 14.0 | 27.2 | 15.5 |
| | | 中学 | 11.7 | 25.2 | 16.5 | 36.6 | 10.0 |
| 校外资源 | 宁夏 | 小学 | 22.1 | 17.9 | 17.9 | 30.7 | 11.4 |
| | | 中学 | 7.6 | 28.4 | 12.1 | 34.8 | 17.1 |
| | 甘肃 | 小学 | 14.3 | 19.0 | 16.2 | 29.5 | 21.0 |
| | | 中学 | 15.3 | 17.1 | 8.1 | 33.9 | 15.6 |
| | 青海 | 小学 | 10.7 | 27.9 | 17.7 | 29.0 | 14.8 |
| | | 中学 | 13.8 | 20.6 | 14.3 | 28.5 | 22.8 |
| 网络资源 | 宁夏 | 小学 | 27.1 | 20.7 | 20.0 | 31.4 | 0.7 |
| | | 中学 | 25.8 | 27.0 | 21.2 | 23.0 | 3.0 |
| | 甘肃 | 小学 | 20.5 | 23.8 | 24.3 | 29.5 | 1.9 |
| | | 中学 | 18.6 | 9.6 | 23.4 | 44.4 | 4.0 |
| | 青海 | 小学 | 14.2 | 24.3 | 16.5 | 41.4 | 3.6 |
| | | 中学 | 28.2 | 18.1 | 23.2 | 29.6 | 0.8 |

# 附 录 4

三省（区）不同年龄教师对新教材适应过程比较　　（单位:%）

| 新教材 | 所在地区 | 年龄 | 适应过程 | | | | | |
|---|---|---|---|---|---|---|---|---|
| | | | 1 年 | 2—3 年 | 4—5 年 | 6—7 年 | 8—9 年 | 10 年 |
| 理念 | 宁夏 | 25 岁以下 | 61.8 | 20.0 | 18.2 | 0.0 | 0.0 | |
| | | 25—35 岁 | 34.2 | 53.9 | 10.5 | 0.0 | 0.0 | 1.3 |
| | | 36—45 岁 | 29.2 | 60.0 | 6.2 | 1.5 | 0.0 | 3.1 |
| | | 46 岁以上 | 40.0 | 42.0 | 6.0 | 6.0 | 0.0 | 6.0 |
| | 甘肃 | 25 岁以下 | 39.5 | 44.2 | 14.0 | | 2.3 | |
| | | 25—35 岁 | 39.6 | 45.3 | 8.5 | 5.7 | 0.9 | 0.0 |
| | | 36—45 岁 | 30.6 | 38.7 | 19.4 | 3.2 | 6.5 | 1.6 |
| | | 46 岁以上 | 38.9 | 38.9 | 11.1 | 5.6 | 0.0 | 5.6 |
| | 青海 | 25 岁以下 | 44.4 | 33.3 | 22.2 | | 0.0 | |
| | | 25—35 岁 | 27.1 | 52.9 | 17.1 | 1.4 | 0.0 | 1.4 |
| | | 36—45 岁 | 20.9 | 43.6 | 27.3 | 2.7 | 4.5 | 0.9 |
| | | 46 岁以上 | 26.2 | 44.7 | 16.5 | 4.9 | 2.9 | 4.9 |
| 内容 | 宁夏 | 25 岁以下 | 73.3 | 26.7 | 0.0 | | | |
| | | 25—35 岁 | 38.2 | 43.4 | 15.8 | 2.6 | 0.0 | |
| | | 36—45 岁 | 20.0 | 66.2 | 7.7 | 3.1 | 1.5 | 1.5 |
| | | 46 岁以上 | 24.0 | 50.0 | 14.0 | 8.0 | 0.0 | 4.0 |
| | 甘肃 | 25 岁以下 | 46.5 | 41.9 | 11.6 | | | |
| | | 25—35 岁 | 29.2 | 45.3 | 14.2 | 11.3 | 0.0 | 29.2 |

| 新教材 | 所在地区 | 年龄 | 适应过程 | | | | | |
|---|---|---|---|---|---|---|---|---|
| | | | 1 年 | 2—3 年 | 4—5 年 | 6—7 年 | 8—9 年 | 10 年 |
| 编排结构 | | 36—45 岁 | 25.8 | 35.5 | 29.0 | 4.8 | 4.8 | 0.0 |
| | | 46 岁以上 | 27.8 | 44.4 | 16.7 | 5.6 | 0.0 | 5.6 |
| | 青海 | 25 岁以下 | 41.2 | 50.0 | 6.9 | 0.0 | 0.0 | 2.0 |
| | | 25—35 岁 | 21.0 | 40.7 | 33.3 | 10.8 | 3.2 | 1.0 |
| | | 36—45 岁 | 19.1 | 36.4 | 30.9 | 10.0 | 2.7 | 0.9 |
| | | 46 岁以上 | 19.4 | 36.9 | 35.0 | 2.9 | 3.9 | 1.9 |
| | 宁夏 | 25 岁以下 | 46.7 | 53.3 | 0.0 | 0.0 | | |
| | | 25—35 岁 | 40.8 | 46.1 | 9.2 | 3.9 | | |
| | | 36—45 岁 | 23.1 | 60.0 | 12.3 | 1.5 | 1.5 | 1.5 |
| | | 46 岁以上 | 20.0 | 46.0 | 18.0 | 12.0 | 0.0 | 4.0 |
| | 甘肃 | 25 岁以下 | 27.9 | 53.5 | 14.0 | 4.7 | | 7.9 |
| | | 25—35 岁 | 18.9 | 60.4 | 15.1 | 5.7 | | |
| | | 36—45 岁 | 22.6 | 38.7 | 29.0 | 4.8 | 4.8 | 0.0 |
| | | 46 岁以上 | 33.3 | 22.2 | 33.3 | 5.6 | 0.0 | 5.6 |
| 难易度 | 青海 | 25 岁以下 | 77.8 | 22.2 | 0.0 | 0.0 | | |
| | | 25—35 岁 | 35.7 | 40.0 | 20.0 | 4.3 | | |
| | | 36—45 岁 | 17.3 | 42.7 | 24.5 | 11.8 | 2.7 | 0.9 |
| | | 46 岁以上 | 23.3 | 36.9 | 29.1 | 5.8 | 2.9 | 1.9 |
| | 宁夏 | 25 岁以下 | 66.7 | 33.3 | 0.0 | 0.0 | | 0.0 |
| | | 25—35 岁 | 32.9 | 48.7 | 17.1 | 1.3 | | 2.9 |
| | | 36—45 岁 | 16.9 | 58.5 | 18.5 | 3.1 | 1.5 | 1.5 |
| | | 46 岁以上 | 20.0 | 40.0 | 26.0 | 10.0 | 0.0 | 4.0 |
| | 甘肃 | 25 岁以下 | 20.9 | 51.2 | 25.6 | 2.3 | | |
| | | 25—35 岁 | 27.4 | 49.1 | 16.0 | 7.5 | | 10.0 |
| | | 36—45 岁 | 17.7 | 29.0 | 35.5 | 11.3 | 1.6 | 4.8 |
| | | 46 岁以上 | 16.7 | 35.6 | 16.7 | 25.6 | 0.0 | 5.6 |

| 新教材 | 所在地区 | 年龄 | 适应过程 | | | | | |
|---|---|---|---|---|---|---|---|---|
| | | | 1 年 | 2—3 年 | 4—5 年 | 6—7 年 | 8—9 年 | 10 年 |
| | 青海 | 25 岁以下 | 55.6 | 44.4 | 0.0 | 0.0 | | 0.0 |
| | | 25—35 岁 | 22.9 | 42.9 | 32.9 | 1.4 | 0.0 | 0.0 |
| | | 36—45 岁 | 10.9 | 43.6 | 30.9 | 10.9 | 1.8 | 1.8 |
| | | 46 岁以上 | 19.4 | 40.8 | 25.2 | 9.7 | 2.9 | 1.9 |

# 附 录 5

三省（区）不同职称教师新教材适应过程比较　　（单位:%）

| 新教材 | 职称 | 省区 | 时间 | | | | | |
| --- | --- | --- | --- | --- | --- | --- | --- | --- |
| | | | 1 年 | 2—3 年 | 4—5 年 | 6—7 年 | 8—9 年 | 10 年 |
| 新教材 | 三级 | 宁夏 | 30.8 | 61.5 | 7.7 | 0.0 | | |
| 理念 | | 甘肃 | 33.3 | 55.6 | 0.0 | 11.1 | | |
| | | 青海 | 60.0 | 10.0 | 25.0 | 5.0 | | |
| | 二级 | 宁夏 | 40.6 | 48.4 | 9.4 | 0.0 | | 1.6 |
| | | 甘肃 | 36.2 | 55.2 | 8.6 | 0.0 | | 0.0 |
| | | 青海 | 25.6 | 51.3 | 20.5 | 1.3 | | 1.3 |
| | 一级 | 宁夏 | 30.8 | 54.9 | 5.5 | 4.4 | 0.0 | 4.4 |
| | | 甘肃 | 31.5 | 46.7 | 12.0 | 5.4 | 3.3 | 1.1 |
| | | 青海 | 19.0 | 52.1 | 16.5 | 3.3 | 5.0 | 4.1 |
| | 高级 | 宁夏 | 46.7 | 46.7 | 6.7 | 0.0 | 0.0 | 0.0 |
| | | 甘肃 | 32.6 | 27.9 | 25.6 | 4.7 | 7.0 | 2.3 |
| | | 青海 | 26.3 | 36.8 | 26.3 | 5.3 | 3.5 | 1.8 |
| 编排结构 | 三级 | 宁夏 | 15.4 | 84.6 | 0.0 | 0.0 | | |
| | | 甘肃 | 11.1 | 66.7 | 11.1 | 11.1 | | |
| | | 青海 | 60.0 | 10.0 | 20.0 | 10.0 | | |
| | 二级 | 宁夏 | 42.2 | 46.9 | 6.2 | 4.7 | | |
| | | 甘肃 | 27.6 | 51.7 | 20.7 | 0.0 | | |
| | | 青海 | 23.1 | 46.2 | 26.9 | 3.8 | | |

| 新教材 | 职称 | 省区 | 时间 | | | | | |
|---|---|---|---|---|---|---|---|---|
| | | | 1 年 | 2—3 年 | 4—5 年 | 6—7 年 | 8—9 年 | 10 年 |
| 教材内容 | 一级 | 宁夏 | 23.1 | 48.4 | 18.7 | 5.5 | 1.1 | 3.3 |
| | | 甘肃 | 14.1 | 54.3 | 22.8 | 5.4 | 3.3 | 0.0 |
| | | 青海 | 21.5 | 38.0 | 25.6 | 9.1 | 3.3 | 2.5 |
| | 高级 | 宁夏 | 20.0 | 73.3 | 6.7 | 0.0 | 0.0 | 0.0 |
| | | 甘肃 | 30.2 | 30.2 | 25.6 | 11.6 | 0.0 | 2.3 |
| | | 青海 | 15.8 | 45.6 | 24.6 | 10.5 | 3.5 | 0.0 |
| | 三级 | 宁夏 | 38.5 | 30.8 | 23.1 | 7.7 | 0.0 | |
| | | 甘肃 | 55.6 | 33.3 | 0.0 | 11.1 | 0.0 | |
| | | 青海 | 15.0 | 60.0 | 20.0 | 0.0 | 5.0 | |
| | 二级 | 宁夏 | 35.9 | 51.6 | 10.9 | 1.6 | 0.0 | |
| | | 甘肃 | 27.6 | 50.0 | 19.0 | 3.4 | 0.0 | |
| | | 青海 | 29.5 | 35.9 | 29.5 | 2.6 | 2.6 | |
| 难易度 | 一级 | 宁夏 | 20.9 | 57.1 | 12.1 | 5.5 | 1.1 | 3.3 |
| | | 甘肃 | 22.8 | 46.7 | 18.5 | 8.7 | 3.3 | 0.0 |
| | | 青海 | 18.2 | 28.9 | 38.0 | 9.1 | 3.3 | 2.5 |
| | 高级 | 宁夏 | 33.3 | 53.3 | 13.3 | 0.0 | 0.0 | 0.0 |
| | | 甘肃 | 39.5 | 37.2 | 14.0 | 7.0 | 3.0 | 2.3 |
| | | 青海 | 10.5 | 54.4 | 29.8 | 3.5 | 1.8 | 0.0 |
| | 三级 | 宁夏 | 38.5 | 53.8 | 7.7 | 0.0 | | 0.0 |
| | | 甘肃 | 11.1 | 66.7 | 11.1 | 11.1 | | 0.0 |
| | | 青海 | 65.0 | 10.0 | 20.0 | 0.0 | | 5.0 |
| | 二级 | 宁夏 | 29.7 | 50.0 | 18.8 | 1.6 | 0.0 | |
| | | 甘肃 | 25.9 | 53.4 | 17.2 | 3.4 | 0.0 | |
| | | 青海 | 21.8 | 35.9 | 37.2 | 3.8 | 1.3 | |
| | 一级 | 宁夏 | 18.7 | 48.4 | 23.1 | 5.5 | 1.1 | 3.3 |
| | | 甘肃 | 16.3 | 47.8 | 23.9 | 7.6 | 1.1 | 3.3 |

续表

| 新教材 | 职称 | 省区 | 时间 | | | | | |
|---|---|---|---|---|---|---|---|---|
| | | | 1 年 | 2—3 年 | 4—5 年 | 6—7 年 | 8—9 年 | 10 年 |
| | | 青海 | 10.7 | 47.9 | 25.6 | 11.6 | 1.7 | 2.5 |
| | 高级 | 宁夏 | 20.0 | 53.3 | 26.7 | 0.0 | 0.0 | 0.0 |
| | | 甘肃 | 23.3 | 30.2 | 32.6 | 11.6 | 0.0 | 2.3 |

# 附 录 6

## 三省（区）不同教龄教师对新课程实施态度及评价

| 新课程评价 | 省区 | 教龄 | | | | | | |
|---|---|---|---|---|---|---|---|---|
| | | 1—3年 (M) | 4—6年 (M) | 7—10年 (M) | 11—15年 (M) | 16—20年 (M) | 21—30年 (M) | 31年 (M) |
| 要求 | 宁夏 | 3.17 | 3.62 | 3.62 | 3.63 | 3.86 | 3.67 | 3.57 |
| 过高 | 甘肃 | 3.48 | 3.66 | 3.70 | 3.49 | 3.71 | 3.55 | 4.00 |
| | 青海 | 2.88 | 2.72 | 3.29 | 3.24 | 3.81 | 3.40 | 3.47 |
| 内容 | 宁夏 | 3.48 | 3.60 | 3.54 | 3.48 | 3.72 | 3.67 | 3.50 |
| 偏难 | 甘肃 | 3.35 | 3.51 | 3.65 | 3.53 | 3.77 | 3.58 | 3.80 |
| | 青海 | 2.88 | 2.64 | 3.13 | 3.16 | 3.65 | 3.36 | 3.53 |
| 教师 | 宁夏 | 3.96 | 3.62 | 3.92 | 3.63 | 4.00 | 3.57 | 3.57 |
| 负担 | 甘肃 | 3.61 | 3.51 | 3.85 | 3.60 | 3.68 | 3.76 | 4.00 |
| 加重 | 青海 | 2.84 | 2.81 | 3.39 | 3.16 | 3.84 | 3.41 | 3.21 |
| 学生 | 宁夏 | 3.22 | 3.48 | 3.31 | 3.07 | 3.44 | 3.37 | 3.71 |
| 负担 | 甘肃 | 3.59 | 3.86 | 3.67 | 3.05 | 3.32 | 3.21 | 4.00 |
| 加重 | 青海 | 2.76 | 2.81 | 3.21 | 3.16 | 3.74 | 3.26 | 3.16 |

## 三省（区）不同民族教师对新课程实施态度比较

| 新课程评价 | 省区 | 汉族（M） | 回族（M） | 藏族（M） |
|---|---|---|---|---|
| 要求过高 | 宁夏 | 3.66 | 3.60 | 3.00 |
| | 甘肃 | 3.67 | 3.49 | 3.56 |
| | 青海 | 3.39 | 2.88 | 3.07 |

续表

| 新课程评价 | 省区 | 汉族（M） | 回族（M） | 藏族（M） |
|---|---|---|---|---|
| 内容偏难 | 宁夏 | 3.64 | 3.55 | 3.67 |
| | 甘肃 | 3.62 | 3.56 | 3.29 |
| | 青海 | 3.31 | 2.81 | 3.07 |
| 教师负担加重 | 宁夏 | 3.65 | 3.79 | 4.33 |
| | 甘肃 | 3.74 | 3.76 | 3.44 |
| | 青海 | 3.33 | 3.15 | 3.04 |
| 学生负担加重 | 宁夏 | 3.45 | 3.28 | 3.67 |
| | 甘肃 | 3.58 | 3.33 | 3.33 |
| | 青海 | 3.25 | 2.96 | 3.11 |

# 附录7　基础教育课程改革与教师适应情况调查问卷

尊敬的老师：

　　您好！为了解新课程的实施情况，特请您参加本次问卷调查。您的真实回答对整个研究很重要，希望各位老师认真阅读问题，然后逐一真实回答。（1）对您的回答，我们只做研究使用，并且一定会做到保密，不涉及个人和学校的具体评价，请您不必有任何顾虑，答案没有正确与错误之分。（2）本问卷一般为单项选择，请您仔细阅读每一个问题后回答，并注意如果所给出的选项并不是您需要的，请一定在后面的"其他"选项后填上您的答案。（3）如果您对本研究感兴趣，并希望加入我们，请在本问卷后留下您的联系电话。非常感谢！

×师范大学教育学院

## 第一部分：基本情况

### 一、您的个人信息（请在符合您的情况的选项前面打钩）

1. 年龄：A. 25 岁以下　　　B. 25—35 岁　　　C. 36—45 岁　D. 46 岁以上

2. 性别：A. 男　　　B. 女

3. 民族：（　　）族

4. 职称：A. 没定级　　　B. 三级　　　C. 二级　　　D. 一级　　　E. 高级　F. 正高级

5. 教龄：A. 1—3 年　　B. 4—6 年　　C. 7—10 年　　D. 11—15 年　E. 16—20 年　　F. 21—30 年　　G. 31 年以上

6. 学历：A. 代课教师　　B. 中专　　C. 大专　　D. 本科　　E. 硕士及以上

7. 职务：A. 普通教师　　B. 中层骨干教师　　C. 校长（副校长）

8. 任教年级：小学：1 年级　2 年级　3 年级　4 年级　5 年级　6 年级

　　　　　　初中：A. 1 年级　　B. 2 年级　　C. 3 年级

9. 您任教的学科是：（　　　）

10. 您所在学校进入课改时间：A. 2001 年　　　　B. 2002 年

C. 2003 年　　D. 2004 年　　E. 2005 年　　F. 2006 年

11. 您使用新教材的时间：　A. 1 年　　　B. 2 年　　　C. 3 年

D. 4 年　　E. 5 年　　F. 6 年　　　G. 7 年　　　H. 8 年　　　I. 9 年

J. 10 年　　K. 10 年以上

12. 您参加的培训有：A. 校本级培训　　　B. 县级教师培训　　　C. 市

级教师培训　　　D. 省级教师培训　　E. 国家级教师培训

13. 参加各种培训次数：A. 没参加过　　B. 1—3 次　　C. 4—6 次

D. 7 次以上

14. 您毕业学校的类别：A. 师范大学（院）　　　B. 理工大学（院）

C. 综合性大学　　D. 中师或中专　　E. 其他

15. 2002 年以来，您在正式刊物上发表论文的篇数（　　　）

A. 0 篇　　B. 1 篇　　C. 2 篇　　D. 3 篇及以上

16. 您所在的省区：宁夏（　　　）　　甘肃（　　　）　　青海（　　　）


**第二部分：在以下各问题的括号里填上您认为最合适的一个选项，请**
**不要漏题**

1. 新课程倡导自主探究、合作交流的学习方式，您（　　　）新课程
所倡导的理念。

A. 非常认同　　　　B. 比较认同　　　　C. 一般认同

D. 比较不认同　　　E. 非常不认同

2. （此题只由 1 题中选择 A、B、C 选项的作答）如果您对 1 题中新
课程倡导的理念达到基本认同及以上，请问您是经过（　　　）时间达到
对该理念的认同。

A. 1 年　　　　　B. 2—3 年　　　　C. 4—5 年

D. 6—7 年　　　　E. 8—9 年　　　　F. 10 年

3. 您认为（　　　）是教学工作的目的。

A. 传授知识技巧　　　　　　B. 促进学生能力发展

C. 培养学生健全个性　　　　D. 开阔学生眼界

4. 您认为课程是（　　　）。

A. 语文、数学、英语等学科

B. 教学计划、教学大纲和教科书

C. 学生在教育活动过程中实实在在的经验或体验

D. 学校育人的规划或方案

5. 您认为下列哪些是课程资源（　　　）。（可多选）

A. 教师教学用书　　　B. 课件与教案　　　C. 乡土资源

D. 学习辅导资料　　　E. 教学设施等

F. 具有地方和民族特色的乡土资源

G. 教学仪器、教具、光盘等　　　　　H. 实践活动所需资料

I. 校外资源（如图书馆、博物馆等）　　J. 网络资源等

6. 您认为农村学校的教育目的主要是（　　　）。

A. 让学生掌握基础知识　B. 培养学生综合素质　C. 让学生升学

D. 培养为农村社会发展服务的人才　　　　E. 其他

7. 根据您在教学中对下列课程资源运用的适应程度，请在相应的空格内打钩。

|  | 非常适应 | 比较适应 | 一般适应 | 比较不适应 | 非常不适应 |
|---|---|---|---|---|---|
| ①教师教学用书 |  |  |  |  |  |
| ②课件与教案 |  |  |  |  |  |
| ③学习辅导资料 |  |  |  |  |  |
| ④教学设施等 |  |  |  |  |  |
| ⑤教学仪器、教具、光盘等 |  |  |  |  |  |
| ⑥具有地方和民族特色的乡土资源 |  |  |  |  |  |
| ⑦实践活动所需资料 |  |  |  |  |  |
| ⑧校外资源（图书馆、博物馆等） |  |  |  |  |  |
| ⑨网络资源 |  |  |  |  |  |

8. 第 7 题罗列①—⑨课程资源，您对这些课程资源最适应的是（　　　）；请问您是历经多长时间达到对此课程资源的适应（　　　）。

A. 1 年　　　　　　　B. 2—3 年　　　　　　C. 4—5 年

D. 6—7 年　　　　　　E. 8—9 年　　　　　　F. 10 年

9. 下列是人们对新课程实施的一些评价，请在与您的看法相同的选项空格内打钩。

| | 非常<br>符合 | 比较<br>符合 | 一般<br>符合 | 比较不<br>符合 | 非常不<br>符合 |
|---|---|---|---|---|---|
| 新课程实施总体效果好 | | | | | |
| 新课程实施让教师有更多学习、发展机会 | | | | | |
| 新课程实施效果较差 | | | | | |
| 新课程要求过高 | | | | | |
| 新课程实施效果一般 | | | | | |
| 新课程让教师负担加重 | | | | | |
| 新课程让学生负担加重 | | | | | |
| 新课程更适合优秀学生 | | | | | |
| 新课程实施效果很差 | | | | | |

10. 教师需转换自身角色才能适应新课程改革的要求，下列①—⑦中，根据您的感受请回答问题：①知识的传授者　　②课程建设者和推动者　　③课程创生者　　④教育教学的研究者　　⑤终身学习者　　⑥合作者　　⑦学生学习的指导者

（1）您最不适应的教师角色是（　　　）；原因是（　　　）。

（2）您最适应教师角色是（　　　）；请问您是经过多长时间达到对此角色的适应（　　　）。

A. 1 年　　　　　　　B. 2—3 年　　　　　　C. 4—5 年

D. 6—7 年　　　　　　E. 8—9 年　　　　　　F. 10 年

11. 课改以来，在个人专业发展的变化上，请在与您自身情况相符合的选项空格内打钩。

| | 非常符合 | 比较符合 | 一般符合 | 比较不符合 | 非常不符合 |
|---|---|---|---|---|---|
| 业务能力得到提高 | | | | | |

|  | 非常符合 | 比较符合 | 一般符合 | 比较不符合 | 非常不符合 |
|---|---|---|---|---|---|
| 教学观念得到转变 |  |  |  |  |  |
| 更有成就感 |  |  |  |  |  |
| 教学态度有所改善 |  |  |  |  |  |
| 更喜爱教师这个职业 |  |  |  |  |  |
| 自我形象有所改善 |  |  |  |  |  |
| 更注重同事间合作 |  |  |  |  |  |

12. 您认为在教学工作中（　　　）是您自己获得的最大收获。

A. 使学生掌握了本学科的基本知识

B. 使学生的学习能力有了提高

C. 使有特长的学生的特长得到了发展

D. 使学生对本学科的学习态度有了改善

H. 帮助学生树立了正确的人生观　　I. 其他____

13. 新课程实施以来，您在科研方面的状况与下列哪些符合，请打钩。

|  | 非常符合 | 比较符合 | 一般符合 | 比较不符合 | 非常不符合 |
|---|---|---|---|---|---|
| 我参与了更多的课题研究 |  |  |  |  |  |
| 我已经有课题立项了 |  |  |  |  |  |
| 我已经有论文获奖了 |  |  |  |  |  |
| 我写的论文比过去多了 |  |  |  |  |  |

14. 新课程改革实施中的主要问题有以下这些，请选择您认为比较重要的三项并按其重要程度进行排序（　　）。

①教师观念不适应　　②师资培训跟不上　　③教师能力不足

④评价和考试制度没有变　　⑤教育资源不足

⑥领导工作不力　　⑦课改推进过快

15. 新课程改革后，您觉得您的课堂教学方式是否发生了变化（　　）。

A. 改变非常大　　B. 有较大改变　　C. 有一定改变

D. 没有变化　　　　E. 不清楚

16. 备课时，您对教科书的基本态度是（　　　）。

A. 严格遵循教科书的安排、要求

B. 遵循课程标准的要求就可，不必拘泥于任何教科书

C. 要看教科书是否体现了课程标准的要求

D. 要看教科书符合学生实际情况

E. 教科书的处理既要与学生实际相符合，也要体现课程标准要求

17. 新课程教师要改变以往传统教育观念，课改以来您对于课改倡导下列理念的适应现状是（　　　），请在下列与您相符合的框内打钩。

| | 非常认同 | 比较认同 | 一般认同 | 不认同 | 非常不认同 |
|---|---|---|---|---|---|
| 教学方式理念 | | | | | |
| 教学评价理念 | | | | | |

18. 如果您对上题中新课程倡导的理念达到基本认同及以上，请问您是经过（　　　）时间达到对该理念的认同。

A. 1 年　　　　　　B. 2—3 年　　　　　　C. 4—5 年

D. 6—7 年　　　　　E. 8—9 年　　　　　　F. 10 年

19. 在教学中，您一般比较注重学生哪些方面的发展，请在您认可的空格内打钩。

| | 非常符合 | 比较符合 | 一般符合 | 比较不符合 | 非常不符合 |
|---|---|---|---|---|---|
| 学生实践与动手能力、自学能力培养 | | | | | |
| 学习方法的培养 | | | | | |
| 创新意识 | | | | | |
| 学生情感态度的培养 | | | | | |
| 学生知识掌握情况 | | | | | |
| 学生特长的有效培养 | | | | | |

20. 课堂教学中，您对教案的使用（　　）。

A. 无须精心准备，课堂的动态生成最重要

B. 需要精心准备，教学过程会有适当调整

C. 公开课时需要严格教案，平时参考就行

D. 严格根据事先准备好的进行教学

21. 在教学中，您在对于教学内容的选择是根据（　　）。

A. 根据民族地区农村学生实际情况与特点

B. 根据考试升学的要求

C 严格按照课程标准与教材

D 根据当地农村社会经济现实需要

22. 平时教学中您一般是依据哪些方面进行教学设计（　　）。

A. 课堂教学必然要依据教师的教为主导

B. 课堂教学应着眼于学生的学为依据

C. 既要考虑教师的教又要考虑学生的学

D. 不知道

23. 在教学过程中，有教师根据地方特点（如地方资源、特色文化等）及学生不同文化背景（如民族等）调整教学内容和教学方法进行教学，您的看法是（　　）。

A. 只要利于学生学习，教师就应利用各种地方资源及特色文化等进行教学设计

B. 此教学行为既费时又费力，不得不放弃

C. 与考试无关，没有必要进行此类教学活动

D. 从没有进行过这样的教学活动设计，也无必要

24. 教学中，您通常的课堂教学方式是（　　）。

A. 教师讲授为主　　　　　　　B. 学生探究为主

C. 教师讲授与学生探究穿插进行　　D. 以学生合作为主

25. 自课改以来，您对于探索新的教学方法的做法（　　）。

A. 偶尔会做一些改变创新　B. 经常尝试教学方式方法的创新

C. 有考虑，但担心影响考试成绩　　　D. 从未考虑

26. 新课程实施至今，您对于新教材的适应究竟怎样，请选择与您的情况相符的打钩。

|  | 非常适应 | 比较适应 | 一般适应 | 不适应 | 非常不适应 |
|---|---|---|---|---|---|
| 新教材理念 |  |  |  |  |  |
| 新教材的编排结构 |  |  |  |  |  |
| 新教材内容量 |  |  |  |  |  |
| 新教材内容难易度 |  |  |  |  |  |
| 新教材课后习题 |  |  |  |  |  |
| 教材装帧与印刷质量 |  |  |  |  |  |
| 教材的教辅材料 |  |  |  |  |  |
| 课标规定的教学量 |  |  |  |  |  |

27. 在教学中如果您对新教材的适应达到了基本适应及以上程度，您是多长时间达到对新教材适应的，请您在相应时间空格内打钩。

|  | 1 年 | 2—3 年 | 4—5 年 | 6—7 年 | 8—9 年 | 10 年 |
|---|---|---|---|---|---|---|
| 新教材理念 |  |  |  |  |  |  |
| 新教材的编排结构 |  |  |  |  |  |  |
| 新教材内容量 |  |  |  |  |  |  |
| 新教材内容难易度 |  |  |  |  |  |  |
| 新教材课后习题 |  |  |  |  |  |  |
| 教材装帧印刷质量 |  |  |  |  |  |  |
| 教材的教辅材料 |  |  |  |  |  |  |
| 课标规定的教学量 |  |  |  |  |  |  |

28. 下列是对新教材的评价，根据您的看法请在相应的空格内打钩。

|  | 非常符合 | 比较符合 | 一般符合 | 比较不符合 | 非常不符合 |
|---|---|---|---|---|---|
| 培养学生能力发展上比较好 |  |  |  |  |  |
| 教材没有遗漏课标规定的知识点 |  |  |  |  |  |
| 符合学生认知、年龄和发展特点 |  |  |  |  |  |
| 教材装帧与印刷质量好 |  |  |  |  |  |

续表

|  | 非常<br>符合 | 比较<br>符合 | 一般<br>符合 | 比较不<br>符合 | 非常不<br>符合 |
|---|---|---|---|---|---|
| 新教材联系生活实际 |  |  |  |  |  |
| 教材更换过于频繁 |  |  |  |  |  |
| 教材难度大 |  |  |  |  |  |
| 教材内容多 |  |  |  |  |  |
| 教材编写制作水平不高 |  |  |  |  |  |
| 学生缺乏课程资源 |  |  |  |  |  |
| 教师缺乏课程资源 |  |  |  |  |  |
| 教师教学用书不好 |  |  |  |  |  |
| 教材中的实践活动难以操作实行 |  |  |  |  |  |
| 教材中部分案例不好应用 |  |  |  |  |  |
| 教材内容城市化，不适应本地学生发展 |  |  |  |  |  |
| 教材内容沿海化，不适应西北地区经<br>济、文化 |  |  |  |  |  |

29. 您是否认可"教师有权利对教育行政部门和课程设计专家预设的课程进行批判、改造和创造"的观点？（　　）。

A. 非常同意　　　　B. 同意　　　　C. 不确定

D. 不同意　　　　　E. 很不同意

30. 一节课中，您通常留给学生讨论或自主安排的时间（　　）。

A. 20 分钟　　　　B. 15 分钟　　　　C. 10 分钟

D. 5 分钟　　　　　E. 从不留时间

31. 在教学过程中，除课堂讲授外，教师还要采用多种辅助教学方式促进学生学习，请根据您对下表罗列的辅助教学方式的适应程度在相应的空格打钩。

|  | 非常<br>适应 | 比较<br>适应 | 一般<br>适应 | 比较不<br>适应 | 非常不<br>适应 |
|---|---|---|---|---|---|
| ①实地考察 |  |  |  |  |  |

续表

| | 非常适应 | 比较适应 | 一般适应 | 比较不适应 | 非常不适应 |
|---|---|---|---|---|---|
| ②学生动手做实验 | | | | | |
| ③组织课外兴趣小组 | | | | | |
| ④布置大量课外作业 | | | | | |
| ⑤鼓励学生阅读有关教学辅导书 | | | | | |
| ⑥鼓励学生上网查阅有关资料 | | | | | |
| ⑦学生之间讲解、讨论、交流 | | | | | |
| ⑧让学生多做练习 | | | | | |

32. 对第31题中教师采用的①—⑧辅助教学方式促进学生学习，根据您的感受：

（1）您对上述辅助教学方式最不适应的是（　　）；原因是（　　）。

（2）您对上述辅助教学方式最适应的是（　　）；请问您是历经多长时间达到对此的适应（　　）。

A. 1年　　　　　B. 2—3年　　　　　C. 4—5年

D. 6—7年　　　　E. 8—9年　　　　　F. 10年

33. 您对于多媒体教学的使用状况，请选择与您的实际情况相符合的一项（　　）。

A. 会制作、设计并使用　　B. 能够选择并使用别人的课件

C. 不会制作、也不会使用　　D. 学校没有相应设备，没用过

34. 就使用的频次来说，您在教学中使用多媒体教学的情况是（　　）。

A. 经常用　　　　　B. 偶尔用　　　　　C. 很少用

D. 上公开课才用　　E. 从不用

35. （第34题选E的不作答此题）您所在学校现代化教学设备不经常使用的原因是（　　）。

A. 没有掌握使用的技术　　B. 设备数量不足

C. 没有现代化设备　　　　D. 有现代化设备，但已经损坏

E. 没有时间把教学内容与教学设备相结合　　　　F. 其他

36. 你们学校对下列资源设利用和使用状况比较好的是哪些（　　），使用率不高的是（　　）。

A. 教学仪器、挂图等　　　　B. 视听光盘等资料

C. 校园环境方面　　　　　　D. 图书室、资料借阅室等

E. 学校实验室和专用教室　　F. 计算机网络等资源　　G. 其他

37. 您在教学中是否经常创设学生参与的情境，为学生提供讨论、质疑、探究、合作和交流的机会（　　）。

A. 经常　　B. 有时　　C. 偶尔　　D. 没有

38. 新课程改革对教师准确把握和实施课程能力等提出了较高的要求，根据您的切身感受，您对这种要求感到（　　）。

A. 力不从心　　B. 经过努力能够应对　　C. 能够胜任

D. 新课程对教师能力并没有提出更多要求　　E. 不清楚

39. 在课程实施中，要求教师不断完善自身知识结构和提升能力，您认为自身具备的能力有（　　）。

①信息技术运用能力　②资源整合能力　　③课程设计能力

④课程实施能力　　　⑤课程开发能力　　⑥研究与反思能力

（1）上述教师能力中，您认为自身发展较好的是（　　）。（限选三项）。

（2）您最欠缺的是（　　　　）。

40. 您认为提高教师课程能力的重要条件是（　　）。（限选三项）

A. 领导要重视　　　　　　　B. 教师要不断学习

C. 教学物质条件要改善　　　D. 学校文化氛围要好

E. 学生水平要高　　　　　　F. 社会和学生家长要支持

G. 有一定的经费支持　　　　H. 其他

41. 在课堂教学中，您通常通过（　　）方式培养学生自主学习的能力。

A. 教给学生一些自主学习的方法

B. 留给学生一定的自主学习时间

C. 留给学生一定的自主学习内容

D. 让学生评价、反思自己的学习

E. 其他

42. 下列这几个教学关键环节评价都有助于教师了解学生学习情况，

您在平时教学中，主要是在哪个环节上对学生做出评价的，请选择（　　）。

①平时表现为主，参考考试成绩　　②考试成绩

③考试成绩为主，参考平时表现　　④平时表现　　⑤其他

（1）您最适应的评价方式是（　　）；原因是（　　　　　　）。

（2）您最不适应的评价方式是（　　）；原因是（　　　　　　）。

43. 下列表中是学校对教师教学工作的评价，您对这些评价的适应程度如何，请您在相应的空格内打钩。

| | 非常适应 | 比较适应 | 一般适应 | 比较不适应 | 非常不适应 |
|---|---|---|---|---|---|
| 通过教师自评、领导评价、学生评价、家长评价等多渠道进行 | | | | | |
| 根据学生的考试成绩 | | | | | |
| 重点看日常工作表现 | | | | | |
| 参加课改的积极性 | | | | | |
| 课改中的突出成果 | | | | | |
| 通过同事评议 | | | | | |
| 通过学生的反馈来评价 | | | | | |
| 校本课程开发情况 | | | | | |
| 论文发表的数量和质量 | | | | | |
| 师生关系 | | | | | |

44. 平时您与学校同事合作交流的内容大多是有关于（　　）。

A. 教学中知识点的澄清　　B. 重、难点突破

C. 如何进行教学设计　　D. 交流好的教学方法或策略

E. 交流备课资料、课件等　　F. 不交流

45. 下列学校开展的教研活动中，您学校的主要教研活动是哪些（　　）。（限选五项）

①集体备课、讨论交流　　②讲授公开课

③教学案例自我反思　　　　④多学科教研组交流与合作

⑤教学法研讨　　　⑥学习相关文件　　　⑦听专家报告或讲座

⑧课题研究　　　⑨外出学习考察　　　⑩短期进修　　⑪其他

46. 在第 45 题中列举的教研活动，根据您学校的实际，您认为最具实效教研活动（　　）；请问您是历经多长时间达到对此的适应（　　）。

A. 1 年　　　　　　B. 2—3 年　　　　　C. 4—5 年

D. 6—7 年　　　　E. 8—9 年　　　　　F. 10 年

47. 您所在学校校本教研活动的频率是（　　）。

A. 每周一次　　B. 每月一次　　　C. 两周一次　　D. 不组织

48. 您参加过哪一级的新课程培训（　　）。

A. 国家　　　　B. 省级　　　　C. 地市　　　　D. 区县

E. 乡镇　　　　F. 学校　　　　G. 没参加过

49. （第 48 题中选择 G 答案不作答此题）根据您的体会，哪一级培训的收获最大（可多选）（　　）。

A. 国家　　　　B. 省级　　　　C. 地市　　　　D. 区县

E. 乡镇　　　　F. 学校　　　　G. 其他_____

50. 通常的培训有以下方式，您对这些培训方式适应程度如何，请在相应空格内打钩，并回答表后的问题。

|  | 非常适应 | 比较适应 | 一般适应 | 比较不适应 | 非常不适应 |
|---|---|---|---|---|---|
| ①专题讲座 |  |  |  |  |  |
| ②互动交流 |  |  |  |  |  |
| ③案例教学 |  |  |  |  |  |
| ④师德报告 |  |  |  |  |  |
| ⑤现场研修 |  |  |  |  |  |
| ⑥参与式培训 |  |  |  |  |  |
| ⑦主题教研 |  |  |  |  |  |
| ⑧优秀教师送课指导 |  |  |  |  |  |
| ⑨网上答疑、指导 |  |  |  |  |  |

在上表①—⑨罗列的培训方式中，根据您自身的感受：

（1）您最不适应的培训方式是（　　　）；原因是（　　　　　　）。

（2）您最适应的培训方式是（　　）；请问您是经过多长时间达到适应的（　　）。

A. 1 年　　　　　　B. 2—3 年　　　　　　C. 4—5 年

D. 6—7 年　　　　　E. 8—9 年　　　　　　F. 10 年

51. 通过培训后，您最大的收获是（　　　）。

A. 了解了课程改革的背景、理念和目标

B. 转变了教育观念　　　　C. 改进了教学方法

D. 认识到改革的必要性　　E. 其他（如得到了一张证书）

52. 对于教师培训，根据您的看法请选择（　　　）。

| | 非常<br>符合 | 比较<br>符合 | 一般<br>符合 | 比较<br>不符合 | 非常不<br>符合 |
|---|---|---|---|---|---|
| ①知识的专业化完善和理论素养提高 | | | | | |
| ②实践教学等问题对一线指导意义大 | | | | | |
| ③培训中的实践案例恰当、鲜活 | | | | | |
| ④培训方法和手段较先进 | | | | | |
| ⑤缺少同学间的研讨与诊断 | | | | | |
| ⑥缺少与专家直接沟通的机会 | | | | | |
| ⑦缺少对老师综合素质提高的课程 | | | | | |
| ⑧培训中主要是"你讲我听"式培训 | | | | | |
| ⑨收费太高，应该免费 | | | | | |
| ⑩搞"一刀切"不能因材施教 | | | | | |

根据上述培训中的问题培训感受，选择目前培训中存在的问题（　　　）。

53. 在教学中，您认为当地农村哪些资源能派上用场用于教学活动的开展（　　　）。（可多选，限选三项，请根据使用的频率由高到低依次排列）

A. 当地自然资源　　　　B. 民俗等风土资源

C. 当地遇到的现实问题（生态发展及保护等）

D. 当地著名任务及先进事迹

E. 当地或学校宽阔的实践活动场地


辛苦了！谢谢您的合作与支持！

# 附录8　基础教育课程改革学生调查问卷

亲爱的同学：

你好！基础教育课程改革已进行了很长时间，为了了解你对课程改革有关问题的认识、感受、态度及存在的问题，使课改工作健康有序地进行，请协助我们完成这次问卷调查。本问卷采取匿名的方式，问卷的统计结果将为课程改革的调整提供重要反馈信息。希望你能认真、如实地填写。感谢你的支持与合作！

×师范大学教育学院

**一、基本信息**

1. 我的性别是（　　）

A. 男　　　　　B. 女

2. 我现在所在的年级是（　　　　　）

3. 我的学习成绩在班里属于（　　）

A. 优秀　　　B. 中上　　　　C. 中等　　　　D. 中下

4. 我的特长是（　　　　　）

**二、学习及生活情况（每题只有一个答案，请仔细读题后选择一个答案并填写在括号里或者在你认为合适的选项前画 √）**

1. 我认为我们学校老师的教学水平（　　　）

A. 非常高　　　　B. 比较高　　　　　C. 水平一般

D. 水平比较差　　E. 水平非常差

2. 我认为我们的各科任课老师的教学态度，总的来说（　　　）

A. 认真负责　　　B. 比较认真负责　　　C. 一般

D. 不够认真　　　E. 较差

3. 我认为教学内容比较难的课是（　　　　　）；比较容易的课是（　　　　　）；比较适中的课是（　　　　　）。

4. 我在课堂上遇到问题时（　　）

A. 很喜欢向老师提问　　　　B. 有时会向老师提问

C. 不敢向老师提问　　　　　D. 其他

5. 在课堂上，我最喜欢的学习方式是（　　）

A. 听老师讲　　　　　B. 老师和学生一起讨论

C. 让学生自学　　　　D. 老师借助录音、幻灯片或多媒体讲课

E. 老师辅导、学生学习　　　F. 让学生自由活动

G. 其他_____（请填写）

6. 老师在上课时（　　）

A. 都是在讲书本上的知识　　B. 课本上和辅导书上的知识

C. 会经常把书本上的知识和生活中熟悉的事例加以联系

D. 有时候会把书本上的知识和生活中熟悉的事例加以联系

7. 在课堂上产生不同见解时，我的做法是（　　）

A. 大胆地发表个人对问题的看法

B. 有时候会发表个人对问题的看法

C. 会和同学一起讨论　　　D. 只听老师或同学谈他们的观点

8. 教我们的老师中，上课的方式多数是（　　）

A. 先讲课本上的知识，然后练习，小结，再布置作业

B. 先让我们看书，然后同学进行讨论，完成练习，再小结并布置作业

C. 老师讲解和同学讨论穿插起来进行，最后布置作业

D. 其他方式_____（请填写）

9. 在课堂上我们的座位（　　）

A. 和以前一样没有什么变化

B. 经常以小组形式围坐在一起

C. 有时以小组形式围坐在一起

D. 其他_____（请填写）

10. 在我看来，现在多数老师心目中的好学生是（　　）

A. 学习成绩优秀的学生　　　B. 听老师话的学生

C. 有特长的学生　　　　　　D. 其他_____（请填写）

11. 在课堂教学中，我认为（　　　）

A. 有足够的机会与老师交流　　　B. 有时有机会与老师交流

C. 偶尔有机会与老师交流　　　　D. 从没机会与老师交流

12. 在课堂上，我们的老师更注重（　　　）

A. 学生是否掌握了知识　　　B. 是否满足了学生的学习需求

C. 是否发挥了学生学习的主动性

D. 其他_____（请填写）

13. 如果老师讲我们当地民俗及风土人情时，我会（　　　）

A. 很感兴趣　　　　　　　B. 不太感兴趣

C. 不感兴趣　　　　　　　D. 无所谓

14. 老师应多带学生去参观图书馆、博物馆等，我的态度是（　　　）

A. 非常希望去　　　B. 一般　　　C. 不希望去

15. 总的来说，我在课堂上（　　　）

A. 经常得到老师的表扬和鼓励

B. 有时会得到老师的表扬和鼓励

C. 经常受到老师的批评或讽刺　　　D. 被老师忽视

16. 当我在课堂上回答不出老师的问题时，多数老师会（　　　）

A. 会鼓励或提醒我　　　B. 不再让我继续回答

C. 会批评、挖苦我　　　D. 其他_____（请填写）

17. 就现在我们学习的课来说，我最喜欢的三门课是（请填写在下列的横线上）

（1）_____　（2）_____　（3）_____

喜欢这三门课的原因是（　　　）

①本来就很喜欢

②本来不喜欢，但老师教得好，慢慢就喜欢了

③我喜欢这门课的授课老师　　　④这门课要求不高，上课很轻松

⑤这门课老师教学方法独特，形式多样

⑥其他_____（请填写）

18. 我经常在网上收集学习资料，收集的方法一般是由（　　　）

A. 老师指导　　　　　　　B. 家长指导

C. 同学间相互学习　　　　D. 没有电脑等相关资源

19. 在上课时老师提问，通常把目光投向（　　　）

A. 成绩好的学生　　　　　　　　B. 自己喜欢的学生

C. 家长与老师关系密切的学生　　D. 其他_____（请填写）

20. 现在老师比较关心学生的（　　　）

A. 考试分数　　　　　　B. 学习兴趣

C. 综合素质　　　　　　D. 其他_____（请填写）

21. 在学校开设的课程中，对于综合实践活动课程，我的态度是
（　　　）

A. 感兴趣　　　　B. 有一定的兴趣

C. 无所谓　　　　D. 兴趣不大　　　　E. 不感兴趣

22. 我认为学校图书室在满足我的需要方面（　　　）

A. 基本上能够满足　　　　　　B. 有些方面能够满足

C. 大部分不能满足　　　　　　D. 根本不能满足

E. 学校没有图书室

23. 在学校开设的课程中，对于校本课程，我的态度是（　　　）

A. 感兴趣　　　　B. 有一定的兴趣

C. 无所谓　　　　D. 兴趣不大　　　　E. 不感兴趣

24. 在我们学校，对学生学习成绩与表现进行评价的人是（　　　）

A. 老师　　　　　　B. 老师和同学

C. 老师和自己　　　D. 老师、自己、同学和家长

25. 我认为我们学校的考试成绩能准确地反映出我的学习状况（　　　）

A. 基本可以反映　　　　　　B. 有些方面可以

C. 大部分方面都不能反映出来　　D. 不能反映出来

26. 上课的时候，我希望老师多补充的课外知识是（　　　）

A. 文学类　　　B. 艺术类　　　C. 实用技术类

D. 科技类　　　E. 当地的历史、地理、风俗等知识

F. 其他_____

27. 我认为自己现在比较缺乏的是（　　　）

A. 基础知识　　　B. 基本技能　　　C. 课外知识

D. 学习方法　　　E. 远大理想　　　F. 实用技术

G. 对社会的了解　　　　H. 当地历史、地理等人文知识

I. 其他_____

28. 总的来说，我认为自己在学习方面（　　　）

A. 轻松愉快，有时间做自己喜欢的其他事情，基本没负担

B. 能够按要求完成各项作业，负担比较适中

C. 除了学习，几乎没有时间做自己喜欢做的事，负担有些重

D. 勉勉强强能跟上老师教学进度，负担比较重

E. 根本赶不上教学进度，负担特别重

29. 对于大部分任课老师，总的来说，我认为（　　　　）

A. 很容易接近　　　　　　B. 一般能够接近

C. 不太容易接近　　　　　D. 很难接近

30. 我平均每周用于读课外书的时间是（　　　　）

A. 1 小时以内　　　　　B. 2 小时至 4 小时

C. 5 小时以上　　　　　D. 没有时间阅读课外书

31. 我喜欢的社会实践方式是（　　　　）

A. 野炊　　　　B. 参观　　　　C. 劳动　　　　D. 实验

E. 文娱活动　　F. 自由活动　　G. 其他

32. 我了解我们这个地区的风土人情（　　　　）

A. 知道　　　　　B. 知道一点　　　　C. 不知道

33. 我知道我们这里比较出名的人和事（　　　　）

A. 知道　　　　　B. 知道一点　　　　C. 不知道

34. 在周六和周日，我一般是（　　　　）

A. 大部分时间在学习功课

B. 一半时间学习功课，一半时间看课外书

C. 小部分时间学功课，大部分时间看课外书

D. 基本不学习，主要在家玩或出去玩

E. 基本不学习，帮父母做家务或进行其他活动

F. 其他_____（请填写）

35. 一天或一星期学习结束后，我会选择（　　　　）

A. 看看电视　　　　　　　B. 上网聊天

C. 参加学校的补课　　　D. 参加课外补习班

E. 帮家里干活　　　　　F. 其他_____（请填写）

36. 你能写出你最喜爱的老师吗？为什么喜欢他（她）？


　　　　　　　　　　　　　　　谢谢你！祝你学业进步！

# 附录9 教师访谈提纲

1. 您从教多少年了，您喜欢教师这个职业吗？为什么？

2.（听课后）您这节课重难点是什么？您感觉学生掌握情况怎样？

3. 您一般是怎样备课的？实施新课程后，您在备课、课堂教学和教学评价方面有哪些变化？你觉得适应与否？

4. 实施新课程以来您最大的变化是什么，在平时教学中最困扰您的问题有哪些？

5. 您认为什么样的课算是成功？

6. 课程改革实施十多年了，您能谈谈您对新课程改革倡导建立与之相适应的新型教学方式的理解与看法吗？它与之前传统教学方式有哪些不同？

7. 课程改革实施以来，从您自身教学方式的转化看变化大不大？您认为最大的困难在哪里，还有哪些因素限制了老师课堂教学方式的转变？

8. 您学校使用的是哪个版本的教材，使用教材多长时间，有没有再更换过，能说说对这套教材您个人的看法吗？或者您认为这套教材的优点与不足？

9. 教学中，您对新教材和教辅材料的使用有哪些想法与感受，您认为还应该从哪些方面对其进行修订？

10. 您觉得目前使用的新教材适合您的学生吗？在您的教学设计中，您会根据本地区资源及学校实际，结合学生特点调整教学内容和教学方法吗？能否举例说说。

11. 课程实施以来，您觉得自身的知识和能力水平能否胜任教学要求？

12. 能谈谈您对新课程的目标、理念的理解吗，课改实施这么多年，根据您自身的实际体验、感受，您怎样评价其效果？

13. 您对课程概念是如何理解的？

14. 您能说说您对课程资源是怎么理解的？在您的课堂教学中，您认为哪些资源能被充分利用，除了教材，您在教学中还使用了哪些课程资源？

15. 目前您任教班级学生人数是多少？少数民族学生多吗，针对不同民族学生的教学会不会给您的教学带来困扰？

16. 您认为新课程给您的学生带来了什么？例如随着教学方式、学生学习方式的转变，学生是否变得更爱学习了等等。

17. 在您平时的教学中，您通常运用哪些评价方式对学生进行评价？

18. 您所在学校一般是怎样评价教师的？您最期待的评价方式是什么？

19. 您知道你们学校是否有校本课程，您是否也参与了课程的开发，请您简单说说您对这门课程的看法与学习学习的情况。

20. 您学校实施校本课程以来，有哪些收获和变化？请您举例说明。

21. 您认为什么可以做课程资源，您开发了什么课程资源？

22. 平时您学校是教研活动开展情况怎么样，有专家或教研员进行参与指导吗？

23. 您是否经常听其他老师的课？是否欢迎其他老师听您的课？原因何在？

24. 平时教学中，您觉得你们学校同事间交流多集中在哪些方面？与之前相比，有哪些方面的变化？

25. 您参加过几次教师培训？你们学校教师培训机会多不多？能不能请您具体说一说培训主题和您参加后的一些收获、感受。

26. 新课程改革后，您所在学校管理方式发生了哪些变化？

27. 课改实施以来，校长在哪些方面给予老师们一些支持？您对此看法是怎样的？

28. 您对上级安排的培训有什么看法和建议？

29. 您会经常对自己的课程理念和教学行为进行反思吗？您平时经常看一些教育理论、课程理论的书籍吗？

30. 农村地区新课程的实施您最想获得的是来自哪些方面的支持？

31. 您怎样看待教师从事科学研究？

32. 请结合您所在地区和本校的实际情况谈谈新课程实施的有利与不利条件。

### 校本课程管理 校长访谈提纲

1. 您作为校长，对于教师开发和利用农村课程资源方面，提出过哪些要求？

2. 在农村学校，目前课程资源的开发有哪些难题？

3. 贵校有无开设校本课程？目前这门课程的开设实效如何，学生学习的态度怎样？

4. 课改实施以来，贵校制定更新了哪些教学及管理制度？

5. 近年来，贵校的校本教研活动有哪些形式上的变化，普通教师参与与评价怎样，您一般通过什么方式了解教师校本教研的情况？

6. 在推动教师参与校本研究中，贵校一般通过什么方式或者有哪些策略推动？

7. 您所在学校通过哪些活动形式引领教师的专业发展？请具体谈谈。

8. 您对教师做科研的态度如何？您学校对教师科研及论文的考核如何？

# 附 录 10

## （中、小）学校情况及相关资源配备表

| 学校基本情况 | 相关资源名目 | 资源数量 |
|---|---|---|
| 学校性质（类型） | 重点学校（中学、小学） | |
| | 一般学校（中学、小学） | |
| | 薄弱学校（中学、小学） | |
| 班级及学生数 | 班级及总人数 | |
| | 男生人数 | |
| | 女生人数 | |
| 教师情况 | 教师人数、性别、民族、职称、学历、是否特岗 | |
| 学校自 2001 年以来教学资源配备情况 | 普通教室数 | |
| | 多媒体教室数 | |
| | 实验室（含综合实践活动室） | |
| | 教学仪器配备（如实验仪器、桌椅、教具等数量） | |
| | 图书室（图书教材及相关教辅资料数量） | |
| | 体育活动场所 | |
| 自 2002 年以来学校新进各个学科教师人数 | 各个学科教师人数、学历、专业、是否特岗等 | |
| 学校校本课程开发情况 | 课程名称、教师担任情况、周/课时 | |
| 学校各个学科使用的教材版本 | 各个学科教材版本使用；使用时间，更换频次 | |

| 学校基本情况 | 相关资源名目 | 资源数量 |
|---|---|---|
| 学校校本教研 | 教研活动形式、活动内容、参与教师人数 | |
| 教师教学反思 | 2001—2012 年间教师教学活动（教学反思、公开课等相关资料） | |
| 学校发展定位 | （学校发展特色、未来发展规划） | |
| 自课改以来本校发展活动概况 | 2002—2005 年学校活动 | |
| | 2006—2008 年学校发展状况 | |
| | 2009 至今 | |

# 后　记

　　一直以来，都觉得自己是个悟性不高的学生，至今仍感叹初进师门时导师说过的话：读博是个很好的学习机会，但这个读书、学习的过程很不容易，机会一定要自己把握好……细细回想这几年的师大时光，却心有余悸，时光易逝，四年的学习生活中有学习的挫折与失落，写作的迷茫与困惑，当然亦伴有喜人的收获。在跌跌撞撞的学术路途上，感恩导师郝文武教授给予我这个笨学生引导的弦音和撑扶的力量！导师治学严谨，学术造诣深厚，点评问题的穿透力经常让我叹服不已。在我论文的每个阶段，更是充盈着导师的心血和智慧，但是囿于自身悟性，未能更好地理解导师的思想和意图，可能导师顾及我已是老师的身份，尽管内心失望但也不曾批评我，而反过来，导师却总是以他最擅长的"智慧"与"宽容"激励我，此刻用"感恩导师"恐怕无法表达出我内心的情感，真挚的感恩之情永驻我心。无法忘记，师母高老师对我们的关爱之心，如潺潺流水滋润我们的心田，感恩你们！

　　学生的成长离不开师长的教诲和关怀，没有陕师大教育学院老师们的知识传承、精神指引、行为示范，不可能成就今天的我们。诚挚感谢：司晓宏教授、陈鹏教授、栗洪武教授、郝喻教授、王庭照教授、赵薇教授、李国庆教授、陈晓端教授等，针对论文的选题与写作，他们都给我提出了很多真知灼见，使我受益匪浅。他们永远是我最尊敬的师长！我的硕士生导师西北师范大学教育学院刘旭东教授，也一直关心我的成长，他深厚的学术造诣和诲人不倦的精神一直影响我，使我深受其惠。在此，向敬爱的老师们表达我深深的感恩之情！

　　感谢论文调研过程中给予我无私帮助的领导和老师们：宁夏灵武市教培教研中心王学林主任、杨健主任；灵武市回民中学王学林校长，丁建国主任，灵武东塔中学周建珍校长、马国俊副校长、杨宝军老师，灵武崇兴镇明德小学龙方校长，杨燕主任、杨红、马军老师；银川市西夏区教育局涂焕应副局长、杨兴风教研员；银川市二十中丁洁主任、张淑清老师、梁梅老师；银川市西夏区第五小学周彬校长、韩瑞娜主任、胡娟老师；青海省青海师范大学教育学院院长李晓华教授；青海省湟中县教育局张文义副局长、张文龙副局长；湟中县鲁沙镇西堡学校雷校长，丁义国老师、苏红老师；湟中县鲁沙镇羊圈学校杨军主任、朱小宏老师；湟中县上新庄镇学区马国雄校长；湟中县上新庄镇中心小学赵明勋校长、拉毛老师、李荣老师；湟中县上新庄镇马场民族中学王有龙校长、祁俊成老师、海生虎老师、张晓红老师；西北师范大学继续教育学院院长刘旭东教授；甘肃省甘南藏族自治州合作市教育局王小军科长，合作师范高等专科学校教育系王莅主任；合作市第三中学宋宏琼主任；合作一中马富全老师；合作市第一小学王萍副校长、马主任等；甘肃临夏市临夏回族高级中学祁永贤老师，广河中学马正杰老师。尤其特别感谢那些默默无闻坚守在偏远农村的无名教师们，你们朴素的情感中承载了太多的无奈与坚守，调研中尽管与你们中的一些老师仅有一面或两面之缘，但是你们对教育的热爱与对学生的真情深深打动着我！再次诚挚地感谢你们在每日繁忙的工作中以无私、开放的胸襟给予我力所能及的帮助，没有你们的真诚"交心"，我根本无法按时完成论文的调研与写作，再次诚挚感谢！

　　家人是永远的陪伴，四年的学习生活中他（她）们总是给予我无私的奉献和默默的支持，是他（她）们用辛勤的付出成就了我的今天。对此，我将铭记在心。感谢四年来与我并肩战斗，给予我诸多帮助的同学们、同事们，朋友们，感谢在充满喜、怒、哀、乐的校园生活中有你们相伴，感谢你们四年来给予我无穷的力量，我将你们及这段师大生活视为人生的财富！谢谢你们！

2015 年 5 月于陕师大研楼